"博学而笃志，切问而近思。"
（《论语》）

博晓古今，可立一家之说；
学贯中西，或成经国之才。

主编简介

张晓光，男，1955年生于辽宁阜新。华东政法学院人文学院逻辑教研室教授，哲学博士。1978年考入辽宁大学哲学系，1982年毕业留校任教。期间在职攻读硕士研究生，获哲学硕士学位。1998年考入天津南开大学哲学系逻辑学专业博士研究生。师从我国著名中国逻辑学史专家崔清田先生。2001年毕业，获哲学博士学位。先后出版了《形式逻辑学》《思维科学概论》《前清哲学》《中国古代推类思想研究》《殷海光学术思想研究》等论著。在《哲学研究》《哲学动态》《中国哲学史》等刊物发表《墨家的"类推"思想》《中国古代的"类"与"推类"》《批判性思维对法律逻辑的启示》《法律推理的哲学视角》等论文40余篇。

博学 法学系列

法律专业逻辑学教程

张晓光 主编

复旦大学出版社

内容提要

本书以逻辑是什么发端，根据法律专业学生的特点，吸收和借鉴了国内外关于法律逻辑的主要研究成果，系统阐述了概念、判断、推理及其有效性、逻辑基本规律、归纳推理、类比推理、论证、谬误、逻辑与法律、传统与现代等现代逻辑学的基本命题，每章之后均附有一定量的练习题，以培养学生的逻辑思维能力和批判性思维能力，增强逻辑训练的实用性和可操作性。

本书可供大学本科、专科法律、公安等专业师生作为教材使用。

主　编　张晓光
副主编　孔庆荣　辛力军
撰稿人　（按姓氏笔画为序）
　　　　　孔庆荣　王建芳　刘汉民
　　　　　刘邦凡　辛力军　张晓光
　　　　　周　静　缪四平

前　言

在逻辑的发展历史中形成了两种基本的逻辑类型,一种是亚里士多德创立的以三段论为核心内容的传统演绎逻辑;另一种是在传统逻辑基础上发展出来的现代逻辑。尽管两种逻辑有着不同的特点,但它们在日常工作、学习和科学研究中都发挥着重要作用,其工具性、基础性的功能定位,已为大家公认、共识。

学逻辑的目的是用逻辑。

在应用逻辑的研究和思考中,值得我们重视的是:20世纪60年代末70年代初,由北美和欧洲非形式逻辑与批判性思维运动和法国的激进论辩主义以及荷兰语用论辩术的兴起所引发的关于自然语言的非形式论证的分析与评价。这场"运动"使得人们不得不重新审视亚里士多德的论证分析与评价的论辩方法和修辞方法。因为亚里士多德传统逻辑的核心内容就是论证的分析与评价,而在亚氏逻辑基础之上发展起来的现代逻辑,其基础部分的研究也集中体现在对论证的分析与评价上,只不过是采用人工语言的形式论证罢了,以致意大利学者沙托尔说,长期以来有两种相互独立和互不理解地发展着的"逻辑",即符号逻辑和论辩理论。①

由于它们的思想和主张能够融入现实生活,注重培养、提高人们的实际论证能力,凸显了逻辑学以致用的功能,因此,备受学者们关注并成为学界的持续热点问题。

目前,学界虽没有对非形式逻辑与批判性思维的概念给出一致公认和规范的界定,并在具体表述中有些差异,但二者关系极为密切,常彼此相伴而行。它们的一个共同点就是:把主要注意力放在了实际论证上面。

非形式逻辑虽不是形式逻辑,但毕竟是逻辑,它是以经验的和用自然语言表述的实际论证为对象,是对实际论证所含有的论证形式的明确认识与建构。批判性思维则以多角度、批判性为其特征对论证作多方面的、反思性的分析与考察。

论辩理论则充分强调了在论辩行为与结果中所要考虑的言词因素、语境因素、情境因素以及影响论辩交际的其他语用因素。将"论辩看作是一种言语的、社会

---

①　转引自〔荷兰〕弗兰斯·H·凡·爱默伦、弗兰西斯卡·斯·汉克曼斯著,熊明辉、赵艺译:《论辩巧智》,新世界出版社2006年版,第6页。

的、理性的活动,其目的是通过提出一个或一个以上能证明该立场为真的命题来使理性的批判者接受该立场"。①

上述描述,无论是非形式逻辑与批判性思维,还是论辩理论,它们的一个共性,就是摆脱了形式逻辑在人们实际思维中运用判断和推理时都进行形式刻画的局限,而把视角转向与人们实际生活密切相关的现实,把目光集中在培养和提高人们的实际论证能力上,把注意力放在论证的可接受性和合理性上。其意义在于:理性是人类追求的目标,合理性是通往理性的桥梁,而论证则是实现合理性的重要手段。

学逻辑的目的是应用逻辑,而应用逻辑必须和社会现实密切结合。非形式逻辑与批判性思维和论辩理论对此进行了积极的思考,并取得了开创性的成果。特别是它们将学逻辑与现实结合,学逻辑与语言和思维的灵活性结合的思想和主张,对逻辑学的教学与研究的变革有实质性的推动作用,对现代社会人才所需要的信息获取、理性决策、言语沟通、有效交际、参与竞争等素质的培养和提高都有实在的效用。

本书在写作中沉思和重新审视了由亚里士多德创立的演绎逻辑、弗兰西斯·培根创立的近代归纳逻辑而合成的传统逻辑的基本内容和框架,并吸收了非形式逻辑与批判性思维和论辩理论的大量思想和主张。具体体现是:

一、根据各章节逻辑知识的要求及其特点,在每一章节中增设了逻辑方法的掌握要点和要注意的问题,以突出和强调逻辑的应用性。

二、结合法律专业的特点,设置法律逻辑专章。逻辑与法律有着密切的关系,司法的理论和实践均证明法律规范的设立和法律的适用都需要逻辑。英国法学家麦考密克和奥地利法学家魏因贝格尔在他们合著的《制度法论》中指出:"法律科学的任务就是要通过了解法律行为和法律规范之间的规范——逻辑联系与它们作为社会现实(即作为实证法)之间的规范——逻辑关系来理解法律的充满活力的性质。"②

历史上,我们可以阅读到许多在法律论辩中使用逻辑的例子。很多著名的逻辑学家就是法学家。归纳逻辑理论的创始人弗兰西斯·培根曾任英国大法官;数理逻辑理论的先驱者莱布尼兹在大学里学的是法律;古希腊发达的诉讼辩论活动是逻辑学创始人亚里士多德的逻辑理论产生的重要原因。

为此,许多学者尝试和建构法律逻辑学科,发表了一些重要研究成果,编写了为数不少的法律逻辑教材。在这些研究中值得重视的是,由于非形式逻辑的

---

① 〔荷兰〕弗兰斯·H·凡·爱默伦、弗兰西斯卡·斯·汉克曼斯著,熊明辉、赵艺译:《论辩巧智》,新世界出版社 2006 年版,第 1 页。

② 周叶谦译,中国人民大学出版社 1994 年版,第 53 页。

兴起所导引的法律逻辑的非形式的转向。如德国逻辑学家西密提斯（Simitis,1960)提出,"法律逻辑本质上是非形式的";另一德国逻辑学家佩雷尔曼（Perelman,1960)也指出"法律逻辑是一种非形式逻辑"。我国学者甚至指出,法律逻辑的非形式的转向,是法律逻辑研究的第三次转向（第一次,是法律逻辑现代化转向;第二次,是法律逻辑的法理学转向)。① 表明法律逻辑作为一门学科正在不断完善、深化,表明法律逻辑与论辩理论密切相连以及论辩理论在逻辑框架里的应有地位。

本书定名为《法律专业逻辑学教程》,意蕴我们在全书写作和思考中,吸收和借鉴了国内外关于法律逻辑的一些主要研究成果,设置了法律逻辑专章,通过讨论法律逻辑推理问题,表明我们对法律逻辑关注、重视的方向。

三、设置了识别谬误专章。因这是非形式逻辑研究的主要问题。本书以非形式逻辑与批判性思维的思想和主张为指导,从宽泛的角度给出谬误定义和分类,并列举典型例证加以分析。

四、所编辑的逻辑习题,参阅了以非形式逻辑和批判性思维为指导的,我国学者近年来编辑的 MBA（工商管理硕士）、MPA（公共管理硕士)和国家公务员的入学、入围考试的有关逻辑习题。着重挑选了有关推理的前提对结论给予的证据支持程度和推理结论所具有的可接受性的逻辑练习题,培养学生的逻辑思维能力和批判性思维能力,增强逻辑训练的实用性和可操作性。

本书由华东政法学院、中国政法大学、中国刑警学院、燕山大学、广东警官学院、河南公安高等专科学校等全国政法院校的逻辑教师共同编撰而成。在写作过程中,我们参考、借鉴了国内外一些逻辑教材,对这些参考、借鉴的教材,我们列书目于后,以示我们对这些作者的敬意和谢意,并供教师和学生们阅读。同时我们非常感谢复旦大学出版社张永彬副总编的帮助、指导。

本书由张晓光任主编,孔庆荣、辛力军任副主编。张晓光拟定写作纲要,孔庆荣和华东政法学院逻辑教研室王莘两位先生提出了重要的建设性意见。张晓光在各章初稿的基础上作最后统稿。本书包含着各位作者多年的教学经验和思考,撰写分工如下（按撰写章节先后为序):

张晓光（华东政法学院教授、博士):第一章、第二章;

辛力军（中国刑警学院副教授):第三章、第七章;

孔庆荣（华东政法学院副教授):第四章;

刘汉民（广东警官学院副教授):第五章;

周　静（河南公安高等专科学校副教授、法学硕士):第六章、第八章;

王建芳（中国政法大学副教授、博士):第九章;

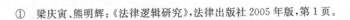

① 梁庆寅、熊明辉:《法律逻辑研究》,法律出版社2005年版,第1页。

缪四平(华东政法学院副教授,哲学、法学硕士):第十章;
刘邦凡(燕山大学教授、博士):第十一章。
由于我们水平有限,错误、不当、疏漏之处难免,敬请大家批评指正。

编 者
2006 年 12 月

目 录

第一章 逻辑是什么 1
  1.1 逻辑是什么 1
  1.2 逻辑学的性质和作用 5
  1.3 逻辑简史 7

第二章 概念要明确 12
  2.1 什么是概念 12
  2.2 概念的两个基本逻辑特征——内涵与外延 13
  2.3 概念与语词 13
  2.4 概念的种类 14
  2.5 概念间的关系 16
  2.6 明确概念的三种逻辑方法 18

第三章 判断要恰当 30
  3.1 什么是判断 30
  3.2 判断的恰当性 32
  3.3 对事物性质情况的断定——性质判断 34
  3.4 对事物关系情况的判定——关系判断 40
  3.5 对事物并存情况的断定及其合取式——联言判断 45
  3.6 对事物选择情况的断定及其析取式——选言判断 47
  3.7 对事物条件情况的断定及其蕴涵式——假言判断 50
  3.8 对事物否定情况的断定及其否定式——负判断 55
  3.9 对事物情况加上"必然"、"可能"等概念的断定——模态判断 59
  3.10 对事物情况加上"必须"、"禁止"等概念的断定——规范判断 60

第四章 推理要有效 68
  4.1 什么是推理及其有效性 68
  4.2 简单判断推理 74

4.3　复合判断推理 ··· 101
　　4.4　推理的综合应用 ······································· 117

第五章　规律要遵守 ··· 134
　　5.1　什么是逻辑基本规律 ··································· 134
　　5.2　什么是同一律 ··· 135
　　5.3　什么是矛盾律 ··· 141
　　5.4　什么是排中律 ··· 145
　　5.5　排中律与矛盾律的区别 ································· 148

第六章　归纳要科学 ··· 155
　　6.1　什么是归纳推理 ······································· 155
　　6.2　归纳推理的主要特征 ··································· 156
　　6.3　归纳推理与演绎推理的区别和联系 ······················· 156
　　6.4　归纳推理的种类 ······································· 158
　　6.5　探求因果联系的五种逻辑方法 ··························· 163

第七章　类比要提高 ··· 182
　　7.1　什么是类比推理 ······································· 182
　　7.2　类比推理的公式表示 ··································· 182
　　7.3　类比推理的逻辑特征 ··································· 183
　　7.4　类比推理的种类 ······································· 183
　　7.5　类比推理的作用 ······································· 184
　　7.6　类比推理在侦查中的运用 ······························· 187
　　7.7　运用类比推理应注意的问题 ····························· 190
　　7.8　类比推理要提高 ······································· 191

第八章　论证要纯粹 ··· 197
　　8.1　什么是论证 ··· 197
　　8.2　论证的结构 ··· 198
　　8.3　论证的纯粹性 ··· 200
　　8.4　论证与推理的关系 ····································· 200
　　8.5　论证的作用 ··· 201
　　8.6　论证的种类 ··· 202
　　8.7　什么是演绎论证、归纳论证、类比论证 ··················· 206

8.8 论证的规则 ·················· 210
8.9 什么是反驳 ·················· 215
8.10 反驳的种类 ·················· 215
8.11 反驳方法 ·················· 218

第九章 谬误要识别 ·················· 238
9.1 什么是谬误 ·················· 238
9.2 谬误与诡辩的主要区别 ·················· 238
9.3 谬误的分类 ·················· 239
9.4 什么是形式谬误 ·················· 239
9.5 什么是非形式谬误 ·················· 240

第十章 逻辑与法律 ·················· 257
10.1 逻辑与法律 ·················· 257
10.2 什么是法律逻辑 ·················· 260
10.3 什么是法律推理 ·················· 261
10.4 法律推理的特征 ·················· 262
10.5 法律推理的种类 ·················· 263
10.6 逻辑在法律上的运用 ·················· 283

第十一章 传统与现代 ·················· 315
11.1 什么是现代逻辑 ·················· 315
11.2 经典命题逻辑 ·················· 318
11.3 经典谓词逻辑 ·················· 333

参考答案 ·················· 342

主要参考书目 ·················· 375

第一章 逻辑是什么

本章提要

本章通过追溯逻辑一词的由来,主要阐述了逻辑学的定义。本章把逻辑置在一个"大逻辑"观的视角上,予以宽泛理解。将逻辑学定义为:是一门研究思维的形式、规律和方法的科学。本章还阐述了逻辑的基础性、工具性的性质,逻辑的应用意义以及逻辑发展的简史。通过这些介绍使学生增强对逻辑的认识和理解,增强对逻辑学习的兴趣和热情。

1.1 逻辑是什么

1.1.1 逻辑一词的含义

"逻辑"是外来语,且多义。

"逻辑"是英语"Logic"的音译。它源于古希腊语"逻各斯"。逻各斯是多义词,主要含义有:(1) 一般的规律、原理和规矩;(2) 命题、说明、解释、论证等;(3) 理性、推理;(4) 尺度、关系、比例;(5) 价值等。

最早将西方逻辑思想引入中国的是明末清初学者李之藻,他与西方传教士傅汎际合力翻译了《名理探》一书。初始,中国译者将"Logic"译为"名学"、"辩学"、"名辩学"。而将"Logic"译为"逻辑"一词的是我国近代学者严复。"逻辑"一词首见于他 20 世纪初的译著《穆勒名学》一书中。后经近代学者的提倡,这一译名才逐渐普及。

在汉语中"逻辑"一词也是多义的,主要含义有:(1) 客观事物的规律;(2) 某种理论、观点;(3) 思维的规律、规则;(4) 逻辑学或逻辑学知识。

本书采用的含义是作为一门科学的"逻辑",亦即汉语含义中的第(4)种。

1.1.2 逻辑的研究对象

在现实中,特别是在学界,逻辑不仅在词义上多义,而且在研究对象上也存有异义。有的学者认为逻辑是研究有效推理的理论,即有效推理就是从前提真必然地得出结论真的理论。有的学者认为逻辑是关于正确思维的理论,把逻辑置在一个"大逻辑"观的视角上,予以宽泛理解。

本书持后一种逻辑观。将逻辑定义为:是一门研究思维的形式、规律和方法的科学。

1.1.2.1 什么是思维的形式

思维的形式,又称思维的逻辑形式,它是指思维内容的存在方式、联系方式。

在理解什么是思维的形式时,我们先要把握思维是什么。辩证唯物主义认识论认为,人的认识是人脑对客观世界的反映,是基于实践的基础上由感性认识上升到理性认识的不断深化的过程。而思维则是认识的理性阶段。理性认识阶段的特征是:对现实间接、抽象、概括的反映。理性认识阶段的具体表现形式是:概念、判断、推理。概念是反映对象特有属性的思维形式;判断是对对象作出断定的思维形式;推理是由已知知识推出一个新知识的思维形式。

因此,思维的形式,就是概念、判断、推理三种思维形式的联结方式。

如:

所有法律都是强制性的。

所有金属都是导电体。

所有商品都是劳动成品。

以上三语句,用逻辑术语表述,就是三个判断。这三个判断的具体内容各不相同,但它们却有共同的形式。这共同的形式就是:所有……都是。

若把上述三个判断的各自内容"法律"、"金属"、"商品"和"强制性的"、"导电体"、"劳动成品",用符号"S"和"P"表示,则它们的思维逻辑形式就是:

所有 S 都是 P。

又如:

如果过度砍伐森林,那么就会破坏生态平衡。

如果某甲是杀人凶手,那么某甲有作案时间。

如果物体受到摩擦,那么物体一定生热。

这也是三个判断,它们各自的内容不同,但却有共同的逻辑形式。这个共同的逻辑形式是:如果……那么。若用 P 表示其中的"过度砍伐森林"、"某甲是杀人凶手"、"物体受到摩擦",q 表示"就会破坏生态平衡"、"某甲有作案时间"、"物体一定生热"。则该思维逻辑形式为:

如果 P,那么 q。

我们再看下例:

所有金属都是导电体,
所有铜都是金属,
_____

所以,所有铜都是导电体。

所有违法行为都是具有社会危害性的行为,
所有犯罪行为都是违法行为,
_____

所以,所有犯罪行为都是具有社会危害性的行为。

　　上例就是两个推理,推理是以句组或句群来反映思维对象。它们的思维具体内容虽各不相同,但却有共同的形式,它们都包含有三个概念和三个判断,每个概念都出现两次。如果用"M"分别表示其中的"金属"、"违法行为",用"S"分别表示其中的"铜"、"犯罪行为",用"P"分别表示其中的"导电体"、"具有社会危害性的行为",那么上述两个推理的思维逻辑形式可以表示为:

所有 M 都是 P,
所有 S 都是 M,
所以,所有 S 都是 P。

　　通过以上分析,我们大致有如下三个方面的概括和总结。

一、语言是思维直接转换现实的中介

　　由于思维是人脑的机能,看不见,听不到,摸不着。要使思维这种人脑的机能取得直接的现实,得到物化,则需有中介承载。这个中介就是语言。语言是思想的直接现实,无论是思维的活动过程,还是思维成果的存在,都离不开语言。思维的表现形式是概念、判断、推理。因此,概念、判断、推理需要借助语词、语句、句群等语言形式来巩固和表达。

二、有两种语言表达思维

　　在运用语言表达思维的过程中,有两种语言:一种是自然语言,一种是人工语言。自然语言就是指不同民族的人们日常使用的语言,如汉语、英语、法语等。人工语言就是人们通过严格定义的方式而创立的表意符号、公式、公式序列等,又称符号语言,如本教材出现的 ¬、∧、∨、∀、→、←、↔、"S"、"P"、"p"、"q"、"M"等符号。人工语言的使用,它避免了在使用自然语言中发生的歧义,从而使语义刻画更为抽象、严格、准确,更具普适性(本教材主要是以自然语言为工具,在刻画思维形式时引入了必要的符号语言）。

三、逻辑形式是由逻辑常项和逻辑变项两部分组成

通过以上分析得出的有关思维的逻辑形式可以看到，思维的逻辑形式的存在方式、联系方式包括逻辑常项和变项两部分。所谓逻辑常项，是指在某种逻辑形式中，不随思维具体内容的变化而发生变化的部分。以上逻辑形式中的"所有……都是……"、"如果……那么……"、"所以"都属于逻辑常项。所谓变项，是指在某种逻辑形式中随着思维具体内容的变化而发生变化的部分。以上逻辑形式中的"S"、"P"、"p"、"q"、"M"都属于变项。因此，可以这样表述：任何一种思维逻辑形式都是由逻辑常项和逻辑变项两部分组成，其中，逻辑常项决定逻辑形式的性质并且是区分不同逻辑形式的依据。

1.1.2.2 思维形式的规律

思维形式的规律，亦即逻辑规律。它是在研究思维形式的基础上总结出来的，是存在于思维形式中的必然关系。

逻辑规律分为基本的逻辑规律和非基本的逻辑规律。

基本的逻辑规律通常是指：保证思维确定性的同一律，保证思维无矛盾律性的矛盾律，保证思维明确性的排中律三大规律（有的教科书指四大规律，将充足理由律也列入其中）。基本的逻辑规律是普遍地适用于各种类型的思维形式，体现了任何人进行思维活动时都必须遵守的最起码的逻辑要求的规律。

非基本逻辑规律是指，适用于某一种思维形式中的特殊规律，传统逻辑把这些规律称之为逻辑规则。

在现代逻辑的基础部分即经典命题逻辑和经典谓词逻辑中，逻辑的基本规律是以重言式或者普遍有效的方式表现出来的。

我们掌握逻辑规律至少要有这样两点认识：

一是，思维形式的规律不是人们主观臆造的，而是有其客观基础的，它们是客观事物本身所存在的关系在人们头脑中的反映；

二是，这些规律不但是人们正确地认识客观世界和表述、论证思想的有效凭借，而且也是在这个过程中人们必须遵守的，它对正确思维具有规范性和制约性。

1.1.2.3 思维的逻辑方法

逻辑学还研究思维的逻辑方法。它主要是指，人们在思维的过程中所形成的概念、判断，进行推理和论证的方法。如定义、划分、限制和概括三种明确概念的逻辑方法，探求因果联系的科学归纳法，进行证明和反驳的反证法和归谬法等。逻辑方法与思维的逻辑形式及其规律有着密切的联系，也是逻辑学研究对象中不可缺少的部分。

1.2 逻辑学的性质和作用

1.2.1 逻辑学的性质

逻辑学的性质主要体现在它的功能定位上。

逻辑学所具有的工具性、基础性的功能定位早已为专家、学者论述，或权威部门认定，并被大家接受。

逻辑学本身虽不能给人们直接提供各种具体知识，但它能够为人们进行正确思维、获取新知识，以及表述、论证思想，提供必要的逻辑手段和方法。这种工具性，从逻辑学产生之日起就已经被人们认识，它不仅成为在论辩、演讲、谈话中所必不可少的有力工具，而且也成为一切科学研究的必备工具，并将其与数学和语言学相类比。逻辑学的创始人亚里士多德的逻辑文章，就被后人辑名为《工具论》；近代归纳逻辑的奠基人弗兰西斯·培根也将自己的逻辑著作，定名为《新工具》。

逻辑学作为工具性的定位，具有全人类性。任何一个人，只要进行思维活动，那么，逻辑学所揭示的有关思维形式的知识，就必须遵守。唯有如此，人们才可能正确地认识客观世界，人和人之间的思想交流、相互理解也才有可能成为现实。

逻辑学是基础学科。联合国教科文组织早在1974年编制的学科分类中，就已经把逻辑学（包括逻辑的应用、演绎逻辑、一般逻辑、归纳逻辑、方法论等）与数学、天文学和天体物理学、地球科学和空间科学、物理学、化学、生命科学一起并列为七大基础学科。

逻辑学所具有的基础性，主要表现在任何一门科学，都要运用概念、判断（命题）去进行推理、论证，都要从基本概念派生出许多概念，从基本原理或假设推导出许多命题，从而构成一个完整的知识体系。对于其他科学而言，逻辑学的基本理论是普遍适用的原则和方法，是建立各门科学的基础。

1.2.2 逻辑学的作用

学逻辑的目的是用逻辑。因此，逻辑学的作用，主要体现在它的应用性上。关于逻辑的应用，可从以下三方面进行说明。

一、有助于人们准确、严密地表达和交流思想，进行有效的交际

人们在工作、学习和生活中，相互表达、交流思想，进行有效的交际，主要有两种方式，一是说，一是写。说和写的第一"要务"是清楚、明白。因为主体之间的交际不论是单向的，还是双向的，都要清楚、明白。只有清楚、明白才能准确、严密地表达和交流思想，才能进行有效的交际。在当今现代化社会，举凡才华的展示、主

张的宣传、交际的成功等,都与人际间的有效沟通相关,人际间的有效沟通又与卓有成效的说与写密切相连。没有合乎逻辑的思维,一个人就很难把话说清楚,写明白,自然就谈不上有效的人际沟通了。逻辑学要求人们在运用概念时要明确、作出判断要恰当、推理要有逻辑性,它所强调的思维严整性、论证的纯粹性的功能,有助于提高人们这方面的思维能力。

不仅如此,作为在校大学生,学习逻辑,培养较高水平的逻辑思维能力,还有其自身的目的。这种目的至少有两个层面:一个层面,大学生在校学习的一项重要任务就是获取科学知识。所谓科学知识,应当是对自然及社会现象的原因的认知和规律的把握。而对这种知识的获取、把握仅靠感觉或信念是办不到的,必须靠客观、普遍和有效的逻辑推理;另一个层面,随着现代社会的高度发展,知识、信息越来越趋向多变性、综合性,社会需要多才多艺的复合型人才成为必然。而成为复合型人才的前提就是学习逻辑知识,掌握逻辑方法,培养逻辑素养。近年来,持续成为热点的 MBA(工商管理硕士)、MPA(公共管理硕士)和国家公务员的入学、入围考试,都将有关的逻辑知识列为其考试的重要内容,就说明了这一点。

二、有助于培养和提高人们认识事物、把握事物规律的思维能力,从而运用逻辑推理获得间接知识

直接经验构成了人类认识的一个重要来源。但是,这一来源有其自身的局限性。在有些情况下,仅仅依靠直接经验,人们是根本不可能获得有关对象的具体认识的。事实上,多数知识还是通过间接的途径获得的。在这个过程中,需要运用推理。因为推理是由一个或几个判断推出另一判断的思维形式。

例如,喜马拉雅山被人们称之为"世界屋脊"。人们由此认为,不仅今天如此,且以前也应如此。但科学家的科学考察告诉我们:27亿年前,那里是一片汪洋大海。根据地质学常识,逻辑推理告诉我们:凡是有水生生物化石的地层,都是地质史上的古海洋地区;科学发现,喜马拉雅山山脉的地层遍布了珊瑚、苔藓、鱼龙、海百合等水生生物化石;因此,得出结论:喜马拉雅山在过去的地质年代,曾经是一片汪洋大海。

我们把上例写成如下的形式:

凡是有水生生物化石的地层都是地质史上的古海洋地区,
喜马拉雅山山脉的地层有水生生物化石,

所以,喜马拉雅山山脉是地质史上的古海洋地区。

这个结论就是应用了三段论推理形式得出的。这个结论的获得,与其说是相信科学考察,倒不如说相信它所依赖的思维工具——逻辑推理的有效性。

逻辑为推理过程提供有效性或可靠性保证,在公安司法工作中,它的应用性更为凸显。因为,司法工作为探究案件的事实真相,必须进行有效合理的推理论证。

如公安人员在侦查破案过程中,根据现场勘查和调查访问所获得的材料来研究和推测实际案情、确定侦查方向和范围时,也必须进行推理论证。这些都是人们认识事物,把握事物规律,获得间接知识的重要体现。而这些卓有成效的结果的取得,都必须依赖于正确运用各种推理和逻辑方法。

三、有助于识别、驳斥谬误和诡辩

在人们认识客观事物和表述、论证思想的过程中,有时会出现一些谬误。谬误主要是指在人们的思维活动中发生的违反思维规律或规则的逻辑错误。

近代意大利科学家伽利略著名的比萨斜塔试验,就是运用逻辑这一有力武器,推翻了当时的科学权威亚里士多德影响世界长达近千年的关于"物体落下的速度与重量成正比"的论断。亚氏在他的《物理学》一书中讲道:"重的物体下落快,轻的物体下落慢。"当时没有人对这一论断产生怀疑。因为这是权威人士之言,同时又是符合所谓"生活常识"的认知。然而伽利略提出,如果遵循亚氏"重的物体下落快,轻的物体下落慢"的论断,让鸡毛和石头绑在一起,即一个重物和一个轻物绑在一起的话,就会出现两种推断:一方面,重物由于被轻物拖着,要比原先下落的速度慢了;轻物由于被重物拉着,要比原先下落的速度快了。这样轻重两物绑在一起后,其下落速度应比原先单个重物下落慢,而比原先单个轻物下落快。而推断的另一方面,轻重两物绑在一起后,应比原先单个重物还要重,下落速度则更快。这样就出现了逻辑矛盾。若从一个命题出发,推出两个相互矛盾的结论,那么这个命题一定是虚假(不成立)的。可见,亚氏关于"物体落下的速度与重量成比例"的论断是荒谬的。这就是逻辑对谬误的识别,这就是逻辑的胜利。

诡辩主要是指在实际论辩过程中,有的人为了达到某种目的,往往会玩弄诡辩,散布貌似正确实则荒谬的言论,实质也同谬误一样是违反逻辑的规律或规则。为了驳斥诡辩,必须从诡辩产生的根源上加以分析,运用逻辑这一有效工具,指出对方所犯的逻辑错误,才能彻底将其驳斥。

1.3 逻辑简史

逻辑学是一门古老的科学,从产生到今天,它已经有两千多年的历史。古代的中国、印度和希腊是逻辑学的三大源头。

逻辑学产生的三大发源地,说明逻辑不是随便就可以在哪个民族中产生的,它必须具备两个要件:一是,一个民族的抽象思维能力必须达到一定程度;另一是,必须具备论辩蔚然成风的氛围,论辩的氛围培植和发育了逻辑。从逻辑的称谓,可以看到其论辩的意蕴。据史料记载,古希腊人最初认为逻辑包括两部分内容:这就是论辩术和修辞学,而古罗马更多的是用"论辩术";古印度的逻辑称为"因明","因是原因、根据,"明"是知识,因明是考定正邪,研核真伪,也是关于论辩的;我国古代逻辑更是鲜明地称之为"辩学"、"名辩学"、"论理学",我国古代重要的逻辑学著作《墨辩》,开篇就讲"辩"。我们查阅古代中国、印度、希腊的历史就可以看到三大逻辑发源地所具的上述两点成因。

古代中国、印度、希腊三大逻辑发源地,在自己民族文化背景下,用自己民族的语言和表达方式,向后人阐释了各自的逻辑体系,形成了三个不同的逻辑传统。

1.3.1 以古希腊逻辑为先河的传统逻辑

古希腊是三大逻辑发源地之一。被马克思誉为"百科全书式的学者"、被恩格斯誉为"古希腊最博学的人"的亚里士多德(公元前384—前322)是逻辑学的创始人。

亚里士多德在继承前人研究成果的基础上,建立了人类历史上第一个演绎逻辑系统,后人尊称为"西方逻辑之父"。亚里士多德的主要逻辑著作包括:《范畴篇》、《解释篇》、《前分析篇》、《后分析篇》、《论辩篇》和《辩谬篇》。后人把亚氏这些逻辑专著收集在一起,合称《工具论》。在这些著作中,他分别论述了有关概念、判断、推理、论证、论辩的方法以及如何驳斥诡辩等方面的问题。特别是他关于三段论的理论,至今我们仍在沿用。另外,在其哲学著作《形而上学》一书中,他还系统地论述了矛盾律、排中律,同时也涉及同一律。正是由于亚里士多德的卓越贡献,才奠定了传统逻辑学发展的坚实基础。

继亚里士多德之后,古希腊斯多葛学派研究了假言命题、选言命题、联言命题以及由它们所组成的推理形式,并提出了相应的推理规则。欧洲中世纪对逻辑学的发展虽没有多大的建树,但出版了一些较有影响的逻辑教科书,如西班牙彼得的《逻辑大全》等。

17世纪,随着实验自然科学的兴起和发展,英国哲学家、逻辑学家弗兰西斯·培根(1561—1626)研究了科学归纳法问题。他在《新工具》一书中提出了科学归纳的"三表法"即"存在和具有表"、"差异表"、"程度表",进而奠定了归纳逻辑的基础。19世纪,英国哲学家、逻辑学家穆勒(1806—1873)在《逻辑体系》(我国近代学者严复译为《穆勒名学》)中把培根的三表法进一步发展为科学归纳的五种方法:求同法、求异法、求同求异并用法、共变法和剩余法。至此,由古希腊的演绎逻辑与近代的归纳逻辑构成了今天称之为传统逻辑的基本框架。

1.3.2 中国古代逻辑——名辩学

中国古代无"逻辑"之名,只有"形名"或"辩"之称。① 因此,中国古代逻辑思想

---

① 温公颐:《先秦逻辑史》,上海人民出版社1983年版,第1页。

也大都体现在"名"和"辩"上。名家的公孙龙、后期墨家和儒家的荀子是我国先秦名家、墨家和儒家中对名和辩的学说论述最详、思想最深、贡献最大的代表。在先秦史上,他们都对名和辩提出了最为丰富的思想理论体系和学说体系。《公孙龙子·名实论》、《墨经·小取》和《荀子·正名》三篇反映了他们三家的名辩学说和理论体系。

在公孙龙《名实论》和荀子《正名》篇里,他们都提出了关于概念之"名"必须具有自身确定性的逻辑正名原则和正名中必须遵守的同一律和矛盾律的原则。特别是《墨经》的《经上》、《经下》、《经说上》、《经说下》、《大取》、《小取》等六篇逻辑专文,集中体现了墨家学派的创始人——墨子和前、后期墨家,以其思想前后贯通,继承和发展的关系,在中国特定的社会历史、文化背景下,用自己的语言和表达方式论述了"辩"的对象、范围和性质,提出了名、辞、说等基本思维形式,总结了譬、侔、援、推等具体论式,制定了它的规则,讨论了在推类中可能发生的谬误和成因,以及纠正、预防的方法,独创了以类同为依据的"类比"推类理论,并发展成为一个完整的理论形态,代表了中国古代逻辑的最高水平。

1.3.3 印度古代逻辑——因明学

尽管学界有人称"因明"为佛家逻辑,但由于约定俗成,人们都将"因明"或"因明学"指定为古印度逻辑。"因"是指原因、理由、根据,"明"是指智慧和知识。合称即是研究论证、推理及其依据的学说。

因明在古代印度的发展曾有两个阶段——古因明与新因明。古因明与新因明的主要区别是关于逻辑推理上。古因明的推理是五支作法,而新因明是三支作法。古因明的五支作法是由五个部分"即五个支"组成。即:宗(论题)、因(理由)、喻(例证)、合(合因,喻以证宗)、结(结论)。新因明认为合与结两支,是前三支的重复,没有实际意义。因此删除了五支作法中的合、结两支,仅余宗、因、喻三支,这就是新因明的三支作法。即推理形式由三个部分(三支)组成,即:宗(论题)、因(理由)、喻(例证)。

新因明的代表人物是5世纪的陈那和他的弟子商羯罗王,代表作是陈那的《正理门论》和他弟子商羯罗王用以解释陈那的《正理门论》的《入正理门论》。新因明理论从5世纪陈那到7世纪法称,把三支作法和因明三相理论发展为更接近亚氏三段论的推理水平,建立了更为完善的"八门二益"的逻辑体系,达到了古印度逻辑发展的最高水平,成为古印度逻辑的真正代表。

1.3.4 现代逻辑的兴起与发展

现代逻辑是在亚里士多德创立的传统逻辑基础上形成和发展起来的。现代逻辑,有的学者称之为"数理逻辑"。

17世纪末期,德国数学家、哲学家、逻辑学家莱布尼兹(1646—1716)提出了两种思想,一种是用数学演算的方法来处理演绎逻辑;另一种是要在自然语言之外,创立一种适合于演算的"通用语言"。莱布尼兹的这两种思想,为数理逻辑的诞生奠定了思想基础。虽然他的理想没有通过自己的努力而得以实现,但后人仍然公认他是数理逻辑的创始人。

莱布尼兹之后,英国数学家、逻辑学家布尔(George Boole,1815—1864)于1847年建立了"逻辑代数"。这是数理逻辑的早期形式,它标志着莱布尼兹关于数理逻辑的思想已经初步成为现实。

19世纪末和20世纪初,另一位德国数学家、哲学家、逻辑学家弗雷格(Gottlob Frege,1848—1925)模仿数学的方法,首次把传统逻辑符号化,并形成一种结构清楚的逻辑演算系统。由于弗雷格的杰出贡献而被认为是现代逻辑之父。

自弗雷格后,经许多杰出的逻辑学家,如皮亚诺(Giuseppe Peano,1858—1932)、罗素(Bertrand Russell,1872—1970)和怀特海(Alfred Whitehead,1861—1947)等人的不懈努力,直至1930年,哥德尔(Kurt Gödel,1906—1978)证明了一阶谓词演算的完全性,数理逻辑才算真正创立,标志着现代逻辑的诞生。

数理逻辑的基础部分,就是我们常说的两个演算,即命题演算和谓词演算。以命题演算和谓词演算为基础的现代逻辑已经发展出各种各样的分支。其前沿的研究领域有语言逻辑、哲学逻辑、计算机与人工智能逻辑以及认知逻辑等。

【练习题】

一、填空题

1. 任何一种逻辑形式都是由_____和_____两个部分构成的。
2. 断定属于何种逻辑形式的根据是_____。
3. "所有的金属都是导电体"这一判断的逻辑形式是_____,其中逻辑常项是_____,变项是_____。
4. "有的s是p"这一判断形式的逻辑常项是_____,变项是_____。
5. "所有的事物都不是不发展的"和"无论什么困难都不是不可克服的"这两个判断所共有的逻辑形式是_____,其中逻辑常项是_____,变项是_____。
6. "如果物体受到摩擦,那么它就会发热"这一判断的逻辑形式是_____,其中逻辑常项是_____,变项是_____。
7. "只有p,才q"这一判断形式的逻辑常项是_____,变项是_____。
8. "并非p并且q"这一判断形式的逻辑常项是_____,变项是_____。

9. "或者 p, 或者非 p"这一判断形式的逻辑常项是_____,变项是_____。

二、单项选择题

1. 各种逻辑形式之间的区别,取决于( )
   A. 逻辑常项 B. 逻辑变项 C. 语言表达形式 D. 思维内容

2. "p 并且 q"与"p 或者 q"这两个判断形式,它们含有( )
   A. 相同的逻辑常项,相同的逻辑变项
   B. 不同的逻辑常项,相同的逻辑变项
   C. 相同的逻辑常项,不同的逻辑变项
   D. 不同的逻辑常项,不同的逻辑变项

3. 在直言判断中,主项和谓项的周延情况取决于( )
   A. 逻辑常项 B. 逻辑变项 C. 语言表达形式 D. 思维内容

4. 如果 A 与 B 两个判断具有矛盾关系,则它们必具有( )
   A. 相同的逻辑常项,相同的逻辑变项
   B. 不同的逻辑常项,相同的逻辑变项
   C. 相同的逻辑常项,不同的逻辑变项
   D. 不同的逻辑常项,不同的逻辑变项

5. 如果 A 与 B 两个判断具有等值关系,则它们必具有( )
   A. 相同的逻辑常项,相同的逻辑变项
   B. 不同的逻辑常项,相同的逻辑变项
   C. 相同的逻辑常项,不同的逻辑变项
   D. 不同的逻辑常项,不同的逻辑变项

6. 下列具有共同逻辑形式的是( )
   A. $\neg p \vee p$ 与 $p \vee q$ B. $p \wedge \neg q$ 与 $r \wedge \neg s$
   C. SAP 与 SEP   D. Lp 与 $\neg M \neg p$

7. A 与 B 是两个逻辑形式不同的直言判断,因此,它们的( )
   A. 主项和谓项都不同   B. 主项相同,谓项不同
   C. 量项和联项都不同   D. 主项不同,谓项相同

第二章 概念要明确

本章提要

概念是构成判断和推理的基本要素,亦是对判断和推理掌握和运用的基础。概念具有两个基本逻辑特征,即内涵和外延。学习概念首先认识、理解和掌握概念要明确。在学习和掌握概念的种类和概念之间的关系基础之上,重点掌握明确概念的三种逻辑方法。这就是:定义、划分、限制和概括。

2.1 什么是概念

概念是反映思维对象特有属性的思维形式。

如,国家、学校、法律、律师、黄河、中国女子排球队、书籍、车辆、非机动车辆、未成年人等表达的就是概念。

对上述概念定义,我们作如下理解。

思维对象

思维对象亦指人们思考的对象,它可以是某个或某类事物,也可以是某种性质和关系。如颜色、气味、形状、功能、好坏、美丑,反映的是事物的性质;认识、援助、信任、喜欢、抚养、遗弃等,反映的是事物的关系。

属性

每一个事物都有其自身的性质,如上述颜色、气味、形状、功能、好坏、美丑等,同时事物不是孤立存在的,总是存在着一定的关系,如上述认识、援助、信任、喜欢、抚养、遗弃等。事物的性质和事物之间的关系,统称为事物的属性。事物与属性密不可分。事物总有属性,属性也总属于事物,无属性的事物和脱离事物的属性都是不存在的。事物由于属性的相同或相异而形成各种不同的类。具有相同属性的事物组成一类,具有不同属性的事物分别地组成不同的类。

特有属性

在事物的诸多属性中,有些是特有属性,有些是非特有属性。所谓特有属性,是指一类事物独具有而其他类事物都不具有的属性。它对一事物之所以成为该事物起决定性的作用。所谓非特有属性,是指对一事物之所以成为该事物不起决定性作用的属性。例如,"人"这一概念,有性别、年龄、身高等诸多属性,但这不是人的特有属性,因为这些属性不是起决定作用,不能将人和其他动物相区别。"人是有语言,能思维,制造工具并使用工具进行劳动的高等动物。"这才是人的特有属性,这一属性才决定人之所以是人,以便与动物相区别。

2.2 概念的两个基本逻辑特征
——内涵与外延

概念的内涵是指反映在概念中的事物的特有属性,通称概念的含义。

例如,"商品"这个概念的内涵就是"用于交换的劳动产品"。又如,"故意犯罪"这个概念的内涵就是"明知自己的行为会发生危害社会的结果,并且希望或者放任这种结果发生,因而构成犯罪的行为"。

概念的外延是指反映在概念中的具有概念内涵的所有事物,通称概念的适用范围。

例如,"商品"这个概念的外延,就是具有商品这个概念内涵的,在市场上出售的所有商品。"故意犯罪"这个概念的外延就是具有"故意犯罪"这个概念内涵的一切犯罪行为。

任何概念都有内涵和外延。因此说,概念的内涵与外延是概念的两个基本的逻辑特征。

2.3 概念与语词

概念作为一种思维形式,是通过一定的语言形式,即语词来表达的。同时,并非所有语词都表达概念,因此,概念与语词既有联系又有区别。

联系方面:

概念是语词的思想内容,语词是概念的表达形式。任何概念都是用语词来表达的。不借助语词的概念是不存在的,不表达一定概念的语词也是没有意义的。

区别方面有三:

一是,并非所有的语词都表达概念。在汉语中,一般来说实词(名词、动词、形容词、数词、量词、代词等)都表达概念;不能单独充当句子成分的虚词一般不能表达概念。

二是,同一个概念可以用不同的语词表达。如"土豆"与"马铃薯"、"合同"与"契约"等等。由于不同语词可以表达同一概念,这样,从使用概念的角度,便有了更多选择语词的机会。

三是,同一个语词在不同的语言环境中可以表达不同的概念。语言学中的多义词就属此类。如第一章中"逻辑"一词就是多义词。对这种一词多义现象,要做到概念明确,而辨别一个语词究竟表达什么概念,则必须结合具体语言环境来明确。

2.4 概念的种类

为了进一步理解和把握概念的内涵与外延,人们根据概念内涵或外延的不同特征,把概念分成不同的种类。

2.4.1 单独概念和普遍概念

根据概念所反映对象的数量是一个还是两个或两个以上,把概念分为单独概念和普遍概念。

单独概念是反映独一无二的对象的概念。

其外延只有一个单独事物。如"中国"、"上海"、"黄山"、"雷锋""中国第一部宪法"、"世界最高峰"等,都是单独概念。

语词中的专有名词都表达单独概念,如,人名、地名、国名、书名、事件等。另外,某些词组也可以表达单独概念,如"《资本论》的作者"、"那位反贪英雄"、"这个罪犯"、"中国第一支南极科学考察队"等。

普遍概念是反映两个或两个以上对象的概念。

其外延是两个或两个以上的对象。如"法律"、"律师"、"工人"、"农民"、"士兵"、"法学家"等,都是普遍概念。

语词中的普通名词、动词、形容词等是表达普遍概念的。同时普遍概念也可以由词组表达,如"司法干部"、"人民政府"、"我心目中最喜欢的教师"、"中等发达国家"、"法律禁止的行为"等。

2.4.2 集合概念和非集合概念

根据概念所反映的对象是否为集合体,把概念分为集合概念和非集合概念。
集合概念就是反映集合体的概念。

例如,"中国人是勤劳勇敢的"中的"中国人"就是一个集合概念,它把中国人作为一个整体来对待,它所具有的属性,组成该集合体的个体未必具有。再如,"中国女子排球队"、"休斯敦火箭队"、"森林"、"花卉"、"丛书"、"工人阶级"等,都是集合概念。

非集合概念就是不反映集合体的概念。

非集合概念是相对于集合概念而言,凡不属于反映集合体的概念都是非集合概念。例如,"队员"、"树"、"花"、"书"等,都是非集合概念。

理解和把握集合概念与非集合概念,并将这两个概念加以区分是十分必要的。

非集合概念是反映事物的类与类分子的关系。逻辑学中,把具有相同属性的事物(即同一类的事物)叫做类,把从属于类的每一个事物叫做分子。类与分子的关系是:类是组成类的分子共性的概括,其中每个分子必定具有该类的属性并属该类。

集合概念是反映事物的集合体与个体的关系。由许多同类事物有机构成的统一整体叫集合体,构成集合体的每一个具体事物叫做该集合体的个体。集合体与个体的关系是:集合体由个体构成,每个具体的个体不必具有该集合体的属性。

如,"律师"就是一个类,每一个具体的律师都是这个类的分子,都必然具有"律师"这个类的属性。"中国共产党"就是一个集合体,每一名党员都是构成这个集合体的个体,但却并不具有"中国共产党"这个集合体的属性。

由此可见,掌握类与类分子,集合体与个体两种不同的关系,是区别集合概念和非集合概念的关键所在。

区分集合概念和非集合概念,有时还要根据具体的语言环境来加以确定。同一语词在不同的语言环境中,有时是在集合意义下使用,表达的是集合概念;而有时是在非集合意义下使用,表达的是非集合概念。例如:

① 知识分子是国家的宝贵财富。

② 大学教师是知识分子。

例①中的"知识分子"这一概念是在集合意义下使用,它表达知识分子是国家的宝贵财富这一整体属性,因此是集合概念。而例②中的"知识分子"是在非集合意义下使用的,它表达每一位大学教师都具有知识分子的属性,因此是非集合概念。

2.4.3 正概念和负概念

根据概念所反映的事物是否具有某种属性,把概念分为正概念和负概念。

正概念又叫肯定概念,是反映事物具有某种属性的概念。

例如,"合法行为"、"正义战争"、"健康"、"成年人"、"正当竞争"等,都是正概念。

负概念又叫否定概念,是反映事物不具有某种属性的概念。

例如,"不合法行为"、"非正义战争"、"不健康"、"未成年人"、"不正当竞争"等,都是负概念。

在语词表达上,负概念的语词往往都在其相应的正概念前面带有"无"、"非"、"不"、"未"等否定词。但这些副词必须具有否定作用,否则表达的就不是负概念。例如,"非洲"、"无锡"、"不丹"、"未来"等都不是负概念,而是正概念。

负概念反映事物不具有某种属性,是相对于反映事物具有某种属性的正概念而言。因此,负概念总是相对某一个特定范围而言,这个特定范围逻辑上称之为论域。论域实际上就是负概念和与其相应的正概念的外延之和,是正、负概念的属概念。例如,"未成年人"是相对于"成年人"而言的,其论域是"人"。

2.5 概念间的关系

因事物的属性是由事物本身的性质和事物之间的关系构成,所以,逻辑学还要研究事物之间的关系。关于概念间的关系,逻辑学主要是从外延方面加以研究的。主要有下列五种关系,并用图形表示,称之为欧拉图(欧拉图是18世纪瑞士数学家欧拉设计的)。

2.5.1 全同关系

全同关系是指外延完全重合的两个概念间的关系。全同关系也称同一关系。例如,"北京"与"中华人民共和国首都"、"《资本论》的作者"与"马克思"等。

若用S和P分别表示两个概念,则全同关系可以用欧拉图表示为:

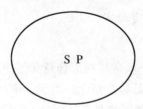

2.5.2 真包含于关系

真包含于关系是指一个概念的全部外延与另一个概念的部分外延相重合的关系,也称种属关系。例如,"刑法"与"法律"、"教师"与"脑力劳动者"都是前者的全部外延与后者的部分外延相重合,因而它们都是真包含于关系。

若用S表示前一概念,用P表示后一概念,则真包含于关系或者说S真包含于

P 的关系,可用欧拉图表示为:

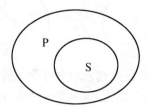

真包含于关系的特点是:所有 S 都是 P,并且有的 P 不是 S。

2.5.3 真包含关系

真包含关系是指一个概念的部分外延与另一个概念的全部外延相重合的关系,又称属种关系。例如,"国家"与"中华人民共和国"、"社会科学"与"法学",都是前者的部分外延与后者的全部外延相重合,因而它们都是真包含关系。

若用 S 表示前一概念,用 P 表示后一概念,则真包含关系或者说 S 真包含 P 的关系,可用欧拉图表示为:

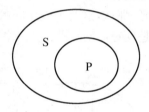

2.5.4 交叉关系

交叉关系是指外延仅有一部分相重合的两个概念间的关系。例如,"律师"与"劳动模范"、"警察"与"青年",都仅有一部分相重合,因而它们都是交叉关系。

两个概念 S 和 P 之间的交叉关系,可以用欧拉图表示如下:

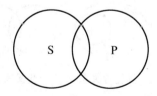

2.5.5 全异关系

全异关系,亦即 S 的全部外延与 P 的全部外延相排斥,所有 S 都不是 P,并且所有 P 都不是 S。例如,"机动车辆"与"非机动车辆"、"内盗"与"外盗"等,都是不相容关系。可以用欧拉图表示如下:

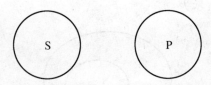

如果两个具有全异关系的概念都真包含于同一个属概念中,并且它们的外延之和等于其属概念的全部外延,那么,这两个概念间的关系就是矛盾关系。如"成年人"与"未成年人",这两个概念就是矛盾关系的概念。两个概念 S 和 P 之间的矛盾关系可以用欧拉图表示如下。

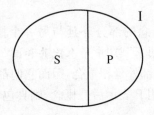

如果两个具有全异关系的概念都真包含于同一个属概念中,并且它们的外延之和小于其属概念的全部外延,那么,这两个概念间的关系就是反对关系。如"红色"和"黑色",这两个概念就是反对关系的概念。两个概念 S 和 P 之间的反对关系可以用欧拉图表示如下:

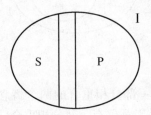

至此,根据上述两个概念外延间的关系,将其归结为以下五种欧拉图形:

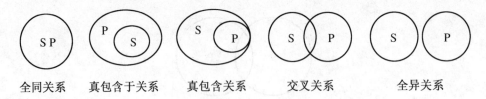

2.6 明确概念的三种逻辑方法

研究概念的目的在于明确概念,而明确概念需要借助于一定的逻辑方法。常见的明确概念的逻辑方法主要有三种：限制与概括、定义、划分。

2.6.1 限制与概括

一、概念限制与概括的逻辑基础——内涵和外延的反变关系

每一概念都有其确定的内涵和外延。具有属种关系的概念，它们的内涵和外延存在着一种反变关系。即外延大则内涵少，外延小则内涵多。

如"法律"与"刑法"是具有属种关系的两个概念。前者的外延比后者的外延大，但内涵比后者少；而后者的外延比前者小，但内涵比前者多。概念的限制和概括正是以内涵和外延的反变关系作为逻辑基础的。

二、概念的限制

概念的限制就是通过增加概念的内涵以缩小概念的外延的逻辑方法。换言之，就是由属概念过渡到种概念的逻辑方法。如"学生"过渡到"大学生"、"干部"过渡到"司法干部"，这种使概念的内涵增多、外延缩小，由属概念过渡到种概念的逻辑方法，就是概念的限制。

三、概念的概括

概念的概括就是通过减少概念的内涵以扩大概念的外延的逻辑方法。换言之，就是由种概念过渡到属概念的逻辑方法。如"大学教师"过渡到"教师"、"故意犯罪"过渡到"犯罪"，这种使概念的内涵减少、外延扩大，由种概念过渡到属概念的逻辑方法，就是概念的概括。

四、概念的限制与概括要注意的问题

限制和概括的逻辑基础是内涵和外延的反变关系，且是由属概念到种概念的过渡或由种概念到属概念的过渡。因此，在进行概念的限制与概括的过程中要注意的问题就是，概念的限制与概括只能是在具有属种关系或种属关系的概念间进行。

如将"青年人"限制为"女同志"、"法规汇编"限制为"民法"、"中国"限制为"上海市"都是不正确的限制。因为这两个概念之间的关系不是属种关系。

如将"学生"概括为"青年"、"宪法序言"概括为"宪法"、"车间"概括为"工厂"、都是不正确的概括。因为这两个概念之间的关系不是种属关系。

特别指出的是，单独概念不能进行限制。因为限制是在属、种概念间进行的，而单独概念只反映一个独一无二的事物，是外延最小的概念，而限制是由属概念到种概念的过渡，因此，单独概念不能限制。

2.6.2 定义

定义是明确概念内涵的逻辑方法。

一、什么是定义

定义就是揭示某一概念所反映的对象的特有属性的逻辑方法，亦即用简练的

语句将该概念的内涵揭示出来的逻辑方法。例如：

委托合同是委托人和受托人约定，由受托人处理委托人事物的合同。

政治权力是公民依法享有参与国家政治生活的权力。

上两例都是定义，它们分别揭示了"委托合同"和"政治权力"这两个概念所反映的对象的特有属性，从而明确了这两个概念的内涵。

二、定义的构成

就逻辑结构而言，任何定义都是由被定义项、定义项和定义联项三个部分构成的。

被定义项就是被揭示内涵的概念，如例中的"委托合同"和"政治权力"。

定义项就是用来揭示被定义项内涵的概念，如例中的"委托人和受托人约定，由受托人处理委托人事物的合同"和"公民依法享有参与国家政治生活的权力"。

定义联项就是联结被定义项和定义项的系词。在现代汉语中，常用"是"、"就是"、"是指"、"叫做"、"所谓……就是……"等语词来表达。

定义的语句表达形式，若用 D_S 表示被定义项，用 D_P 表示定义项，则定义的逻辑形式可以表示为：

$$D_S 是 D_P$$

三、定义的种类

根据揭示概念内涵的途径不同，将定义分为属加种差定义和语词定义。

1. 属加种差定义

属加种差定义就是通过揭示被定义项的邻近属概念和种差，从而明确概念内涵的定义。其公式是：

$$被定义项 = 种差 + 邻近的属概念$$

给出属加种差定义的具体方法是：

首先，要确定被定义项所反映的事物属于哪一类。亦即找出比被定义项的范围更大、外延更广泛的概念，此概念称之为邻近的属概念。

其次，揭示被定义项的种差。种差是指在同一个属概念中，被定义项与其他种概念在内涵上的差别，即被定义项所反映的事物的特有属性。这样种差与属概念结合而成的概念就是定义项。

最后，用定义联项将被定义项和定义项联结起来，就形成了一个完整的定义。

如，我们给"刑法"下定义。

首先应找出比"刑法"这一概念范围更大、外延更广泛的邻近属概念"法律"；

然后揭示"刑法"的种差，即"刑法"与其他法律在内涵上的差别，这个差别是

"规定犯罪、刑事责任和刑罚",并将种差与邻近属概念结合成一个概念(即定义项);

最后用定义联项将"刑法"与其定义项联结起来,便形成"刑法是规定犯罪、刑事责任和刑罚的法律"的属加种差定义。

根据种差所揭示的事物特有属性的不同,属加种差定义又可以分为性质定义、关系定义、发生定义和功用定义。

性质定义是指以被定义项所反映的事物自身的性质作为种差的定义。例如,"法院是专门行使审判权的国家机关",该定义的种差是"专门行使审判权的国家机关",揭示了"法院"自身的性质。

关系定义是指以被定义项所反映的事物与其他事物之间的关系作为种差的定义。例如,"钝角是大于直角而小于平角的角",该定义的种差是"大于直角而小于平角",揭示了钝角与直角和平角之间的关系。

发生定义是指以被定义项所反映的事物的产生或形成情况作为种差的定义。例如,"圆是平面上与一定点等距离的点的轨迹",该定义的种差是"平面上与一定点等距离的点的轨迹",揭示了"圆"的发生由来。

功用定义是指以被定义项所反映的事物的功能或作用作为种差的定义。例如,"温度计是用来测量大气温度的物理仪器",该定义的种差是"用来测量大气温度的物理仪器",揭示了"温度计"的功能。

2. 语词定义

语词定义是通过说明或规定语词意义来揭示概念的内涵。它分为说明的语词定义和规定的语词定义两种。

说明的语词定义就是对某个语词已经确定的意义进行说明的语词定义。例如:大辟是指我国古代的死刑。

规定的语词定义是指对某个语词规定某种意义的定义。如,所谓"三个文明"是指物质文明、政治文明和精神文明,就是规定语词定义。

规定的语词定义在法律条文中应用较广。如我国刑法对"公有财产"、"私有财产"、"首要分子"、"以上"、"以下"、"以内"等语词所作的规定。

四、定义的规则

要给概念下一个正确的定义,必须要遵守定义的规则。

定义的规则有如下四条:

1. 定义必须相应相称。这条规则是指定义项与被定义项外延间必须相等。唯有如此,定义项才能准确地揭示出被定义项的内涵。

违反这条规则,就会犯"定义过宽"或"定义过窄"的逻辑错误。

"定义过宽"是指定义项的外延大于被定义项的外延。例如,"盗窃罪就是非法占有公私财产的犯罪行为"。作为定义就犯了"定义过宽"的错误。因定义项"非法占有公私财产的犯罪行为"的外延大于被定义项"盗窃罪"的外延,因除了盗窃行为,还包括贪污行为。

"定义过窄"是指定义项的外延小于被定义项的外延。例如,"犯罪就是严重危害公共安全的行为",作为定义就犯了"定义过窄"的错误。因被定义项"犯罪"的外延并不仅指"严重危害公共安全的行为",它还包括危害国家安全的行为、破坏社会主义市场经济秩序的行为、侵犯财产的行为等九类危害社会的行为。可见,该定义项的外延明显小于被定义项的外延。

2. 定义项不能直接或间接包含被定义项。定义的目的就是用定义项揭示被定义项的内涵,从而明确被定义项。

违反这条规则,就会犯"同语反复"或"循环定义"的逻辑错误。

"同语反复"是指定义项直接包含了被定义项。例如,"抢劫罪就是实施了抢劫行为的犯罪",作为定义就犯了"同语反复"的错误,因为定义项"实施了抢劫行为的犯罪"直接包含了被定义项"抢劫罪",即简单重复了被定义项的语词,没有揭示出被定义项"抢劫罪"的内涵。

"循环定义"是指定义项间接包含了被定义项。其特点是定义项要依赖被定义项来解释。例如,"偶数就是奇数加一的数,奇数就是偶数减一的数",作为定义就犯了"循环定义"的错误。我们要揭示"偶数"这一概念的内涵,而定义项中又出现"奇数"这一概念,同时"奇数"又依赖于被定义项"偶数"来解释,因此无法揭示出被定义项"偶数"的内涵。

3. 定义一般不能用否定概念。定义的目的在于揭示被定义项的内涵,指出被定义项所反映的事物具有什么特有属性。如果定义项使用的是否定概念,则只能揭示被定义项所反映的事物不具有某种属性,而不能揭示它具有什么属性,因而达不到定义的目的。

4. 定义项必须清楚确切。这一规则要求,定义项必须使用清楚确切的科学术语来表达,以避免含混不清;同时也不能用比喻来代替定义。

违反这条规则,就会犯"定义含混"或"比喻定义"的逻辑错误。

"比喻定义"是指用形象生动的比喻来代替定义。例如,"书是人类进步的阶梯"、"教师是人类灵魂的工程师",此间虽对"书"和"教师"的界定极富形象性,但并没有揭示出"书"和"教师"这两个概念的内涵,因此犯了"比喻定义"的错误。

2.6.3 划分

划分是明确概念外延的逻辑方法。

一、什么是划分

划分就是根据一定的标准,将一个属概念分成若干个种概念,从而揭示属概念全部外延的逻辑方法。例如:

证据按来源可分为原始证据和派生证据。

法根据规定的内容分为实体法和程序法。

上两例都是划分，它们分别揭示了"证据"和"法"这两个概念的外延。

二、划分的构成

划分是由划分的母项、划分的子项和划分的标准三个部分构成的。

划分的母项是指外延需要明确的属概念，即被划分的概念。如上例的"证据"和"法"。

划分的子项是指用来明确母项外延的种概念，即从母项中划分出来的概念。如上例的"原始证据"、"派生证据"和"实体法"、"程序法"。

划分的标准是指把母项分为若干个子项的根据，即划分所依据的事物的某种属性。

三、划分要注意的问题

1. 由于事物往往具有多方面的属性，因而对同一个概念可以依据不同的属性进行不同的划分，从而获得对该事物的多方面的了解。例如，对"法"这个概念，可以依据法规定的内容划分；也可以依据法的适用范围划分；还可以依据法的文字表现形式划分。

2. 划分与分解是有严格区别的。划分是根据一定的标准，将一个属概念分成几个并列的种概念，划分的母项与每一个子项之间都具有属种关系。分解则是把一个整体分成若干个不同的部分，它反映的是整体与部分的关系，而部分并不具有整体的属性。例如，树可分为树根、树干、树枝、树叶；一年可分为春、夏、秋、冬四季。这均不是划分，而是分解，反映的是整体和部分之间的关系。

3. 划分只适用于普遍概念，而不适用于单独概念。

四、划分的种类

根据不同的标准，划分可以分为不同的种类。

1. 一次划分

一次划分就是根据某一标准，对母项一次划分完毕的方法。它只有母项和子项两个层次。例如，以证据的存在和表现形式为标准，"刑事诉讼证据可以分为物证、书证，证人证言，被害人陈述，犯罪嫌疑人、被告人供述和辩解，鉴定结论，勘验、检查笔录，视听资料"这七个并列的子项。这就是对"刑事诉讼证据"进行的一次划分。

2. 连续划分

连续划分是指把母项分为若干个子项后，再将子项作为母项继续划分，直到满足需要为止。连续划分体现了属、种概念的相对性，它至少有三个层次。例如，要明确"刑罚"的全部外延，就可以采用连续划分的方法对其进行划分：先将"刑罚分为主刑和附加刑"；再把"主刑"和"附加刑"这两个子项作为母项分别进行划分，"主刑分为管制、拘役、有期徒刑、无期徒刑和死刑","附加刑分为罚金、剥夺政治权利和没收财产"。这是对"刑罚"进行的连续两次划分,有三个层次。有的还可以连续划分多次,形成更多的层次。

3. 二分法

二分法就是把母项分为两个互相矛盾的子项的方法。例如,将死亡分为"正常死亡和非正常死亡",将车辆分为"机动车辆和非机动车辆",罪犯分为"刑事犯和非刑事犯"等,这是运用二分法进行的划分,划分出的子项之间分别都是两个具有矛盾关系的概念。

五、划分的规则

要对概念作出正确的划分,必须遵守如下划分规则。

1. 划分的子项的外延之和必须等于母项的外延。划分主要是揭示概念的外延,掌握概念对象的适用范围。这就要求子项外延与母项的外延是相应相称的,亦即不能多也不能少。违反这条规则,就会犯"多出子项"或"划分不全"的逻辑错误。

"多出子项",是指划分的子项的外延之和大于母项的外延。即把本不属于母项外延的概念纳入了母项的外延范围。例如,"刑事强制措施分为拘传、取保候审、监视居住、拘留、逮捕、拘役和没收财产",这个划分就犯了"划分过宽"的错误,因为"拘役"和"没收财产"不属于"刑事强制措施"的外延。

"划分不全",是指划分的子项的外延之和小于母项的外延。即遗漏了本应属于母项外延的某个或某些概念。例如,"近亲属分为夫、妻、父、母、子、女",就犯了"划分不全"的错误。因为该划分遗漏了"同胞兄弟姊妹",使得子项的外延之和小于母项的外延,从而不能准确地揭示出"近亲属"的外延。

2. 每一次划分必须依据同一个标准。同一个母项因划分标准的不同,所得的子项也必然不同。因此,在每一次划分中只能采用一个标准,不能时而依据这一标准,时而依据另一标准。只有这样,划分的子项间才能界限分明,母项的外延才会明确。违反这条规则,就会犯"多标准划分"的逻辑错误,即在同一次划分中使用了两个或两个以上的标准。

3. 划分的子项必须互相排斥。所谓子项必须互相排斥,是指子项之间必须具有不相容关系。如果诸子项之间是相容的,就会使一些分子既属于这一子项,又属于另一子项,而达不到明确母项外延的目的。

违反这条规则,就会犯"子项相容"的逻辑错误。例如,"罪犯分为青少年犯、中老年犯和外来流窜作案的罪犯",就犯了"子项相容"的错误,因为其子项"青少年犯"、"中老年犯"都与"外来流窜作案的罪犯"之间具有交叉关系,它们之间是相容的。

上述三条规则是相互联系的。其中"每一次划分必须依据同一个标准"和"划分的子项必须互相排斥"这两条规则是紧密联系在一起的,"多标准划分"必然导致"子项相容",子项相容实质就是没有按同一标准划分。

【练习题】

一、填空题

1. 概念是反映事物_____的思维形式,它具有_____和_____两个基本的逻辑特征。

2. 根据"概念所反映的对象是否具有某属性"来考虑概念所属的种类,"机动车辆"这一概念属于_____概念。

3. 根据"概念所反映的对象是否具有某属性"来考虑概念所属的种类,"非正常死亡"这一概念属于_____概念。

4. 根据"概念所反映的对象数量"来考虑概念所属的种类,"汉朝开国皇帝"这一概念属于_____概念。

5. 根据"概念所反映的对象数量"来考虑概念所属的种类,"珠穆朗玛峰"这一概念属于_____概念。

6. 就概念的外延关系而言,"青年教师"与"中年律师"具有_____关系。

7. 在"鲁迅是伟大的文学家和伟大的革命家"中,"伟大的文学家"与"伟大的革命家"在外延上具有_____关系;"鲁迅"与"伟大的革命家"在外延上具有_____关系。

8. 相对于"国家"而言,"亚洲国家"和"非洲国家"这两个概念之间是_____关系。

9. 对概念进行限制和概括的逻辑依据是_____概念与_____概念的内涵和外延之间的_____。限制是从_____概念过渡到_____概念的逻辑方法。概括是从_____概念过渡到_____概念的逻辑方法。对_____概念不能限制。

10. 定义是明确概念_____的逻辑方法,它是由_____、_____和_____三个部分构成的。

11. 划分是根据一定的标准,将一个_____分成若干个_____的逻辑方法。它由_____、_____和_____三部分构成。

12. 在一个正确的划分中,母项与各子项在外延上必须具有_____关系,而子项与子项之间必须具有_____关系。

13. "上海人"这个概念的矛盾概念是_____,反对概念是_____。

二、单项选择题

1. "电子计算机分为数字式计算机和模拟式计算机两大类。它是能够自动高速而精确地进行信息处理,具有计算能力和逻辑判断能力的现代化电子设备。"这段话是( )来明确"电子计算机"这个概念的。
  A. 仅从内涵方面   B. 仅从外延方面
  C. 先从内涵方面,后从外延方面   D. 先从外延方面,后从内涵方面
2. 在"大学生应当遵纪守法"和"大学生是国家的希望和未来"这两个命题中,"大学生"这一概念( )
  A. 都是集合概念
  B. 都是非集合概念
  C. 前者是集合概念后者是非集合概念
  D. 前者是非集合概念后者是集合概念
3. 如 A 是属加种差定义中的被定义项,则 A 通常不能是( )
  A. 普遍概念   B. 单独概念
  C. 正概念   D. 负概念
4. B 与 C 是 A 中具有矛盾关系的种概念,如果 B 是正概念,那么 C( )
  A. 一定是负概念   B. 一定不是负概念
  C. 可能是负概念   D. 不可能是负概念
5. "高级人民法院"与"中级人民法院"这两个概念之间是( )
  A. 全同关系   B. 交叉关系
  C. 反对关系   D. 真包含关系
6. A 与 B 两个概念具有全异关系,则 A 与 B( )
  A. 内涵与外延均相同   B. 内涵相同而外延不同
  C. 内涵与外延均不同   D. 内涵不同而外延相同
7. "根据年龄,人可以分为青年人、中年人和老年人",该划分的错误是( )
  A. 子项相容   B. 划分不全
  C. 多出子项   D. 多标准划分
8. "犯罪行为"这一概念进行两次概括,正确的是( )
  A. 犯罪行为——盗窃行为——行为
  B. 犯罪行为——盗窃行为——不合法行为
  C. 犯罪行为——违法行为——行为
  D. 犯罪行为——行为——违法行为
9. "动物"与"植物"这两个概念之间的关系是( )
  A. 属种关系   B. 交叉关系
  C. 反对关系   D. 矛盾关系
10. "伤害罪就是故意非法损害他人身体健康的行为",这一定义( )
  A. 是正确的   B. 犯了"定义过宽"的逻辑错误
  C. 犯了"定义过窄"的逻辑错误 D. 没有用科学术语

26

11. 若 A 是划分的母项,根据划分的规则,则 A 不可以是(　　)
    A. 单独概念　　　　　　　　B. 普遍概念
    C. 正概念　　　　　　　　　D. 负概念

12. 定义可以用公式表示为"D_S 就是 D_P",犯"定义过窄"的错误指的是在外延上(　　)
    A. D_S 全同于 D_P　　　　　B. D_S 真包含于 D_P
    C. D_S 真包含 D_P　　　　　D. D_P 真包含 D_S

三、双项选择题

1. 概念外延间的关系,总的讲分为(　　)和(　　)
   A. 交叉关系　　　　　　　　B. 全同关系
   C. 相容关系　　　　　　　　D. 反对关系
   E. 不相容关系

2. 在"中国人死都不怕,还怕困难吗?"中,"中国人"这个概念是(　　)
   A. 单独概念　　　　　　　　B. 集合概念
   C. 普遍概念　　　　　　　　D. 非集合概念
   E. 负概念

3. 下列各组概念中,具有全同关系的有(　　)
   A. 鲁迅——《阿Q正传》的作者　　B. 等边三角形——等角三角形
   C. 诉讼——打官司　　　　　　　D. 医生——大夫
   E. 合同——契约

4. 下列各组概念中,具有真包含关系的有(　　)
   A. 中国——北京　　　　　　B. 宪法——法律
   C. 杀人罪——故意杀人罪　　D. 刑罚——附加刑
   E. 亲属——关系

5. 划分如果违反了"每一次划分必须依据同一个标准"的规则,就会犯(　　)
   A. "多出子项"的错误　　　　B. "划分不全"的错误
   C. "子项相容"的错误　　　　D. "多标准划分"的错误

6. 在"侵犯财产罪"这一属概念中,与"抢劫罪"构成反对关系的概念有(　　)
   A. 盗窃罪　　　　　　　　　B. 故意杀人罪
   C. 走私罪　　　　　　　　　D. 抢夺罪
   E. 故意伤害罪　　　　　　　F. 贪污罪

7. "属加种差定义法"对(　　)不适用。
   A. 单独概念　　　　　　　　B. 普遍概念
   C. 集合概念　　　　　　　　D. 范畴概念
   E. 正概念

8. 若A和B都是单独概念,则A与B的外延关系可能是(　　)或(　　)
   A. 全同关系　　　　　　　　B. 真包含关系
   C. 真包含于关系　　　　　　D. 交叉关系
   E. 全异关系

9. 设A是单独概念,B是普遍概念,则A与B的外延关系或是(　　)关系或是(　　)关系。
   A. 全同　　　　　　　　　　B. A真包含B
   C. A真包含于B　　　　　　　D. 交叉
   E. 全异

10. 下列依据从属关系概念的内涵与外延间的反变关系来明确概念的逻辑方法是(　　)
    A. 定义　　　　　　　　　　B. 划分
    C. 分类　　　　　　　　　　D. 限制
    E. 概括

四、分析题

1. 指出下列语句中哪些是带括号概念的内涵或外延。

(1) 我国刑法中的(犯罪)是指危害社会的、触犯刑律的、应受刑罚处罚的行为。

(2) 合同双方当事人权利义务所指向的对象称为(合同的标的)。例如,买卖、交易、供应合同中的物,承揽合同中承揽人所完成的工作等。

(3) (侦查)是指公安机关、人民检察院在办理案件过程中,依照法律进行的专门调查工作和有关强制性措施。

(4) (法的历史类型)有奴隶制法、封建制法、资本主义法和社会主义法。

(5) (法的渊源)是指法律的各种具体表现形式,如法律、法令、条例、规程、决议、命令、判例等。

(6) 凡具有中华人民共和国国籍、依照宪法和法律享有权利和承担义务的人,都是(中华人民共和国公民)。

(7) 凡体现统治阶级意志,由国家行使立法权的机关依照立法程序制定,并由国家强制力保证其实施的行为规范就是(法律),如宪法、刑法、民法、行政法等。

(8) 由一定的经济基础和上层建筑构成的整体叫(社会形态)。原始社会、奴隶社会、封建社会、资本主义社会、共产主义社会是人类社会的五种基本形态。

(9) (过失犯罪)有两种,即疏忽大意的过失和过于自信的过失。

(10) (遗产)是公民死亡时遗留的个人合法财产。

2. 设下列各题为实质定义,请用定义的规则检验其是否正确,并简要说明理由。

(1) 诈骗罪就是侵犯财产的犯罪。
(2) 犯罪学是研究犯罪预防的科学。
(3) 亲属就是具有亲属关系的人。
(4) 商品是为交换而生产的工业劳动产品。
(5) 过失罪就是非故意的犯罪。
(6) 正方形就是四边相等的四边形。
(7) 教师是人类灵魂的工程师。
(8) 概括就是与限制相反的逻辑方法。
(9) 复合命题就是包含两个或两个以上简单命题的命题。
(10) 期刊就是每周或每月定期出版的出版物。

3. 下列各题是不是划分？如果是，划分是否正确？为什么？
(1) 死亡分为正常死亡和非正常死亡。
(2) 犯罪分为共同犯罪、过失犯罪和故意犯罪。
(3) 定义分为被定义项、定义项和定义联项。
(4) 这个劳教所管教的对象有男犯、女犯和少年犯。
(5) 犯罪集团包括主犯和从犯。
(6) 直系血亲包括父母、子女、祖父母和孙子女。
(7) 复合命题可以分为假言命题、选言命题和联言命题。
(8) 期刊可以分为文学期刊、非文学期刊和外文期刊。

第三章 判断要恰当

本章提要

本章介绍了判断的基本内容和有关恰当地使用判断的基本要求。主要讲述了：判断的本质、特征及其恰当性要求；性质判断的逻辑形式、AEIO 之间的真假关系、主谓项的周延性；关系判断的特征及分类；联言判断的特征及其逻辑值；选言判断的特征、类型及逻辑值；假言判断的特征、类型及其逻辑值；负判断的特征、逻辑值及其等值判断；模态判断的形式以及四种模态判断之的真假关系；规范判断的形式以及规范判断之间的真假关系。重点是：性质判断主谓项的周延性；各种复合判断的逻辑值。

3.1 什么是判断

判断是对思维对象有所断定的思维形式。
例如：
所有犯罪行为都是危害社会的行为。
有些作案人不是成年人。
如果伤痕不能自己形成，那么死者不是自杀。

3.1.1 判断的两个基本逻辑特征

一是，有所断定。客观世界的任何事物都有自身本质的规定性，事物彼此之间既有区别又有联系，人们在认识和实践中必须准确地把握事物的本质以及一事物与他事物的区别和联系，知道它是什么，不是什么；它与什么相同，与什么不同。从逻辑上来说就是要对思维对象有所肯定或有所否定，也即对思维对象有所断定，这是判断的最显著的特征和标志。

二是，有真有假。判断作为一种思维形式，是对客观事物的反映，这种反映是否正确，也即判断对于对象有关情况的断定是否符合客观实际，在逻辑学中叫做判断的真假问题。凡是符合客观实际的判断为真判断，反之为假判断。

3.1.2 判断的种类

首先，根据判断本身是否还包含着其他判断，将判断分为简单判断和复合判断。简单判断是本身不包含其他判断的判断。复合判断是本身包含着其他判断的判断。

其次，将复合判断分为联言判断、选言判断、假言判断和负判断等。

再次，如果按照判断是否包含有模态词，可以把整个判断分为模态判断和非模态判断。也可以根据是否规范了人的行为，从一般判断中划分出规范判断。

3.1.3 判断与语句

判断与语句既联系又区别。

联系方面：所有的判断都是借助语句表达。

区别方面有三：

1. 并非所有的语句都表达判断，亦即有的语句不表达判断。

根据语言学对语句的分类：陈述句、疑问句、感叹句、祈使句，其中陈述句、疑问句中的反诘问句表达判断，其他语句一般不表达或不直接表达判断。断定的主要依据是上述关于判断的两个基本逻辑特征：一是肯定与否定，二是真与假。陈述句和疑问句中的反诘问句具备这两个基本逻辑特征，而其他语句不具备。如，陈述句"我是五点钟赶到现场的"，反诘问句"难道就让他逍遥法外吗？"就表达判断。一般疑问句"这究竟是谁干的呢？"祈使句"请注意警容！"感叹句"啊，警徽，你是这样的威严！"就不直接表达判断。

2. 同一语句可以表达不同的判断。

例如，"老张是一位老公安"。可以指，老张是一位年长的公安人员，也可以指，老张是一位干了多年公安工作的公安人员。这就要根据具体的语言环境来分析，因语句所表达的判断是受语言条件、语言环境影响的，所以，同一语句在不同的语言环境中所表达的判断也是不同的。

3. 同一判断可以用不同的语句来表达。如："所有犯罪行为都是危害社会的行为"、"没有哪一种犯罪行为不是危害社会的行为"。这主要是由于语言的丰富多彩，在表达同一判断中，可采用不同的语句。

3.1.4 判断与命题

判断与命题既有共性又有个性。

共性方面：

1. 两者都是通过语句反映事物情况的思维形式。
2. 都具有对事物情况陈述和评价的功能。
3. 都存在对事物情况的反映是否真实的问题，亦即真假问题。因此，在很多教材中，两者是通用的。

个性方面：

1. 判断是由主体认可的；命题与陈述或评价的主体是否认可无关。
2. 判断适用于比较个别、具体的场合；命题适用于比较一般、抽象的场合。

同时，判断与命题是可以相互转化的。当命题被主体认可的时候，它就是判断；当判断与主体的关系被忽略了的时候，它就是命题。

3.2 判断的恰当性

判断的恰当性指的是判断的真实性、准确性。

要作出恰当的判断，必须了解判断的本质、特征和分类，并在断定的性质、断定的范围、断定的程度以及语言的使用上符合逻辑要求，如实地、准确地反映客观事物和现象的质、量、关系和状态。

第一，把握好断定的性质。从逻辑上讲，断定的性质就是对思维对象有关情况的肯定或否定。为了如实地、准确地反映客观事物和现象的质、量、关系和状态，除了在实践中对事物或现象的本质要有一定的认识外，在逻辑上还要正确运用肯定和否定两种断定性质。该肯定的就肯定，该否定的就否定。事物、现象、属性之间有联系的就肯定，事物、现象、属性之间无联系的就否定。下面的两个判断就是正确的：

被告人是有辩护权的人。

没有作案时间的人不是作案人。

在第一个例子中，肯定了"被告人"与"有辩护权的人"之间的联系。在第二个例子中，否定了"没有作案时间的人"与"作案人"之间的联系，断定了它们之间的区别。而下面的两个判断就是错误的：

手枪是公安人员的专用武器。

投毒行为没有社会危害性。

我们都知道，手枪不是公安人员的专用武器，投毒行为也不是没有社会危害性的行为。这两个判断没有如实地反映客观事物、现象的联系和区别，因此是错误的。

第二，把握好断定的范围。恰当地使用判断，除了要把握好判断的肯定和否定性质之外，还要准确地把握断定的范围。因为任何事物或现象都是有质和量两个方面的，只有准确地反映了事物或现象的量，才能做出恰当的判断。请看下面的例子：

凡是犯罪行为都是要受到法律惩罚的行为。
有些违法行为不是犯罪行为。

这两个判断所断定的范围是恰当的。如果将它们的范围调换一下，变成如下的判断，就不恰当了：

有些犯罪行为是要受到法律惩罚的行为。
凡是违法行为都不是犯罪行为。

可见，要恰当地使用判断，准确地把握断定的范围是很重要的。

第三，把握好断定的程度。事物的联系和发展是有程度的。在不同的时间、不同的地点、不同的场合和不同的条件下所表现出来的程度是不一样的。同样，在不同的时间、不同的地点、不同的场合和不同的条件下，人对事物的认识也是有程度的差别的。例如："多行不义必自毙"反映的是事物本身的必然性。"酒后驾车可能会发生交通事故"反映的是事物本身的可能性。而"作案人可能是凌晨两点进入现场"则反映的是我们认识上的或然性。准确地把握好客观事物的程度和我们认识上的程度，是恰当地进行判断的必要条件。

第四，把握好被断定对象的条件。事物的产生、存在、联系和发展是有条件的，只有把握好被断定对象的条件，才能如实地、准确地反映客观事物和现象，做出恰当的判断。例如：

如果不拆除炸弹，那么人民的生命财产就会受到威胁。
只有懂得爆破技术的人，才能是作案人。

上面两个判断分别反映了因果联系中的充分性和必要性，在逻辑学中叫做充分条件和必要条件，如果将上面两个判断中表示条件的连接词调换，判断就变成了：

只有不拆除炸弹，人民的生命财产才会受到威胁。
如果是懂得爆破技术的人，那么就是作案人。

这样就不恰当了。
第五，把握好判断和语句的关系。
第六，把握好判断的分类。把握好判断的分类是作出恰当判断的必要条件。
综上所述，要恰当地做出判断，除了在实践中探索事物、现象的本质和规律之外，必须要了解有关判断的知识，比如，判断的定义、特征、分类，判断对事物、现象的质和量以及关系等的反应，判断和语言的关系等。还要了解做出判断的环境、条件、生活习惯等因素。总之，恰当地进行判断，需要学好逻辑知识并在实践中反复地摸索。

3.3 对事物性质情况的断定——性质判断

3.3.1 什么是性质判断

性质判断就是断定对象是否具有某种性质的判断。

例如：所有犯罪行为都是危害社会的行为。
有些案件不是刑事案件。
小王是审判员。

上述判断分别断定了"犯罪行为"具有"危害社会的"性质；"有些案件"不具有"刑事案件"的性质；"小王"具有"审判员"的性质。

3.3.2 性质判断的构成

性质判断由主项、谓项、联项、量项四个部分组成。

主项是表示被断定的对象的概念。上面例子中的"犯罪行为"、"有些案件"、"小王"都是主项，在逻辑学中，主项通常用"S"来表示。

谓项是表示属性的概念。上面例子中的"危害社会的行为"、"刑事案件"都是谓项，在逻辑学中，谓项通常用"P"来表示。

联项是表示对象与属性的关系的概念。在判断中用来联结主项和谓项。联项可分为肯定的和否定的两种。肯定的联项通常用"是"来表示，否定的联项通常用"不是"来表示。在语言表达中，肯定的联项有时可以省略。例如，"作案人很狡猾"，恢复成完整的表达形式应该是这样的："作案人是很狡猾的人"。否定的联项不能省略。如果否定的联项被省略了，那么，否定判断就有可能变成肯定的了。例如，将"小李不是本地人"中的"不是"省略掉，就变成了"小李，本地人"，结果就变成肯定判断了。联项的不同，决定了性质判断具有不同的性质，在逻辑学中通常把联项称为性质判断的"质"。

量项是表示被断定对象范围的概念，也即用来表示主项外延大小的概念。依据所断定的对象范围的不同，量项可分为如下三种：

一是全称量项，它表示对主项的全部外延都作了断定，通常用"所有"、"一切"、"凡是"表示。在某些情况下，表示全称判断量项的语词可以省略，如"所有犯罪行为都是危害社会的行为"就可省略"所有"而简化为"犯罪行为都是危害社会的行为"。

二是特称量项,它表示对主项的外延只作了部分断定,通常用"有些"、"有的"等表示。特称量项的语言标志不能省略,因为省略后可能被误认为全称判断。例如将"有些违法行为不是犯罪行为"中的"有些"去掉,判断就变成了"违法行为不是犯罪行为"了,这样,不仅特称变成了全称,而且意思也错了。

三是单称量项,它表示对某一个别对象的断定,可以用"这个"、"那个"来表示。如果主项是单独概念,则不需要用单称量项,如果主项是一个普遍概念,那么单称量项的语言标志不能省略。在逻辑学中量项通常被称为性质判断的"量"。

上面的例子可用公式表示为:

所有 S 都是 P;
有些 S 不是 P;
这个 S 是 P。

3.3.3 A、E、I、O 四种性质判断

根据性质判断的质的不同,可以把性质判断分为肯定判断和否定判断两种。肯定判断是断定思维对象具有某种性质的判断。例如:

小王是民警。

肯定判断的逻辑形式是:S 是 P
否定判断是断定思维对象不具有某种性质的判断。例如:

作案人不是本地人。

否定判断的逻辑形式是:S 不是 P
根据性质判断的量的不同,可把性质判断分为全称判断、特称判断和单称判断三种。
全称判断是断定一类事物或现象中的所有对象都具有或不具有某种性质的判断。例如:

所有的尸斑都是在尸体的近地部位形成的。
所有的法律都不是哪个人随意制定的。

特称判断是断定一类事物或现象中的部分对象具有或不具有某种性质的判断。例如:

有些作案人是未成年人。
有些作案人不是本地人。

这里所说的"有些"与我们日常用语中的"有些"有所不同。日常用语中所说的"有些"多指"仅仅这些"。在日常生活中在讲"有些是什么"时，往往意味着"有些不是什么"；在讲"有些不是什么"时，则往往意味着"有些是什么"。在性质判断中，并不涉及该类事物或现象中未被断定的其他对象的情况。在断定"有些是什么"的时候，并不意味着该类事物中的未被断定的部分不具有某种性质。同样的，在断定"有些不是什么"的时候，并不意味着该类事物中未被断定的部分具有某种性质。

单称判断是断定某类事物或现象中的一个对象或单独对象具有或不具有某种性质的判断。例如：

这个人是从现场跑出来的人。

小王不是本案的负责人。

将判断的质和量的结合起来，可以把性质判断分为如下六种类型：

全称肯定判断：断定某类事物或现象中的所有对象都具有某种性质的判断。

它的逻辑形式是：所有 S 都是 P；

全称否定判断：断定某类事物或现象中的所有对象都不具有某种性质的判断。

它的逻辑形式是：所有 S 都不是 P；

特称肯定判断：断定某类事物或现象中的部分对象具有某种性质的判断。

它的逻辑形式是：有些 S 是 P；

特称否定判断：断定某类对象中的部分对象不具有某种性质的判断。

它的逻辑形式是：有些 S 不是 P；

单称肯定判断：断定某一个别对象具有某种性质的判断。

它的逻辑形式是：这个 S 是 P；

单称否定判断：断定某一个别对象不具有某种性质的判断。

它的逻辑形式是：这个 S 不是 P。

现在我们用最简单的方式把这六种形式及划分标准列于下面：

	肯定判断	否定判断
全称	所有 S 都是 P	所有 S 都不是 P
特称	有些 S 是 P	有些 S 不是 P
单称	这个 S 是 P	这个 S 不是 P

由于单称判断同全称判断一样对主项的全部外延都作了断定，因此，从对外延断定的情况来看，二者是相同的。在研究主谓项外延的时候，单称判断可以看作是全称判断。这样，性质判断又可以归结为四种基本形式：

全称肯定判断，所有 S 都是 P；

全称否定判断，所有 S 都不是 P；

特称肯定判断,有些 S 是 P;
特称否定判断,有些 S 不是 P。
在逻辑学界,上述四种判断分别用拉丁词 Affirmo(肯定)和 Nego(否定)的第一和第二个母音字母来表示,于是:
全称肯定判断可称作 A 判断,所有 S 都是 P 可写为 SAP;
全称否定判断可称作 E 判断,所有 S 都不是 P 可写为 SEP;
特称肯定判断可称作 I 判断,有些 S 是 P 可写为 SIP;
特称否定判断可称作 O 判断,有些 S 不是 P 可写为 SOP。

3.3.4 同素材的 A、E、I、O 四种性质判断的真假对当关系

相同素材的性质判断之间的真假对当关系,指的是当 A、E、I、O 四种性质判断的主谓项分别相同时,彼此之间存在着的一种真假制约关系。具体说就是,如果一个判断的真假已经确定,那么,与其主谓项相同的其他三种性质判断的真假情况就可以据此推出。

现在我们将 A、E、I、O 四种判断分别填上相同的主项和谓项来分析它们之间的真假对当关系。我们设定主项为:"罪犯",设定谓项为:"能被改造好的人",这样,我们得到了下面四个判断:
SAP:所有罪犯都是能被改造好的人;
SEP:所有罪犯都不是能被改造好的人;
SIP:有些罪犯是能被改造好的人;
SOP:有些罪犯不是能被改造好的人。
在逻辑学中用下面的图形来表示这四种判断之间的关系:

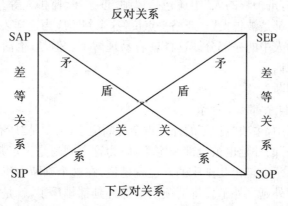

这个图形在逻辑学中叫做"逻辑方阵",在它上面推演的 A、E、I、O 四种性质判断之间的真假关系叫做"对当关系"。下面我们就依据逻辑方阵来介绍 A、E、I、O 四种性质判断之间的对当关系:

反对关系：SAP 和 SEP 之间只能同假不能同真的关系。当其中一个判断为真的时候，另一个判断必假；当其中一个判断为假的时候，另一个判断可真可假。

下反对关系：SIP 和 SOP 之间只能同真不能同假的关系。当其中一个判断为真的时候，另一个判断可真可假；当其中一个判断为假的时候，另一个判断必真。

差等关系：SAP 与 SIP、SEP 与 SOP 之间可以同真同假的关系。当全称判断真的时候，特称判断就真；当特称判断假的时候，全称判断就假。当全称判断假的时候，特称判断可真可假；当特称判断真的时候，全称判断可真可假。

矛盾关系：对角线上的两对判断即 SAP 与 SOP、SEP 与 SIP 之间不同真也不同假的关系。当其中一个判断为真的时候，另一个判断必假；当其中一个判断为假的时候，另一个判断必真。

3.3.5 A、E、I、O 四种性质判断的周延性

A、E、I、O 四种性质判断的周延性，是指性质判断中对主、谓项的外延的断定情况。周即全部，延即外延。周延即全部外延的意思。在一个性质判断中，如果主项（或谓项）的外延全部都被断定了，那么它就是周延的；如果主项（或谓项）的外延没有被全部断定，那么它就是不周延的。下面具体分析一下 A、E、I、O 四种性质判断主谓项的周延情况。

全称肯定判断：

SAP：所有被告人都是有辩护权的人。

在这个判断中，主项"被告人"的外延被全部断定了（量项是"所有"），因此，它是周延的；而谓项"有辩护权的人"的外延没有被全部断定，是不周延的。因为在这个判断中并没有涉及"有辩护权的人"的全部外延。"被告人"只是"有辩护权的人"中的一部分。"有辩护权的人"中还包括律师、近亲属、监护人等。我们不能说"所有有辩护权的人都是被告人"。严格一点说，这个判断应当这样表述："所有被告人都是有辩护权的人中的一部分。"这样就容易理解了。但是，生活中人们大多不愿意这样麻烦地说话。

全称否定判断：

SEP：所有自杀都不是他杀。

在这个判断中，主项"自杀"的外延被全部断定了（量项是"所有"），因此它是周延的；谓项"他杀"的外延也被全部断定了，因为这个判断是否定判断，否定判断的主项和谓项在外延上是相互排斥的。也就是说，在这个判断中将谓项的全部外延都排斥在主项的外延之外了。将谓项的全部外延都排斥了，就是将谓项的全部外延都断定了，所以全称否定判断的谓项是周延的。

特称肯定判断：

SIP：有些作案人是未成年人。

在这个判断中,主项"作案人"的外延没有被全部断定(量项是"有些"),因此,它是不周延的;而谓项"未成年人"的外延也没有被全部断定,是不周延的。因为在这个判断中并没有涉及"未成年人"的全部外延。"有些作案人"只是"未成年人"中的一部分。我们不能说"所有未成年人都是作案人"。严格一点说,这个判断应当这样表述:"有些作案人是未成年人中的一部分。"这样就容易理解了。但是,同样地,生活中人们大多不愿意这样麻烦地说话。

特称否定判断:

SOP:有些违法行为不是犯罪行为。

在这个判断中,主项"违法行为"的外延没有被全部断定(量项是"有些"),因此,它是不周延的;而谓项"犯罪行为"的外延却被全部断定了,因为这个判断是否定判断,否定判断的主项和谓项在外延上是相互排斥的。也就是说,在这个判断中将谓项的全部外延都排斥在主项的外延之外了。将谓项的全部外延都排斥了,就是将谓项的全部外延都断定了,所以全称否定判断的谓项是周延的。

综上所述,A、E、I、O 四种性质判断主谓项的周延情况是:

1. 全称判断的主项都是周延的。

不论是肯定的还是否定的全称判断,其主项前都带有全称量项"所有的",这表明主项的全部外延都被断定了,因此,全称判断的主项是周延的。

2. 特称判断的主项都是不周延的。

无论是肯定的还是否定的特称判断,其主项前都带有特称量项"有些",这表明其主项仅被断定了部分外延,因此,特称判断的主项都是不周延的。

3. 肯定判断的谓项都是不周延的。

在全称肯定判断"所有的 S 都是 P"中,只断定了主项 S 的全部外延都被包含在谓项 P 中,并未断定 P 的全部外延都是 S,因此,其谓项是不周延的。

在特称肯定判断"有些 S 是 P"中,只表明在 P 中有 S,并未表明"有些 S 是所有的 P",即谓项 P 的外延并未被全部断定。因此,其谓项也是不周延的。

4. 否定判断的谓项都是周延的。

否定判断的主项和谓项在外延上是相互排斥的。无论是全称的还是特称的,只要是否定判断,那么就将谓项的全部外延都排斥了。排斥是一种否定的断定,因此也就是将谓项的全部外延都断定了,所以否定判断的谓项都是周延的。

周延性是性质判断的主、谓项在量的方面的逻辑特性。对于我们准确地理解判断的含义,正确地运用性质判断,以及对于后面推理知识的学习都有极其重要的意义。

3.3.6 恰当作出性质判断的逻辑方法

要想恰当地做出性质判断,首先必须了解被断定对象的性质,这种性质应当是

39

被断定对象的本质属性。其次,要全面地掌握有关性质判断的逻辑知识,比如:性质判断的定义、特征、分类、对当关系、主谓项的周延性等,特别是要在断定的性质、断定的范围以及语言的使用上符合逻辑要求,如实地、准确地反映客观事物的质和量,在这里要强调如下两点:

第一,准确地使用联项,把握好断定的性质。断定的性质就是对思维对象有关情况的肯定或否定。为了如实地、正确地反映客观事物的性质,在逻辑上要正确运用肯定和否定两种联项。凡是反映事物具有某种性质的判断就要用肯定的联项,凡是反映事物不具有某种性质的判断就要用否定的联项。下面的这个判断就是错误的:

生态环境恶化不会危害人类生存。

我们都知道,生态环境恶化直接危害着人类的生存。这个判断没有如实地反映客观事物、现象的联系,对本应做出肯定断定的判断做出了否定的断定,因此是错误的。正确的断定应该是:生态环境恶化会危害人类生存。

第二,准确地使用量项,把握好断定的范围。性质判断有三种反映被断定对象范围的量项,即全称的、特称的和单称的。分别表示对某类被断定对象的全部断定、部分断定和个别断定。这里的三种范围不能混淆,否则就不能准确地反映客观事物和现象。请看下面的例子:

凡从现场跑出来的人都是与案件有关的人。

这个断定是不准确的,因为我们都知道,从现场跑出来的人不一定都是与案件有关的人。这个判断错在它不当地使用了量项,如果将其改为:"有些从现场跑出来的人是与案件有关的人"就对了。

可见,要恰当地使用性质判断,准确地把握断定的性质和断定的范围是很重要的。

3.4 对事物关系情况的判定——关系判断

3.4.1 什么是关系判断

关系判断是断定思维对象之间关系的判断。

例如:李某与王某是同案犯。

甲案早发于乙案。

这两个判断都是关系判断。其中前一个断定了"李某"与"王某"之间具有"同案"的关系;后一个则断定了"甲案"与"乙案"之间具有时间上的先后关系。

3.4.2 关系判断的结构及公式表示

关系判断由关系项、关系联项和量项三部分组成。

关系项：表示一定关系的承担者的概念。上例中，"李某"、"王某"、"甲案"、"乙案"都是关系项。在一个关系判断中，关系项可以是两个，也可以是三个或三个以上。如果只有两个关系项，则位于前面的称为前关系项，位于后面的称为后关系项；如果有三个或三个以上的关系项，则按从前到后的顺序依次称为第一关系项、第二关系项、第三关主项……

关系联项：表示关系项之间关系的概念。在上面的例子中，"同案"、"早发于"都是关系联项。

量项：表示关系项数量状况的量词。如，有的选举人赞成所有的候选人。例中"有的"和"所有"就是量项。不过在表达关系判断时，关系量项往往省略。

在逻辑中，通常用"a"、"b"、"c"等表示关系项。用"R"表示关系联项。这样，关系判断的基本逻辑形式可以写成：

$$aRb（读作 a 和 b 有 R 关系）$$

3.4.3 关系判断的两种逻辑性质

关系判断有两种重要逻辑性质：对称性和传递性。

一、对称性

对称性主要分为：对称性关系、反对称性关系、非对称性关系三种。

1. 对称性关系：在思维对象 a 和 b 之间，如果 a 对 b 有某种关系，b 对 a 也有这种关系，那么 a、b 之间存在着对称性关系。也可以这样表述：在思维对象 a 和 b 之间，如果当 aRb 为真时，bRa 也真，那么，a、b 之间存在着对称性关系。

例如：张犯与李犯是同时进入现场的。

在这个判断中，断定了"张犯"与"李犯"具有"同时进入现场"的关系，根据这个判断我们可以推断出："李犯"与"张犯"也具有"同时进入现场"的关系。虽然这后一个判断没有表达出来，但是，它已经隐含在第一个判断之中了。

对称性关系判断的公式可以表示为：

$$aRb（\wedge bRa）$$

在这个公式中，"∧"为合取符号，表明被其连接的两个对象同时被断定；"aRb"是已表达出来的判断，"(∧bRa)"是人们在头脑中做出而没有表达出来的判断。

在司法实践中，很多概念都可以反映事物或现象之间的对称性关系，例如：同案、同性别、同时、同年龄、同期、同学等，将上述概念否定，同样可以表达事物或现象之间的对称性关系，例如：不同案、不同性别、不同时、不同年龄、不同期、不同学等。

2. 反对称性关系：在思维对象 a 和 b 之间，如果 a 对 b 有某种关系，而 b 对 a 绝对没有这种关系，那么 a、b 之间就存在着反对称性关系。也可以这样表述：在思维对象 a 和 b 之间，如果当 aRb 为真时，bRa 必假，那么，a、b 之间存在着反对称性关系。例如：

侦察员逮捕了犯罪嫌疑人。

在这个判断中，断定了侦察员"逮捕了"犯罪嫌疑人，根据这个判断我们绝对不能推断出：犯罪嫌疑人"逮捕了"侦察员，而只能推断出：嫌疑人"被"侦察员"逮捕了"。"逮捕了"所表述的是反对称性关系。

反对称性关系判断的公式可以表示为：

$$aRb(\wedge b-Ra)$$

公式中的"−R"表示对"R 关系的否定。"

在司法实践中，很多概念都可以反映事物或现象之间的反对称性关系，例如：制伏、拘押、捕获、击发、审讯等。

3. 非对称性关系：在思维对象 a 和 b 之间，如果 a 对 b 有某种关系，而 b 对 a 可能有这种关系也可能没有这种关系，那么 a、b 之间就存在着非对称性关系。也可以这样表述：在思维对象 a 和 b 之间，如果当 aRb 为真时，则 bRa 可真可假，那么，a、b 之间存在着非对称性关系。例如：

侦察员发现了犯罪嫌疑人。

在这个判断中，断定侦察员"发现了"犯罪嫌疑人。那么，犯罪嫌疑人是否也"发现了"侦察员呢？根据这个判断我们不能推断出确定的结论。可能犯罪嫌疑人也"发现了"侦察员，也可能犯罪嫌疑人并没有"发现"侦察员。"发现"所表述的是非对称性关系。

非对称性关系判断的公式可以表示为：

$$aRb(\wedge bRa?)$$

在司法实践中，很多概念都可以反映事物或现象之间的非对称性关系，例如：憎恶、反感、信任、忠诚、负责等。

二、传递性

传递性主要分为：传递性关系、反传递性关系、非传递性关系。

1. 传递性关系：在思维对象 a、b、c 之间，a 对 b 有某种关系，b 对 c 也有这种关系，针对这两个判断，如果我们发现 a 对 c 也有这种关系，那么 a、b、c 之间存在着传递性关系。也可以这样表述：在思维对象 a、b、c 之间，当 aRb 为真并且 bRc 也真时，如果 aRc 为真，那么，a、b、c 之间存在着传递性关系。例如：

足迹在现场的北面,现场在水井的北面。

这个判断断定了"足迹"、"现场"、"水井"三个对象在方位上依次"在……的北面"的传递性关系。

传递性关系判断的公式可以表示为:

$$aRb \wedge bRc (\wedge aRc)$$

在司法实践中,很多概念都可以反映事物或现象之间的传递性关系,例如:早于、晚于、重于、轻于、大于、小于、以南、之北等。

2. 反传递性关系:在思维对象 a、b、c 之间,a 对 b 有某种关系,b 对 c 也有这种关系,针对这两个判断,如果我们发现 a 对 c 绝对没有这种关系,那么 a、b、c 之间存在着反传递性关系。也可以这样表述:在思维对象 a、b、c 之间,当 aRb 为真并且 bRc 也真时,如果 aRc 为假,那么,a、b、c 之间存在着反传递性关系。例如:

甲犯的刑期比乙犯的多两年,乙犯的刑期比丙犯的多两年。

这个判断分别断定了"甲犯"比"乙犯"、"乙犯"比"丙犯"在刑期上分别有"多两年"的关系。但是,"甲犯"比"丙犯"在刑期上就不是"多两年"的关系,而是"多四年"的关系了。

反传递性关系判断的公式可以表示为:

$$aRb \wedge bRc (\wedge a-Rc)$$

在司法实践中,很多概念都可以反映事物或现象之间的反传递性关系,例如:大一岁、早两年、重三斤、高一头等。

3. 非传递性关系:在思维对象 a、b、c 之间,a 对 b 有某种关系,b 对 c 也有这种关系,针对这两个判断,如果我们认为 a 对 c 可能有这种关系,也可能没有这种关系,那么 a、b、c 之间存在着非传递性关系。也可以这样表述:在思维对象 a、b、c 之间,当 aRb 为真并且 bRc 也真时,如果 aRc 可真可假,那么,a、b、c 之间存在着非传递性关系。例如:

甲犯认识乙犯,乙犯认识丙犯。

这个判断断定了"甲犯"和"乙犯"、"乙犯"和"丙犯"的"认识"关系,根据这两个判断我们只能推断出"甲犯"和"丙犯"可能具有"认识"关系,也可能不具有"认识"关系。

传递性关系判断的公式可以表示为:

$$aRb \wedge bRc (\wedge aRc?)$$

在司法实践中,很多概念都可以反映事物或现象之间的非传递性关系,例如:教唆、威胁、指使、利用、争吵、打斗、追赶等。

3.4.4 恰当作出关系判断的逻辑方法

要恰当地作出关系判断应注意如下三点：

第一，正确理解关系判断的逻辑形式。关系判断的逻辑形式比较特殊，不论是两项关系判断还是三项关系判断都是有一部分被明列出来，另一部分需要判断者根据被明列出来的判断进行判断。这后一部分可以说是个隐藏着的判断，这个隐藏着的判断决定着关系判断的逻辑性质。比如，在对称性方面的关系判断中，不管是对称、反对称还是非对称，被明列出来的都是"aRb"。而要想知道它是哪一种对称性关系判断，就必须知道 b 与 a 的关系。如果 b 与 a 具有 R 关系，也即"bRa"，那么，就是对称性关系判断；如果 b 与 a 不具有 R 关系，也即"b－Ra"，那么，就是反对称性关系判断；如果 b 与 a 可能具有 R 关系也可能不具有 R 关系，也即"bRa?"，那么，就是非对称关系。而在传递性方面的关系判断中，不管是传递、反传递还是非传递，被明列出来的都是"aRb∧bRc"。而要想知道它是哪一种传递性关系判断，就必须知道 a 与 c 的关系。如果 a 与 c 具有 R 关系，也即"aRc"，那么，就是传递性关系判断；如果 a 与 c 不具有 R 关系，也即"a－Rc"，那么，就是反传递性关系判断；如果 a 与 c 可能具有 R 关系也可能不具有 R 关系，也即"aRc?"，那么，就是非传递性关系判断。因此，正确地理解关系判断的逻辑形式必须准确地把握这种明暗关系。此外，还要注意两项关系判断与三项关系判断在形式上也是不同的。两项关系判断明列出一个判断，而三项关系判断明列出两个判断。

第二，准确把握关系判断的逻辑性质。不论是两项关系判断还是三项关系判断，在对它们进行具体分类的时候，都出现了"正"、"反"、"合"的特点。从对称方面来说，当"bRa"为真时，是对称关系；当"bRa"为假时，是反对称关系；当"bRa"为既可真又可假时，是非对称关系；从传递方面来说，当"aRc"为真时，是传递关系；当"aRc"为假时，是反传递关系；当"aRc"为既可真又可假时，是非传递关系。正好体现了"正"、"反"、"合"的趋向。

第三，严格使用关系判断的关系联项。关系联项在关系判断中是一个很重要的环节，是区分关系判断逻辑性质的基础。在具体类型的关系判断中，关系联项是专用的。比如在两项关系中，用来反映对称性关系的联项，就不可以用来反映反对称性关系和非对称性关系；在三项关系中，用来反映传递性关系的联项，就不可以用来反映反传递性关系和非传递性关系；但在整个关系判断中，在两项关系和三项关系之间，有些联项是可以通用的。比如："大于"、"早于"既可以表示反对称性关系，又可以表示传递性关系；"信任"、"怀疑"既可以表示非对称性关系，又可以表示非传递性关系。

3.5 对事物并存情况的断定及其合取式——联言判断

3.5.1 什么是联言判断

联言判断是断定若干事物情况同时存在的判断。

例如：张某既有作案动机又有作案条件。
　　　一号现场发现尸体并且二号现场发现凶器。

上述两例都是联言判断。在第一个判断中，断定了张某"既有作案动机""又有作案条件"，两种情况同时存在；在第二个判断中，断定了在不同的现场有不同的发现，两种情况也是同时存在的。

3.5.2 联言判断的构成及公式表示

联言判断是一种复合判断，构成联言判断的判断称为联言判断的支判断，简称联言支。联言支可以是两个，也可以是两个以上，在教学上一般多以两支的联言判断为例。

联言支通过联项联结起来。常用作联项的联结词有：
"并且"、"而且"、"和"、"既……，又……"、"不但……，而且……"、"虽然……，但是……"、"一方面……，另一方面……"等等。

通用的联结词是："并且"。

联言判断可用下列公式表示：

$$p \text{ 并且 } q$$

上述公式中的"p"、"q"表示支判断，"并且"表示联结项。

联言判断的联结项可用符号"∧"（读作"合取"）来表示，称作合取式。上述公式也可表示为：

$$p \wedge q$$

3.5.3 联言判断的逻辑特性

联言判断的逻辑特性，亦即真假。联言判断的真假由各个支判断的真假情况决定。只有当各个支判断全真的时候，联言判断才真。只要有一个支判断是假的，联言判断就假。这种真假的逻辑特性，可用真值表进行刻画。

当支判断取不同的真假值时，联言判断的真假情况如下（用"1"表示"真"；用 0 表示"假"。下同）：

p	q	p∧q
1	1	1
1	0	0
0	1	0
0	0	0

3.5.4 恰当作出联言判断的逻辑方法

第一，对若干事物、现象同时断定。这是联言判断最主要的特点。比较下面两个判断：

黄某到了现场，李某也到了现场。
只有黄某到现场，李某才到现场。

第一个是联言判断，第二个不是联言判断。联言判断是对事物、现象情况同时的、直接的断定，一般不附带条件或理由。

第二，所有支判断必须都是真的。只有当各个支判断全真的时候，联言判断才真。有一个支判断是假的，联言判断就假。例如，下面的判断就是假的：

中国女排得了三连冠，并且登上了珠穆朗玛峰。

"中国女排得了三连冠"是真的，但"登上了珠穆朗玛峰"就是假的了。这样，致使整个判断都是假的了。

第三，注意判断主项与连接词的搭配。有些联结词对前后支判断所反映的事物或现象的程度和意义是有要求的。"不但……，而且……"表示递进关系，它要求后面的支判断在程度上要强于前面的支判断。例如：

我们不但很快找到了线索，而且还很快抓获了犯罪嫌疑人。

"抓获了犯罪嫌疑人"的程度强于"找到了线索"。将前后支判断颠倒后就变成了：

我们不但很快抓获了犯罪嫌疑人，而且还很快找到了线索。

后者显然是不妥当的。

"虽然……，但是……"表示转折关系。后面的支判断是判断者所强调的重点和用意所在，同样也不能用颠倒了，否则意思也会变化。例如：

虽然案情很复杂，但是破案工作进展顺利。

在这一判断中，判断者强调的是"破案工作进展顺利"。如果颠倒过来，变成：

虽然破案工作进展顺利,但是案情很复杂。

在这一判断中,判断者强调的是"案情很复杂"。

3.6 对事物选择情况的断定及其析取式——选言判断

选言判断是断定若干事物情况至少有一种存在的判断。它又分为相容的选言判断和不相容的选言判断两种。

3.6.1 什么是相容的选言判断

相容选言判断是断定事物若干种可能情况可以同时存在的选言判断。或者说它是断定各选言支可以同真、互不排斥的选言判断。

例如:案件侦破缓慢的原因或者是客观情况复杂或者是主观努力不够。

作案人或者是外来打工人员或者是附近农民。

勘查的结果不理想,可能是现场遭到破坏,也可能是设备不好,或者是我们的技术水平低。

上述都是相容的选言判断,断定了几个选言支至少有一个为真并且可以同真的选言判断。

3.6.2 相容选言判断的构成及公式表示

相容选言判断也是由选言支和联结词构成。常见的选言联结词有:
"或者"、"也许"、"可能"、"或许"等等。

通用的联结词是:"或者"。

选言判断可用下列公式表示:

$$p 或者 q$$

p、q 为支判断,"或者"为联结词。

相容选言判断的联结项可用符号"∨"(读作"析取")表示,称作为析取式。上述公式也可表示为:

$$p \vee q$$

3.6.3 相容选言判断的逻辑特征

由于相容选言判断的各个支判断互不排斥,可以同真、并存。因此,当支判断全真时,相容选言判断是真的;当支判断有一个真时,相容选言判断也是真的;而当支判断全假时,相容选言判断是假的。这种逻辑特征可用真值表来刻画。

相容选言判断的逻辑值如下表:

p	q	p∨q
1	1	1
1	0	1
0	1	1
0	0	0

3.6.4　什么是不相容选言判断

不相容选言判断是各支判断互相排斥、不可以同真、不可以并存的选言判断。

例如:死者要么是自然死亡,要么是非自然死亡。

这个判断断定了死者死亡的两种可能的原因。这两种可能的原因不可以同真、不可以并存、是互相排斥的。

3.6.5　不相容选言判断的构成及公式的表示

不相容选言判断也是由选言支和联结词构成。常见的不相容选言联结词有:"要么"、"或许……或许……二者必居其一"、"也许"等等。
通用的联结词是:"要么"。
不相容选言判断可用下列公式表示:

p 要么 q

上式中,"p"、"q"为支判断,"要么"为联结词。
不相容选言判断的联结词可用符号表示"∨",称作为严格析取。上述公式也可表示为:

p∨q

3.6.6　不相容选言判断的逻辑特征

不相容选言判断的各个支判断互相排斥,不可以同真、不可以并存。因此,当支判断全真时,不相容选言判断是假的;当支判断有一个真时,不相容选言判断是真的;而当支判断全假时,不相容选言判断也是假的。这种逻辑特征可用真值表来刻画。

不相容选言判断的逻辑值如下表:

p	q	p∨̇q
1	1	0
1	0	1
0	1	1
0	0	0

3.6.7 恰当作出选言判断的逻辑方法

要恰当地做出选言判断应注意如下三点:

第一,准确区分选言判断的类型,首先要注意联结词用法上的区别,不要把相容的当成不相容的,也不要把不相容的当成相容的,例如:

要么是她说错了,要么是我记错了。

这本是一个相容的选言判断,因为两个支判断所反映的可能性是可以并存的,即:"她"也"说错了","我"也"记错了"。在这里却误当成不相容的选言判断了。

其次要把握住两种选言判断的逻辑值,当支判断处于不同的真假组合时,两种选言判断的真假情况是不同的。不要把真的当成假的,也不要把假的当成真的。请记住:当所有支判断都假的时候,两种选言判断都假;当只有一个支判断真的时候,两种选言判断都真;当所有支判断都真的时候,相容选言判断真,不相容选言判断假。

第二,穷尽可能性。在做出选言判断的时候要考虑到事物或现象的所有的可能情况,不要有所遗漏。例如,如果已知犯罪嫌疑人有五个藏身之处,那么在做出判断时,我们就要都考虑到并全部列举出来。如果考虑不全,就是没穷尽可能性,就有可能使犯罪嫌疑人逃脱而造成不可挽回的损失。下面的判断就没穷尽可能性:

犯罪嫌疑人可能从陆路或水路逃往国外。

这个判断遗漏了犯罪嫌疑人从空中逃往国外的可能性。仅仅遗漏这一种可能性,就可能造成重大损失。

当然,强调穷尽可能性并不是一概而论,而要看当时当地的具体情况。就上面的例子来说,如果犯罪嫌疑人有五个藏身之处,而我们只掌握了三个,那么在做出判断时,就只能考虑三个并将其列举出来。这并不违反逻辑要求。而如果犯罪嫌疑人从没有航空港的小城镇或农村逃往国外,陆路或水路则是其仅有的选择。

3.7 对事物条件情况的断定及其蕴涵式——假言判断

假言判断是断定某一事物情况的存在是另一事物情况的条件的判断。假言判断又称条件判断。

例如:如果行为人的行为危害了国家安全,那么他要受到法律的惩罚;

只有立法为公,才能执法为民;

一个三角形是等边三角形,当且仅当该三角形是等角三角形。

上述判断都是有条件地对事物、现象做出断定的判断。在第一个判断中,断定了行为人的行为危害了国家安全是受到法律惩罚的条件;在第二个判断中,断定了立法为公是执法为民的条件;在第三个判断中,断定了等边三角形是等角三角形的条件。

假言判断由两个支判断和联结项构成。其中,在前面的支判断表示条件或者原因,叫做假言判断的前件;在后面的支判断表示结果,叫做假言判断的后件。

根据条件的性质,假言判断又分为:充分条件假言判断、必要条件假言判断、充分必要条件假言判断三种。

3.7.1 什么是充分条件假言判断

充分条件假言判断是指前件所断定的事物情况或现象是后件的事物现象的充分条件的假言判断。

例如:如果贪污受贿,那么就会受到刑罚的制裁。

若该嫌疑人参与作案,则该嫌疑人有作案时间。

充分条件反映的是事物、现象之间的一种蕴涵关系,即前件所反映的事物现象蕴涵着后件所反映的事物现象。

3.7.2 充分条件假言判断的构成及公式表示

充分条件假言判断是由前件、后件和逻辑联结词构成。常见的联结词有:"如果……那么……"、"如果……则……"、"只要……就……"、"倘若……

就……"、"假如……就……"、"一旦……就……"、"有……就有……"等等。

通用的联结词是："如果……那么……"。

充分条件假言判断可用下列公式表示：

如果 p，那么 q

在上面的公式中，"p"表示前件，"q"表示后件，"如果……那么……"是联结词。充分条件假言判断的联结词，可用符号"→"表示，称作蕴涵式，上述公式也可表示为：

p→q

3.7.3 充分条件假言判断的逻辑特征

充分条件假言判断前件所断定的事物情况是后件的充分条件，亦即如果两个事物或现象具有了充分条件关系，那么，如果有了前件所反映的事物或现象那么就有后件所反映的事物或现象，没有前件所反映的事物或现象，不一定没有后件所反映的事物或现象。叫做："有之则必然，无之未必不然。"

因此，充分条件假言判断的真假情况是：当前件真后件也真时，为真。因为"有之则必然"；当前件真后件假时，为假。因为其违反了"有之则必然"的逻辑性质；当前件假后件真或前件假后件假时，均为真。因为"无之未必不然"。这种逻辑特征可用真值表来刻画。

充分条件假言判断的逻辑值：

p	q	p→q
1	1	1
1	0	0
0	1	1
0	0	1

3.7.4 什么是必要条件假言判断

必要条件假言判断是指前件所断定的事物情况或现象是后件的事物情况或现象的必要条件的假言判断。

例如：只有有作案时间的人，才能是作案人。

只有刻苦学习，才能取得好成绩。

例中所反映的是,没有作案时间的人,就不是作案人;不刻苦,就不能取得好成绩。

3.7.5 必要条件假言判断的构成及公式表示

必要条件假言判断是由前件、后件和逻辑联结词构成。常见的联结词有:"只有……才……"、"除非……不……"、"除非……才……"、"不……不……"、"没有……没有……"等等。

通用的联结词是:"只有……才……"。

必要条件假言判断可用下列公式表示:

$$只有\ p,才\ q$$

在上面的公式中,"p"表示前件,"q"表示后件,"只有……才……"是联结词。必要条件假言判断的联结词,可用符号"←"表示,称作蕴涵于,上述公式也可表示为:

$$p \leftarrow q$$

3.7.6 必要条件假言判断的逻辑特征

必要条件指的是,前件所反映的事物或现象对于后件所反映的事物或现象来说,是必不可少的。即没有前件就没有后件,有了前件不一定就有后件。"无之必不然,有之未必然。"因此,当前件真后件也真或当前件真后件假时,均为真;当前件假后件真时,为假;当前件假后件也假时,为真。这种逻辑特征可用真值表来刻画。

必要条件假言判断的逻辑值:

p	q	p←q
1	1	1
1	0	1
0	1	0
0	0	1

3.7.7 什么是充分必要条件假言判断

充分必要条件假言判断是指前件所断定的事物情况或现象是后件的事物情况或现象的充分必要条件的假言判断。

例如:当且仅当你是中华人民共和国的公民,那么你就有公民的权利和义务。

当且仅当一个整数能被2整除,它才是偶数。

上例反映,你是中华人民共和国的公民,你就有公民的权利和义务;你不是中华人民共和国的公民,你就没有公民的权利和义务;能被2整除的数是偶数,不能被2整除的数则不是偶数。

3.7.8 充分必要条件假言判断的构成及公式表示

充分必要条件假言判断也是由前件、后件和逻辑联结词构成。常见的联结词有:"当且仅当……才……"、"如果……那么……并且只有……才……"、"只有并且仅仅如此……才……"等等。

通用的联结词是:"当且仅当……才……"。

充分必要条件假言判断可用下列公式表示:

$$当且仅当 p, 才 q$$

在上面的公式中,"p"表示前件,"q"表示后件,"当且仅当……才……"是联结词。必要条件假言判断的联结词,可用符号"$\leftrightarrow$",表示,称做相互蕴涵,上述公式也可表示为:

$$p \leftrightarrow q$$

3.7.9 充分必要条件假言判断的逻辑特征

充分必要条件指的是,有了这种条件或原因就可以引起结果的发生,没有这种条件或原因就不能引起结果的发生,即前件所反映的事物或现象对于后件所反映的事物或现象来说,既有蕴涵关系,又是必不可少的。即:有了前件就有后件,没有前件就没有后件。充分必要条件假言判断的真假情况是:当前件真后件也真时,为真;当前件真后件假时,为假;当前件假后件真时,为假;当前件假后件假时,为真。这种逻辑特征可用真值表来刻画。

充分必要条件假言判断的逻辑值:

p	q	$p \leftrightarrow q$
1	1	1
1	0	0
0	1	0
0	0	1

3.7.10 恰当作出假言判断的逻辑方法

要恰当地做出假言判断,需要注意如下几点:

第一,要注意把握对象之间是否具有因果联系或条件联系。请看下面的例子:

如果说在侦查初期我们对案情一无所知的话,那么,现在我们对案情已经了如指掌了。

如果把我们的侦查员比喻为猎手的话,那么,犯罪分子是逃不出法网的。

上面的判断都不反映对象间的因果关系或条件联系,"一无所知"不是"对案情了如指掌"的原因或者条件。同样,"把我们的侦查员比喻为猎手"也不是"犯罪分子逃不出法网"的原因或者条件。它们都不具有假言条件联系,因此,都不是假言判断。在作出假言判断的时候,要注意对象之间是否具有因果联系或条件联系。

第二,要注意区分对象之间具有何种因果联系或条件联系。不要把充分的当成必要的,也不要把必要的当成充分的。请看下面的例子:

我又不贪污受贿,能犯什么罪?

将上面的判断整理一下,我们得到一个必要条件假言判断:"只有贪污受贿,才能犯罪。"这是一个错误的假言判断,它把充分条件当成必要条件了。因为"贪污受贿"是"犯罪"的充分条件而不是必要条件。同样地也不能把必要条件当成充分条件。例如,我们不能把"只有查找到尸体的身源,才能破案"变成"如果查找到尸体的身源,就能破案"。在这里"查找到尸体的身源"是"破案"的必要条件而不是充分条件。

第三,把握各种条件联系的转化。

充分转化为必要:$p \rightarrow q = q \leftarrow p$

例如:"如果他是作案人,那么他一定懂得爆破技术"等值于"只有懂得爆破技术,他才能是作案人"。

必要转化为充分:$p \leftarrow q = q \rightarrow p$

例如:"只有刻苦学习,才能取得好成绩"等值于"如果要取得好成绩,那么必须刻苦学习"。

例如:$p \leftarrow q = \neg p \rightarrow \neg q$

"只有有了共产党,才有新中国"等值于"如果没有共产党,那么,就没有新中国"。

3.8 对事物否定情况的断定及其否定式——负判断

3.8.1 什么是负判断

负判断就是否定一个判断的判断,又叫判断的否定。

例如:并非所有的案件都是刑事案件。

并不能说如果某人有作案时间,那么,他就是作案人。

上两例判断分别否定了"所有的案件都是刑事案件","如果某人有作案时间,那么,他就是作案人"。

3.8.2 负判断的构成及公式表示

负判断由否定联结词和被否定的判断组成,被否定的判断即为负判断的肢判断,亦称为原判断。原判断可以是简单判断也可以是复合判断。

负判断的公式是:

$$并非 P$$

负判断的联结词有:

"并非"、"并不是"、"……是不对的"、"……是假的"、"……是错误的"等等。用符号"¬"表示对一个判断的否定,读作"并非",也可表示为:

$$¬p$$

3.8.3 负判断的逻辑特征

由于负判断是对原判断的否定,因此,二者具有不同真假的矛盾关系。即原判断真,负判断就假;负判断真,原判断就假。这种逻辑特征用真值表进行刻画。

负判断的逻辑值如下:

p	¬p
1	0
0	1

负判断仅用一个否定词就把原判断否定了,从形式上看是很简单的。我们要从正面了解负判断本身的含义,必须合乎逻辑地推出它的等值判断。因为负判断

与原判断是矛盾的,因此任何与原判断矛盾的判断都可以被认为是负判断的等值判断。在本教材里,我们选取概括性最高的、最简捷的判断形式作为负判断的等值判断。

3.8.4 A、E、I、O 四种性质判断的负判断及其等值式

A、E、I、O,即 SAP、SEP、SIP、SOP 四种性质判断的负判断。

一、"SAP"的负判断是"并非 SAP",等值判断是"SOP"。因为"SOP"与"SAP"是矛盾关系的判断。我们以原判断假负判断真举例如下:

原判断:所有违法行为都是犯罪行为。

负判断:并非所有违法行为都是犯罪行为。

负判断的等值判断:有些违法行为不是犯罪行为。

二、"SEP"的负判断是"并非 SEP",等值判断是"SIP"。因为"SIP"与"SEP"是矛盾关系的判断。我们以原判断假负判断真举例如下:

原判断:所有案件都不是刑事案件。

负判断:并非所有案件都不是刑事案件。

负判断的等值判断:有些案件是刑事案件。

三、"SIP"的负判断是"并非 SIP",等值判断是"SEP"。因为"SEP"与"SIP"是矛盾关系的判断。我们以原判断假负判断真举例如下:

原判断:有些正当防卫行为是要负刑事责任的行为。

负判断:并非有些正当防卫行为是要负刑事责任的行为。

负判断的等值判断:所有正当防卫行为都不是要负刑事责任的行为。

四、"SOP"的负判断是"并非 SOP",等值判断是"SAP"。因为"SAP"与"SOP"是矛盾关系的判断。我们以原判断假负判断真举例如下:

原判断:有些醉酒的人犯罪不是应负刑事责任的。

负判断:并非有些醉酒的人犯罪不是应负刑事责任的。

负判断的等值判断:所有醉酒的人犯罪都是应负刑事责任的。

现将四种性质判断的原判断、负判断以及负判断的等值判断列举如下:

原判断　　负判断　　　负判断的等值判断

SAP——并非 SAP　　===SOP

SEP——并非 SEP　　===SIP

SIP——并非 SIP　　===SEP

SOP——并非 SOP　　===SAP

3.8.5 联言判断的负判断及其等值式

联言判断"p∧q"的负判断是"并非 p∧q",其等值式是:"¬p∨¬q"。因为当

"¬p∨¬q"为真时,"p∧q"为假。也即是说,当 p 假或 q 假或二者都假时,"p∧q"是假的。我们以原判断假负判断真举例如下:

原判断:某甲是作案人并且某乙也是作案人。

负判断:并非某甲是作案人并且某乙也是作案人。

负判断的等值判断:某甲不是作案人或者某乙不是作案人。

3.8.6 选言判断的负判断及其等值式

选言判断分为两种类型,即相容的选言判断和不相容的选言判断。因为它们的逻辑值不同,所以它们的负判断及其等值式也有所区别,我们分别介绍:

一、相容选言判断"p∨q"的负判断是"并非 p∨q",其等值式是:"¬p∧¬q"。因为当"¬p∧¬q"为真时,"p∨q"为假。也就是说,当 p 与 q 二者都假时,"p∨q"是假的。我们以原判断假负判断真举例如下:

原判断:某甲是作案人或者某乙是作案人。

负判断:并非某甲是作案人或者某乙是作案人。

负判断的等值判断:某甲不是作案人并且某乙也不是作案人。

二、不相容选言判断"p ∨ q"的负判断是"并非 p ∨ q",其等值式是:"p ↔ q"。因为当"p ↔ q"为真时,p 与 q 或者都是真的或者都是假的。而当 p 与 q 不论都是真的或者都是假的时候,"p ∨ q"为假。我们以原判断假负判断真举例如下:

原判断:要么这个欧氏三角形的底角相等要么这个欧氏三角形的腰相等。

负判断:并非要么这个欧氏三角形的底角相等要么这个欧氏三角形的腰相等。

负判断的等值判断:当且仅当这个欧氏三角形的底角相等,那么这个欧氏三角形的腰相等。

3.8.7 假言判断的负判断及其等值式

假言判断分为三种类型,即充分条件假言判断、必要条件假言判断和充分必要条件假言判断。因为它们的逻辑值不同,所以它们的负判断及其等值式也有所区别,我们分别介绍:

一、充分条件假言判断"p→q"的负判断是"并非 p→q",其等值式是:"p∧¬q"。因为当"p∧¬q"为真时,"p→q"为假。也就是说,当 p 真 q 假时,"p→q"是假的。我们以原判断假负判断真举例如下:

原判断:如果现场勘查细致周到,那么就能迅速破案。

负判断:并非如果现场勘查细致周到,那么就能迅速破案。

负判断的等值判断:现场勘查细致周到并且没能迅速破案。

二、必要条件假言判断"p←q"的负判断是"并非 p←q",其等值式是:"¬p∧q"。因为当"¬p∧q"为真时,"p←q"为假。也就是说,当 p 假 q 真时,"p←q"是假的。我们以原判断假负判断真举例如下:

原判断:只有某人组织、领导犯罪集团进行犯罪活动,才是主犯。

负判断:并非只有某人组织、领导犯罪集团进行犯罪活动,才是主犯。

负判断的等值判断:某人没有组织、领导犯罪集团进行犯罪活动,也是主犯。

三、充分必要假言判断"p ←→ q"的负判断是"并非 p ←→ q",其等值式是:"p ∨ q"。因为当"p ∨ q"为真时,"p ←→ q"为假,也就说,当 p、q 一真、一假时,"p ←→ q"是假的。我们以原判断假,负判断为真举例如下:

原判断:当且仅当某人的行为是合法的,那么某人的行为是违法的。

负判断:并非当且仅当某人的行为是合法的,那么某人的行为是违法的。

负判断的等值判断:某人的行为要么是合法的,要么是违法的。

3.8.8 恰当作出负判断的逻辑方法

负判断是由否定一个判断而形成的判断,可以把它看成是对一个判断的最快捷的否定。负判断对于我们在实践中坚持真理、批驳谬误、揭穿诡辩有着极其重要的意义和作用。要恰当地作出负判断应注意如下几点:

第一,深刻了解原判断,准确找出原判断的错误。因为负判断是由否定一个判断而形成的判断,与原判断是矛盾关系,因此,负判断中永远包含着一真一假两个判断,真理和谬误都在其中,被否定的原判断应当是假的,而不应当将真判断否定掉。

第二,否定一个判断后,应正面阐述否定的思想——作出等值判断。负判断对原判断的否定是简单的甚至在有些时候可以说是武断的,它只是说原判断不对,并没有正面阐述负判断的思想。因此,否定一个判断后,应正面阐述否定的思想,作出等值判断。

第三,准确把握双重否定或多重否定的含义。经过多重否定的判断,意思可能会颠倒,要特别加以注意。例如:

并不能说我们没有对他不负责任。

不得不否认各警种间确实有它的共同点。

在上面的两个例子中,第一个是说"我们对他不负责任";第二个是说"各警种间没有共同点"。这些结果可能与判断者的愿望是相违的。

3.9 对事物情况加上"必然"、"可能"等概念的断定——模态判断

3.9.1 什么是模态判断

模态判断就是断定思维对象的必然性、可能性以及人们认识程度的判断。

例如：犯罪行为必然要受到法律的惩罚。
　　　作案人可能是凌晨2点进入现场。

上面第一个判断反映了事物发展的必然性；第二个判断则反映了认识上的可能性。

3.9.2 模态判断的构成及种类

模态判断是由实然判断加上必然、可能等模态词构成。如用"p"表达实然判断，则模态判断可表示为：

必然 p

可能 p

若是否定模态判断可表示为：

必然非 p

可能非 p

按所反映的是对象的性质还是认识的程度，模态判断分为：客观模态判断和主观模态判断两类。

在客观模态判断中，依据所反映的是对象的必然性、可能性还是现实性，又可以分为：必然模态判断、或然模态判断、实然模态判断三种类型。

客观必然模态判断是反映对象必然性的判断。

例如：事物量变到一定程度必然会发生质变。

客观或然模态判断是反映对象可能性的判断。

例如：酒后驾驶可能会发生交通事故。

客观实然模态判断是反映对象现实性的判断。

例如：我们正在追捕犯罪嫌疑人。

在主观模态判断中，依据人们认识程度的不同，也可以分为必然模态判断、或然模态判断、实然模态判断三种类型。

主观必然模态判断：反映人的认识已经达到了确实程度的判断。当人们认识了事物的本质和规律的时候，当人们确实认识了事物发展的必然性、可能性和现实性的时候，都可以做出主观必然模态判断。前面的客观模态判断，无论是必然模态

判断、或然模态判断还是实然模态判断,都是在主观上达到了确实程度的判断,因而,都属于主观必然模态判断的范围。

主观或然模态判断:反映人的认识尚未达到确实程度的判断。当人们尚未认识事物的本质和规律、尚未认识事物发展的必然性、可能性和现实性的时候,做出主观或然模态判断。

主观实然模态判断:反映人的认识可能性的判断。如作案人可能就在现场附近,父母离异可能给孩子的心理造成负面影响等,就是主观实然模态判断。

3.9.3 恰当作出模态判断的逻辑方法

模态判断是反映对象的可能性、现实性、必然性以及人们认识程度的判断,它可以帮助我们准确地把握对象的性质和状况并恰当地反映我们的认识程度。在运用中应注意下面几点:

第一,正确区分客观模态和主观模态。请看下面两个例子:

酒后驾驶可能发生交通事故。

作案人可能是凌晨 2 点进入现场的。

"酒后驾驶可能发生交通事故"断定了酒后驾驶这种行为本身存在着发生交通事故的可能性,这种可能性是客观存在的,并不受判断者的主观意识所左右,因此他是客观模态判断。而"作案人可能是凌晨 2 点进入现场的"则是判断者的主观断定,因为作出这个断定的时候,案件已经发生了,犯罪嫌疑人已经在某一时刻进入了现场,侦查员只能根据有关情况推断出大致的时间,因此,后者是主观模态判断。

第二,准确使用"必然"、"可能"等模态词。"必然"和"可能"这两个模态词反映事物的不同状态和趋势,用得不好会影响我们对事物的认识。例如下面两个判断:

纪律松懈可能会影响民警的形象。

这个人没有作案时间,可能不是作案人。

纪律松懈对民警形象的影响是必然的,二者之间存在着必然性联系而不是可能性联系。同样地,没有作案时间,一定不是作案人而不是"可能不是作案人"。

3.10 对事物情况加上"必须"、"禁止"等概念的断定——规范判断

3.10.1 什么是规范判断

规范判断是规定或约束人们行为的判断。对人们的行为进行规定或约束,通常

有两种规范,一种是道德的,一种是法律的,在这里,我们主要介绍法律方面的规范判断。法律方面的规范判断一般带有"必须"、"禁止"、"允许"、"应当"等概念。例如:

搜查人必须向被搜查人出示搜查证。
禁止刑讯逼供。
允许国外企业在中国投资。
搜查妇女的身体应当由女工作人员进行。

3.10.2 规范判断的构成

规范判断是由实然判断加上"必须"、"禁止"、"允许"、"应当"等规范词构成。
根据法律规范判断对人们行为约束的强度或性质不同,可以把法律规范判断分为必须、禁止和允许三种类型。

3.10.3 恰当作出规范判断的逻辑方法

要恰当地作出规范判断应把握如下几点:

第一,规范判断是为了维护统治集团或社会公共利益而产生的,它规定人们必须做什么,禁止做什么,可以做什么,不可以做什么。

这种利益一般是以国家或集体的方式被表现在规范判断中。所以,在作出规范判断时应权衡利弊,以大局为重,以国家和社会利益为重。请看下面两组判断:

公民必须遵守所在国家的法律。
禁止拐卖、绑架妇女。
从村里驶过必须交养路费。
禁止提意见。

很显然,前两个判断是从国家和社会的利益上来考虑的,而后两个判断则是从小集团和个人利益来考虑的。

第二,规范判断规定的是人们的行为,它无真假可言,只有是否妥当的问题,即所反映的利益是否得当。看一个规范判断是否妥当,是看他是否反映社会某集团的最大利益。

第三,注意把握规范判断的程度。规范判断从必须、禁止到可以、不可以,来反映对人的行为的不同程度的约束。必须准确使用这些规范概念。

【练习题】

一、填空题

1. 判断是用语句反映事物情况的_____。

2. _____与陈述或评价的主体是否认可无关,而_____是由主体认可的。
3. 在"有些作案人是未成年人"中,"未成年人"属于判断结构中的_____部分。
4. 根据性质判断的_____的不同,可把性质判断分为全称判断、特称判断和单称判断三种。
5. A、E、I、O 四种性质判断的_____关系,指的是当 A、E、I、O 四种性质命题的主、谓项分别相同时,彼此之间存在着的一种真假制约关系。
6. 当"所有在场的人都是知情人"为假的时候,与其主、谓项相同的另一个性质判断_____为真。
7. 当"有些在场的人是知情人"为真的时候,其主、谓项相同的另一个性质判断_____为假。
8. A、E、I、O 四种性质判断的周延性是指性质判断中对_____、_____外延的断定情况。
9. 在"所有被告人都是有辩护权的人"中,_____不周延。
10. 在"有些违法行为不是犯罪行为"中,_____周延。
11. 甲案早于乙案,甲案和乙案之间存在着_____关系。
12. "血迹在操作台的北面,操作台在监视器的北面。"这是_____关系命题。
13. "反感"可以反映_____和_____。
14. "黄某到了现场,李某也到了现场"表述的是_____判断。
15. 老雕是黑冰团伙的或者黑三是黑冰团伙的,这表述的是_____判断。
16. "死者要么是自然死亡,要么是非自然死亡"表述的是_____判断。
17. "只有熟悉现场情况的人才能是作案人"表述的是_____条件联系。
18. "并不能说所有到过现场的人都是与案件有关的人"的等值判断是_____。
19. "酒后驾驶可能会发生交通事故"所表述的是_____模态判断。
20. "嫌疑人不一定出现"的等值判断是_____。

二、单项选择题
1. 下列选项中错误的是( )
A. 判断是语句所表达的思想内容,语句是命题的物质外壳和语言表达形式
B. 语句从不同程度表达判断
C. 语句以不同方式表达判断
D. 语句是判断所表达的思想内容,判断是语句的物质外壳和语言表达形式
2. 下列说法正确的是( )
A. 性质判断由主项、谓项、联项、量项四个部分组成
B. 主项是表示对象与属性关系的概念

C. 谓项是表示被断定的对象的概念
D. 量项是表示对象与属性关系的概念
3. "凡法律没有明文规定为犯罪行为的不得定罪处刑。"属于( )
   A. 全称肯定判断   B. 全称否定判断
   C. 特称肯定判断   D. 特称否定判断
4. 反对关系是指( )
   A. SAP 和 SEP 之间只能同假不能同真的关系
   B. SAP 和 SEP 之间只能同真不能同假的关系
   C. SIP 和 SOP 之间只能同假不能同真的关系
   D. SIP 和 SOP 之间只能同真不能同假的关系
5. 命题"有些作案人是未成年人"的周延情况是( )
   A. 主项周延并且谓项也周延   B. 主项周延并且谓项不周延
   C. 主项不周延并且谓项周延   D. 主项不周延并且谓项也不周延
6. 当 O 判断假的时候,下列为真的是( )
   A. 所有在场的人都是知情人   B. 所有在场的人都不是知情人
   C. 有些在场的人是知情人   D. 有些在场的人不是知情人
7. 判断"凡从现场跑出来的人都是与案件有关的人"不当的原因是( )
   A. 主项使用不当   B. 谓项使用不当
   C. 联项使用不当   D. 量项使用不当
8. 判断"李某与王某是同案犯"属于( )
   A. 对称性关系   B. 反对称性关系
   C. 非对称性关系   D. 传递性关系
9. 判断"侦查员逮捕了犯罪嫌疑人"属于( )
   A. 对称性关系   B. 反对称性关系
   C. 非对称性关系   D. 反传递性关系
10. 判断"甲犯认识乙犯,乙犯认识丙犯"属于( )
    A. 对称性关系   B. 传递性关系
    C. 反传递性关系   D. 非传递性关系
11. 判断"张某既有作案动机又有作案条件"为真时,与下列情况相应的是( )
    A. 张某有作案动机没有作案条件
    B. 张某没有作案动机有作案条件
    C. 张某既有作案动机又有作案条件
    D. 张某既没有作案动机又没有作案条件
12. 判断"案件侦破缓慢的原因或者是客观情况复杂或者是主观努力不够"属

于( )
　A. 联言判断　　　　　　　　　B. 相容选言判断
　C. 不相容选言判断　　　　　　D. 假言判断
13. 不相容选言判断所表述的情况是( )
　A. 可以这样,也可以那样　　　B. 也许这样,也许那样
　C. 或者这样,或者那样　　　　D. 要么这样,要么那样
14. "如果伤痕不能由自己形成,那么死者不是自杀。"的逻辑性质是( )
　A. 如前件真则后件真　　　　　B. 如后件真则前件真
　C. 如前件真则后件假　　　　　D. 如后件假则前件假
15. 在"只有有作案时间的人,才能是作案人。"中,前后件的关系为( )
　A. 前件是后件的充分条件　　　B. 前件是后件的必要条件
　C. 后件是前件的必要条件　　　D. 前件是后件的充分必要条件
16. "并非所有违法行为都是犯罪行为。"等值于( )
　A. 所有违法行为都不是犯罪行为　B. 所有犯罪行为都是违法行为
　C. 所有违法行为都是犯罪行为　　D. 有些违法行为不是犯罪行为
17. "并非有些正当防卫行为是要负刑事责任的行为。"等值于( )
　A. 有些正当防卫行为是不要负刑事责任的行为
　B. 有些正当防卫行为是要负刑事责任的行为
　C. 所有正当防卫行为都不是要负刑事责任的行为
　D. 所有正当防卫行为都是要负刑事责任的行为
18. "并非有些醉酒的人犯罪不是应负刑事责任的。"等值于( )
　A. 有些醉酒的人犯罪不是应负刑事责任的
　B. 所有醉酒的人犯罪都是应负刑事责任的
　C. 有些醉酒的人犯罪是应负刑事责任的
　D. 所有醉酒的人犯罪都不是应负刑事责任的
19. 判断"并不能说我们没有对他不负责任"的含义是( )
　A. 我们对他不负责任　　　　　B. 我们对他负责任
　C. 我们没有对他不负责任　　　D. 我们并未对他不负责任
20. "知情人不一定来"的等值判断是( )
　A. 知情人可能不来　　　　　　B. 知情人不可能不来
　C. 知情人可能来　　　　　　　D. 知情人一定不来

三、多项选择题
1. 命题和判断的区别在于( )
　A. 命题与主体是否认可无关,而判断是由主体认可的
　B. 命题适于在比较一般、比较抽象的场合使用

C. 判断适于在比较个别、比较具体的场合使用

D. 命题和判断相同

2. 下列判断中具有矛盾关系的是（　　）

A. "所有在场的人都是知情人"与"所有在场的人都不是知情人"

B. "所有在场的人都是知情人"与"有些在场的人不是知情人"

C. "所有在场的人都不是知情人"与"有些在场的人不是知情人"

D. "所有在场的人都不是知情人"与"有些在场的人是知情人"

3. 下列判断中谓项周延的是（　　）

A. 有些违法行为不是犯罪行为

B. 凡法律没有明文规定为犯罪行为的不得定罪处刑

C. 有些作案人是未成年人

D. 凡在中华人民共和国船舶或者航空器内犯罪的都适用本法

4. 在下面的联结词中，能反映非对称关系的是（　　）

A. 制伏　　　　B. 打击　　　　C. 发现　　　　D. 认识

5. 在下面的联结词中，能反映非传递关系的是（　　）

A. 讥讽　　　　B. 抚养　　　　C. 抓获　　　　D. 重于

6. 下面选项中正确地表述了复合判断的项是（　　）

A. 我们不但很快找到了线索，而且还很快抓获了犯罪嫌疑人

B. 我们不但很快抓获了犯罪嫌疑人，而且还很快找到了线索

C. 只有有作案时间的人，才能是作案人

D. 只有是作案人，才能有作案时间

7. 必要条件假言判断的逻辑性质可以表述如下（　　）

A. 有前件就有后件，没有前件不一定没有后件

B. 没有前件就没有后件，有了前件不一定就有后件

C. 有了后件就有前件，没有后件不一定没有前件

D. 没有后件就没有前件，有了后件不一定就有前件

8. 判断"当且仅当你是中华人民共和国的公民，那么你就有公民的权利和义务。"为真的情况是（　　）

A. 你是中华人民共和国的公民，你有公民的权利和义务

B. 你不是中华人民共和国的公民，你有公民的权利和义务

C. 你是中华人民共和国的公民，你没有公民的权利和义务

D. 你不是中华人民共和国的公民，你没有公民的权利和义务

9. "并非某甲是作案人并且某乙也是作案人。"的等值判断是（　　）

A. 某甲是作案人并且某乙也是作案人

B. 某甲不是作案人或者某乙不是作案人

C. 某甲不是作案人并且某乙也不是作案人

D. 某乙不是作案人或者某甲也不是作案人

10. 当判断"只有王某提供了现场情况,李某才能作案"为真时,那么下列命题为真的是(　　)

A. 王某提供了现场情况,李某作案

B. 王某提供了现场情况,李某没作案

C. 王某没提供现场情况,李某作案

D. 王某没提供现场情况,李某没作案

四、分析题

1. 请根据下面材料中所给出的科学原理和事实材料做出判断。

(1) 科学原理:

多普勒效应:声源趋近,音调升高;声源趋远,音调降低。光源趋近,波长变短,谱线紫移;光源趋远,波长变长,谱线红移。

(2) 事实材料:

1) 1912—1917年,美国天文学家斯莱弗发现,他所研究的15个星系中,有13个星系的光谱出现了红移。

2) 20世纪20年代末期,美国天文学家哈勃发现,除了离我们最近的星系外,几乎所有星系的光谱都呈现谱线红移现象。

2. 通缉令上描述了犯罪嫌疑人的体貌特征:身高1.70米、长脸、小眼、较黑、左眼眉上有一长1.5 cm疤痕、走路外八字脚。根据上面的描述请你用最恰当的命题形式将通缉的内容表示出来。

3. 人死后2—4小时,在尸体的低下部位会出现淤血斑块,即尸斑。现代法医学对尸斑形成的原因作了以下解释:人死后,心脏停止跳动,血液循环也随之停止。体内的血液由于重力的作用逐渐沉积于尸体低下部位的毛细血管中,使毛细血管充血扩张,当血液凝固后,就形成了尸斑。请运用所学的命题方面的逻辑理论就死亡和尸斑两个现象之间的关系做出你认为最恰当的命题。

五、应用题

1. 阅读下面材料并回答问题:

某市演出公司财务室被盗,现场情况如下:

财务室位于演出公司一层,内外两室,位于东面的里间为财会的办公室,位于西面的外间为杂物室。作案人由外间撬门入室,然后进入里间,将里间八张桌子全部撬开,并将其中所有现金约一万余元全部盗走。在勘查现场结束时,侦察员让现场勘查见证人进入现场整理物品,会计人员进入现场后,直奔外间屋的两个洗衣机包装盒,并着急地说:看看我的金柜被盗没有。见此情景,现场勘查人员都很惊讶,只见会计人员提起洗衣机包装盒,漏出两个金柜,金柜完好无损。会计人员感到很庆幸,侦察人员却感到很诧异,原来作案人和侦查人员都没有发现金柜。

问题:请你对案件性质(内盗、外盗)以及作案人条件做出判断。

2. 阅读下面材料并回答问题:

2004年10月24日,某大学副教授顾某被人杀死于家中,经现场勘查,情况如下:

现场位于该大学家属园区B座202室。进门是一小走廊,直行为客厅及卧室,向右转为厨房及北平台,死者头朝里仰卧于厨房与走廊结合部,头面部有大量血迹,头发及头皮处有砖灰色粉末,走廊地面上有散落的大葱及葱叶,接近门口处有一散捆大葱,葱上有一20×18×6公分带血的石头,走廊右侧墙壁距地面1.68米处有10×8、3×9公分喷溅血迹各一处。各房间内均有清晰程度不同的同一种鞋印,各房间均被翻动。经尸体检验,死者头部有多处钝器伤,颅骨塌陷性骨折。经鉴定,墙壁、砖头上的血型与死者的血型相同。

经现场访问得知如下情况:

(1)死者近日无课,在家写讲稿,早晨曾对要上班的妻子说过买菜买葱之类的话。

(2)该园区不准卖菜及小贩的车辆进入。

(3)值班保安李某于上午9时左右见一个农民模样的青年人提一捆葱,跟随顾老师进入园区。

问题:请根据上述案情,就案件性质、作案时间、作案人身份、侦查方向、侦查范围做出判断。

第四章　推理要有效

本章提要

推理是逻辑学研究的主要对象,推理的有效性是逻辑学研究的核心问题。

本章首先对推理进行概述(定义、构成、种类及推理的有效性),然后根据判断的分类,分别介绍简单判断推理和复合判断推理。

简单判断推理的重点提示:性质判断推理有效的逻辑依据是概念间的外延关系,关系判断推理有效的逻辑依据是关系的性质,难点是有效三段论的证明。

复合判断推理的重点提示:复合判断推理有效的逻辑依据是复合判断的逻辑特性,难点是有效推理式和等值式的综合应用。

4.1　什么是推理及其有效性

人类对真理的追求与探索是一个长期的思维与实践的过程,在这一过程中,推理是获得新知识的主要思维方法和手段。

4.1.1　什么是推理

推理就是由一个或者若干个判断推出另一个判断的思维形式。例如:

(1) 所有的侵略战争都是非正义的,所以,正义战争都不是侵略战争。

(2) 人都要死的,苏格拉底是人,所以,苏格拉底要死。

(3) 如果天下雨,那么地上湿。地上不湿,所以,天没下雨。

(4) 任何革命不可能没有曲折,所以,任何革命必然会有曲折。

(5) 牛的血是红的,羊的血是红的,马的血是红的,人的血液是红的,牛、羊、马和人都是动物,所以,动物的血都是红的。

(6) 甲、乙两个案件的作案时间、手段、工具是相同的,甲案的作案者是张三,所以,乙案的作案者也是张三。

推理的语言形式是语群,或者说,推理由一个语句(判断)序列构成。这个序列至少包括两个语句(判断),其中,一个是结论,其余的是前提。并非所有的判断序列都是推理,如"民法是法,刑法是法,它们都是实体法"就是一个判断序列,但这不是推理,因为它们之间没有推出关系。

由此可见,推理都是由三部分构成:前提、结论和推出关系。

前提就是据以推出另一个判断的判断,结论就是由前提推出的那个判断。上述六例中,"所以"前面的判断都是前提,"所以"后面的那个判断就是结论。前提中判断的数量可以是一个,如例(1)和(4),也可以是两个或两个以上,如例(2)、(3)、(5)和(6),但不能无穷。

在语言表达中,前提与结论很容易区别,一般的情况是,前提在前,结论在后。前提与结论之间有一个显著的标志——"所以"(或是与之作用相同的"总之"、"总而言之"、"可见"、"由此可见"、"因而"、"因此"等)。但有时结论在前,前提在后,并用"由于"或者"因为"把两者连结起来。如例题(1)可表述为"正义战争都不是侵略战争,因为所有的侵略战争都是非正义的"。

在推理的结构中,前提与结论都是显性结构,即明明白白地显示出来的结构成分。而推出关系则是隐性结构,是隐藏着的内部结构成分——前提与结论的逻辑联系,这种联系分为必然联系与或然联系两种,即前提与结论之间是具有必然性推出关系,还是具有或然性推出关系。必然性推出关系就是"若前提真,则结论必然真"的推出关系;或然性推出关系就是"若前提真,则结论不必然真"的推出关系。

4.1.2 推理的种类

按照不同的划分标准,推理可以有不同的分类。

第一,根据思维进程方向性的不同,可以把推理分为演绎推理、归纳推理和类比推理。

演绎推理是由一般性知识前提推出个别性知识结论的推理,如例题(1)、(2)、(3)和(4)。

归纳推理是由个别性知识前提推出一般性知识结论的推理,如例题(5)。

类比推理是由一般性知识前提推出一般性知识结论(或是个别性知识前提推出个别性知识结论)的推理。如例题(6)。

第二,根据前提数量的不同,可以把推理分为直接推理和间接推理。

直接推理就是只有一个前提的推理,如例题(1)和(4)。

间接推理就是有两个或两个以上前提的推理,如例题(2)、(3)、(5)和(6)。

第三,根据推出关系的不同,可以把推理分为必然性推理和或然性推理。

必然性推理就是前提与结论之间具有必然性推出关系的推理,如例题(1)、(2)、(3)和(4)。

或然性推理就是前提与结论之间具有或然性推出关系的推理,如例题(1)和(4)。

演绎推理都是必然性推理。

4.1.3 什么是推理形式

推理形式是一种逻辑形式,是以人工符号替换推理内容的思维形式结构。例如:

(7) 所有的法律都是有阶级性的（MAP）
宪法是法律　　　　　　　　　(SAM)
─────────────────────
所以,宪法是有阶级性的　　　(SAP)

(8) 所有的法律都是有阶级性的（MAP）
经济法是法律　　　　　　　　(SAM)
─────────────────────
所以,经济法是有阶级性的　　 (SAP)

上述两例中,横线上面的都是前提,横线下面的是结论。横线表示其上面的判断推出其下面的判断。上述两例的推理形式是:

　　　所有的 M 是 P　　　　　　MAP
　　　所有的 S 是 M　　或　　　SAM
　　∴ 所有的 S 是 P　　　　　　SAP

这两个都是推理形式,左边推理形式中的变项(概念)已符号化,而常项尚未符号化;而右边推理形式中的常项和变项都已符号化,它是完全形式化(符号化)的推理形式。所谓符号化是一种科学抽象,就是以特定的人工语言来替换常项或者变项,符号化是各门科学理论化、系统化的方法。例如:数学公式"$x+y=z$",其中,"$+$、$=$"是常项,常项在特定的学科中有其特定的语义;"x,y,z"是变项,变项可替换具体的思维内容。若用"1"替换"x",用"2"替换"y",用"3"替换"z",那么"$1+2=3$"就是"$x+y=z$"的一个替换实例,而"x,y,z"都可以有无数个替换,则"$x+y=z$"就有无数个替换实例。同理,一个推理形式也有无数个替换实例。

推理形式是推理的逻辑抽象,是舍去推理内容的形式抽象。如果我们用不同的思维内容解释(替换)相应的变项符号,就产生了内容不同而形式相同的替换实例。例如例题(7)和(8)是两个不同的推理,但它们的推理形式是相同的;同样,我们还可以用"民法"、"刑法"、"国际法"这三个概念,去替换例题(8)中的变项"S",又产生了三个不同的替换实例。它们与例题(7)和(8)的推理形式也是相同的。而且,上述推理形式中的"M"、"P"也可以用不同的概念去替换,由此可以产生许多内容不同、形式相同的替换实例。

下面的例子也是推理及其形式:

(9) 如果某人是盗窃犯(p),那么他占有过赃物(q)
　　　张三是盗窃犯(p)
　　─────────────────────
　　　所以,他占有过赃物(q)

(10) 如果某人是盗窃犯(p),那么他占有过赃物(q)
　　　李四是盗窃犯(p)
　　─────────────────────
　　　所以,他占有过赃物(q)

例题(9)和(10)的推理形式也是相同的。或者说,它们都是下列推理形式的替换实例:

如果 p,那么 q　　　　　　　　　　　p→q
　　p　　　　　　　　或　　　　　　　p
─────────　　　　　　　　　　　─────
所以,q　　　　　　　　　　　　　　∴ q

我们可以用"王五是盗窃犯"、"马六是盗窃犯"等去替换变项"p",也会产生不同的替换实例。当然,"q"也有无穷的替换内容。

我们可以把任何一个推理看成是推理形式的特例解释(替换实例),一个推理形式有无穷数的特例解释(替换实例),因为概念或判断的实例替换是无穷无尽的。

我们研究推理的首要任务是判定推理是否符合逻辑要求,这种判定往往是纯形式的。所谓"纯形式的判定",就是依据推理形式来判定,而不考虑推理的具体内容。因此,判定一个推理是否符合逻辑要求,首先要把该推理抽象成推理形式。这里,特别要注意区分两种不同的推理:

一、如果是简单判断推理,那么要以概念作为变项,如例题(7)和(8)。
在性质判断推理中,推理有效性的依据是概念间的关系。在关系判断推理中,推理的依据是概念间关系的特性。

二、如果是复合判断推理,那么要以判断作为变项,如例题(9)和(10)。
在复合判断推理中,推理有效性的依据是复合判断的逻辑特性。

4.1.4　推理的有效性

逻辑学的核心任务是研究推理的形式是否正确、是否"合乎逻辑"。对不同的推理,"合乎逻辑"的要求也有所不同。本章是研究演绎推理的,根据思维进程方向性的不同,演绎推理可以定义为"由一般性知识前提推出个别性知识结论的推理";根据推出关系的不同,演绎推理可以定义为"若前提为真,则结论必然为真的推理"。因此,在本章中,判定一个推理是否正确、是否"合乎逻辑",就是检验该推理的形式是否能保证:"若前提为真,则结论必然为真。"

推理是由内容与形式两部分构成,一个推理能否必然推出真实的结论,既与内容有关,也与形式有关。与内容有关的是:前提是否真实、是否符合客观实际。与形式有关的是:该形式是否能保证由真实前提必然导出真实结论。

当我们被问及一个推理是否正确时,往往涉及两方面的问题,其一,前提和结论是否真实、正确;其二,推理的形式是否正确、合乎逻辑。为了避免术语上的混乱,在本章中,我们把正确的、合乎逻辑的推理形式称之为有效式,反之,则为无效式(非演绎的推理形式另当别论)。因之,推理形式可以分为两大类:有效式与无效式。有效式就是前提与结论具有必然性推出关系的推理形式,也就是"若前提为真,则结论必然为真"的推理形式。无效式就是前提与结论具有或然性推出关系的推理形式,也就是"若前提为真,则结论不必然为真"的推理形式。

如果我们把前提视为"蕴涵"的前件,把结论视为"蕴涵"的后件,那么"若前提为真,则结论必然为真的推理"也就是"前提蕴涵结论的推理"。因为"蕴涵"的逻辑特性就是"若前件为真,则后件必然为真"。因此,我们还可以把演绎推理定义为"前提蕴涵结论的推理"。这样,我们可以用"→"(蕴涵)表示推理形式中的"推出"。例如下列的两种推理形式是等价的:

$$
\begin{array}{cc}
\text{竖式} & \text{横式} \\
p \to q & \\
\underline{p} & \\
\therefore q & (p \to q) \land p \to q
\end{array}
$$

上述横式中的最后一个"→"表示"推出",其左面的是前提,右面的是结论。前提中的"∧"表示它联结两个前提,因为前提与前提之间是"合取"关系,是"同时断定"的关系。

有效性是指一个推理形式的性质,一个推理形式要么是有效的,要么是无效的。推理的有效与无效,与前提和结论内容的真假无必然联系,有效推理形式的结论未必是真的,而无效推理形式的结论未必是假的。一个推理形式的替换实例是无穷无尽的,替换实例的内容也可真可假。而只有当前提内容真实并且推理形式有效时,结论才必然真实。例如:

一、当推理形式无效时,前提有两种可能:

1. 前提真实

如果李白是诗人,那么他写过诗。李白写过诗,所以,他是诗人。

如果薛蟠是诗人,那么他写过诗。薛蟠写过诗,所以,他是诗人。

上述两例都是无效式的替换实例,而结论一真一假。

可见,当推理形式无效时,尽管前提真实,也不能保证结论必然真实。

2. 前提虚假

如果铜是金属,那么铜不导电。铜不导电,所以,铜是金属。

如果塑料是金属,那么塑料导电。塑料导电,所以,塑料是金属。

上述两例也是无效式的替换实例,而结论一真一假。

可见,当推理形式无效时,尽管前提也虚假,结论未必虚假。

上述四例都是下列推理形式的替换实例:

竖式   横式

$$p \rightarrow q$$
$$\underline{\quad q \quad}$$
$$\therefore p \qquad (p \rightarrow q) \wedge q \rightarrow p$$

二、当推理形式有效时,前提也有两种可能:

1. 前提虚假

如果嫌疑人有作案时间,那么他就是罪犯,该嫌疑人有作案时间,所以,他是罪犯。

上述例题是有效式的替换实例,而结论可真可假。

可见,如果前提虚假,即使推理形式有效,也不能保证结论必然真实。

2. 前提真实

如果嫌疑人是罪犯,那么他就有作案时间,该嫌疑人是罪犯,所以,他有作案时间。

当且仅当一个推理的前提真实,而且形式有效,该推理的结论才必然真实。

上述两例的推理形式如下:

竖式   横式

$$p \rightarrow q$$
$$\underline{\quad p \quad}$$
$$\therefore q \qquad (p \rightarrow q) \wedge p \rightarrow q$$

这个推理形式是有效的,之所以有效的,是因为可以对其中的变项 p 和 q 作任意的实例替换(替换任意的判断),只要替换的前提中的判断是真实的,替换后的推理的结论必然也是真实的。也就是说,只要前提真实,有效式必然能导出真实的结论。

下面的图表概括揭示了前提的真或假、推理形式的有效或无效、与结论的真或假这三者之间的关系。

前提内容	推理形式	结 论
真	有 效	真
真	无 效	真或假
假	有 效	真或假
假	无 效	真或假

由表可知,只有前提内容真实并且推理形式有效,结论才必然真实。其他的三种情况都不能保证结论必然真实。

要之,若要得出一个必然为真的结论,推理必须具备两个条件:

第一,前提内容真实。

第二,推理形式有效。

前提内容是否真实,那是各门具体科学关心的事;而推理形式是否有效,则是逻辑学研究的主要问题。

4.2 简单判断推理

简单判断推理就是前提或结论是简单判断,并根据简单判断的逻辑特性而由前提必然推出结论的推理。要注意:

一、在推理结构上,简单判断推理的前提或结论中,一定有简单判断。

二、在推理依据上,简单判断推理之所以有效,一定依据相应的简单判断的逻辑特性。

我们可以把简单判断推理分为性质判断直接推理、性质判断间接推理和关系推理。

4.2.1 性质判断直接推理

性质判断直接推理就是前提或结论是性质判断,且前提只有一个判断,并根据性质判断的逻辑特性而由前提必然推出结论的推理。

性质判断直接推理可分为对当关系推理和判断变形推理。

4.2.1.1 对当关系推理

对当关系推理就是依据对当关系的逻辑特性而由前提必然推出结论的直接

推理。

在推理结构上,对当关系推理的前提只有一个,并且前提或结论是性质判断。

在推理依据上,推理之所以有效,因为它依据了对当关系的逻辑特性。

例如:

(1)所有贪污罪都是故意罪,所以,有的贪污罪是故意罪。

(2)并非所有的犯法都是犯罪,所以,有些犯法不是犯罪。

例(1)之所以有效,是依据 SAP 与 SIP 之间的差等关系的逻辑特性,即:

若 A 判断为真,则 I 判断必真。故由前提 A 判断为真,可必然推出 I 判断为真的结论。

例(2)之所以有效,是根据 SAP 与 SOP 之间的矛盾关系的逻辑特性,即:

若 A 判断为假,则 O 判断必真,故由前提 A 判断为假,可必然推出 O 判断为真的结论。

对当关系可分为矛盾关系、反对关系、下反对关系和差等关系。由此对当关系推理可分为如下四类有效式:

1. 矛盾关系推理(共 8 个有效式)

性质判断之间的矛盾关系是指 A 与 O、E 与 I 之间的关系,矛盾关系是质和量都不同的两个性质判断之间的关系。其性质是:不同真、不同假;即:此真彼假,此假彼真。因此,由 A 真可推出 O 假,由 A 假可推出 O 真;同样,由 O 真可推出 A 假,由 O 假可推出 A 真。E 与 I 之间关系也是如此。因而有下列有效式:

$$\frac{SAP}{\therefore \neg SOP} \qquad SAP \rightarrow \neg SOP$$

例如:金属都导电,所以,并非有些金属不导电。

$$\frac{SOP}{\therefore \neg SAP} \qquad SOP \rightarrow \neg SAP$$

例如:有些人不抽烟,所以,并非所有的人都抽烟。

$$\frac{\neg SAP}{\therefore SOP} \qquad \neg SAP \rightarrow SOP$$

例如:并非所有的被告都有罪,所以,有的被告不是有罪的。

$$\frac{\neg SOP}{\therefore SAP} \qquad \neg SOP \rightarrow SAP$$

例如:并非有些事物不运动,所以,所有的事物都运动。

$$\frac{SEP}{\therefore \neg SIP} \qquad SEP \rightarrow \neg SIP$$

例如：所有的马克思主义都不是个人主义，所以，并非有马克思主义是个人主义。

$$\frac{SIP}{\therefore \neg SEP} \qquad SIP \rightarrow \neg SEP$$

例如：有的金属是液体，所以，并非所有的金属都不是液体。

$$\frac{\neg SEP}{\therefore SIP} \qquad \neg SEP \rightarrow SIP$$

例如：并非所有的动物都不是人，所以，有的动物是人。

$$\frac{\neg SIP}{\therefore SEP} \qquad \neg SIP \rightarrow SEP$$

例如：并非有自然科学是上层建筑，所以，所有的自然科学都不是上层建筑。

性质判断的矛盾关系推理其实就是等值推理：前提判断与结论判断是等值的。从思想内容上来看，前提判断与结论判断是意义相同的两个判断；从判断形式上来看，前提判断与结论判断的常项不同，但真值相同。因此，上述八个有效式可以简约成下列四个等值推理式：

$$SAP \leftrightarrow \neg SOP$$

例如：金属都导电，因此等于说，并非有些金属不导电。

$$\neg SAP \leftrightarrow SOP$$

例如：并非所有的被告都有罪，所以换而言之，有的被告不是有罪的。

$$SEP \leftrightarrow \neg SIP$$

例如：所有的马克思主义都不是个人主义，所以等于说，并非有的马克思主义是个人主义。

$$\neg SEP \leftrightarrow SIP$$

例如：并非所有的动物都不是人，因此换而言之，有的动物是人。

在等值推理中，由前提判断可以必然推出结论判断，而且，由结论判断也可必然推出前提判断。总之，"↔"的左右两边的判断可以互相必然推出。

2. 反对关系推理(共2个有效式)

性质判断之间的反对关系是指 A 与 E 之间的关系，反对矛盾关系是质不同而量相同的两个性质判断之间的关系，它们的量是全称。其性质是：可同假不同真；

即:此真彼假,此假彼真假不定。因此,由 A 真可推出 E 假,由 A 假推不出 E 的真值;同样,由 E 真可推出 A 假,由 E 假推不出 A 真值。因而有下列有效式:

$$\frac{SAP}{\therefore \neg SEP} \qquad SAP \rightarrow \neg SEP$$

例如:所有的法律都有阶级性,所以,并非法律都没有阶级性。

$$\frac{SEP}{\therefore \neg SAP} \qquad SEP \rightarrow \neg SAP$$

例如:六班团员学生都不是三好学生,所以,并非六班团员学生都是三好学生。

3. 下反对关系推理(共 2 个有效式)

性质判断之间的下反对关系是指 I 与 O 之间的关系,下反对关系也是质不同和量相同的两个性质判断之间的关系,只是它们的量是特称。其性质是:可同真不同假;即:此假彼真,此真彼真假不定。因此,由 I 假可推出 O 真,由 I 真推不出 O 的真值;同样,由 O 假可推出 I 真,由 O 真推不出 I 真值。因而有下列有效式:

$$\frac{\neg SIP}{\therefore SOP} \qquad \neg SIP \rightarrow SOP$$

例如:并非有些无产者是剥削者,所以,有些无产者不是剥削者。

$$\frac{\neg SOP}{\therefore SIP} \qquad \neg SOP \rightarrow SIP$$

例如:并非有些事物不可知,所以,有些事物可知。

4. 差等关系推理(共 4 个有效式)

性质判断之间的差等关系是指 A 与 I、E 与 O 之间的关系,差等关系是质相同而量不同的两个性质判断之间的关系。其性质是:全称判断蕴涵特称判断。根据蕴涵的逻辑性质可以知道:由前件(A 或 E)真可推出后件(I 或 O)真,由后件(I 或 O)假可推出前件(A 或 E)假。但是,由前件(A 或 E)假推不出后件(I 或 O)真值,由后件(I 或 O)真推不出前件(A 或 E)真值。因而有下列有效式:

$$\frac{SAP}{\therefore SIP} \qquad SAP \rightarrow SIP$$

例如:所有的犯罪都要受到惩罚,所以,有的犯罪要受到惩罚。

$$\frac{\neg SIP}{\therefore \neg SAP} \qquad \neg SIP \rightarrow \neg SAP$$

例如：并非有的橡胶是导电的，所以，并非所有的橡胶都导电。

$$\frac{\overline{SEP}}{\therefore SOP} \qquad SEP \rightarrow SOP$$

例如：所有的有神论者都不是马克思主义，所以，有的有神论者不是马克思主义。

$$\frac{\overline{\neg SOP}}{\therefore \neg SEP} \qquad \neg SOP \rightarrow \neg SEP$$

例如：并非有些人不是动物，所以，并非所有的人都不是动物。

一般而言，在推理中，单称肯定判断（SaP）可视为全称肯定判断（SAP），单称否定判断（SeP）可视为全称否定判断（SEP），但是在对当关系推理中例外，单称肯定判断与单称否定判断不是反对关系，而是矛盾关系。因为单称判断的主项外延只有一个，其主项的外延不存在"特称"的量，"SaP"与"SeP"的关系相当于"p"与"¬p"的关系，即不同真不同假的矛盾关系。因而有下列有效式（共4个有效式）：

$$\frac{\overline{SaP}}{\therefore \neg SeP} \qquad SaP \rightarrow \neg SeP$$

例如：曹操是文学家，所以，并非曹操不是文学家。

$$\frac{\overline{\neg SaP}}{\therefore SeP} \qquad \neg SaP \rightarrow SeP$$

例如：并非曹操是画家，所以，曹操不是画家。

$$\frac{\overline{SeP}}{\therefore \neg SaP} \qquad SeP \rightarrow \neg SaP$$

例如：张三不是贪污罪，所以，并非张三是贪污罪。

$$\frac{\overline{\neg SeP}}{\therefore SaP} \qquad \neg SeP \rightarrow SaP$$

例如：并非张三不是盗窃罪，所以，张三是盗窃罪。

至于单称判断与全称判断、特称判断的真假制约关系，可见下图：

上图是六角对当关系方阵图，与四角对当关系方阵图比较，多出a、e两个角，由此多出一对矛盾关系：a与e是矛盾关系；多出两对反对关系：a与E、e与A是反对关系；多出两对下反对关系：a与O、e与I是下反对关系。多出四对差等关系：A与a、a与I、E与e、e与O是差等关系。差等关系是蕴涵关系，其中，A→a、a→I、E→e、e→O。

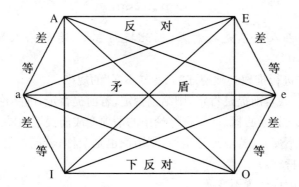

单称判断与全称判断、特称判断的关系确定了,根据对当关系的性质,它们之间的真假制约关系也随之确定。

4.2.1.2 判断变形推理

判断变形推理也是直接推理,它是通过改变判断中的质和量,或者改变主、谓项的位置,从而由前提必然推出结论的推理。

例如:任何障碍都是可以跨越的,所以,任何障碍都不是不可跨越的。

该推理改变了前提判断的质(由肯定判断推出否定判断)。

例如:所有犯罪都是犯法,所以,有些犯法是犯罪。

该推理既改变了主、谓项的位置,又改变了量(由全称判断推出特称判断)。

判断变形推理以换质法和换位法为基础,其他的判断变形推理就是不断的交替运用换质法和换位法而形成的推理。

4.2.1.2.1 换质法推理及其规则

换质法就是改变判断的质,从而由前提必然推出结论的性质判断直接推理。即:由肯定判断的前提推出否定判断的结论,或者由否定判断的前提推出肯定判断的结论。

换质法的有效式如下:

$$SAP \longleftrightarrow SE\overline{P}$$

例如:所有的金属都是导电体,因此等于说,所有的金属都不是绝缘体(非导电体)。

$$SEP \longleftrightarrow SA\overline{P}$$

例如:所有的故意伤害致死的故意内容都不是指向他人的生命,所以等于说,所有的故意伤害致死的故意内容都是不指向他人的生命。

$$SIP \longleftrightarrow SO\overline{P}$$

例如:有的被告是有罪的,所以换而言之,有的被告不是无罪的。

$$SOP \longleftrightarrow SI\overline{P}$$

例如：有的杀人罪不是故意罪,因此换而言之,有的杀人罪是过失罪(非故意罪)。

运用换质法进行推理必须遵守"二变二不变"的规则：

二变：变质。(若前提是肯定,则结论否定;若前提否定,则结论肯定。)

变谓项为矛盾概念。(把结论中的谓项变成前提谓项的矛盾概念。)

二不变：量不变。(若前提是全称,则结论也是全称;若前提是特称,则结论也是特称。)

主谓项位置不变。

4.2.1.2.2 换位法推理及其规则

换位法就是改变主、谓项的位置,从而由前提必然推出结论的性质判断直接推理。即：把结论中的主项换成前提中的谓项,把结论中的谓项换成前提中的主项。

换位法的有效式如下：

$$SAP \rightarrow PIS$$

例如：所有的人民检察院都是执法机关,所以,有的执法机关是人民检察院。

$$SEP \longleftrightarrow PES$$

例如：贪污罪都不是过失罪,所以等于说,过失罪都不是贪污罪。

$$SIP \longleftrightarrow PIS$$

例如：有的抢劫罪是共同罪,因此等于说,有的共同罪是抢劫罪。

$$SOP \text{ 不能换位}$$

例如：有的人不是被告,所以……

在 A、E、I、O 中,E、I 判断可以运用简单换位,即由前提推出结论,只要把主、谓项的位置简单的交换即可,而且 E、I 判断的简单换位其实是等值推理。A 判断只能运用限制换位,即换位后结论要变为特称判断。因为 A 判断的谓项(P)是不周延的项,若结论仍为全称判断,则换位后的主项 P 变为周延的项。前提中断定一个概念的部分(不周延),结论中却断定了这个概念的全部(周延),这样的推理是无效的。因此,在性质判断推理中,有一条重要的原则：

前提中不周延的项,结论中不得周延。

为了避免违反这条原则,所以,A 判断换位后只能从全称变为特称。基于相同的理由,若 O 判断简单换位后,前提中不周延的项(S)在结论中周延了,从而违反了这条规则。A 判断可以由全称判断降为特称判断,以避免违反"前提中不周延的项,结论中不得周延"的规则,而 O 判断若要换位,不可避免地违反这条规则,故 O

判断运用不能换位法。

运用换位法进行推理必须遵守下列规则：

1. 换位，即：前提与结论中的主、谓项位置交换。
2. 不换质，即：前提与结论的质(肯定或否定)保持一致。
3. 前提中不周延的项，结论中不得周延。

4.2.1.2.3 其他判断变形推理及其规则

其他判断变形推理都是以换质法与换位法作为基础。如果将换质法与换位法结合起来交替运用，就是换质位推理或换位质法推理。在步骤上可以先换质后换位，这就是换质位法推理；也可以先换位后换质，这就是换位质法推理。

换质位法推理就是先后交替运用换质法和换位法的变形推理。

1. 换质位法推理有下列有效式：

$$SAP \rightarrow SE\overline{P} \rightarrow \overline{P}ES \rightarrow \overline{P}AS \rightarrow \overline{S}IP \rightarrow \overline{S}OP$$

例如：所有的金属都是导电的 → 所有的金属都不是不导电的 → 所有的不导电的都不是金属 → 所有的不导电的都是非金属 → 有的非金属是不导电的 → 有的非金属不是导电的

$$SEP \rightarrow SA\overline{P} \rightarrow \overline{P}IS \rightarrow \overline{P}O\overline{S}$$

例如：所有合法行为都不是不正当防卫行为 → 所有合法行为都是正当防卫行为 → 有的正当防卫行为是合法行为 → 有的正当防卫行为不是违法行为

$$SOP \rightarrow SI\overline{P} \rightarrow \overline{P}IS \rightarrow \overline{P}O\overline{S}$$

例如：有的不正当防卫行为不是合法行为 → 有的不正当防卫行为是非法行为 → 有的非法行为是不正当防卫行为 → 有的非法行为不是正当防卫行为

SIP 不能换质位，因为换质后就是 O 判断，而 O 判断不能换位。

2. 换位质法推理有下列有效式：

$$SAP \rightarrow PIS \rightarrow PO\overline{S}$$

例如：故意伤害罪是故意伤害他人身体的行为 → 有的故意伤害他人身体的行为是故意罪 → 有的故意伤害他人身体的行为不是过失罪

$$SEP \rightarrow PES \rightarrow PA\overline{S} \rightarrow \overline{S}IP \rightarrow \overline{S}O\overline{P}$$

例如：所有的机动车都不是人力驱动的车 → 所有的人力驱动的车都不是机动车 → 所有的人力驱动的车都是非机动车 → 有的非机动车是人力驱动的车 → 有的非机动车不是非人力驱动的车

$$SIP \rightarrow PIS \rightarrow PO\overline{S}$$

例如：有的故意罪是抢劫罪→有的抢劫罪是故意罪→有的抢劫罪不是过失罪 SOP 不能换位质，因为 O 判断不能换位。

运用换质位法和换位质法进行推理时必须遵守：

换质时遵守换质法的规则，换位时遵守换位法的规则。

有时我们可以把对当关系推理和判断变形推理结合起来运用。

例如：所有的法律都是有阶级性的，所以，有的法律不是无阶级性的。

推理形式： SAP→ SO$\bar{P}$

检验证明该推理形式有效的方法有两种：

1. SAP→PIS→SIP→ SO$\bar{P}$

上述推理首先连续两次运用换位法，再运用换质法，似乎违反了"交替运用换质法和换位法"原则，其实不然。在我们进行判断变形推理时，只要遵守"换质时遵守换质法的规则，换位时遵守换位法的规则"这个基本原则，交替运用或者连续运用这两种推理都是有效的，只是在大多数的情况下，连续运用同一种推理没有什么实际意义。

如果固执的坚持交替运用换质法和换位法，无论是先换质，还是先换位，都不能证明上述推理的有效。

2. SAP→SIP→ SO$\bar{P}$

上述推理首先运用的是对当关系推理，其次是换质法推理。显然，这样的推导证明更加简洁明了。

4.2.2 性质判断间接推理——三段论推理

性质判断间接推理就是前提和结论是性质判断，且前提不止一个判断，并根据性质判断的逻辑特性而由前提必然推出结论的推理。

首先，在推理结构上，性质判断间接推理的前提不止一个，并且前提和结论都是性质判断。

其次，在推理依据上，性质判断推理之所以有效，因为它依据了性质判断的逻辑特性。

性质判断间接推理主要指三段论推理。

4.2.2.1 什么是三段论推理

三段论推理简称三段论，它就是通过一个共同概念将两个性质判断联结起来，从而推出一个新的性质判断的推理。例如：

(1) 金属都导电，

　　铜是金属，

　　所以，铜导电。

在上例中,以"M"替换"金属"、以"P"替换"导电"、以"S"替换"铜",该推理的变项的排列形式是:

$$
\begin{array}{c}
M \longrightarrow P \\
S \longrightarrow M \\
\hline
\therefore S \longrightarrow P
\end{array}
$$

在一定的意义上,性质判断就是陈述概念间外延关系的,在前提中,"S"与"P"没有外延关系,即"S"与"P"没有组成一个性质判断。但是由于中项"M"既与"S"有外延关系,又与"P"有外延关系,所以,在结论中"S"与"P"有了外延关系(组成了一个性质判断),这是"共同概念""M"起了"桥梁"、"中介"的作用。

在例(1)中,"铜"和"导电"这两个概念之所以能够连接成一个性质判断(有外延关系),就是"共同概念"——"金属"起到了"桥梁"、"中介"的作用。

三段论由三个性质判断组成,其中,两个是前提,一个是结论。

组成三段论的三个性质判断共有六个变项(即每个性质判断有一个主项和一个谓项,三个性质判断共有六个主、谓项),这六个变项分别由三个概念来充当,也就是说,每个概念(变项)在三段论中出现两次。

在例(1)中,这三个概念是"金属"、"导电"和"铜",它们分别在前提或结论中出现两次。

在三段论中,两个前提和三个不同的变项(概念),都有不同的名称和约定俗成的变项符号:

在结论中作主项的概念称之为小项,用 S 表示,如例(1)中的"铜";

在结论中作谓项的概念称之为大项,用 P 表示,如例(1)中的"导电";

在结论中不出现而在两个前提中出现的概念称之为中项,用 M 表示,如例(1)中的"金属"。

大、小项在结论中出现一次,分别在两个前提中又出现一次。

小项所在的前提称之为小前提,如例(1)中的"铜是金属";

大项所在的前提称之为大前提,如例(1)中的"金属都导电"。

以上就是三段论的结构,三段论中的特定名称和约定俗成的变项符号不得任意变更。

4.2.2.2 三段论的格和式

由于中项在大、小前提中所处的位置不同(即中项可以处于主项的位置,也可以处于谓项的位置),故而形成了不同的三段论形式,这就是三段论的格。

三段论共有四个格:

第一格:中项处于大前提的主项和小前提的谓项。

```
        M ── P
        S ── M
      ─────────
      ∴ S ── P
```

第二格：中项处于大前提和小前提的谓项。

```
        P ── M
        S ── M
      ─────────
      ∴ S ── P
```

第三格：中项处于大前提和小前提的主项。

```
        M ── P
        M ── S
      ─────────
      ∴ S ── P
```

第四格：中项处于大前提的谓项和小前提的主项。

```
        P ── M
        M ── S
      ─────────
      ∴ S ── P
```

注意：在三段论形式中，大前提、小前提、结论的位置，必须自上而下，依次排列。前提与结论中的一横，表示"推出"。

由于大、小前提和结论的质和量的不同（即大、小前提和结论都是A、E、I、O中的一种），故而形成了不同的三段论形式，这就是三段论的式。比如在例(1)中：大前提是A判断，小前提是A判断，结论是A判断，所以，它是AAA式。

"AAA"三个字母表示三个性质判断的质和量，第一个"A"表示大前提的质和量，第二个"A"表示小前提的质和量，第三个"A"表示结论的质和量，排列的次序必须是：大前提第一，小前提第二，结论第三，不可颠倒混乱。又如：

(2) 逻辑学不是有阶级性的，
　　逻辑学是科学，
　　─────────────────
　　所以，有的科学不是有阶级性的。

例(2)的形式为第三格EAO式，因为它的中项"逻辑学"处于两个前提的主项，所以，它是第三格三段论；它的大前提是E判断，小前提是A判断，结论是O判断，所以,它是 EAO 式。

4.2.2.3 三段论公理

近代逻辑学已经证明,三段论推理是一个公理系统,三段论有效式的证明及其规则,都源于一个初始公理——三段论公理。

三段论公理:一事物是什么或不是什么,它的一部分也是什么或不是什么。

这个公理可以分两部分表述:

一、一事物是什么,它的一部分也是什么。

二、一事物不是什么,它的一部分也不是什么。

我们可以用欧拉图来表示上述公理,其真理的性质很直观:

图一

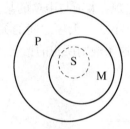

上图表示:一事物 M 是 P,它的一部分 S 也是 P。

三段论第一格 AAA 式,就是表述了这个朴素的真理。

```
    MAP              人都是要死的
    SAM              苏格拉底是人
  ───────          ─────────────
  ∴ SAP            ∴ 苏格拉底要死
```

图二

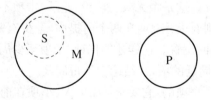

上图表示:一事物 M 不是 P,它的一部分 S 也不是 P。

三段论第一格 EAE 式,也表述了这个朴素的真理。

```
    MEP              上层建筑不是经济基础
    SAM              法学是上层建筑
  ───────          ────────────────────
  ∴ SEP            ∴ 法学不是经济基础
```

4.2.2.4 三段论规则

三段论公理是三段论推理有效式的初始依据,在大多数情况下,如果从三段论公理出发去判定一个三段论是否有效,还有许多繁杂的过程。为了简化这一过程,由三段论公理导出五条基本规则,凭借这些规则,可以简单明了地判定一个三段论是否有效。

在五条基本规则中,前两条是有关"项"的规则,对大、中、小项的周延情况作出限定;后三条是有关前提与结论之间联系的规则,对前提与结论的质(联项)作出限定。

规则一:中项至少要周延一次。

这条规则是为了保证中项起到连接大、小项的媒介作用。如果中项在两个前提中一次也不周延,那么可能出现:大项与中项的某一部分发生关系,而小项与中项的另一部分发生关系。这样,小项与大项之间的关系就不能确定,也就是说,不能从前提必然推出结论。违反这条规则所犯的错误,称为"中项不周延"。例如:

(3) 凡实体法是法,
　　凡程序法是法,
　　―――――――――
　　所以,程序法是实体法。

上述三段论的形式是:

$$\frac{\begin{array}{c}PAM\\SAM\end{array}}{\therefore SAP} \qquad PAM \wedge SAM \rightarrow SAP$$

该三段论是第三格 AAA 式,其中项在大、小前提中都处于肯定判断的谓项的位置,一次也不周延,所以,这是个无效三段论,犯了"中项不周延"的错误。

从形式上看,该规则要求:中项在两个前提中,至少有一次要处于全称判断的主项或否定判断的谓项的位置。这样才能保证"中项至少周延一次"。

规则二:前提中不周延的项,在结论中不得周延。

这条规则是针对大、小项的,它要求:如果大、小项在前提中不周延,那么在结论中不得周延。三段论推理是演绎推理,这就要求某一概念在结论中所表述的对象范围不能超出它在前提中所表述的范围。如果某一概念在前提中不周延而到结论中周延,那么,它在结论中表述的对象范围就超出了在前提中所表述的范围。这样,即使前提真,结论也不必然真。违反这条规则的情况有两种:

第一是大项在前提中不周延,而在结论周延了,这种错误称为"大项扩大"。例如:

（4）依法缴纳所得税是公民的义务，
   依法服兵役不是依法缴纳所得税，
   ─────────────────────
   所以，依法服兵役不是公民的义务。

上述三段论的形式是：

$$\begin{array}{c} MAP \\ SEM \\ \hline \therefore SEP \end{array} \qquad MAP \wedge SEM \rightarrow SEP$$

该三段论是第一格 AEE 式，其大项在前提中都处于肯定判断的谓项的位置，是不周延的，而在结论中，大项处于否定判断的谓项的位置，是周延的。所以，这是个无效三段论，犯了"大项扩大"的错误。

第二是小项在前提中不周延，而在结论中周延了，这种错误叫做"小项扩大"。例如：

（5）刑法学是有阶级性的，
   刑法学是科学，
   ─────────────────────
   所以，科学是有阶级性的。

上述三段论的形式是：

$$\begin{array}{c} MAP \\ MAS \\ \hline \therefore SAP \end{array} \qquad MAP \wedge MAS \rightarrow SAP$$

该三段论是第三格 AAA 式，其小项在前提中都处于肯定判断的谓项的位置，是不周延的，而在结论中，大项处于全称判断的主项的位置，是周延的。所以，这是个无效三段论，犯了"小项扩大"的错误。

从形式上看，该规则要求：若大项（或小项）在前提中周延（即处于全称判断的主项或否定判断的谓项的位置），在结论中，无论其是否周延，都不违反规则；若大项（或小项）在前提中不周延（即处于特称判断的主项或肯定判断的谓项的位置），在结论中，它必须不周延（即也处于特称判断的主项或肯定判断的谓项的位置）。这样才能保证"前提中不周延的项，在结论中不得周延"。

规则三：若两个前提都为肯定判断，则结论必为肯定判断；如果结论是肯定判断，则两前提均为肯定判断。

如果两前提都是肯定的判断，那么在前提的中项与大项、小项之间的关系都是相容的。这样,在结论中小项与大项间的关系就不可能是相排斥的,即结论为肯定判断。同理可得:如果结论是肯定判断,则两前提均为肯定判断。

从形式上看,该规则要求:若两个前提是 A 或 I,则结论必是 A 或 I;若结论是 A 或 I,则两个前提必是 A 或 I。

规则四:两个否定前提推不出结论(即推不出必然结论,下同)。

如果两个前提都是否定判断,那么大项的全部或部分外延与中项外延相排斥,小项的全部或部分外延与中项外延相排斥;这样,就不能通过中项在小项和大项之间建立确定的关系。例如:以"小偷小摸行为不是高尚的行为"和"赵海的行为不是小偷小摸的行为"为三段论推理的大、小前提,由于前提都是否定判断,就不能确定赵海的行为是否高尚。

从形式上看,该规则要求:两个前提不能都是 E 或 O。

规则五:若前提中有一否定判断,则结论必为否定判断;若结论为否定判断,则两前提中必有一否定判断。

如果前提有一否定判断,根据规则四,则另一个前提必须肯定;而由于前提中的否定判断所反映的是中项与大项或小项相排斥的关系,另一肯定判断反映的是中项与大项或中项相容的关系,因而,小项与大项之间的关系只能是排斥的,即:结论只能是否定的。如果结论否定,根据规则三、四,两前提不可能同为肯定判断或否定判断。

从形式上看,该规则要求:若两个前提中有一个 E 或 O,则结论必是 E 或 O;若结论是 E 或 O,则两个前提中必有一个 E 或 O。

其实,规则三、四、五可以合并成一条规则:前提与结论中否定判断的数量必须相等。违反规则三、四、五中的任何一条,必然违反这条规则,而对这条规则的细化,也就是规则三、四、五。

遵守五条基本规则,是一个三段论有效的充分必要条件,即一个三段论当且仅当遵守了上述每一条规则,才是有效的三段论。反之,若违反了其中任何一条规则,就是无效的三段论。根据五条基本规则和三段论的形式,就可以判定其是否有效。

三段论形式有效性的判定一般要分三步骤:

第一,把三段论转换为形式;

第二,用五条基本规则去逐条检验;

第三,作出判定:若遵守每一条规则的,就是有效三段论;若违反了任何一条规则的,就是无效三段论。例如:

(6) 客观事物是发展变化的,社会是客观事物,所以,社会是发展变化的。

第一、把三段论转换为形式。

$$\text{MAP}$$
$$\underline{\text{SAM}}$$
$$\therefore \text{SAP}$$

第二：用五条基本规则去检验。

M在大前提中处于全称的主项——周延，遵守了第一条规则；

S在前提与结论中都周延，P在前提与结论中都不周延，遵守了第二条规则；

该三段论是AAA式，遵守了第三条规则；

前提与结论中没有否定判断，所以，不违反第四条、第五条规则。

第三：该三段论有效。

(7) 故意犯罪是危害社会的行为，故意犯罪是犯罪，所以，犯罪是危害社会的行为。

第一：把三段论转换为形式。

$$\text{MAP}$$
$$\underline{\text{MAS}}$$
$$\therefore \text{SAP}$$

第二：用五条基本规则去检验。

M在大、小前提中都处于全称的主项——周延，遵守了第一条规则；

P在前提与结论中都不周延，但是，S在前提中不周延，在结论中却周延了，违反了规则二。

第三：该三段论无效，犯了"小项扩大"的错误。

在实际思维中，绝大多数的无效三段论都是违反了规则一或规则二。因此，一般而言，检验一个三段论是否有效，也是从规则一和规则二开始。

4.2.2.5 非形式错误——"四概念"错误

任何一个正确的三段论，都由三个性质判断组成，并就其变项而言，只能有三个不同的概念。如果一个三段论有四个不同的概念，那么就不是一个三段论，或者仅仅是一个貌似三段论的推理。例如：

(8) 法不是一天能读完的，

　《中华人民共和国森林法》是法，

　─────────────────────

　　所以，《中华人民共和国森林法》不是能读完的。

例(8)是一个错误的推理，其形式貌似第一格AAA式，其实，该推理的第一个前提中的"法"(集合概念)和第二个前提中的"法"(非集合概念)不是同一个概念，这样,两个前提中就有四个不同的概念,逻辑上称这种错误为"四概念"错误。

"四概念"错误是混淆概念内涵的错误,它把两个语词形式相同,而内涵不同的概念混为一谈。在实际思维中,这种错误也是常见的:

(9) 群众是真正的英雄,
　　我是群众,
　　─────────────
　　所以,我是真正的英雄。

例(9)中的两个"群众"是不同的概念,前者是集合概念,后者是非集合概念,尽管语词形式相同,但内涵不同。这种推理的形式应当是:

$$MAP$$
$$SAN$$
$$\therefore SAP$$

可见,它不是一个三段论,因此,也无法用三段论的规则去检验它。

逻辑学主要从形式上去判定一个推理是否有效,此类错误应属于违反了同一律,犯了"混淆概念"的错误。但在三段论推理中,此类错误出现的频率很高,因此,有些逻辑教材也相应制定了一条规则:"一个三段论中只能有三个概念。"若违反此条规则的,则犯了"四概念"的错误。

4.2.2.6　三段论的导出规则

三段论的五条规则是判定三段论是否有效的基本规则,由这五条基本规则,还可以推导出下列规则,因此,相对于五条基本规则而言,下列规则是导出规则。

规则六:两个特称的前提推不出结论。

证明如下:

大、小前提均为特称的组合情况不外乎这样四种:II、OO、IO、OI。

如果是II("II"即大前提是I,小前提也是I,余类推),大、小前提的四个主、谓项都不周延,违反"中项至少要周延一次"的规则,犯了"中项不周延"的错误。

如果是OO,由于是两个否定前提,违反"两个否定前提推不出结论"的规则,所以,不能得结论。

如果是IO或OI,由于两个前提中只有一个周延项(O判断的谓项),根据第一条规则,这个周延项必须给中项,否则会犯"中项不周延"的错误。这样,大项在前提中就不周延,又由于前提有一否定,则结论必为否定,因而结论中的大项是周延的。这就导致前提不周延的大项到结论中成为周延项,犯了"大项扩大"的错误;同样,如果前提中周延的项给大项,则要犯"中项不周延"的错误。因而,这两种情况都推不出必然的结论。

综上可得：两个特称前提推不出结论。

规则七：前提中有一个特称判断，结论只能是特称判断。

证明如下：

大、小前提中有一特称判断的组合情况不外乎这样八种：AI 或 IA、AO 或 OA、EI 或 IE、EO 或 OE。

若是 EO 或 OE，则由于是两个否定前提，根据规则四，不能推出结论。

若是 IE，由于大前提为特称肯定，大项在前提中不周延，又由于小前提否定，根据规则五，结论必否定，而结论否定，大项在结论中周延，根据规则二就不能得结论。

若是 AI 或 IA，由于两个前提中只有一个项周延，根据第一条规则，这个周延的项只能给中项，而小项在前提中不周延；这样再根据第二条规则，小项在结论中不得周延，所以得结论只能为特称。

若是 AO、OA 或 EI，由于前提中有一否定，根据第五条规则结论必为否定，如果得全称结论，则大、小项在结论中均周延，又根据第一条规则，中项在两前提中至少周延一次，这就要求大项、小项和中项在前提中都周延，而这三种组合的前提中周延位置只有两个，无法满足大项、小项和中项在前提中都周延，因此，不能得全称结论而只能得特称结论。

综上可得：前提有一个特称判断，如果得结论，则必为特称。

规则八：格的规则。

三段论的格的规则是根据三段论的基本规则，并结合各个格的不同形式，推导出的相应规则。

格的规则是三段论有效的必要条件，而不是充分条件，也就是说，符合格的规则，不一定有效，而违反格的规则，一定无效。

第一格的特殊规则：

1. 小前提必须肯定；
2. 大前提必须全称。

证明如下：

先证明小前提必须肯定：

若是小前提否定，根据一般规则四，大前提必须肯定，若小前提否定，根据一般规则五，结论为否定，结论否定，大项在结论中周延，根据三段论推理规则二，大项在前提中必须周延；而大项在第一格的大前提中处在谓项的位置，要使其周延，则大前提必须为否定判断。这样，若小前提否定，则大前提既要肯定又要否定，因此小前提不能否定，只能肯定。

再证明大前提必须全称：

由于中项在小前提中是谓项，并由于小前提必须肯定已经得到证明，这样中项在小前提中不周延;中项在大前提中必须周延,而中项在大前提中处在主项的位置,要使其周延大前提必须全称。

违反格的规则,一定违反了基本规则。例如:

$$MAP$$
$$SEM$$
$$\therefore SEP$$

上述三段论违反了第一格的规则:小前提必须肯定。若使用基本规则去检验,则犯了"大项扩大"的错误。

但是,不违反格的规则,不一定是有效三段论。例如:

$$MAP$$
$$SAM$$
$$\therefore SEP$$

上述三段论不违反第一格的规则,但是违反了"若两个前提都为肯定判断,则结论必为肯定判断"的基本规则,故而,它是无效的。

运用一般原理解决特殊情况的思考,大多用第一格的三段论。例如:

(10) 凡犯罪行为都是依法应受刑罚处罚的,

  贪污罪是犯罪行为,

  所以,贪污罪是依法应受刑罚处罚的。

例(10)就是运用三段论第一格的实例。这个三段论是把"凡犯罪行为都是应依法受刑罚处罚的"这一一般原理应用于犯罪行为的特殊场合之一——贪污罪,从而推出"贪污罪是应依法受刑罚处罚的"这个结论。

第一格是三段论中运用得最广泛、最自然的形式,并由于它可得出 A、E、I、O 中任一判断为结论,所以被称为完善格和典型格。

第二格的特殊规则:

1. 前提中必须有一否定;
2. 大前提必须全称。

证明如下:

先证明前提中必须有一否定:

若两前提均为肯定,由于中项在第二格都处在谓项的位置,则中项在前提中得不到周延;因而,前提中必须有一否定。

再证明大前提必须全称:

既然前提必须有一否定,根据一般规则五,结论必否定,而大项在结论中是周延的;为了不犯"大项扩大"的错误,大项在前提中必须周延,而第二格大项在大前提处在主项位置,要使其周延大前提必须全称。

由于第二格的两前提必有一否定,因而结论都是否定的,所以,由第二格得出的结论可以揭示不同事物之间的区别。例如:

(11) 故意杀人罪都是非法故意剥夺他人生命的行为,
    某甲的行为不是非法故意剥夺他人生命的行为,
    ——————————————————
    所以,某甲的行为不是故意杀人罪。

例(11)就是运用三段论第二格的实例。这个三段论的结论通过否定判断揭示出"某甲的行为"与"故意杀人罪"之间的区别。

第三格的特殊规则:
1. 小前提必须肯定;
2. 结论必须特称。

证明如下:

先证明小前提必须肯定:

若是小前提否定,根据一般规则四,大前提必须肯定;若小前提否定,根据三段论推理规则五,结论为否定,结论否定,大项在结论中周延;根据一般规则二,大项在前提中必须周延;而大项在第一格的大前提中处在谓项的位置,要使其周延,则大前提必须为否定判断。这样,若小前提否定,则大前提既要肯定又要否定,因此小前提不能否定,只能肯定。

再证明结论必须特称:

由于小前提必须肯定已经证明,所以,小项在第三格的小前提中不周延;根据一般规则二,为了不犯"小项扩大"的错误,结论必须为特称。

由于第三格的结论都是特殊判断,所以当以某一例外情况去反驳全称判断时常常运用第三格。例如:

(12) 过失犯罪没有犯罪动机,
    过失犯罪是犯罪,
    ——————————————————
    所以,有些犯罪没有犯罪动机。

例(12)就是运用三段论第三格的实例,用它所获得的结论可以反驳这样一个全称肯定的判断:所有犯罪都有犯罪动机。

第四格的特殊规则:
1. 如果前提中有一个否定,则大前提必须是全称;

2. 如果大前提肯定,则小前提必须全称;
3. 如果小前提肯定,则结论只能特称。
对于这三条特殊规则,读者可按照第四格的特点根据三段论一般规则加以证明。

4.2.2.7 三段论的式

把大、小前提和结论这三个判断的质和量(A、E、I、O),按照固定次序排列的形式,就是三段论的式,也就是 A、E、I、O 在大、小前提和结论中的不同组合所构成的不同三段论形式。例如,若大前提、小前提和结论都是 A 命题,则这个三段论就是 AAA 式。其中第一个 A 是大前提的质和量,第二个 A 是小前提的质和量,第三个 A 是结论的质和量,这个排序是固定的。

三段论中的大、小前提或结论均可分别取 A、E、I、O 中的任一种判断形式,因此三段论可以有六十四个不同的式,分配到四个格中,共有二百五十六个式,但其中绝大多数是违反规则的,是无效的。我们可以这样来筛选有效式:

首先,列出三段论大、小前提的所有可能的组合形式,即:AA、AE、AI、AO、EA、EE、EI、EO、IA、IE、II、IO、OA、OE、OI、OO(第一个符号为大前提的常项,第二个符号为小前提的常项)。

接着根据三段论规则,删掉那些违反规则的前提组合:

首先,按照规则四(两个否定前提推不出结论),删掉 EE、EO、OE 和 OO 的组合;

其次,按照规则五(若前提中有一否定判断,则结论必为否定判断)和规则二(前提中不周延的项,在结论中不得周延),删掉 IE、IO 和 OI 的组合;

再次,按照规则一(中项至少要周延一次),删掉 II 的组合。

这样剩下的组合就是:AA、AE、AI、AO、EA、EI、IA、OA。

然后,根据三段论基本规则便可确定下列十一式是有效的:AAA、AAI、AEE、AEO、EAE、EAO、AII、IAI、EIO、AOO、OAO。

最后,将上述十一个有效式分配到四个格中,结合基本规则进行筛选,可得出下列二十四个有效式:

第 一 格	第 二 格	第 三 格	第 四 格
AAA	AEE	AAI	AAI
EAE	EAE	EAO	EAO
AII	AOO	AII	AEE

续 表

第 一 格	第 二 格	第 三 格	第 四 格
EIO	EIO	EIO	EIO
（AAI）	（AEO）	IAI	IAI
（EAO）	（EAO）	OAO	（AEO）

表中加括号的为弱式,弱式是相对于强式而言的。所谓弱式是指这样一种三段论形式:可以有效地推出全称判断为结论,而只推出了特称判断为结论的三段论。例如:在第一格中,以 AA 为前提的三段论,结论是 A 的是强式,而结论是 I 的则是弱式。

在证明力方面,相对于强式而言,弱式显得较弱。

4.2.2.8 三段论省略式

三段论的省略式又称省略三段论,是指省略了大前提或小前提或结论的三段论语言表达形式。三段论是由三个性质判断组成,这三个性质判断分别是大前提、小前提和结论。就形式结构而言,这三个性质判断缺一不可,但在语言表达上常常可以省略其中的某一个。例如:"你是领导干部,所以,你应带头守法。"这就是一个省略大前提的三段论。若把被省略部分补上,这一完整的三段论就是:

（1）凡领导干部都应带头守法,
    你是领导干部,
    所以,你应带头守法。

又例如:"凡肯定判断的谓项都是不周延的,所以,这个判断的谓项是不周延的。"这是一个省略小前提的三段论。若把被省略部分补上,这一完整的三段论就是:

（2）凡肯定判断的谓项都是不周延的,
    这一判断的谓项是肯定判断的谓项,
    所以,这一判断的谓项是不周延的。

再例如:"凡犯罪都是危害社会的,而渎职罪是犯罪。"这是一个省略结论的三段论。若把被省略部分补上,这一完整的三段论就是:

（3）凡犯罪都是危害社会的,
    渎职罪是犯罪,

所以，渎职罪是危害社会的。

省略三段论的好处在于表达上的简单明了，故应用极广。但由于省略，也易于掩盖错误。错误有两种：一是推理形式无效；二是省略的前提虚假。

为了检查一个省略三段论是否正确，就先得把被省略的部分补出来，这就是省略三段论还原，然后用基本规则去检验。其步骤如下：

第一步，要确定省略的是前提还是结论。

一般地说，如果两个性质判断中存在三个不同概念，就有可能是一个省略三段论。如果这两个性质判断是具有推出关系的因果复句，那就可以确定它是省略前提的三段论；如果这两个性质判断是一个具有并列关系复句，那就可确定是省略结论的三段论。

对于省略前提的三段论，首先判明它省略了哪一个前提：检查结论中的主项（小项）是否在前提中出现。如果出现，那就可以判明它省略了大前提；如果没有出现，那就可以判明它省略了小前提。

第二步，恢复省略部分，并检查推理是否正确。

如果省略的是大前提，可以把前提中的中项和结论中的大项联结成一个性质判断，这就是大前提。

如果省略的是小前提，可以把结论中的小项和前提中的中项联结成一个性质判断，这就是小前提。

如果省略的是结论，可以把两个直言判断中的共同概念作为中项，而把其他两个概念（即小项和大项）联结成一个性质判断，这就是结论。

在恢复过程中，应充分考虑到三段论的各项规则，尽可能构建一个有效的形式，以及尽可能补出真实的前提或结论。

如果是一个正确的省略三段论，那么一定可以还原出一个推理形式有效、前提和结论都真实的三段论。

如果是一个错误的省略三段论，那么还原后的三段论或者推理形式无效，或者前提和结论中有虚假判断。例如：

(4) 任何公民都要遵守法律，所以，领导干部要遵守法律。

首先，要确定该推理是性质判断直接推理（对当关系推理或判断变形推理），还是省略三段论，尽管它们在形式上很相似。判定的方法是检查前提与结论中共有几个概念，如果共有两个概念（正概念与负概念视为一个概念），那么这是直接推理；如果共有三个概念，那么这是省略三段论。

其次，要确定省略了哪一部分。上述省略三段论中有"所以"，因此，省略的是前提。未省略的前提中有大项，可确定省略的是小前提。

再次，把小项"领导干部"和中项"公民"连接成一个性质判断。根据基本规则，结论是肯定的判断,小前提必须也是肯定判断。小项在结论中周延,在前提中必须周延,所以,补出的小前提是"领导干部是公民"。

最后,例(4)还原后,可确定是第一格 AAA 式,推理形式有效并且前提中没有虚假判断,是一个正确的省略三段论。

再如:

(5) 张某是被告,所以张某有罪。

首先,该推理中共有三个概念,是省略三段论。

其次,省略三段论中有"所以",因此,省略的是前提。未省略的前提中有小项,可确定省略的是大前提。

再次,把大项"有罪"和中项"被告"连接成一个性质判断。根据基本规则,结论是肯定的判断,大前提必须也是肯定判断。中项在小前提中不周延,在大前提中必须周延,所以,补出的大前提是"被告都有罪"。该省略三段论还原后,可确定是第一格 AAA 式,推理形式有效,但大前提是虚假判断;为了补出真实的前提,可以把大前提改为"有些被告有罪",或"有些有罪的是被告",但无论如何改动,都要犯"中项不周延"的错误。

最后,例(5)是一个错误的省略三段论。错误的原因:或者推理形式无效,或者前提中有虚假判断。

4.2.2.9 三段论证明

三段论证明是三段论有效式证明的简称,就是在给定的条件下,根据基本规则,构造或证明有效三段论。例如:

(1) 填写下列形式,使之成为有效的三段论,并写出推导过程:

$$
\begin{array}{c}
(\ )(\ )(\ ) \\
(\ )(\ )(\ ) \\
\hline
\therefore (\ ) \text{ A } (\ )
\end{array}
$$

证明:该三段论是第一格 AAA 式,形式如下:

$$
\begin{array}{c}
(M)(A)(P) \\
(S)(A)(M) \\
\hline
\therefore (S) \text{ A } (P)
\end{array}
$$

推导过程:

1) 结论中的主项是小项(填入"S"),结论中的谓项是大项(填入"P")。
2) 结论是肯定的,前提必须肯定(规则三)。
3) 小项在结论中周延,在前提中必须周延(规则二),故小前提是 SAM。

4) 中项在小前提中不周延,在大前提中必须周延(规则一),故大前提是 MAP。

三段论证明是一种极好的逻辑思维训练,既可以熟悉三段论的基本规则、三段论的格和式以及性质判断的主、谓项的周延情况,又可以训练严密的逻辑思维能力,所以,各类传统逻辑教材及其考查都把三段论证明作为一个重点。在证明的过程中,要求人们正确的引用基本规则,合理的安排证明的次序,条理清晰,简洁扼要,不可多证或少证。

(2) 一有效三段论的六个变项中,只有两个是周延的,写出所有符合上述条件的三段论形式,并写出推导过程。

证明:符合条件的三段论是第一格 AAI 式、第三格 AAI 式和第四格 AAI 式。形式如下:

$$\frac{\text{MAP}}{\text{SAM}} \quad \frac{\text{MAP}}{\text{MAS}} \quad \frac{\text{PAM}}{\text{MAP}}$$
$$\therefore \text{SIP} \quad \therefore \text{SIP} \quad \therefore \text{SIP}$$

推导过程:

1) 若结论中有周延的变项,在前提中它也必须周延(规则二),加之中项必须周延一次,则共有三个周延的项。不合题意,故结论中没有周延的项,所以,结论是 SIP。

2) 结论是肯定的,前提必须肯定(规则三)。

3) 有两个周延的项,故该三段论是 AAI 式。

4) 若大前提中中项周延(MAP),则小前提是 MAS 或 SAM。

5) 若小前提中中项周延(MAS),则大前提是 MAP 或 PAM。

一般而言,三段论证明应从结论着手为好,理由有二,其一,与前提相比,结论的变项位置是固定的(主项是小项,谓项是大项)。其二,如果结论的质或量确定了,那么,不但前提的质或量能作相应的限定,而且前提中变项的周延情况也可作相应的限定。

(3) 一有效三段论的结论是全称判断,中项是否能周延两次?为什么?

证明:若一有效三段论的结论是全称判断,则中项不能周延两次。因为:

1) 结论是全称判断,则结论是 A 或 E。

2) 若结论是 A,其前提都是肯定判断(规则三),则前提中至多只有两个周延的项。若中项周延两次,则小项在前提中不周延,必然要犯"小项扩大"的错误。

3) 若结论是 E,其前提是一肯定判断和一否定判断(规则四、五),则前提中至多只有三个周延的项。若中项周延两次,则大项或小项在前提中不周延,必然要犯"大项扩大"或"小项扩大"的错误。

4) 综上所述，一有效三段论的结论是全称判断，中项不能周延两次。

4.2.3 关系判断推理

一、纯粹关系推理

关系推理有纯粹关系推理和混合关系推理之分。纯粹关系推理是前提和结论都是关系判断并根据关系的性质而由前提必然推出结论的推理。例如：

(1) 甲案先于乙案发生，
　　所以，乙案晚于甲案发生。
(2) 老李是大李的父亲，
　　大李是小李的父亲，
　　所以，老李不是小李的父亲。

纯粹关系推理根据前提中关系判断的数量，可以分直接关系推理和间接关系推理。

所谓直接关系推理，就是以一个关系判断为前提，并根据关系的对称性或反对称性，必然推出另一个关系判断为结论的推理。例如：

(3) A 与 B 交叉，
　　所以，B 与 A 交叉。

例(3)就是一个直接关系推理，它是根据"交叉"这一关系的对称性而推演的，因此，逻辑上称为对称关系推理，其形式结构为：

$$\frac{aRb}{\therefore bRa}$$

或者：aRb→bRa。
又例如：(4) A 大于 B，
　　　　所以，B 不大于 A。

例(4)也是一个直接关系推理。它是根据"大于"这一关系的反对称性而推演的，因此，逻辑上称之为反对称性关系推理。其形式结构为：

$$\frac{aRb}{\therefore b\overline{R}a}$$

或者：aRb→b$\overline{R}$a。

运用直接关系推理时，应注意不要把非对称性关系当作关系推理依据。因为，若根据非对称性关系进行推演，其结论未必可靠，这就违反了必然性推理的逻辑特性。如："甲认识乙，所以，乙认识甲"这一推理的结论就不具有必然性，因为，"认识"是非对称性关系。

所谓间接关系推理,就是以多个关系判断为前提,并依据关系的传递性或反递性,必然推出另一个关系判断为结论的推理。例如:

(5) A 真包含于 B,B 真包含于 C,所以,A 真包含于 C。

例(5)就是一个间接关系推理,它是根据"真包含于"这一关系的传递性而推演的,因此,逻辑上称之为传递关系推理。其形式结构为:

$$\frac{\begin{array}{c}aRb\\bRc\end{array}}{\therefore aRc}$$

或者:aRb∧bRc→aRc。

又例如:(6)甲比乙大两岁,乙比丙大两岁,所以,并非甲比丙大两岁。

例(6)也是一个间接关系推理。它是根据"……比……大两岁"这一关系的反传递性而推演的。因此,逻辑上称之为反传递性关系推理。其形式结构为:

$$\frac{\begin{array}{c}aRb\\bRc\end{array}}{\therefore a\overline{R}c}$$

或者:aRb∧bRc→aRc。

运用间接推理时,应注意不要把非传递关系当作关系推理的依据。因为,若根据非传递关系进行推演,其结论未必可靠,例如:"甲队战胜乙队,乙队战胜丙队,所以,甲队战胜丙队"这推理就不能成立,其原因是"战胜"为非传递性关系。

二、混合关系推理

混合关系推理是以一个关系判断和一个直言判断为前提,并根据前提判断逻辑特性而必然推出另一关系判断为结论的推理。例如:

(7) 所有的正数大于所有的负数,0.1 是正数,所以,0.1 大于所有的负数。

(8) 有的选民赞成有的候选人,所有的候选人是青年,所以,有的选民赞成有的青年。

混合关系推理的特点在于:它是以两个前提中的一个共同概念为媒介,用直言判断的主项(或谓项)去替换关系判断中的一个关系项,从而形成新的关系判断为结论。混合关系推理的规则是:

1. 媒介概念至少要在前提中周延一次。前提中关系判断的任一关系若与直言判断的主项(或谓项)为同一概念,该概念就是媒介概念,但它必须周延一次才能发挥媒介作用。

2. 前提不周延的项到结论中不得周延。

3. 直言前提必须肯定。

4. 结论中的关系必须同前提中的关系保持同一。

符合上述四条规则的混合关系推理都是正确的推理。比如例(7)、(8)都是符合上述四条规定的,所以都是正确的。而违反上述规则中的任何一条,都是不正确的混合关系推理。例如:

(9) 有的选民赞成所有的候选人,赵六是选民,所以,赵六赞成所有的候选人。

这一推理不正确,因为它违反了推理规则1,即"选民"这一媒介概念,在两个前提中一次也没有周延。

4.3 复合判断推理

复合判断推理就是前提或结论是复合判断,并根据复合判断的逻辑特性而由前提必然推出结论的推理。根据复合判断的分类,我们可以把复合判断推理分为负判断推理、联言判断推理、选言判断推理和假言判断推理等。

复合判断推理的特点是:

一、在推理结构上,复合判断推理的前提或结论中,一定有复合判断。

二、在推理依据上,复合判断推理之所以有效,一定依据了相应的复合判断的逻辑特性。

4.3.1 负判断推理及其规则

负判断推理就是前提或结论是负判断,并根据负判断的逻辑特性而由前提必然推出结论的推理。

首先,在推理结构上,负判断推理的前提或结论中有负判断。

其次,在推理依据上,负判断推理之所以有效,因为它依据了负判断的逻辑特性。

负判断推理有下列两个有效式:

1. 竖式　　横式

$$\frac{p}{\therefore \neg(\neg p)} \quad p \rightarrow \neg(\neg p)$$

上面的推理式可以读为"'p'推出'非非 p'"。

例如：

(1) 杀人犯是故意犯罪,所以,并非杀人犯不是故意犯罪。

2. 竖式　　横式

$$\frac{\neg(\neg p)}{\therefore p} \quad \neg(\neg p) \rightarrow p$$

例如：

(2) 并非中国不是大国,所以,中国是大国。

上述两个推理形式之所以有效,是依据负判断的逻辑特性：对任意一个判断的双重否定,等值于该判断。即：

$$p \longleftrightarrow \neg(\neg p)$$

若 A 和 B 是判断,且 A 与 B 等值,则 A 和 B 可以互为前提与结论,互相必然推出。因此,例题(1)的前提与结论可以互换：

杀人犯是故意犯罪,所以,并非杀人犯不是故意犯罪。($p \rightarrow \neg(\neg p)$)

并非杀人犯不是故意犯罪。所以,杀人犯是故意犯罪。($\neg(\neg p) \longleftrightarrow p$)

上述两个推理形式合并为：

杀人犯是故意犯罪,因此等于说,并非杀人犯不是故意犯罪。($p \longleftrightarrow \neg(\neg p)$)

由此可见,等值的判断是两个必然互相推出的判断,等值的两个判断,可以互相替换：

若 A 与 B 是等值判断,在推导与证明的任何时段,可以用 A 替换 B,也可以用 B 替换 A,这就是等值置换原则。

负判断的推理规则：

任一判断(p)与双重否定它的判断$\neg(\neg p)$必然互推。

4.3.1.2　正确进行负判断推理的逻辑方法

负判断与其支判断是矛盾关系,因此,在复合判断推理中,我们往往把具有矛盾关系的 A 判断和 O 判断视为"p"与"$\neg p$",同理,E 判断与 I 判断、a 判断与 e 判断也是如此。

(3) 曹操是文学家。

(4) 曹操不是文学家。

(5) 并非曹操是文学家。

(6) 并非曹操不是文学家。

上述四例中,例题(3)、(4)是简单判断,例题(5)、(6)是复合判断中的负判断。在进行负判断推理时,要掌握和运用双重否定规则。

一般而言,在复合判断推理中,如果有变项相同的 a 和 e 同时存在,则把 a 判断视为"p",e 判断视为"¬p"。

4.3.2 联言推理及其规则

联言推理就是前提或结论是联言判断,并根据联言判断的逻辑特性而由前提必然推出结论的推理。

联言推理有两个有效式:分解式和合成式。

1. 分解式

首先,在推理结构上,分解式的前提是联言判断。

其次,在推理依据上,分解式之所以有效,因为它依据了联言判断的逻辑特性。

其推理形式如下:

竖式　　　　　　　　横式

$$\frac{p \wedge q}{\therefore p}$$

$$p \wedge q \to p$$

$$\frac{p \wedge q}{\therefore q}$$

$$p \wedge q \to q$$

例如:

(1) 他不但勤于学习,而且善于学习,所以,他勤于学习。

(2) 他不但勤于学习,而且善于学习,所以,他善于学习。

分解式推理有效的依据是:若前提中联言判断为真,则其支判断必然都真。故前提断定"∧"为真,必然可推出支判断"p"或"q"为真。

2. 合成式

首先,在结构上,合成式的结论是联言判断。

其次,在推理依据上,合成式之所以有效,因为它依据了联言判断的逻辑特性。

其推理形式如下:

竖式　　　　　　　　横式

$$\frac{\begin{array}{c}p\\q\end{array}}{\therefore p \wedge q}$$

$$p \wedge q \to (p \wedge q)$$

例如:

(3) 一切法律不得与宪法相抵触,一切法令不得与宪法相抵触,所以,一切法律和法令都不得与宪法相抵触。

合成式推理有效的依据是：若支判断全真，则联言判断为真。

故前提断定支判断"p"和"q"为真，必然可推出"∧"为真。

根据联言判断的逻辑特性，下列推理是无效的：

(4) 今天下雨，所以，今天既下雨又刮风。

(5) 张三是干部，所以，张三是党员干部。

其推理形式如下：

$$p \rightarrow p \land q$$
$$q \rightarrow p \land q$$

例题(4)和例题(5)之所以无效，因为结论中出现了前提中未肯定的支判断，其真假未知，故结论中的"∧"也真假不定。

联言推理的规则：

若前提中肯定了若干个判断，则推出由它们组合而成的联言判断；

若前提中肯定了联言判断，则推出任一联言支；

若前提中未肯定判断，则不可成为结论中的联言支。

4.3.2.2 正确进行联言推理的逻辑方法

联言判断是同时断定若干个支判断的判断，在一般的情况下，联言支的前后次序的变化，不会改变该联言判断的真值，如"p∧q"和"q∧p"是等值的。例如："这家商店的商品价廉并且物美"和"这家商店的商品物美并且价廉"的意义是相同的，是等值的。同理，"p∧q∧r"和"p∧r∧q"和"q∧r∧p"和"r∧p∧q"和"q∧r∧p"都是等值的。

在一般的情况下，我们可以把多于两个联言支的联言判断视为两个支的联言判断，如："p∧q∧r"和"p∧(q∧r)"是等值的，同理，它与"(p∧q)∧r"以及"p∧(r∧q)"、"(q∧r)∧p"、"r∧(p∧q)"、"q∧(r∧p)"也都是等值的。

因此，下列的推理是有效的：

p∧q∧r∧s→p∧q∧r∧s

p∧q∧r∧s→p∧q∧r

p∧q∧r∧s→p∧q∧s

p∧q∧r∧s→p∧r∧s

p∧q∧r∧s→q∧r∧s

p∧q∧r∧s→p∧q

p∧q∧r∧s→r∧s

p∧q∧r∧s→p∧s

p∧q∧r∧s→r

......

但是,如果当联言支之间具有时间、主次、大小、强弱等排序规定时,联言支的前后次序就不能随意交换。例如:

"她结了婚,并且生了孩子"($p \land q$),交换联言支前后次序为:"她生了孩子,并且结了婚"($q \land p$),至少在法律或习俗反对"先生子,后结婚"的国家和地区,这样的交换是不允许的,因为交换前后的两个判断并不等值。

"主席台上坐着大会主席、副主席、秘书长、常委和群众代表。"这是一个由五个联言支组成的联言判断(省略式),其中联言支的前后次序不得随意交换,其排序必须依据职务的大小而定。

4.3.3 选言推理及其规则

根据逻辑特性的不同,选言判断可分为相容选言判断和不相容选言判断,选言推理也可分为相容选言推理和不相容选言推理。

4.3.3.1 相容选言推理

相容选言推理就是前提中有一个相容选言判断,并根据相容选言判断的逻辑特性而由前提必然推出结论的推理。

首先,在结构上,相容选言推理的前提中有一个析取判断。

其次,在推理依据上,相容的选言推理之所以有效,因为它依据了相容的选言判断的逻辑特性。

相容选言推理的有效式是否定肯定式(否肯式)。

其推理形式如下:

竖式
$p \lor q$
$\underline{\neg p}$
∴ q

横式
$(p \lor q) \land \neg p \rightarrow q$

例如:

(1) 或者我说错,或者你听错。我没有说错,所以,你听错。

其推理依据是:相容的选言判断为真,支判断必有一真。

故前提既断定"∨"为真,又断定其中一部分支判断("p"或"q")为假,必然可推出另一部分支判断"p"或"q"真。

相容的选言推理只有否定肯定式,而没有肯定否定式。下列推理形式是无效的。

竖式 横式

$$p \vee q$$
$$\underline{p}$$
$$\therefore \neg q$$

$(p \vee q) \wedge p \to \neg q$

例如:

(2) 胜者或是因其强,或是因其指挥无误。蓝军获胜是因其强,所以不是因其指挥无误。

因为相容的选言判断的支判断可以同真,肯定其中的一部分支判断为真,不能必然推出另一部分支判断为假(或为真)。

相容选言推理的规则:

否定一部分选言支,就要肯定另一部分选言支。

肯定一部分选言支,不能否定(或肯定)另一部分选言支。

4.3.3.2 不相容选言推理

不相容选言推理就是前提中有一个不相容选言判断,并根据不相容选言判断的逻辑特性而由前提必然推出结论的推理。

首先,在结构上,不相容选言推理的前提中有一个不相容的选言判断。

其次,在推理依据上,不相容选言推理之所以有效,因为它依据了不相容的选言判断的逻辑特性。

不相容选言推理的有效式有两个:否定肯定式和肯定否定式。

1.否定肯定式(否肯式):

其推理形式如下:

竖式 横式

$$p \underline{\vee} q$$
$$\underline{\neg p}$$
$$\therefore q$$

$(p \underline{\vee} q) \wedge \neg p \to q$

例如:

(3) 这个球要么是红色,要么是黑色。它不是红色,所以,它是黑色。

其推理依据是:不相容的选言判断为真,支判断必有一真。

故前提既断定"$\underline{\vee}$"为真,又断定其中一部分支判断("p"或"q")为假,必然可推出另一部分支判断"p"或"q"为真。

2.肯定否定式(肯否式):

其推理形式如下:

```
        竖式                      横式
       p ∨̇ q
         p                   (p ∨̇ q) ∧ p → ¬q
       ∴ ¬q
```

例如:

(4) 这个分币要么是一分,要么是二分。它是一分,所以,它不是二分。

其推理依据是:不相容的选言判断为真,支判断只有一真。

故前提既断定"∨̇"为真,又断定其中一部分支判断("p"或"q")为真,必然可推出另一部分支判断"p"或"q"假。

不相容选言推理的规则:

否定一部分选言支,就要肯定另一部分选言支。

肯定一部分选言支,就要否定另一部分选言支。

4.3.3.3 正确进行选言推理的逻辑方法

在一般的情况下,与联言判断相同,选言判断的支判断的前后次序的变化,也不会改变选言判断的真值,如"p ∨ q"和"q ∨ p"是等值的。同理,"p ∨ q ∨ r"和"p ∨ r ∨ q"和"q ∨ r ∨ p"和"r ∨ p ∨ q"和"q ∨ p ∨ r"和"r ∨ q ∨ p"都是等值的。

因此,我们在进行选言判断推理时,可以把多于两个选言支的选言判断分成两部分,一部分是肯定的选言支,另一部分是否定的选言支,例如:

$$(p ∨ q ∨ r ∨ s) ∧ ¬r → p ∧ ∨ q ∨ s$$

$$(p ∨ q ∨ r ∨ s) ∧ ¬(r ∨ q) → p ∨ s$$

$$(p ∨ q ∨ r ∨ s) ∧ ¬(q ∨ s ∨ r) → p$$

在不相容选言推理的肯定否定式中,下列两个推理都是有效的:

$$(p ∨̇ q ∨̇ r ∨̇ s) ∧ (q ∨ s) → ¬p ∧ ¬s$$

根据不相容选言判断的逻辑特性,若一选言支为真("q ∨ s"为真),则其余的选言支都为假("p"假并且"s"假)。

$$(p ∨̇ q ∨̇ r ∨̇ s) ∧ (q ∨ s) → ¬(p ∨ s)$$

根据不相容选言推理的规则,若一部分选言支为真("q ∨ s"为真),则另一部分选言支为假["¬(p ∨ s)"为假]。

结论"¬p ∧ ¬s"蕴涵"¬(p ∨ s)",作为结论,前者比后者更准确。

在一般的情况下,我们可以把多于两个选言支的析取视为两个支的析取,如:"p ∨ q ∨ r"和"p ∨ (q ∨ r)"是等值的,同理,它与"(p ∨ q) ∨ r"和"p ∨ (r ∨ q)"和

"(q∨r)∨p"和"r∨(p∨q)"和"q∨(r∨p)"也都是等值的。

但对于严格析取来说,"p∨̇q∨̇r"与"(p∨̇q)∨̇r"却是不等值的。

p	q	r	p∨̇q∨̇r	(p∨̇q)∨̇r
1	1	1	0	1
1	1	0	0	0
1	0	1	0	0
1	0	0	1	1
0	1	1	0	0
0	1	0	1	1
0	0	1	1	1
0	0	0	0	0

4.3.4 假言推理及其规则

根据条件的性质,假言判断分为充分条件假言判断、必要条件假言判断和充分必要条件假言判断。假言推理也相应分为充分条件假言推理、必要条件假言推理和充分必要条件假言推理。

4.3.4.1 充分条件假言推理

充分条件假言推理就是前提中有一个充分条件假言判断,并根据充分条件假言判断的逻辑特性,而由前提必然推出结论的推理。

首先,在推理结构上,前提中有一个蕴涵判断。

其次,在推理依据上,充分条件假言推理之所以有效,因为它依据了充分条件假言判断的逻辑特性。

充分条件假言推理有两个有效式,肯定前件式和否定后件式。

1. 肯定前件式(肯前式):

    竖式   横式

    p→q
      p
    ─────   (p→q)∧p→q
    ∴ q

其推理依据是:若前件真则后件必真。

故前提既断定"→"为真,又断定其前件(p)为真,必然可推出后件(q)为真。

例如：

(1) 如果张三是故意犯罪，那么他有作案动机。张三是故意犯罪，所以，他有作案动机。

2. 否定后件式（否后式）：

竖式　　　　　　　　　　横式
$$p \to q$$
$$\neg q$$
$$\therefore \neg p$$
　　　　　　　　　　　　$(p \to q) \wedge \neg q \to \neg p$

其推理依据是：若后件假则前件必假。

故前提既断定"→"为真，又断定其后件(q)为假，必然可推出前件(p)为假。

例如：

(2) 如果张三是凶手，那么张三有作案时间。据查张三没有作案时间，所以，张三不是凶手。

而下列的两个推理式是无效的，因为它们不符合蕴涵的逻辑特性。

否定前件式：

竖式　　　　　　　　　　横式
$$p \to q$$
$$\neg p$$
$$\therefore \neg q$$
　　　　　　　　　　　　$(p \to q) \wedge \neg p \to \neg q$

这个推理式无效，因为前件不存在(p假)，后件不必然不存在(q或真或假)。

肯定后件式：

竖式　　　　　　　　　　横式
$$p \to q$$
$$q$$
$$\therefore p$$
　　　　　　　　　　　　$(p \to q) \wedge q \to p$

这个推理式无效，因为后件存在(q真)，前件不必然存在(p或真或假)。

充分条件假言推理规则：

肯定前件就要肯定后件，否定后件就要否定前件；

否定前件不能否定(或肯定)后件，肯定后件不能肯定(或否定)前件。

4.3.4.2　必要条件假言推理

必要条件假言推理就是前提中有一个必要条件假言判断，并根据必要条件假言判断的逻辑特性,而由前提必然推出结论的推理。

首先,在推理结构上,前提中有一个逆蕴涵判断。

其次,在推理依据上,必要条件假言推理之所以有效,因为它依据了必要条件假言判断的逻辑特性。

必要条件假言推理有两个有效式:否定前件式和肯定后件式。

1. 否定前件式(否前式):

　　　　　竖式　　　　　　　　横式
　　　　　p←q
　　　　　¬p
　　　　─────　　　　　(p←q)∧¬p→¬q
　　　∴　¬q

其推理依据是:若前件假则后件必假。

故前提既断定"←"为真,又断定其前件(p)为假,必然可推出后件(q)为假。例如:

(3) 只有违法行为,才是犯罪行为。他的行为不是违法行为,所以,他不是犯罪行为。

2. 肯定后件式(肯后式):

　　　　　竖式　　　　　　　　横式
　　　　　p←q
　　　　　q
　　　　─────　　　　　(p←q)∧q→p
　　　∴　p

其推理依据是:若后件真则前件必真。

故前提既断定"←"为真,又断定其后件(q)为真,必然可推出前件(p)为真。例如:

(4) 只有学习好,他才是好学生。他是好学生,所以,他学习好。

而下列的两个推理式是无效的,因为它们不符合逆蕴涵的逻辑特性。

肯定前件式:

　　　　　竖式　　　　　　　　横式
　　　　　p←q
　　　　　p
　　　　─────　　　　　(p←q)∧p→q
　　　∴　q

这个推理式无效,因为前件存在(p真),后件不必然存在(q或真或假)。

否定后件式：

竖式 横式

$p \leftarrow q$

¬q

∴ ¬p $(p \leftarrow q) \wedge \neg q \rightarrow \neg p$

这个推理式无效，因为后件不存在(q假)，前件不必然不存在(p或真或假)。

必要条件假言推理规则：

否定前件就要否定后件，肯定后件就要肯定前件；

肯定前件不能肯定(或否定)后件，否定后件不能否定(或肯定)前件。

4.3.4.3 充分必要假言推理

充分必要条件假言推理就是前提中有一个充分必要条件假言判断，并根据充分必要条件假言判断的逻辑特性，而由前提必然推出结论的推理。

首先，在推理结构上，前提中有一个充分必要条件假言判断。

其次，在推理依据上，充分必要条件假言推理之所以有效，因为它依据了充分必要条件假言判断的逻辑特性。

充要条件假言推理有四个有效式。

1. 肯定前件式（肯前式）：

竖式 横式

$p \leftrightarrow q$

p

∴ q $(p \leftrightarrow q) \wedge p \rightarrow q$

其推理依据是：若前件真则后件必真。

故前提既断定"↔"为真，又断定其前件(p)为真，必然可推出后件(q)为真。即"肯定前件就要肯定后件"。例如：

（5）一个整数是偶数当且仅当它能被2整除，一个整数是偶数，所以，它能被2整除

2. 否定后件式（否后式）：

竖式 横式

$p \leftrightarrow q$

¬q

∴ ¬p $(p \leftrightarrow q) \wedge \neg q \rightarrow \neg p$

其推理依据是：若后件假则前件必假。

故前提既断定"↔"为真,又断定其后件(q)为假,必然可推出前件(p)为假。即"否定后件就要否定前件"。例如:

(6) 一个整数是偶数当且仅当它能被2整除,一个整数不能被2整除,所以,它不是偶数。

3. 否定前件式(否前式):

竖式　　　　　　　　　　横式
p↔q
¬p
────　　　　　　　　(p↔q)∧¬p→¬q
∴ ¬q

其推理依据是:若前件假则后件必假。

故前提既断定"↔"为真,又断定其前件(p)为假,必然可推出后件(q)为假。即"否定前件就要否定后件"。例如:

(7) 一个整数是偶数当且仅当它能被2整除,一个整数不是偶数,所以,它不能被2整除。

4. 肯定后件式(肯后式):

竖式　　　　　　　　　　横式
p↔q
q
────　　　　　　　　(p↔q)∧q→p
∴ p

其推理依据是:若后件真则前件必真。

故前提既断定"↔"为真,又断定其后件(q)为真,必然可推出前件(p)为真。即"肯定后件就要肯定前件"。例如:

(8) 一个整数是偶数当且仅当它能被2整除,一个整数能被2整除,所以,它是偶数。

充要条件假言推理规则:
肯定前件就要肯定后件,否定后件就要否定前件;
否定前件就要否定后件,肯定后件就要肯定前件。

4.3.4.2　正确进行假言推理的逻辑方法

假言推理共有四个推理式:
① 肯定前件式;
② 否定后件式;

③ 否定前件式；
④ 肯定后件式。

上述四式，在充分条件假言推理中①、②式有效，③、④式无效；在必要条件假言推理中③、④式有效，①、②式无效。而充分条件假言推理的有效式是必要条件假言推理的无效式；充分条件假言推理的无效式是必要条件假言推理的有效式。反之亦然。

尽管充分条件假言推理与必要条件假言推理的有效式、无效式相反相对，但从逻辑特性上分析，它们是一致的。

竖式	横式
p→q p ∴q	(p→q)∧p→q
q←p p ∴q	(q←p)∧p→q

上述两个推理式，一个是充分条件假言推理肯前式，另一个是必要条件假言推理肯后式。其实两个推理的前提是等值的，即"p→q"等值于"q←p"，所以，把"q←p"置换成"p→q"就可看出它们是一致的。同样，充分条件假言推理否后式与必要条件假言推理否前式也是一致的。

充要条件假言判断是既充分又必要的条件假言判断，所以，①、②、③、④式都是充要条件假言推理的有效式。

4.3.5 二难推理及其推理依据

二难推理又叫假言选言推理，它是前提中有两个充分条件假言判断和一个相容选言判断，并根据充分条件假言判断和相容选言判断的逻辑特性，而由前提必然推出结论的推理。

二难推理中的选言判断是两种可能情况，由这两种情况分别推出的结论，都能使对方处于进退维谷、左右为难的境地，故而称之为二难推理。它是思维和辩论中经常采用的一种有力的工具和武器。

在结构上，二难推理的前提中有两个充分条件假言判断和一个相容的选言判断。

在推理依据上，二难推理之所以有效，因为它依据了充分条件假言判断和相容的选言判断的逻辑特性。

4.3.5.1 二难推理的四种形式

二难推理的有效式有四种:

1. 简单构成式

简单构成式就是结论为前提中两个假言判断的共同后件的二难推理。例如:

(1) 如果某甲是故意犯罪,那么他触犯了法律;如果某甲是过失犯罪,那么他触犯了法律;某甲或者是故意犯罪或者是过失犯罪,所以,他是触犯了法律。

其推理形式如下:

```
    竖式                    横式
    p→q
    r→q
    p∨r
  ─────         (p→q)∧(r→q)∧(p∨r)→q
  ∴ q
```

简单构成式有效的根据或理由是充分条件假言判断和相容选言判断的逻辑特性:前提中选言判断的两个支 p 和 r 分别是两个假言判断的前件。相容选言判断为真,p 和 r 中至少有一真。无论 p 真或 r 真,通过充分条件假言推理的肯定前件式,后件 q 必然为真。

2. 复杂构成式

复杂构成式就是结论为选言判断,而选言支分别是前提中两个充分条件假言判断的后件的二难推理。例如:

(2) 如果你打人的行为触犯了法律,那么你要受到法律的制裁;如果你打人的行为没有触犯法律,那么要受到社会舆论的谴责;你打人的行为或者触犯了法律,或者没有触犯法律,所以,你或者要受到法律的制裁,或者要受到社会舆论的谴责。

其推理形式如下:

```
    竖式                      横式
    p→q
    r→s
    p∨r
  ─────      (p→q)∧(r→s)∧(p∨r)→(q∨s)
  ∴ q∨s
```

复杂构成式有效的根据或理由是充分条件假言判断和相容选言判断的逻辑特性:相容选言判断为真,p 和 r 中至少有一真。无论 p 真或 r 真,通过充分条件假言推理的肯定前件式,后件 q 或 s 中必然至少有一真。

3. 简单破坏式

简单破坏式就是结论为前提中两个充分条件假言判断的共同前件的否定判断

的二难推理。例如:

(3) 如果张三是杀人犯,那么他有作案时间;如果张三是杀人犯,那么他有作案动机;张三或者没有作案时间,或者没有作案动机,所以他不是杀人犯。

其推理形式如下:

　　　　竖式　　　　　　　横式
　　　　p→q
　　　　p→r
　　　　¬q∨¬r
　　　　―――――　(p→q)∧(p→r)∧(¬p∨¬r)→¬q
　　　　∴ ¬q

简单破坏式有效的根据或理由是充分条件假言判断和相容选言判断的逻辑特性:相容选言判断为真,非 q 和非 r 中至少有一真(或者说 q 和 r 中至少有一假),无论是非 q 真(即 q 假)或非 r 真(即 r 假),通过充分条件假言推理的否定后件式,前件非 p 必然为真(或者说 p 必然为假)。

4. 复杂破坏式

复杂破坏式就是结论为相容选言判断,而选言支分别是前提中两个充分条件假言判断前件的否定判断的二难推理。例如:

(4) 如果你的矛是最锋利的矛,那么你的矛能够穿你的盾;如果你的盾是最坚固的盾,那么你的矛不能够穿你的盾。或者你的矛不能够穿你的盾,或者你的矛能够穿你的盾,所以或者你的矛不是最锋利的矛,或者你的盾不是最坚固的盾。

其推理形式如下:

　　　　竖式　　　　　　　横式
　　　　p→q
　　　　r→s
　　　　¬q∨¬s
　　　　―――――　(p→q)∧(r→s)∧(¬q∨¬s)→(¬p∧¬r)
　　　　∴ ¬p∧¬r

复杂破坏式有效的根据或理由是充分条件假言判断和相容选言判断的逻辑特性:相容选言判断为真,非 q 和非 s 中至少有一真(或者说 q 和 s 中至少有一假),无论非 q 真(即 q 假)或非 s 真(即 s 假),通过充分条件假言推理的否定后件式,前件非 p 和非 r 中至少有一真(或者说 p 和 r 中至少有一假)。

4.3.5.2 正确进行二难推理的逻辑方法

导致二难推理结论虚假的原因,不外乎前提不真实或者推理形式无效。

从逻辑学的角度,首先要检验推理是否有效。在推理结构上,二难推理的前提中有两个充分条件假言判断和一个相容的选言判断;如果不符合这点,则不是二难推理。在推理依据上,二难推理之所以有效,因为它依据了充分条件假言判断和相容的选言判断的逻辑特性。如果违反了这点,则是一个无效的推理。例如:

(5)如果你是凶手,那么你有作案时间。如果你是凶手,那么你有作案动机。现已查清,你或者有作案时间,或者有作案动机,所以,你是凶手。

其推理形式如下:

$$
\begin{array}{ll}
\text{竖式} & \text{横式} \\
p \to q & \\
p \to r & \\
\underline{q \lor r} & \\
\therefore p & (p \to q) \land (p \to r) \land (q \lor r) \to p
\end{array}
$$

该推理由"两个蕴涵的后件至少要肯定一个",运用假言推理的肯后式,从而得出"两个蕴涵的共同前件必然肯定"的结论,显然违反了充分条件假言推理的规则:"肯定后件不能肯定(或否定)前件。"所以,这是一个无效的推理。

显然,二难推理之所以有效,是依据相容选言判断的"选言支至少有一真,可以同真"的逻辑特性,以及充分条件假言判断"前件真后件必真,后件假前件必假"(肯前必肯后,否后必否前)的逻辑特性。若违反了,则是无效推理。

其次,推理形式有效的二难推理,结论并非必然为真。其原因是前提中存在虚假判断。例如:

(6)如果我好好读书,我就会发大财。如果我做股票生意,我也会发大财。我或者好好读书,或者做股票生意,总之,我会发大财。

(7)如果天气冷,那么人难受。如果天气热,那么人也难受。天气或者冷或者热,总之,人难受。

上述两个推理形式如下:

$$
\begin{array}{ll}
\text{竖式} & \text{横式} \\
p \to q & \\
r \to q & \\
\underline{p \lor r} & \\
\therefore q & (p \to q) \land (r \to q) \land (p \lor r) \to q
\end{array}
$$

上述两个推理形式有效,但结论是虚假的,其原因是前提中存在虚假判断。
例(6)中的两个充分条件假言判断是虚假的:前件不蕴涵后件,即前件真后件不必然真。

例(7)中的相容选言判断是虚假的：两个选言支可以都假，即违反选言支至少有一真的逻辑特性。

4.4 推理的综合应用

4.4.1 什么是推理的综合应用

人们在运用推理的时候，往往不是单纯的运用某一种推理形式。人们的思维是复杂的，运用的推理形式也是千变万化的，这个推理过程，就是运用综合推理的过程。例如：

(1) 杀人犯或是甲(p)，或是乙(q)；如果甲是杀人犯，那么作案时间应在午夜12点之后(r)，因为午夜12点之前，人们证明甲还在车间里工作。但被害者的邻居证实，被害人屋里的枪声是午夜12点之前传出的，所以，杀人犯是乙。

上述推理形式如下：

$$(p \vee q) \wedge (p \to r) \wedge \neg r \to q$$

运用真值表的方法，可以判定这个推理有效。但是真值表方法有一个大缺陷，把有效性的判定转化成真值演算，而忽视了对思维过程的展现。人们往往习惯于这样来证明上述推理的有效：

第一步：$(p \to r) \wedge \neg r \to \neg p$

第二步：$(p \vee q) \wedge \neg p \to q$

把上述推理纳入一个证明序列，这就是形式证明：

①	$p \vee q$	前提
②	$p \to r$	前提
③	$\neg r$	前提
④	$\neg p$	②③否后式
⑤	q	①④否肯式

这个推导序列展示了形式推导的全过程，更贴近人们的思维实际。形式证明的方法，不但能证明推理的有效，而且，还可以在已知的前提下，推导出相应的结论。

(2) 一天夜里，某百货商店被窃，经侦查了解到并确认以下情况：

① 盗窃者或者是甲(p)，或者是乙(q)。

② 如果甲是盗窃者,那么作案时间不在零点之前(r)。
③ 零点时该商店的灯灭了(s),而甲此时尚未回家(t)。
④ 若乙的陈述是真的(u),则作案时间在零点之前。
⑤ 只有零点时该商店灯未灭,乙的陈述才是撒谎。

问:谁是盗窃者?

上述前提符号化后为:p∨q, p→r, u→¬r, s→u

应用形式证明推导如下:

①	p∨q	前提
②	p→r	前提
③	s∧t	前提
④	u→¬r	前提
⑤	s→u	前提
⑥	s	③分解式
⑦	u	⑤⑥肯前式
⑧	¬r	④⑦肯前式
⑨	¬p	②⑧否后式
⑩	q	①⑨否肯式

结论:乙是盗窃犯。

总之,形式证明的方法既能证明推理有效,又能从相应的前提中得到结论。当然,上面介绍的形式证明,还不是严格意义上的形式证明。(详见附录—《现代逻辑基础》)

4.4.2 综合应用中的注意事项

综合推理是一个复杂的思维过程,要注意以下两点:

第一,正确的理解和分析已知判断,例如:

下面是一起杀人案的审讯记录:

侦查员:你刚才说的都是实话吗?

受审者:是的,全是实话。

侦查员:你再重复一遍。

受审者:因为那天只有张三和李四到过死者的房间,杀人的肯定在他们之中。要是张三杀了人,他就会伪造现场。要是当时我在现场,我也会被杀死。除非我在现场,张三不会伪造现场。我知道的就这些,杀人犯是张三。

问:受审者说的是否都是真话?

对受审者的话作出逻辑分析,并转换成判断形式。

1. "因为那天只有张三(p)和李四(q)到过死者的房间,杀人的肯定在他们之中"转换成的形式应当是"p∨q"而不是"p ∨ q"。

2. "要是张三杀了人,他就会伪造现场(r)"、"要是当时我在现场,我也会被杀死(t)"转换成"p→r"、"s→t"。"要是……就……"是充分条件假言判断联结词。

3. "除非我在现场(s),张三不会伪造现场"转换成"s←r"或"r→s"。其中,"除非……不……"是必要条件假言判断联结词。

4. 因为"我被杀死(t)"不存在,所以,"¬t"也应当被视为前提。

根据上述前提作形式证明推导:

①	p∨q	前提
②	p→r	前提
③	s→t	前提
④	r→s	前提
⑤	¬t	前提
⑥	¬s	③⑤否后式
⑦	¬r	④⑥否后式
⑧	¬p	②⑦否后式
⑨	q	①⑧否肯式

从已知前提中到处合乎逻辑的结论:杀人者不是张三(¬p)和杀人者是李四(q)。与受审者交代的内容有悖,可知,受审者讲的不全是真话。

第二,在进行综合推理的过程中,没有固定的机械的模式可循。一个结论的得出,或者一个有效推理的判定,往往会有多种推导方法和途径。逻辑能力越强,推导的方法越多,途径也越简捷。除了要理解和熟悉基本的推理有效式和等值式之外,还有些经验和技巧可以在反复的练习中得到掌握。

经验之一:在已知条件中,尽可能多的导出结论。结论越多,也就意味着前提越多,这样,结论的导出相对要容易些。

经验之二:如果前提纷繁,无从下手,那么可以尝试逆向思维的方法,即从结论出发,逆向寻找解题的思路。例如:

某球队总结了以往比赛的经验如下:(设:甲、乙、丙、丁、戊、己上场依次为p、q、r、s、t、u)

① 乙和丁不可同时上场。¬(q∧s)
② 如果丙上场,那么丁上场。r→s
③ 如果甲上场,那么乙上场。p→q

④ 或者戊和己不同时上场或者丙上场。¬(t∧u)∨r

问：在需要甲和己同时上场时(p∧u)，为了保证场上的最佳阵容，戊该不该上场？

可见，共有五个前提：

① ¬(q∧s)
② r→s
③ p→q
④ ¬(t∧u)∨r
⑤ p∧u

问题可以转化为：从上述前提中能推出 t，还是¬t?

逆向思维方法从结论着手：要推出 t 或是¬t，需要寻找包含着 t 的真值形式。前提④中有 t，要从"¬(t∧u)∨r"中推出 t 或是¬t，只有否定 r，推出"¬(t∧u)"，

$$(¬(t∧u)∨r)∧¬r→¬(t∧u)$$

"¬(t∧u)"真值置换成"¬t∨¬u"。

$$(¬(t∧u)∨r)↔(¬t∨¬u)$$

这样，如果有 u，即可推出¬t。

现在我们知道，要推出¬t(推不出 t)，须要有¬r 和 u。

接着，在前提中找包含着¬r 和 u 的真值形式。

可以发现在前提中⑤推出 u：

$$p∧u→u$$

在前提②中可以推出¬r：

$$(r→s)↔(¬s→¬r)$$

在前提①中可以推出¬s：

$$(¬(q∧s))↔(¬q∨¬s)$$
$$(¬q∨¬s)∧q→¬s$$

在前提③中可以推出 q：

$$(p→q)∧p→q$$

在前提⑤中可以分解出 p：

$$p∧u→p$$

至此，我们找出了推出结论的步骤。只要把整个逆向思维的过程颠倒过来，就

是解题的过程：

①	¬(q∧s)	前提
②	r→s	前提
③	p→q	前提
④	¬(t∧u)∨r	前提
⑤	p∧u	前提
⑥	p	⑤分解式
⑦	u	⑤分解式
⑧	q	③⑥肯前式
⑨	¬q∨¬s	①德·摩根律
⑩	¬s	⑧⑨否肯式
⑪	¬r	②⑩否后式
⑫	¬(t∧u)	④⑪否肯式
⑬	¬t∨¬u	⑫德·摩根律
⑭	¬t	⑦⑬否肯式

结论：戊不该上场。

在推导过程中，有效推理式和等值置换在运用时，有一个重要的区别：

运用有效推理式时，只能把它们运用于整个判断，而不能运用于判断的一部分肢判断。例如下面的运用是错误的。

| ① | (t∧u)∨r | 前提 |
| ② | t | ①分解式 |

联言推理分解式上有效推理式，它只能运用于联言判断。而前提"(t∧u)∨r"是相容选言判断，联言判断只是它的肢判断，故不能运用分解式。

而等值置换既可以运用于整个判断，也可以运用于判断的一部分肢判断。例如下面的运用是正确的。

| ① | ¬(q∧s) | 前提 |
| ② | ¬q∨¬s | ①德·摩根律 |

下面的运用也是正确的。

| ① | ¬(q∧s)∨r | 前提 |
| ② | ¬q∨¬s∨r | ①德·摩根律 |

总之，要想掌握和提高综合推理的能力，首先必须理解和熟悉基本的推理有效式和等值式，其次还必须在实践中逐步积累推导的经验和技巧。

【练习题】

一、填空题

1. 若 SEP 取值为真,则 SOP 取值为_____,则 SAP 取值为_____。
2. 若 SAP 取值为真,则 SOP 取值为_____,则 SEP 取值为_____。
3. 若 SIP 取值为假,则 SOP 取值为_____,则 SAP 取值为_____。
4. 若 SOP 取值为假,则 SEP 取值为_____,则 SAP 取值为_____。
5. 若有非 S 是 P 为假,则有 P 是 S 的取值为_____,有 P 是非 S 的取值为_____。
6. 若所有非 S 不是 P 为真,则有 P 是 S 的取值为_____,有 P 是非 S 的取值为_____。
7. 在"氧化铁不是有机物,因为氧化铁不含碳,而凡有机物都是含碳的"这一三段论中,表示中项的语词是_____。
8. 如果一有效三段论的结论是全称肯定判断,那么这一三段论是第_____格的____式。
9. 如果一有效三段论的大前提是特称否定判断,那么这一三段论是第_____格的_____式。
10. 如果一有效三段论的小前提是特称否定判断,那么这一三段论是第_____格的_____式。
11. 以"在工人中有共青团员,共青团员决不是老年人"为前提进行三段论推理,可推出结论"有些_____不是_____"。
12. 负判断推理的有效式是_____和_____。
13. 联言判断推理的有效式是_____和_____。
14. 不相容选言判断推理的有效式是_____和_____。
15. 充分条件假言判断推理的有效式是_____和_____。
16. 必要条件假言判断推理的有效式是_____和_____。
17. 二难推理的构成式是_____和_____。
18. 二难推理的破坏式是_____和_____。
19. 二难推理的简单式是_____和_____。
20. 二难推理的复杂式是_____和_____。

二、单项选择题

1. 以 MAP 与 SAM 为前提,不能必然推出( )
   A. SAP   B. PI$\overline{S}$ C. PO$\overline{S}$ D. SO$\overline{P}$
2. 以 MAP 与 SAM 为前提,不能必然推出( )

A. SAP　　　　　　B. PIS　　　　　　C. POS̄　　　　　　D. SAP̄

3. 若一有效三段论的结论为全称判断,则它的中项(　　)
   A. 不能两次都周延　　　　　　B. 不能在大前提周延
   C. 不能在小前提周延　　　　　　D. 不能一次周延,一次不周延

4. 遵守三段论各格的具体规则,是三段论形式有效的(　　)
   A. 充分条件　　　　　　B. 充分必要条件
   C. 必要条件　　　　　　D. 既非充分又非必要

5. "在守财奴中也有穷人,皇帝决不是穷人,所以,有些守财奴不是皇帝。"这一三段论是(　　)
   A. 第二格 IEO 式　　　　　　B. 第三格 EIO 式
   C. 第三格 IEO 式　　　　　　D. 第二格 EIO 式

6. 一有效三段论,如果其小前提是否定判断,则其大前提为(　　)
   A. 全称肯定判断　　　　　　B. 特称肯定判断
   C. 全称否定判断　　　　　　D. 特称否定判断

7. 一有效三段论,如果其结论是特称否定判断,则下列表述正确的是(　　)
   A. 它的两个前提必定是一全称否定,另一特称肯定
   B. 它的两个前提必定是一否定,另一全称
   C. 它的两个前提必定是一否定,另一特称
   D. 它的两个前提至少有一否定

8. 一有效三段论,如果其结论是否定判断,则其大前提不能为(　　)
   A. PAM　　　　　　B. MAP　　　　　　C. MEP　　　　　　D. MOP

9. "有的哺乳动物是有尾巴的,因为老虎是有尾巴的。"这一三段论的省略部分是(　　)
   A. 有的哺乳动物不是老虎　　　　　　B. 有些有尾巴的是哺乳动物
   C. 有的哺乳动物没尾巴　　　　　　D. 所有老虎都是哺乳动物

10. "曹操与曹植不是兄弟"这一判断是(　　)
    A. 直言判断　　　　　　B. 关系判断
    C. 联言判断　　　　　　D. 负判断

11. 有四个外表看起来没有区别的小球,它们的重量可能有所不同。取一个天平,将甲、乙归为一组,丙、丁归为另一组,分别放在天平的两边,天平是平衡的。将乙和丁对调一下,甲、丁一边明显地要比乙、丙一边重得多。可奇怪的是,我们在天平一边放上甲、丙,而另一边刚放上乙,还没有来得及放上丁时,天平就压向了乙一边。请你判断,这四个球中由重到轻的顺序是(　　)
    A. 丁、乙、甲、丙　　　　　　B. 丁、乙、丙、甲
    C. 乙、丙、丁、甲　　　　　　D. 乙、甲、丁、丙

12. 下列表示联言推理的是( )

A. 我国是社会主义国家,所以,我国爱好和平

B. 我国是社会主义国家,我国是发展中国家,所以,我国是发展中的社会主义国家

C. 我国是发展中国家,所以,我国爱好和平

D. 发展中的国家都爱好和平,所以,我国爱好和平

13. "并非本案作案人是张某与刘某中的一个",这个判断等值于( )

A. 本案作案人或者是张某,或者是刘某

B. 本案作案人既不是张某,也不是刘某

C. 本案作案人是张某,而不是刘某

D. 本案作案人或者不是张某,或者不是刘某

14. 与"如果窒息时间过长,那么人就要死亡"矛盾的判断是( )

A. 或者窒息时间不长,或者人要死亡

B. 窒息时间过长但人不死亡

C. 要么窒息时间过长,要么人不死亡

D. 窒息时间过长且人要死亡

15. 如果"鱼和熊掌不可兼得"是事实,则以下哪一项也一定是事实( )

A. 如果鱼不可得,则熊掌可得

B. 如果熊掌不可得,则鱼可得

C. 如果鱼可得,则熊掌不可得

D. 鱼和熊掌皆不可得

16. "如果王某是该案作案人,那么王某就有作案时间"这个判断等值于( )

A. 如果王某有作案时间,那么王某就是该案作案人

B. 如果王某不是该案作案人,那么王某就没有作案时间

C. 或者王某不是该案作案人,或者王某有作案时间

D. 或者王某是该案作案人,或者王某没有作案时间

17. 若"不入虎穴,焉得虎子"这一个断定为真,则以下断定Ⅰ、Ⅱ、Ⅲ中为真的有( )

Ⅰ. 除非入虎穴,否则不能得虎子。

Ⅱ. 若已得虎子,则必定已入虎穴。

Ⅲ. 若未得虎子,则必定未入虎穴。

A. 仅Ⅰ　　　　　　　　　　B. 仅Ⅰ和Ⅱ

C. 仅Ⅰ和Ⅲ　　　　　　　　D. Ⅰ、Ⅱ和Ⅲ

18. 与"当且仅当你有这种资格,你才能从事这种职业"矛盾的判断是( )

A. 虽然你有这种资格,但你也不能从事这种职业
B. 虽然你没有这种资格,但你也能从事这种职业
C. 如果你有这种资格,你就能从事这种职业。并且只有你有这种资格,你才能从事这种职业
D. 要么你有这种资格,要么你能从事这种职业

19. 若"并非无风不起浪"为真,则下列判断中为真的是( )
A. 凡起浪皆因有风　　　　　　B. 有时起浪并非有风
C. 并非有时起浪不因有风　　　D. 并非有风必有浪

20. 要使"p( )q∧¬q→¬p"这个推理形式有效,须在括号中填入( )
A. ∧　　　　B. ∨　　　　C. →　　　　D. ←

三、双项选择题

1. 某些理发师留胡子。因此,某些留胡子的人穿白衣服。下述( )为真,足以佐证上述论断的正确性?
A. 某些理发师不喜欢穿白衣服
B. 某些穿白衣服的理发师不留胡子
C. 所有理发师都穿白衣服
D. 没有理发师不穿白衣服
E. 所有穿白衣服的人都是理发师

2. 一有效三段论,如果其小前提是否定判断,则此三段论为( )
A. 第一格　　　B. 第二格　　　C. 第三格
D. 第四格　　　E. 或者第一格,或者第三格

3. 一有效三段论,如果其结论是否定判断,则其大前提是( )
A. 所有 P 是 M　　　　　　B. 所有 M 是 P
C. 有 P 是 M　　　　　　　D. 有 P 不是 M
E. 没有 P 不是 M

4. 推理 x：a 与 b 全异,b 与 c 全异,所以,a 与 c 全异。推理 y：a 与 b 全同,b 与 c 全同,所以,a 与 c 全同( )
A. x 与 y 都有效　　　　　B. x 与 y 都无效
C. x 有效 y 无效　　　　　D. y 有效 x 无效
E. x 与 y 不都有效

5. 在某项提案付诸表决时,主持人强调说:"每一个表决者,或者支持甲提案,或者支持乙提案,决不允许含糊其辞,模棱两可。"由此,则可以推出( )
A. 支持甲提案,不支持乙提案
B. 支持乙提案,不支持甲提案
C. 或者都支持,或者都不支持

D. 支持甲提案,就要反对乙提案,或者反对甲提案,就要支持乙提案

E. 在甲、乙两提案中,不能都反对,至少要支持一个

6. 中国足球走向世界的关键在于大幅度提高体能。如果不能大幅度提高中国足球队员的体能,就不能使中国足球队在强手如林的世界足坛上取得实质性的突破。

以下各项关于中国足球的断定中,表达了上述议论原意的有(　　)

A. 中国足球队只要大幅度提高体能,就能在世界足坛上取得实质性的突破

B. 除非大幅度提高中国足球队员的体能,否则不可能在世界足坛上取得实质性的突破

C. 或者不能大幅度提高体能,或者能在世界足坛上取得实质性的突破

D. 不能设想在世界足坛上取得了实质性的突破,但中国足球队员的体能没有得到大幅度的提高

E. 如果中国足球队员没能在世界足坛上取得实质性的突破,那一定是他们的体能没得到了大幅度的提高

7. 下列推理无效的是(　　)

A. $(p \to r \land q) \land \neg q \to \neg p$ 　　B. $(p \lor q \leftarrow r) \land r \to q$

C. $(\neg p \lor \neg q) \land p \to (q \lor p)$ 　　D. $(r \land s \to q \lor p) \land \neg p \to \neg s$

E. $(p \land s \leftrightarrow q \lor r) \land \neg p \to (\neg q \lor r)$

8. 已知前提 $p \land q \to s \land \neg r$,若再加上(　　),可必然推出 $\neg p$。

A. $q \lor \neg s$ 　　B. $\neg (q \to \neg r)$ 　　C. $q \lor r$

D. $\neg q \land r$ 　　E. $q \land \neg s$

9. 已知前提 $p \lor q \lor r \lor s$,若再加上(　　),可必然推出 $\neg p \land \neg s$。

A. $q \land r$ 　　B. $\neg q \land \neg r$ 　　C. $\neg q \land r$

D. $\neg q \lor \neg r$ 　　E. $q \land \neg r$

10. 下列推理有效的是(　　)

A. $(p \land q \to r) \land q \to r$ 　　B. $(\neg \neg q \land p \leftarrow r) \land r \to q$

C. $(\neg p \to q \lor r) \land \neg p \to q$ 　　D. $(q \leftarrow p) \land (q \leftarrow \neg p) \to q$

E. $(\neg p \to q) \land (\neg q \lor r) \land (s \leftarrow r) \to (s \to \neg p)$

四、图表题

1. 推理(A)有必然性推理(B)和或然性推理(C)之分;而求同法(D)属于归纳推理(E)。请将上述概念间的外延关系表示在一个欧拉图式中。

2. 《红楼梦》(A)是中国小说(B),又是古代小说(C),但不是武侠小说(D)。请将上述概念间的外延关系表示在一个欧拉图式中。

3. 《祝福》(A)是鲁迅(B)写的,巴金(C)是《家》的作者(D)。请将上述概念间的外延关系表示在一个欧拉图式中。

4. 请将下列概念间的外延关系表示在一个欧拉图式中。

学校(A)　教师(B)　中年教师(C)　青年教师(D)

5. 小强(A)是大学毕业生(B)、共青团员(C)、先进工作者(D)和体育爱好者(E)。请将上述概念间的外延关系表示在一个欧拉图式中。

6. 已知：概念 A 真包含于概念 B,B 与概念 C 交叉,请用欧拉图表示 A 与 C 各种可能的外延关系。

7. 已知：SIP 与 POS 均真。请用欧拉图表示 S 与 P 各种可能的外延关系。

8. 已知：(1) A 真包含于 B

(2) 有 C 不是 B

(3) 若 C 不真包含 A,则 C 真包含于 A

请用欧拉图表示 A、B、C 三概念在外延上可能有的各种关系。

9. 下列四个条件中仅有一个是真的。请用欧拉图表示 S 与 P 各种可能的外延关系。

(1) 有 S 是 P

(2) 如有 S 不是 M,则有 S 是 M

(3) 有 P 是非 S

(4) M 都不是 P

10. 设判断 A 为：甲乙二人中至少有一人不是南方人。

　　　判断 B 为：甲是南方人而乙不是南方人。

　　　判断 C 为：要么甲是南方人,要么乙是南方人。

请用真值表方法解题：当 A、B、C 同时为真时,甲、乙是否为南方人？

11. 已知：A：如果甲不是木工,则乙是泥工。

　　　B：只有乙是泥工,甲才是木工。

　　　C：是与 A 相矛盾的联言判断。

请用真值表方法解题：当 B、C 同时为真时,甲是否为木工？乙是否为泥工？

12. 列出下列 A、B、C 三判断的真值表：

A：甲、乙、丙只有一人在现场。

B：当且仅当甲、丙都在现场,乙才不在现场。

C：只有甲不在现场或者乙在现场,丙才不在现场。

据表回答：当 A、B、C 都真时,谁在现场,谁不在现场？

答：

13. 对甲、乙棋手的下棋步骤,有如下的猜测：

A：如果甲跳马,那么乙出车。

B：要么甲不跳马,要么乙不出车。

C：只有乙出车,甲才不跳马。

D：甲不跳马,但乙出车。

事实证实上述四种猜测只有两种正确,且这两种之间具有蕴涵关系。

请据表回答：

(1)＿＿与＿＿的猜测正确。

(2)两种正确的猜测中,＿＿蕴涵＿＿。

(3)甲是否跳马？

(4)乙是否出车？

14. 四人对一盘对弈评判如下：

甲：如果出车,那么失马。　乙：失马也不出车。

丙：只有出车,才不失马。　丁：或者失马,或者出车。

赛后证明四人中,只有一人评判正确。

请用真值表方法回答：＿＿评判正确,如果不出车,(是否)＿＿失马。

15. 在什么情况下,丁的话能成立？

甲：小陈是木工并且小李不是电工。

乙：小陈不是木工或者小李不是电工。

丙：如果小陈是木工,那么小李不是电工。

丁：你们三人说的都不对。

五、写出下列各题推理的形式,分析是否有效,并简述理由

1. 所有 S 是 P,所以,有 S 是 P。

2. 有 S 不是 P,所以,有 S 不是非 P。

3. 有非 S 不是非 P,所以,有 P 不是 S。

4. 所有 S 是 P,所以,有 S 不是非 P。

5. 窒息死亡都是脸色发青的,这一死者脸色发青,所以,他是窒息死亡。

6. 大多数外语教师掌握两门外语,她是外语教师,所以,她掌握两门外语。

7. 凡律师都熟悉法律,小朱不是律师,所以,小朱不熟悉法律。

8. 语言是没有阶级性的,语言是社会现象,所以,社会现象是没有阶级性的。

9. 没有一个高等学校的教师不是知识分子,并非有的知识分子不具有专门知识,所以,凡具有专门知识的都是高等学校的教师。

10. 凡不符合规定的不能办理,这件事符合规定,所以,这件事能办理。

11. 拾来的东西不是偷来的,所以,拾来的东西不要还。

12. 没有文化的军队是愚蠢的军队,而愚蠢的军队是不能战胜敌人的。

13. 有的被告表情紧张,所以,有的被告是罪犯。

14. 这个推理前提虚假,所以,这个推理是无效的。

15. 肯定一切的观点是错误的,否定一切的观点是错误的,所以,肯定一切和否定一切的观点都是错误的。

16. 中国是位于亚洲的发展中社会主义国家,所以,中国是发展中国家。

17. 甲、乙二人中至少有一人不是作案人,事实上甲不是作案人,因此,乙当然是作案人。

18. 一篇文章写得不好或因内容空洞,或因不合逻辑,或因观点错误。经查这篇文章在逻辑上没有错误,所以,这篇文章写得不好是由于观点错误。

19. 电视机没有图像,或是电视机坏了,或是电视台出了差错,或是天线断了,现知道是电视台出了差错,所以,电视机没坏,天线也没断。

20. 要么走社会主义道路,要么走资本主义道路,我们要走社会主义道路,所以,我们不走资本主义道路。

21. 比赛要么在星期五,要么在星期六,要么在星期日,现在确定不在星期六,所以要么在星期五,要么在星期日。

22. 并非张某和李某都是作案人,因此等于说,张某和李某至少有一人不是作案人。

23. 只要被告方收货时没有对多收到的货物表示异议,就应当对多收到的货物按合同约定的价格付款;可是,事实上被告方收货时当即对多收到的货物提出异议,所以,被告方对多收到的货物不应按合同约定的价格付款。

24. 如果这次春游去苏州,那么小李和小王都去。小李和小王至少有一人没有去,因此这次春游不去苏州。

25. 并非买了股票就会发大财,因此等于说,虽然买了股票,但也不会发大财。

26. 在本案中,只有超过了合同中约定的交货时间或者改变了约定的交货地点,被告方才应当赔偿损失。因为被告没有改变约定的交货地点,所以,被告方不应赔偿损失。

27. 年龄未满25岁,并且具有大专以上文化程度的人,才能录用为本公司的职员。既然张××没有被本公司录用,可见张××已年满25岁,或者张××不具有大专以上文化程度。

28. 只有电线断了,电灯才不亮。现检查电线断了,所以,电灯不亮。

29. 并非只有上大学才能成材,因此等于说,不上大学也能成材。

30. 如果不注意体育锻炼,就容易得病。如果不注意饮食卫生,也容易得病。他容易得病,因此,他不注意体育锻炼,也不注意饮食卫生。

六、回答下列问题,并写出推导过程

1. 由前提"写得不好的论文,或者观点不正确,或者材料贫乏,内容空洞,或者结构有毛病,或者语言运用还有错误,或者逻辑上有问题"分别加上下列前提,是否能必然推出结论?若不能推出,请说明理由;若能推出,可得什么结论?并用符号写出推理的逻辑形式。

(1) 这篇写得不好的论文,逻辑上有问题。

(2)这篇写得不好的论文,逻辑上没问题。
(3)这篇写得不好的论文并非观点或材料内容或结构或逻辑上有问题。
(4)这篇写得不好的论文既有观点错误,也比较贫乏、空洞。

2. 在美国芝加哥的一条繁华大街上,有一家大百货商店在一天晚上被人盗走了一批财物。事情发生后,芝加哥警方经过侦察拘捕了三个重大嫌疑犯。他们是:山姆、汤姆与吉宁士。后来,经过调查和审问,查明了以下事实:
(1)罪犯是带着赃物乘汽车逃走的;
(2)不伙同山姆,吉宁士决不会作案;
(3)汤姆不会开汽车;
(4)罪犯就是这三个人中的一个或一伙。
请问:在这个案子里,山姆有罪吗?为什么?

3. 有一个工业公司,组织它下属的甲、乙、丙三个工厂联合试制一项新产品。关于新产品生产出来后的鉴定办法,在合同中作了如下规定:① 如果乙工厂不参加鉴定,那么甲工厂也不参加。② 如果乙工厂参加鉴定,那么甲工厂和丙工厂也要参加。问:当甲工厂参加鉴定时,丙工厂是否参加?为什么?

4.《大唐新话》里记载了一个故事:唐代的裴玄本好开玩笑,他在户部做郎中时,左仆射房玄龄病得很厉害,部里的一些官员将要去探望他,玄本开玩笑说:"仆射病能好,就去看望他;若好不了,就不要去看望他了。"这话传到了房玄龄的耳朵里。后来裴玄本随大家去看望房玄龄时,房玄龄也开了一个玩笑,笑着说:"裴郎中来了,我一定死不了啦。"
问:房玄龄的推理是否正确,为什么?

5. 从下述议论中能得出什么结论?请用符号写出推理过程。"对待外国的科学文化,或是一概排斥,或是一概照搬,或是有分析地批判吸收。如果一概排斥,就会缓慢爬行,远远落在后面,而我们一定要迎头赶上。如果一概照搬,则我们就会变成帝国主义的附庸,而我们的目标是建立独立自主的社会主义国家。"

七、证明题

1. 已知:SAP 与 SOP 具有矛盾关系和 SAP 与 SIP 具有差等关系,求证:SIP 与 SOP 具有下反对关系。

2. 已知:SEP 与 SIP 具有矛盾关系和 SAP 与 SIP 具有差等关系,求证:SAP 与 SEP 具有反对关系。

3. 已知:SAP 与 SOP 具有矛盾关系和 SOP 与 SIP 具有下反对关系,求证:SAP 与 SIP 具有差等关系。

4. 如果一个有效三段论的小项在结论中周延,而大项在结论中不周延,那么这个三段论是第几格的什么式?

5. 如果一个有效三段论的大前提是肯定判断,大项在结论中周延,小项在前提中不周延,那么这个三段论是第几格的什么式?

6. 如果一个有效三段论中仅大前提有一个周延的项,那么这个三段论是什么式? 该式在哪些格成立? 该式在哪些格不成立?

7. 如果一个有效三段论的大项在前提中周延而在结论中不周延,那么这个三段论是第几格的什么式?

8. 已知:有效三段论结论中的谓项周延且中项在前提中周延两次,请列出符合上述条件的所有三段论形式。

9. 已知:有效三段论的结论是肯定判断且小项在结论中不周延,请列出符合上述条件的所有三段论形式。

10. 同一格的两个有效三段论为一组,其结论是下反对关系的判断,小前提是同质的全称判断。请列出所有符合上述条件的三段论形式(以组为单位)。

11. 如果一个有效三段论的结论是全称判断,那么其中项在前提中不能周延两次。

12. 如果一个有效三段论的结论是否定判断,那么大前提不能是特称肯定判断。

13. 试证明:一有效三段论的小前提为否定判断,其大前提只能为全称肯定判断。

八、综合题

1. 甲说乙讲假话,乙说丙讲假话,丙说甲乙都讲假话。请问甲乙丙三人中谁说假话,谁说真话,为什么?

2. 甲、乙、丙三人同时参加高考,结果只有一人考上。老师让他们三人猜谁考上了。甲猜:乙考上了。乙猜:丙考上了。丙猜:我没考上。老师听后说,只有一人没猜对,两人猜对了。请问谁考上了?

3. A、B、C三人从政法大学毕业后,一人当上了律师,一人当上了法官,另一人当上了检察官。但究竟谁担任什么司法工作,人们开始不清楚,于是猜测如下:

甲:A 当上了律师,B 当上了法官。

乙:A 当上了法官,C 当上了律师。

丙:A 当上了检察官,B 当上了律师。

后来证实:甲、乙、丙三人的猜测都是只对了一半,请问:A、B、C 各担任什么司法工作? 写出推导过程。

4. 某届"百花奖"评选结果,甲电影制片厂拍摄的《黄河,中华民族的摇篮》获得最佳故事片奖,乙电影制片厂拍摄的《孙悟空和小猴子》获得最佳美术片奖,丙电影制片厂拍摄的《白娘子》,获得最佳戏曲片奖。授奖大会后,某电影制片厂邀请这几部片子的导演去介绍经验。在火车上,甲厂的导演说:"真是有趣得很,我们三个人的姓分别是片名的第一个字。"丙说:"我们每个人的姓同自己所拍的片子的片名的第一个字不一样。"一个姓孙的导演笑一笑说:"真是这样!"

请问:这三部片子的导演各姓什么?写出推理过程。

5. A、B、C、D、E 猜测一场自行车比赛结果:

    A. 小王第二,小李第三。

    B. 小李第一,小丁第四。

    C. 小张第三,小赵第五。

    D. 小王第二,小丁第四。

    E. 小赵第一,小张第二。

赛后得知,五人的猜测中,每人各有一句正确,一句错误。请排列出正确的比赛名次,并写出推导过程。

6. 口袋里有红、黄、黑、白四个球,某人暗中取出两个攥在手心,问 A、B、C 三人手中球的颜色,各人作了如下猜测:

    A:如果一个不是红球,那么另一个也不是黑球;要么不是黄球,要么不是黑球;白球和黑球至少有一个不是;

    B:并非不是红球或者不是黑球;或者是白球,或者是黄球;如果一个是白球,那么另一个不是黑球;

    C:如果一个是红球,那么另一个是黑球;除非一个是黄球,另一个才是白球;只要有黄球,就有白球;

某人摊开手掌后发现,三人的猜测中,各有正确的或错误的,且各人的三句中正确与错误的排列是"对—错—对"或者"错—对—错"。

请问两个球是什么颜色,写出推导过程。

7. 刑侦队在分析一起盗窃案时,5人作了如下发言:

    A:或者甲不是主犯,或者丙是主犯;如果甲不是主犯,那么乙是主犯。

    B:除非丁不是主犯,丙才是主犯;要么甲是主犯,要么丁不是主犯。

    C:甲和丙都是主犯;丁和乙中至少有一人是主犯。

    D:只要乙是主犯,丁就是主犯;只有甲不是主犯,丙才不是主犯。

    E:要么乙不是主犯,要么丙是主犯;若丁是主犯,则甲不是主犯。

结案后发现,五人的分析中,各有一句是正确的,各有一句是错误的。

请回答:谁是主犯,谁不是主犯?写出推导过程。

8. 有十个人,每人讲了一句话,请问其中是否有人讲真话?谁讲真话?写出推导过程。

    赵:我们十个人中只有一人讲假话。

    钱:我们十个人中只有两人讲假话。

    孙:我们十个人中只有三人讲假话。

    李:我们十个人中只有四人讲假话。

周：我们十个人中只有五人讲假话。
吴：我们十个人中只有六人讲假话。
郑：我们十个人中只有七人讲假话。
王：我们十个人中只有八人讲假话。
冯：我们十个人中只有九人讲假话。
陈：我们十个人都讲假话。
9. 某地发生了一起凶杀案，公安人员进行侦查后，了解到以下情况：
凶手是甲(p)或乙(q)或丙(r)，不可能是其他人。
只有是谋财杀人案(s)甲才是凶手。
如果是谋财杀人案则被害人必然要丢失财物(t)。
如果乙是凶手则案件发生在晚九时以后(u)。
案件发生在晚九时以前，并且被害人未丢失财物。
请回答：谁是凶手？写出推导过程。

第五章　规律要遵守

本章提要

　　逻辑基本规律概括了思维的基本特征——思维的确定性。客观事物质的规定性反映在人类思维中就表现为思想的确定性,即一个思想反映了什么就是反映了什么。思维的确定性是逻辑思维的基本特征,形式逻辑的三条基本规律恰恰从不同的角度体现了这一特征和要求。思维的确定性要求概念、判断保持自身的同一,这就是同一律;思维的确定性要求使用概念、判断前后不自相矛盾,这就是矛盾律;思维的确定性要求在两种互相矛盾的思想中,不能"两不可",这就是排中律。所以说,形式逻辑的基本规律概括并体现了具有由这一基本特征表现出来的思想的同一性、无矛盾性、明确性。只要我们遵守逻辑思维的基本规律,就能够克服思维中的错误,从而有效地保证思维活动有条不紊地进行。

5.1　什么是逻辑基本规律

　　逻辑基本规律是对思维基本特征的概括。
　　思维基本特征主要体现为思维的确定性。唯物辩证法告诉我们,客观事物是相互联系又相互转化的,任何事物都处在运动变化和发展的过程中。但是,事物又不是变化无常,不可捉摸的;它在发展的阶段上具有一定质的规定性。这种质的规定性决定了一个事物是什么就是什么,是 A 就不是非 A;如果不是 A,那么就是非 A;如果是非 A,那么就不是 A;一切事物必然如此,没有例外。客观事物质的规定性反映在人类思维中就表现为思想的确定性,即一个思想反映了什么就是反映了什么。
　　形式逻辑的三条基本规律恰恰从不同的角度体现了这一特征和要求。思维的确定性要求概念、判断保持自身的同一,这就是同一律;思维的确定性要求使用概念、判断前后不自相矛盾，这就是矛盾律；思维的确定性要求在两种互相矛盾的思想中，不能"两不可"，这就是排中律。

所以说，形式逻辑的基本规律概括并体现了具有由这一基本特征表现出来的思想的同一性、无矛盾性、明确性，因而它能有效地保证思维活动有条不紊地进行。

需要指出的是，逻辑的基本规律是人类长期思维经验的概括和总结，因而不同于客观事物的规律。客观事物不在逻辑基本规律的作用范围内，逻辑基本规律仅仅对人的思维及表达起制约作用。

5.1.1　遵守逻辑基本规律是正确思维的必要条件

逻辑基本规律是以事物质的规定性为客观基础的，并体现了逻辑思维的特征，因而它对思维具有强制性和规范性。人们在思维活动中必须遵守它、应用它，而不能改变和违反它。否则，思维的确定性就会遭到破坏，人们的思维就会变得游移不定，自相矛盾，含混不清。这样，人们也就无法正确地思考问题、交流思想和论证观点了。因此，遵守这三条基本规律是正确思维的必要条件。只有遵守这三条基本规律，思维才能正确；不遵守这三条基本规律，思维就会出现错误。

5.1.2　逻辑基本规律适用于各种思维的逻辑形式

各种思维的逻辑形式有自己的规则。如定义、三段论推理、假言推理等都有自己的规则，但这些规则只适用于各自特殊的思维范围，不具有普遍性。逻辑基本规律则不同，它概括地反映了各种思维形式的特点，揭示了它们之间的联系，因此适应于各种逻辑思维形式，决定各种思维形式的规则。

5.2　什么是同一律

同一律的内容是在同一思维的过程中，每一思想都必须保持自身的同一，不能随意改变。

同一律公式是：A 就是 A，即 A→A。

在这个公式中"A"代表任何一个概念或者判断（命题）。A 就是 A 的意思是：在每一思维的过程中，每个概念和命题都必须保持它自身的同一性，即保持确定的内容。例如，"法律是体现统治阶级意志的，由国家制定或认可并由国家强制力保证实施的行为规范，它包括古今中外所有国家的一切法律。"这段言辞保持了确定的思想内容，因而符合同一律的规定。

所谓概念必须保持自身的同一性是指概念的内涵与外延必须保持同一性，也就是说在同一思维的过程中，使用概念要有确定的内涵和外延。

例如:"抢劫罪"这个概念,其内涵是指:以非法占有为目的,使用暴力、胁迫或其他方法将公私财物抢走的行为;其外延是具有上述特有属性的一切行为。我们在使用这个概念的时候,就必须保持其内涵与外延的确定性,不能在另外的意义上使用这个概念。

所谓保持判断(命题)自身的同一性:是指一个判断(命题)的组成成分保持一致性。例如,"李某被评为劳改积极分子,李某自从到劳改场所以来,认真遵守《劳动改造守则》,积极改造思想,在劳动中能吃苦耐劳,取得了较好的成绩,所以他被评为劳改积极分子。"不难看出,在这段言辞中"李某被评为劳改积极分子"这个命题保持了自身的同一性。主项的词语虽然由"李某"改成了"他",但是内涵与外延都没有发生变化,指的仍然是同一对象。谓项"被评为劳改积极分子"也没有变化;联项"是"被省略了;所以,由"李某被评为劳改积极分子"到"他被评为劳改积极分子",保持命题自身的同一性,即其思维是确定的。

5.2.1 什么是同一律的要求

同一律的要求是:在同一思维的过程中,一个思想必须保持自身的确定和同一。所谓同一思维的过程是指同一对象、同一方面、同一时间的思维过程。例如,"李某现在是犯罪分子,他有严重的违法行为,贪污公款 3 万元。"这段言辞是在同一时间、同一方面对李某所作出的断定,因而保持了思维自身的确定和同一,符合同一律的要求。

5.2.2 违反同一律要求的逻辑错误

违反同一律要求的逻辑错误的主要表现:混淆概念或偷换概念的逻辑错误和"转移论题"或"偷换论题"的逻辑错误。

一、混淆概念或偷换概念的逻辑错误。

在使用概念时,如果概念的内涵与外延没有保持一致性,就会导致混淆概念和偷换概念的逻辑错误。所谓混淆概念的逻辑错误是指在同一维的过程中,把两个不同的概念当作同一个概念使用。所谓偷换概念是指在同一维的过程中有意识地将另一个概念取代原来在某种意义上使用的某个概念。

混淆概念和偷换概念的逻辑错误的主要形式表现如下:

第一,自觉或不自觉地扩大所使用的概念的外延。例如,某退伍军人犯盗窃罪,但他曾经在部队立过一等功。在法庭辩论中,其辩护人为其辩护说:"被告人在犯罪前立过一等功,根据《中华人民共和国刑法》第六十八条规定,有立功表现的可以减轻或者免除处罚。"《中华人民共和国刑法》第六十八条规定的立功表现是指犯罪以后的立功表现,即犯罪分子揭发他人的犯罪行为,或者提供重要线索使案件得以侦破的表现,辩护人自觉或者不自觉将其扩大到被告人以前的立功表现上去了,因而犯了偷换概念或混淆概念的逻辑错误。

第二，自觉或不自觉地缩小一个概念的外延。例如，一个学生在课堂上回答老师的提问，"什么是无产阶级的历史使命"时说："无产阶级的历史使命是推翻三座大山，建立新民主主义，由新民主主义过渡到社会主义，最终实现共产主义。"显然，这个学生将"无产阶级"这个外延较大的概念缩小为"中国无产阶级"这个概念了，因而犯了混淆概念的逻辑错误。

第三，自觉或不自觉地将两个外延不同的概念混同于一个概念。例如，王某将毒药拌在包子中，企图毒死其丈夫。当其将包子拿给丈夫时，丈夫发怒将包子打掉在地上。正巧包子被鸡吃了，结果那些吃了包子的鸡都死了。辩护人为王某辩解说："王某将毒药拌在包子中，但没有毒死其丈夫，因而是犯罪中止，应该免予处罚。"不难看出，辩护人在这里将"犯罪中止"和"犯罪未遂"这两个不同的概念混为一谈了。所谓犯罪中止是指在犯罪的过程中自动停止犯罪或者自动有效地防止结果发生。所谓犯罪未遂是指已经实行犯罪，但由于犯罪分子意志以外的原因而未得逞的。这两个概念的内涵和外延是完全不同的。根据王某的犯罪事实来看，她的行为属于"犯罪未遂"的外延，而不属于"犯罪中止"的外延。因而，辩护人犯了"混淆概念"或"偷换概念"的逻辑错误。

二、"转移论题"或"偷换论题"的逻辑错误。

"转移论题"或"偷换论题"的逻辑错误是在应用命题进行证明的过程中，若没有保持命题自身的确定和同一，就会犯"转移论题"或"偷换论题"的逻辑错误。所谓转移论题是指在应用命题进行证明的过程中，前后命题没有保持同一和确定，即不自觉地用另一个命题替换了一个已经使用了的命题。例如：一个学生在作文中写道："学习必须下苦功，我在多年的学习中深深地体会到只看而不练的害处，就是看几遍也掌握不了。然而边看边练，只要一遍就可以掌握了，由此可见，练习是多么的重要啊。因此，我们以后学习一定要多做练习。"不难看出，在这个证明的过程中，这个学员用"学习要多做练习"的命题替换了"学习必须下苦功"这个命题。显然，犯了转移论题的逻辑错误。

所谓偷换论题是指在应用命题进行证明的过程中，故意用另外一个命题去代替原来的命题。例如，被告人李某贪污人民币 8 000 元。在法庭上他为自己辩护说："我贪污公款是有罪的，但我开始工作时是吃苦耐劳的。由于单位盗窃现象十分严重，我参加工作才两年时间，就目睹了好几起贪污盗窃事件。领导知道后只是轻描淡写地批评了一下，并没有追究其应负的法律责任。于是我从'看不惯'，到'看得惯'，进而'跟着干'。因此我的贪污是单位管理制度混乱和官僚主义所造成的。"从被告人的辩护来看，他完全违反了同一律的要求，故意用"我的贪污是单位管理制度混乱和官僚主义所造成的"命题替换了"我贪污公款是有罪的"命题。显然，被告人企图通过偷换论题的诡辩为自己开脱罪责。

偷换论题或转移论题还有一种特殊的形式，即"答非所问"。所谓答非所问是指自觉或不自觉地用另一个问题替换所要回答的问题。例如被告人刘某贪污1.2万元公款。在法庭审判时审判员问被告人："贪污的主观原因是什么？"刘某回答说："我父亲长期生病，全家3人收入不到100元，因经济困难铤而走险；另外领导上的官僚主义，财物制度不健全，才使我得到涂改账目、伪造发票之机会。这就是犯罪的重要原因。"在这里被告人应该回答犯罪的主观原因是什么，然而他却不作回答，却大谈"犯罪的客观原因是什么"。显而易见，这种答非所问实际上就是一种偷换论题的诡辩。

5.2.3 同一律在法律工作中的应用

同一律在法律工作中有着十分重要的作用。在法律工作中，应用同一律，可以帮助我们正确地理解和应用法律；可以帮助我们在使用概念和判断时始终保持其确定性，避免概念的混乱和语义的含混；可以帮助我们揭露诡辩。它的应用方面主要有如下体现：

一、应用同一律，正确理解和运用法律。

法律条文的内容都有着明确的规定性，我们在理解和运用法律的时候，遵循同一律的规定，就会正确地理解法律条文所规定的内容，不会发生理解上的错误，从而正确地运用法律。如果违反同一律的规定，就难免错误地理解法律条文的内容，导致错误。例如：一名律师在法庭辩论中为一盗窃案的被告人辩护说："被告人王某盗窃人民币，数额较大，其行为已构成盗窃罪，我们并无非议。但是被告人主动投案自首，并积极退还赃款，认罪服法。因此，按照《中华人民共和国刑法》第六十八条规定，应该对被告人王某免除刑事处罚，予以释放。"显然，被告人的辩护律师对《中华人民共和国刑法》第六十八条规定的理解违反了同一律的规定，没有与这一法律条文的规定保持一致性。《中华人民共和国刑法》第六十八条规定："对于自首的犯罪分子，可以从轻或者减轻处罚，其中犯罪较轻的，可以免除处罚。"显然按照这一法律规定，免除处罚的犯罪分子必须具备两个条件，其一是自首的，其次是犯罪情节较轻的。而作为辩护人的律师在被告人只具备一个条件的情况下，就作出了"被告人免除处罚"的错误辩护意见。十分明显，这是违反同一律规定理解法律条文，未与法律条文规定的内容保持一致性而导致法律应用的错误。可以想像，如果律师遵循同一律的规定，就会正确地理解这一法律条文，那么，就完全可以避免这种运用法律条文的错误。

二、应用同一律，确保法律文书围绕主旨选择材料。

任何法律文书都有着明确的主旨，在法律文书的制作中，如果我们遵循同一律的规定，就会紧紧围绕主旨选择材料。凡是与主旨有关的材料都予以使用，凡是与主旨无关的材料都统统地抛弃。这样就能够保证法律文书的理由的充足性和严肃性。如果违反同一律的规定,使用与法律文书主旨不相吻合的材料,那么就会削弱法律文书的主旨,损害法律文书的严肃性。例如一份法律文书在阐述被告人朝某某的行为不构成故意杀人罪时写道:"被告人朝某某尽管砍了被害人两刀,但是他没有杀害被害人的故意。被告人向来是与人为善的。在一次出差中,一位他不熟悉的人丢失了钱包,他毫不犹豫地解囊相助。一次他发现一个歹徒抢劫一位妇女的项链,他挺身而出,与歹徒搏斗,击败了歹徒,保护了人民群众的利益,维护了社会治安秩序。这样的好心人怎么会有杀人的故意呢?"不难看出,这份法律文书的主旨是被告人"没有杀人的故意",而使用的材料是被告人助人为乐和见义勇为的事实。显然,事实与文书的主旨没有保持一致性,违反了同一律的规定,削弱了文书的说服力。显然,如果遵循同一律的规定,就完全可以避免这种情况的出现。

三、应用同一律,确保法律文书内容前后一致性。

同一律思维规律告诉我们,在同一思维的过程中,要始终保持思维的同一性,不得随意改变。因此,我们在制作法律文书的过程中,必须注意文书前后内容的一致性,否则就会导致转移论题的逻辑错误。例如:"被告人万某在广庭大众中肆意谩骂他人,被民警周某某发现,即上前制止。万某某立刻掏出匕首朝民警周某某腹部刺了一刀。万某某手段残忍,故意伤害他人,已构成故意伤害罪,特依法提起公诉。"这段文书前面说"万某某刺了民警一刀",按照这一叙述,万某某的行为应该构成故意杀人罪,而后面的概括是"万某某的行为构成故意伤害罪。"显然,违反了同一律的规定,犯了转移论题的逻辑错误,同时给人一种无所适从的感觉,究竟万某某的行为是构成故意杀人罪呢? 还是故意伤害罪呢? 不难看出,如果遵循了同一律的规定,保持判断内容的前后一致性,那么就不会出现这种错误了。

四、应用同一律,确保法律工作中使用的概念与法律保持一致性。

法律概念具有法律的规定性,有着明确的内涵和外延。因此,在法律工作中我们使用法律概念,必须遵循同一律的规定,不得随意改变法律概念的内涵和外延。如果随意改变法律概念的内涵和外延,就会给人们的理解带来混乱,损害法律的尊严。例如:"被告李某某于2004年3月15日凌晨2时,撬开受害人周某的房间,乘周某睡熟之机,盗走周某现金人民币2 000元。李某某盗窃数额较大,其行为已构成盗窃罪。"这段文字中的"被告"与"受害人"术与法律保持一致性,民事诉讼法规定"被告"与"受害人"是民事诉讼中有关当事人的称谓。根据该段文字所叙述的内容来看,这个案件属于刑事案件,而不是民事案件,因此李某某和周某都不属于"被告"和"被害人"这两个法律概念的外延。由此可见,只有应用同一律,才会保证在法律工作中使用法律概念与法律保持同一性。

五、应用同一律,可以在讯问中识别揭露诡辩。

在讯问或者审问中,犯罪嫌疑人或者被告人为了开脱自己的罪责,往往对自己所犯的罪行进行诡辩。犯罪嫌疑人或者被告人的诡辩一般都是似是而非,颇能迷惑人的。因此如不及时识别和揭露,审讯工作就难以进展。而要识别和揭露这种诡辩,无疑要应用逻辑思维规律的同一律。例如贵州省人民检察院检察官在审讯贵州省公安厅原厅长郭某某时,由于其应用同一律的思维的基本规律,敏锐地识别和迅速地揭露了郭某某为自己罪行辩解的诡辩,从而突破了案情,达到了审讯的目的。

检察官:郭某某,你身居高位,落得如此下场,不知有何感想?

郭某某:我身为公安厅长,在敌特工作上处理这一点钱难道有错吗?

检察官:哦,敌特工作——正面心战,谋略心战,威力心战,三个确保,就是这些吧!还有看、照、套、偷。敌特机关除了这些手段,不外乎还是这些手段吧。

郭某某:这次反腐败,是不叫运动的运动,搞运动就要抓典型。你们抓我,是不是运动的需要?中国搞了不少的运动,每次运动都办了一些经不起检验的案子,这个问题不知道你思考过没有?

检察官:是运动也好,不是运动也好,有一点你不是不知道,在共产党的发展史上,从来都没有放松过反腐败斗争。任何政党要巩固自己的政权,都必须反腐败。

郭某某:你们抓了我,全省的公安民警都抬不起头来。

检察官:清除了腐败分子,只会使我们的队伍更加纯洁,你是你,你与全省公安干警画不了等号。

郭某某:好吧,我交代自己的问题吧!……

从以上笔录中可以看出,郭某某一开始拒不认罪,从不同的角度为自己的罪行进行诡辩。将"贪污受贿有罪"的命题偷换为"处理点钱是敌特工作的需要"的命题;将"反腐败是巩固党的政权的需要"的命题偷换为"反腐败是运动的需要"的命题;将"检察院依法逮捕他"的命题偷换为"打击全省公安民警"的命题。针对郭某某的诡辩,检察官应用同一律的思维规律及时识别,并迅速加以反驳,逐一地揭露了其诡辩的错误实质,并阐述了正确命题的含义,使郭某某的诡辩成了"空中楼阁",因而他哑口无言,只得老老实实地交代了自己的罪行。由此可见,同一律在审讯中揭露诡辩有着十分突出的作用。

5.2.4 应用同一律应注意的问题

第一,同一律只是在同一思维过程中(即同一对象、同一方面、同一时间)才起作用,如果对象、方面、时间变了,即不在同一思维过程中使用的概念和命题发生变化,这并不违反同一律的要求。例如:

"赵某是犯罪分子,因为他在1998年参与抢劫,被判刑四年。现在成了积极分子,因为自2002年9月刑满释放后,他努力工作,一年完成了三年的工作量。"

"赵某是犯罪分子"和"赵某是积极分子"这两个命题反映的对象相同,但反映的对象所处的时间不同,即过去的赵某和现在的赵某,因而尽管命题发生了变化,但没有违反同一律的要求。同样,对同一对象若是从不同方面来反映,也可以作出两个不同的命题。这也不违反同一律的要求。由此可见,同一律只能在同一时间反映对象的同一方面的情况下才起作用。在除此以外的情况下并不发生作用。

第二,同一律只是逻辑的基本规律,其作用是保证思维具有确定性,它不是客观事物的规律,因而不否认客观事物本身的发展变化。如果把同一律解释为客观事物本身的同一,那么就是形而上学对同一律的歪曲。

5.3 什么是矛盾律

矛盾律亦称"不矛盾律"。矛盾律的内容是:在同一思维的过程中,两个互为矛盾或互相反对的思想不能同真,即不能肯定它是什么,又否定它是什么。如果在同一思维的过程中,有了两个自相矛盾的思想,那么它们绝不会同时都是真的。

矛盾律的公式是:A 不是非 A。

在这个公式里,"A"和"非 A"代表同一思维过程中出现的两个命题。它们是互相反对或互相矛盾的命题。"是 A 不是非 A"的意思是:A 命题不是非 A 命题,即这两个互为反对命题或者互相矛盾命题不能同真。例如:

(1) 所有的犯罪分子都是可以改造好的。
(2) 所有的犯罪分子都不是可以改造好的。
(3) 任何人都不能凌驾于法律之上。
(4) 有些人可以凌驾于法律之上。

例(1)与(2)是一组反对关系的命题,两个都是假的;(3)和(4)是一组矛盾关系的命题,其中一真一假。

由此可见,两个互相反对或者两个矛盾的命题不能同真,至少有一个是假的。这就是矛盾律表现在判断(命题)中的内容。

5.3.1 什么是矛盾律的要求

矛盾律的要求是,在同一思维的过程中对两个互为矛盾或者互相反对的思想不能都予以肯定。因此当出现两个互相矛盾或互相反对的思想时,不能同时肯定它们都是真的。例如:"这些出土陶器上的花纹已具有文字的性质,因而有人说不能算文字的说法是错误的。"

这段文字对两个互为矛盾的思想没有同时肯定都是真的,因而是符合矛盾律的要求的。

5.3.2 违反矛盾律要求的逻辑错误

如果在同一思维的过程中,既肯定某一思想,又否定某一思想,即同时承认两个互为反对或互为矛盾的命题都是真的,那么就会犯自相矛盾的错误。例如:

(5) 本案由某某区公安分局侦查认定:被告人王某某于某年某月某日驾驶铲车在某医院门诊部大门围墙内铲除垃圾时,因倒车不慎,铲头挂在地下室出口处,引起盖板后移,撞伤拾荒者陈某某,陈某某经抢救无效死亡。被告人的行为已构成过失致人重伤罪。经本院审查全部侦查案卷,询问证人,勘查现场和讯问被告人,证实被告人驾驶铲车由于操作不慎引起盖板后移,被告人有疏忽大意的轻微过失。但他不了解地下室的建筑情况,所以被告人不能预见铲车轻微碰撞盖板边角会引起盖板移动。综上所述,被告人王某某的行为已构成过失致人重伤罪。

(6) 被告人安某某于某年某月某日深夜潜入省外贸职工宿舍大楼,撬门盗走彩电一台。一个月后的一个中午,又乘省机械厅办公室无人之机,盗走收录机一台。被告人两次盗窃折合人民币金额达 4 650 元。以上事实有证人证言、赃物记录在案,被告人安某某亦供认不讳。综上所述,被告人安某某先后两次盗窃个人和国家财产,价值达 4 650 元人民币,其行为严重地侵犯了公私财产权利,构成了盗窃罪,且被告人安某某情节恶劣,拒不认罪,根据《中华人民共和国刑事诉讼法》第一百四十一条规定,特对被告人安某某提起公诉,请依法判处。

例(5)既肯定被告人王某某有疏忽大意的轻微过失,又肯定了被告人不能预见铲斗车碰撞盖板角会引起盖板移动,因而纯属意外事件,故被告人没有过失。显然,这段文书既肯定了被告人王某某的行为构成了过失致人重伤罪,又肯定了被告人的行为不构成过失致人重伤罪,对两个互为矛盾的命题都予以肯定,犯了自相矛盾的逻辑错误。例(6)前面说被告人对犯罪事实供认不讳,后面又说其拒不认罪,真是自己打自己的嘴巴。

5.3.3 矛盾律在法律工作中的应用

矛盾律在法律工作中有如下应用:

一、保证法律规范不相矛盾。

法律规范是人们行为的准则,是开展司法工作的依据,因此绝不能自相矛盾。如果法律规范自相矛盾,就会使人们无所适从;如果人们对法律无所适从,那么就会丧失法律的尊严和应有的作用。因此,我们在制定法律规范中遵循矛盾律,就可避免宪法与其他部门法的矛盾、部门法与部门法之间的矛盾、法律条文与法律条文之间的矛盾,从而保证法律规范的明确性、权威性和严肃性。

二、消除案情材料之间的矛盾。

"事实清楚"是办案工作的一个首要条件。所谓事实清楚是指办案人员所掌握的案情材料与案件发生的实际情况相符,不出现矛盾;也就是说案件所有材料都要做到一致性,即物证、书证、证人证言、被害人陈述、被告人供述和辩解、鉴定结论等都要吻合。如果出现了矛盾,那么就说明案件的情况没有调查清楚,因而不能定案,必须继续调查,直至完全消除案情之间的矛盾,方可结案。

三、利用犯罪分子口供中的自相矛盾,制服犯罪分子。

有些犯罪分子往往不老实,为了推脱罪责,总要编造一些谎言进行狡辩。因此,在审讯和审判工作中,我们可以应用矛盾律,揭露犯罪分子的谎言,让他们自己打自己的嘴巴,从而低头认罪,彻底交代自己的罪行。例如有一放火毁尸灭迹的案件,侦查员通过周密、细致的侦查,认定赵某有重大作案嫌疑。于是拘留了赵某。在审讯中,赵某死死地咬住案件发生的那天晚上他正在星火电影院看电影,10点半钟才回家睡觉,根本没有外出,并说那晚电影票是绿色的,座区服务员是女同志。侦查员问他电影的片名是什么,他却说记不清楚了。侦查员反问,"电影票的颜色,座区服务员是女同志,你都记得清清楚楚,难道电影的片名你就记不清楚了吗?"由于侦查员应用矛盾律揭穿了赵某的谎言,赵某不得不交代了自己作案的经过。

有些犯罪嫌疑人的口供与情理、事理之间存在矛盾,在这种情况下,只要我们应用矛盾律揭露其口供与情理、事理之间的矛盾,就会使犯罪嫌疑人缴械投降,交代自己的罪行。例如:有一个故意杀人案件,丈夫另有新欢,于是设计杀害了妻子。在审讯中,侦查人员问他:"你和你妻子的感情如何?"他回答:"这还用说吗?非常深厚。"侦查人员又问:"那天你们到湖上玩,为什么你一个人先回去呢?"他回答道:"当时已近黄昏,我劝她回去,她不肯,并且拿起游泳圈跳进了湖水中。我只好生气地把船划走了。谁知过了三天她还不回来,于是我急得到处寻找,又谁知她无情地离开了我。我真痛心啊!"侦察人员立即反驳说:"你们的感情如此深厚,妻子三天没回来,你才去寻找,这合乎情理吗?难道能令人相信吗?"犯罪嫌疑人听后,觉得自己无法狡辩,只得乖乖地交代了自己杀害妻子的罪行。显然,犯罪嫌疑人的口供说自己与妻子的感情非常深厚,然而游湖却抛下妻子先走,三天不见妻子回来才去寻找。口供与情理、事理之间存在着明显的矛盾。侦察人员应用矛盾律及时发现了这一矛盾,并当场予以揭露。犯罪嫌疑人招架不住,只得被迫交代了自己的罪行。

有些犯罪嫌疑人的口供与法律规范存在着矛盾,我们应用矛盾律同样可以发现和揭露,从而迫使其认识自己的犯罪性质。例如:

问:你是因什么原因被捕的?
答:我是因为盗窃电视机被捕的。我知道我犯了盗窃罪。
问:你盗窃被发现后,你采取了其他行动吗?

答：他们来抓我，我趁机打了一个人一拳，把他打在地上，我就溜走了。我犯的是盗窃罪，而且未成功啊！

问：我国刑法第一百五十三条规定，"犯盗窃、诈骗、抢夺罪，为窝藏赃物抗拒逮捕或者毁灭罪证而当场使用暴力或者以暴力相威胁的，依照本法第一百五十条抢劫罪处罚。"你盗窃后为抗拒逮捕而打人，这难道不是使用了暴力，构成了抢劫罪吗？难道还是盗窃罪吗？

答：我错了，我犯了抢劫罪。

不难看出，犯罪嫌疑人避重就轻，将自己的抢劫行为说成是盗窃行为。他的辩解与法律条文构成了矛盾。侦察人员及时发现其破绽，并应用法律条文揭露了犯罪嫌疑人的矛盾，使其不得不承认自己犯了抢劫罪。

四、保证法律文书不出现矛盾

在制作法律文书时，如果遵守了矛盾律，就可避免出现逻辑矛盾。反之就难免出现逻辑矛盾。例如：有一份判决书写道："被告人孙某于2004年2月15日上午10时左右，得知其父因屋基地与村委会主任发生争吵后，立即冲到村委会办公室，打了村委会主任一个耳光，并将其衣服撕破。被告人孙某上述行为虽然情节显著轻微，危害不大。但是竟敢在光天化日之下殴打村委会主任并撕破其衣服，其行为触犯了《中华人民共和国刑法》第二百三十四条规定，构成故意伤害罪。故判决如下：被告人孙某犯故意伤害罪，判处有期徒刑一年；缓刑一年。"这份判决书存在不少问题，但突出的问题是出现了逻辑矛盾，即犯了自相矛盾的错误。因为按照刑法规定，情节显著轻微是不构成犯罪的，然而判决书既认定其情节显著轻微，即不构成犯罪，然而又认定其行为构成故意伤害罪。这就难以令人信服了。可以想像，文书的制作者如果遵守了矛盾律，那么是不可能出现这种错误的。

5.3.4 应用矛盾律应注意的问题

在应用矛盾律的时候，我们应注意如下两个问题：

第一，矛盾律只是在同一思维的过程中才起作用。如果人们对同一对象在不同的时间或不同的方面作出相矛盾的论断并不违反矛盾律的要求。例如著名诗人臧克家在怀念鲁迅先生的一首诗中说："有的人死了，他还活着；有的人活着，他已经死了。"这两句诗从表面上看来是矛盾的，其实并不矛盾。诗人在这里所说的"死"与"活"是从不同方面来立意的。第一分句中的"死"是说人的生命停止了，"活"是指人的精神还留在人间；第二句的"活"是指人的肉体还存在，"死"是指人的精神已经丧失了。诗人正是通过这两个方面的对比，强烈地突出了对鲁迅先生的无比崇敬和深切怀念之情。

又如，"王某在1997年以前，遵纪守法，没有任何违法行为，因而王某是守法的公民。但是自2002年以后，王某放松了思想改造，利用职务之便多次侵占国家财产,触犯了国家刑律,因此王某不是守法的公民。"这段话是对王某在不同时间内所作的断定,因而不构成逻辑矛盾,没有违反矛盾律的要求。

所以,我们在应用矛盾律的时候,一定要按照矛盾律的要求,在同一思维的过程中对同一对象的同一方面的阐述避免出现两个互相矛盾的思想。但在不同的思维过程中对同一对象的不同方面的阐述不受矛盾律的制约。

第二,矛盾律的作用在于保证思维的无矛盾性。矛盾律只排除逻辑矛盾,而不否认事物的内在矛盾。事物内在矛盾是其内部对立面的互相联系与互相对立。这是客观的,不依人们的意志为转移的。逻辑矛盾是主观思维形式结构的混乱,是永假的命题。因此不能把二者混淆起来,必须严格加以区分。矛盾律承认客观事物矛盾,排除和反对思维中的逻辑矛盾。只有这样,才能保障思维的无矛盾性。

5.4 什么是排中律

排中律的内容是:在同一思维的过程中,两个相互否定的思想不能同假,必有一真。

排中律的公式:A 或者非 A,或 A∨¬A

公式中的"A"和"非 A"表示任何一对互为否定的命题,它们是矛盾关系或下反对关系的命题;"或者"表示排斥。"A 或者非 A",是指在同一思维过程中这一对否定的命题中或者 A 是真的,或者非 A 是真的,二者必居其一,不可能两个都是假的。例如在"黄某是犯罪分子"、"黄某不是犯罪分子"这两个矛盾命题中,如果我们承认其中一个是真的,那么就是符合排中律的。又如,"所有的犯罪分子不是触犯刑律的"和"有的犯罪分子不是触犯刑律的";再如,"有的人是长生不老的"与"有的人不是长生不老的"。如果我们承认其中必有一真,那么就是符合排中律的。

5.4.1 什么是排中律的要求

排中律的要求是:在同一思维的过程中不能对两个互为矛盾的命题都予以否定,也就是说排中律要求对同一事物所作的两个互为否定的命题不能同假;必须肯定其中一个是真的,不能含糊其词,骑墙居中。一个事物如果不是 A 真,就一定是非 A 真;如果不是非 A 真,就一定是 A 真;除此以外没有第三种情况。由此可见,"A"与"非 A"之间必有一个是真的,否则就违反了排中律。

5.4.2 违反排中律要求的逻辑错误

违反排中律的逻辑错误就是对两个互为否定的命题都持否定的态度。既否定 A,又否定非 A。

(1) 说张三犯贪污罪不对,说张三没有犯贪污罪也不对。

(2) 犯罪嫌疑人李某长期奸淫不满14周岁的养女,摧残幼女身心健康,妨碍社会公德,事实清楚,证据确凿,其行为触犯了《中华人民共和国刑法》第二百三十六条规定,构成强奸罪。为严肃国家法纪,保护幼女身心健康,应予严惩。但鉴于本案有特殊情节,因此对李某既不作起诉决定,也不作不起诉决定。

上述例(1)中的张三要么犯了贪污罪,要么没有犯贪污罪,二者必居其一,绝不可能有介于贪污罪与非贪污罪中间的一种罪行,因而对其都予否定,违反了排中律的要求,犯了"两不可"的逻辑错误。例(2)根据李某的犯罪行为的情况来看,只有两种可能,要么起诉,要么不起诉,而其对两者都给予了否定,同样违反了排中律要求,犯了"两不可"的逻辑错误。

5.4.3 排中律在法律工作中的应用

保证法律规范的明确性。我们在制定法律规范的过程中,如果遵守排中律,就能够使法律规范清晰明确;如果忽视排中律,制定出的法律规范就会模糊不清。可见,制定法律规范必须遵守排中律,才能保证法律规范的明确性。排中律在法律工作中有如下应用:

一、保证对案件作出明确的判断。

在对案件侦查的过程中,我们只有遵循排中律,才能对案件作出明确的判断。例如,某杀人案件,要么是过失致人死亡,要么是故意杀人,没有第三种可能性。根据排中律,如果否定了故意杀人,那么就得肯定过失致人死亡;如果否定了过失致人死亡,那么就得肯定故意杀人。

在刑事审判中,按照排中律的要求,在罪与非罪之间不能持"两不可"的态度,有罪就是有罪,无罪就是无罪,必须作出明确的判断。

二、保证法律文书判断的明确性。

法律文书的判断是对所反映的事物对象作出的断定,按照排中律的要求,这种断定应该是非常明确的,或者肯定,或者否定。否则,就会出现模棱两可的情况,使人无所适从,损害法律文书的尊严。例如:

犯罪嫌疑人周某某与孙某某素不相识,2002年某月某日,一个偶然的机会,周某某在市体育中心遇见了孙某某。周某某对孙某某立刻起了奸淫之意。周某某为了达到奸淫孙某某的目的,将孙某某骗到自己的家里,利用孙某某刚从农村来、人地生疏、年轻幼稚、缺乏社会经验、羞怯畏惧的情况和心理状态,与孙强行发生关系。鉴于本案特殊情况,将犯罪嫌疑人周某某教育释放。

不难看出,"鉴于本案特殊情况,将犯罪嫌疑人周某某教育释放",这个判断是不明确的,它没有对犯罪嫌疑人周某某的行为性质作出应有的断定。因而违反了排中律的规定。由此可见,只有遵守排中律,才能保证法律文书的判断对所反映的对象、行为性质、法律责任、判处结果作出明确的断定。

5.4.4 应用排中律应注意的问题

第一,排中律本身不能解决两个互为否定的思想有没有一个为假,或者到底哪一个为真的问题。但当已知一个命题为假时,根据排中律就可推知另一个命题为真。例如:

(3) 所有的人都是自私的。
(4) 有的人不是自私的。
(5) 赵某是本案案犯。
(6) 赵某不是本案案犯。

上例(3)与(4),(5)与(6)这两组互为矛盾的命题,排中律本身无法解决有没有一个为真的问题,但当我们了解了"所有的人都是自私的"、"赵某不是本案犯"为假时,我们就可以根据排中律断定,"有的人不是自私的"为真,"赵某是本案案犯"为真。

第二,排中律的作用在于保证思维的明确性。它所排除的是"两不可"的逻辑错误。因此,对于两个互为反对的命题都予以否定,不违反排中律的要求。这是因为两个互为反对的命题可以同假,对于两个可以同假的命题,排中律无法断定其有一真。

例如,某法院合议庭在讨论被告人赵某的量刑问题时,审判长老王问,对赵某怎样量刑,小李回答说:"对于赵某的量刑不能过重,也不能太轻。"审判长立刻批评小李犯了"两不可"的逻辑错误。其实小李并没有犯逻辑错误。因为,"过重"与"太轻"是一组反对关系的命题,小李正是通过否定这组反对关系的命题,并利用其隐含的"适当量刑"命题委婉地表示了自己的态度,所以小李没有违反排中律的要求。拒绝回答复杂问语,也不违反排中律。复杂问语是一种暗含假定的问语。对于这种复杂问语既不能作简单肯定的回答,也不能作简单否定的回答。

例如,有人问"你停止打你的父亲了吗?"如果事实上你没有打他,但是对这个复杂问语,不论你作肯定的回答,还是否定的回答,都等于你承认了打了父亲。如果再细加分析就会发现,如果作肯定的回答,那就等于说,"你过去打你的父亲,现在不打了"。如果你作否定的回答,那么就等于说,"你过去打你的父亲,现在还在继续打"。前者具有 p 并且非 q 的逻辑形式;后者具有 p 并且 q 的逻辑形式。这两种逻辑形式不是互为矛盾的命题,而是互为反对的命题,所以,拒绝回答复杂问语,不违反排中律的要求。

5.5　排中律与矛盾律的区别

第一,要求不同。排中律要求对两个互相否定的命题,即具有矛盾关系和下反对关系的命题不能都予否定。具体地说,排中律要求对两个互相矛盾的命题不能承认都是假的,必须承认有一真;矛盾律则要求两个互为反对或互为矛盾的命题不能承认都是真的,必须承认有一假。

第二,适用范围不同。排中律只适用于具有矛盾关系和下反对关系的命题;矛盾律则适应于有矛盾关系和反对关系的命题。

第三,逻辑错误的表现形式不同。排中律通过"排中"以保证思想的明确性,所以违反排中律的错误形式是"两不可",即对两个相互否定(包括具有下反对关系的命题)的思想都加以否定,不承认其中必有一真;矛盾律是通过排除思维的逻辑矛盾,保证思维的无矛盾性和首尾一惯性。所以违反矛盾律的错误形式是"自相矛盾",常以"两可"的形式出现。

第四,具体作用不同。排中律是两个互为矛盾关系的命题中由假推真的逻辑依据;矛盾律则是在两个矛盾关系或反对关系的命题中由真推假的逻辑依据。

【练习题】

一、填空题

1. 逻辑思维基本规律对思维有着十分重要的作用,它能有效地保障思维的_____。

2. 人们在思维的过程中必须遵守思维的基本规律,因此,逻辑思维的基本规律是正确思维的_____。

3. 逻辑思维基本规律概括地反映了各种思维形式的特点,揭示了它们之间的联系。因此,逻辑思维基本规律适合各种逻辑思维形式,并_____各种逻辑思维形式的规则。

4. 甲说这个寓言是讽刺奸商的,我看这种说法是不对的;乙说这个寓言是讽刺腐败分子的,我看这种说法也是不对的。这一议论违反了逻辑基本规律的_____,犯了_____错误。

5. 我们的改革取得了巨大的经济成就,但是我们的一些地区生态环境也遭到了极大的破坏,我们能说我们的经济取得了巨大的成就吗?这一议论违反了逻辑思维基本规律的_____,犯了_____。

6. 我们要加强综合治理,为人民创造一个和谐的社会环境。没有一个和谐的环境,人们就无法安居乐业。因此我们必须加强党的建设,加大对腐败的惩治力度。这一议论违反了_____的逻辑基本规律,犯了_____错误。

二、单项选择题

1. 六班的同学中会打篮球和乒乓球的同学 15 人,所以,六班的同学中会打篮球的同学 15 人。这个推理(   )

    A. 符合同一律的要求　　　　　　　B. 违反了同一律的要求
    C. 符合矛盾律的要求　　　　　　　D. 符合排中律的要求

2. 我认为"所有的犯罪分子是可以改造好的和所有的犯罪分子都不是可以改造好的,这两个命题都是假的"。这一议论(   )

    A. 符合排中律的要求　　　　　　　B. 违反了排中律的要求
    C. 违反了逻辑思维的基本规律　　　D. 不违反逻辑思维基本规律

3. 朝明说,"所有的腐败分子都是犯罪分子,这是不容置辩的,但是我们也应该看到,有的腐败分子行为还没有触犯刑法,我们看问题应该辨证地看嘛。只有这样才不会犯错误。"朝明的话(   )

    A. 犯了自相矛盾的逻辑错误　　　　B. 符合矛盾律的要求
    C. 符合同一律的要求　　　　　　　D. 符合排中律的要求

4. 下列命题中符合逻辑基本规律的是(   )

    A. 犯罪必然有原因,并且不可能没有原因
    B. 犯罪可能有原因,并且犯罪必然没有原因
    C. 犯罪有原因是必然的,并且有的犯罪必然没有原因
    D. 犯罪可能没有原因,并且犯罪必然有原因

5. 下列命题中不符合逻辑思维基本规律的是(   )

    A. 所有的犯罪分子都是违反法律的,并且所有的犯罪分子都不是不违反法律的
    B. 所有的犯罪分子都是不可能不违反法律的,并且所有的犯罪分子违反法律是必然的
    C. 所有的犯罪分子都不是不违反法律的,并且有的犯罪分子不是不违反法律的
    D. 所有的犯罪分子都是违反法律的,并且有的犯罪分子不是不违反法律的

6. 某地发生了一起抢劫案件,经公安局侦查,发现了四个犯罪嫌疑人。在审讯中,他们分别做的口供是:甲:不是我作的案。乙:不是丙作的案。丙:是丁作的案。丁:不是我作的案。他们四人中只有一人说真话,公安人员断定他们四人中只有一人作案。该案作案者是(   )

A. 甲　　　　　B. 乙　　　　　C. 丙　　　　　D. 丁

三、应用同一律回答下列问题

1. 某报某日第二版报道了山东省某县人民法院依法审理郭士其、郭士家非法干预孙长芹改嫁的案件,然而标题却是《孙长芹改嫁的纠纷》。请问这个标题有无不妥之处?并请说明理由。

2. 有条新闻写道,"黑龙江的松嫩平原今年大豆丰收,据脱粒测算总产量比去年增长二成多"。这条新闻的标题是《松嫩平原大豆比去年增长二倍多》。还有条新闻报道"广西香蕉预计今年总产量可达五千多万斤,比去年增长60%",其标题是《广西香蕉总产量比去年增长60%》。这两条新闻标题是否与内容相符?为什么?

3. 《美学书简》上有这样一段议论:"从解放后学习马克思主义以来,我就深信文艺起源于劳动,放弃了文艺起源于游戏的说法。

近来我重新研究谐隐与文字游戏,旧思想又有些'回潮',觉得游戏说还不可一笔抹煞。想来想去,我认为把文艺看作一种生产劳动是马克思主义者必须坚持不可逆转的定论,但在文艺这种生产劳动中游戏也确是一种极其重要的因素。"

请问这段议论是否有问题,为什么?

4. 主任:请问你今天怎么又迟到了?

科员:我迟到了,你就管。周某某几乎天天迟到,你为什么不去管呢?王某某前天迟到了一个小时,你为什么连吭都不敢吭一声呢?昨天,甘某某迟到了,你也没有说他,难道我好欺负吗?你为什么只管我一个人呢?这公平吗?你那天做报告,迟到了10分钟,200多人听你的报告,每人10分钟,加起来就是2 000多分钟,你为什么不做自我批评呢?自己都管不好,你有资格管别人吗?先管好自己吧!

5. 有一篇题为《必须重视贫富差别悬殊的现象》的文章,其内容是:贫富差别,这是社会发展中的一种必然的现象。一个国家或者一个地区,因为物质基础、自然条件、科学技术水平等不同,社会发展的速度自然也就不同,因此有的地方富裕,有的地方贫穷;对于个人来说,也同样如此,有的人富裕,有的人贫穷。贫富差别,这是社会发展过程中的一种十分必然的现象。对于这种现象,一方面我们要理解,因为贫富是相对而言的,同时出现贫富的现象主要也是自身条件造成的,因此没有必要抱怨。但是作为社会则必须重视贫富差别悬殊的现象。因为贫富差别悬殊必然会造成一种仇富的心理而导致社会不稳定的因素。人都是社会的人,对于社会的各种现象都会作出自己的反应。如果极少数人特别的富裕,一部分人相当的贫穷,而这部分富裕的人如果对自己的行为稍有不检点的话,那么贫穷的人就会对他们特别的反感。尤其是一些富裕的人在资本的原始积累时期,他们并不是完全依靠自己的本事致富的,有的是依靠自己的父母致富的,有的是依靠钻法律的空子致富的,有的是通过违法犯罪致富的。这些贫穷的人乃至其他人对他们的行为本来就是嗤之以鼻的,如果这些人的行为不检点,就会激起人们对他们的仇视心理。有些人就会对他们实施报复行为,或者盗窃他们的财物,或者绑架他们的亲人达到勒索财物的目的。社会上已经出现了这种案例。由此可见,贫富悬殊必然会引起社会的不稳定因素。这不能不引起我们对贫富悬殊的重视。

6. 所谓正气是指坚持党的原则和立场,坚持按党的方针政策和国家法律规定处理各种事物,坚决抵制各种腐败思想,坚决反对各种错误思想,并与之开展斗争,理直气壮地支持正义和正确行为。正气是共产党员,尤其是党的领导干部应该具备的品质。因此,我们无论在何种情况下,都应该坚持讲正气。在汉光武帝时,董宣为洛阳令。汉光武帝的姐姐湖阳公主的仆人白天杀人,躲回公主府中,官吏不敢逮捕他。一日,公主外出,董宣候在路旁,等公主车驾一到,就用刀拦住,面斥公主的过失,并将那个仆人就地处决。公主回家哭着告诉汉光武帝,汉光武帝为了让姐姐消气找来董宣,命他磕头谢罪。谁知,面对掌握生杀大权的天子和怒气冲冲的公主,董宣坚决不从。汉光武帝命人将他按倒,可他两手撑着地板,硬挺着脖子,就是不低头。汉光武帝面对凛然正气的董宣无可奈何,同时也被他的耿直所感动,只得作罢。董宣的正气是何等的富有力量啊!

四、应用矛盾律回答下列问题

1. 过去有个地主在半夜里催促长工说:"天亮了,快起来干活!"等了一会儿,不见长工出门,就威胁他们说:"你们不去,我要扣工钱了。"有个长工说:"老爷,我们捉了虱子就去。"地主说:"天还没亮,你们怎么看见虱子呢?"长工们齐声反问:"既然天没亮,为什么叫我们去干活呢?"地主哑口无言。请问:这个地主为什么会哑口无言?

2. 一天晚饭后,王乐正准备去参加音乐会。突然,十多年前的老同学刘雄进来了。王乐就邀请刘雄一道去听音乐。他们刚刚坐定,第一个节目女高音独唱就开始了。刘雄为了显示他的欣赏才能,才听了两句就对王乐说:"这女人的嗓子太糟糕了,你知道她是谁吗?""知道,她是我妻子。"王乐回答。"真对不起,她的嗓子当然不坏,而她唱的那支曲子太差了,不知道是谁谱出来的蹩脚货!""这支曲子是我谱的,请提点具体的修改意见。""啊!这曲子现在多悦耳啊!我怎么刚坐下来就乱发起议论来了?"

请问刘雄的言论有何问题,为什么?

3. 见义勇为是中华民族的优良品德。我们在不断地发扬光大。然而随着改革开放的不断深入发展,我们不难看到,中华民族几千年遗留下来的优良品德慢慢地消失了。我们在报刊杂志不时地看到这种报道,歹徒在大街上行凶杀人或者行凶抢劫时,围观群众数以百计,但是没有一个敢站出来与歹徒展开搏斗,以致于使歹徒行凶得逞后扬长而去。这不能不说是我们民族的悲哀。这些活生生的事实,难道不说明我们中华民族几千年遗留下来的优良品德慢慢地消失了吗?

请问上述议论是否违反矛盾律？并请说明理由。

4. 二十年，弹指一挥间。我国的改革开放已经走过了二十年的历程。在这二十年中，我们的经济建设取得了从未有过的大发展，我国的综合国力大大提高，我们在世界上已取得了举世瞩目的地位，人民的生活水平也已提高到了较高的水平，整个社会发生了翻天覆地的变化，这一切，都使我们感到无比的自豪和骄傲。但是，经济发展了，人民的生活水平提高了，人们赖以生存的生态环境却遭到了毁灭性的打击。工厂喷出的浓浓的烟雾，排出的黑黑的污水，污染着我们蓝蓝的天空，污染着河流、湖泊和土壤。城市中各种各样的噪声、粉尘、汽车废气，无时无刻不在侵蚀着人们的健康。这难道能说我们的经济发展了吗？难道经济的发展一定要以牺牲环境作为代价吗？我们为什么不珍惜环境呢？环境被破坏到了这个程度，我们还自豪得起来吗？

请问上述议论是否存在问题？为什么？

5. 问：那天晚上，你看到了几个人作案？

答：两个。

问：两个是什么模样？

答：蒙着黑纱，个子都很高，脸长。

问：蒙着黑纱能看得见吗？

答：好像不是黑纱，脸上涂着墨。

问：到底是什么模样呢？

答：我没看清楚。

请运用矛盾律分析上述答话中存在的问题。

6. "三陪小姐"这一职业是违法的，这是众所周知的，因为这是法律所不允许的。可是近年来，许多经济发达的地区出现了"三陪小姐"这一特殊的职业群体。有些地方对这些人态度暧昧，认为对经济发展也能带来促进作用，这些看法也是不无道理的。由此看来，"三陪小姐"这一职业的存在也有着它的合理性。我们也不能轻易地否定。

请分析上段议论中存在的错误。

五、应用排中律回答下列问题

1. 一位教授问哲学系高年级学生："王阳明和黑格尔是不是唯心主义哲学家？"学生回答道："他们都死了，谁知道？"请问学生的回答正确吗？为什么？（1）这位学生的回答不正确，因为作为哲学系高年级学生对"王阳明和黑格尔是不是唯心主义哲学家？"应该作出明确的回答而没有能够作出明确的回答，违反了排中律的要求。

152

2. 一个美国人问一位华侨："你是日本人，还是朝鲜人？"这个华侨拍着胸脯说"我是中国人。"请问这位华侨的回答是否符合逻辑？

3. 党支部书记问一位同学,"我们党支部准备发展刘某某同学入党。刘某某同学与你在同一个小组,你们两人接触较多,你对他的思想、学习、生活情况比较了解。请问刘某某同学有哪些优点和缺点,在你的心目中,他具备不具备党员的条件。"那个同学回答说:"他有没有优点,我不好说;符合不符合党员的条件,我也说不清楚。你们自己看着办吧!"请分析这位同学回答中的逻辑错误。

4. 王某涉嫌故意伤害罪,被刑事拘留。在审讯中,一位民警问他,"你是用木棒打伤高某某的吗?"王某回答说:"打架时,我站在旁边,根本就没有打高某某,也不知道什么木棒。"王某的回答是否正确,为什么?

5. 一位同志在讨论未成年人网瘾的预防时说,未成年人阶段是长身体、长知识的阶段,也是形成世界观和人生观的重要阶段。如果教育失范,难免不使他们迷失方向。从一些未成年人网迷走上犯罪道路的情况来看,就是因为他们道德水平不高、法律知识欠缺而导致是非能力不强所造成的。一位14岁的未成年人网迷因模仿网络暴力行为抢劫被抓获。民警在讯问中问他知道不知道抢劫是犯罪的行为,他毫不犹豫地回答:"不知道,只觉得好玩。"由此可见,一部分未成年人的道德和法律意识是非常欠缺的。因此,无论是学校,还是社会;无论是教师,还是家长都要加强对未成年人的道德和法制教育。但是对未成年人进行道德和法制教育,到底能不能产生预防未成年人网瘾的作用呢?我也说不大清楚。请问这位同志的议论是否正确,为什么?

6. 被告人王某某致被害人邱某死亡的行为到底构成不构成过失致人死亡罪呢?我认为被告人王某某的行为完全符合过失致人死亡罪的特征。所谓过失致人死亡罪是指应该预见自己的行为可能发生致人死亡的后果,由于疏忽大意或者过于自信而导致他人死亡的行为。被告人王某某用拳头击打被害人赵某的头部,他应该预见这种行为可能发生死亡的后果,但他当时想用这种做法使被害人放弃阻止自己外出的行动,忽视了自己的行为有可能致使妻子死亡的结果,正是他的这种疏忽大意导致了其妻死亡的结果,因此王某某的行为完全符合过失致人死亡罪的特征,构成过失致人死亡罪。请问这段议论是否正确?并请说明理由。

六、应用逻辑基本规律分析下面司法文书中的逻辑错误

1. 一份判决书这样写道:"被告人在劳动改造期间多次毒打劳改积极分子。2004年6月15日下午,被告人公然当着劳改人员将劳改积极分子田某的左膝盖打折,……被告人公然毒打积极分子,严重地侵犯了他人的人身权利。扰乱社会秩序……"

2. 被告人赵某与上诉人李某非法同居,其行为是极其错误的,但未触犯刑律,因而不构成犯罪,故作如下判决:撤销某县人民法院(2000)刑字第3号对被告人赵某以重婚罪处有期徒刑一年,缓刑一年的判决。宣告被告人无罪,但当庭予以训诫。

3. 被告打人是不对的,但原告多次谩骂被告,因此也是可以理解的。

4. 原告、被告私生子刘某由原告抚养,生活费全部由原告负担,但被告也可尽点抚养义务,承担部分生活费用。

七、指出下列命题是否违反逻辑基本规律

1. 必然 P 真并且可能不 P 真。
2. SAP 真并且 SOP 假。
3. $p \rightarrow q$ 并且 $p \wedge \neg q$。
4. $\neg(p \rightarrow q)$ 并且 $p \wedge \neg q$。
5. $p \leftarrow q$ 并且 $\neg p \wedge q$。
6. $\neg(p \leftarrow q)$ 并且 $\neg p \wedge q$。
7. SAP 假并且 SIP 假。
8. SOP 真并且 SEP 真。
9. SIP 真并且 SOP 真。
10. SIP 真并且 SEP 真。
11. 可能 P 假并且必然非 P 假。
12. SIP 假并且 SOP 真。

第六章 归纳要科学

本章提要

归纳推理是普通逻辑的重要构成"板块"。从思维进程方向来讲,它与亚里士多德创立的演绎推理正好相反,是以个别性知识为前提推出一般性知识结论的推理。归纳推理又分为完全归纳推理和不完全归纳推理,不完全归纳推理又分为简单枚举法和科学归纳法。由于归纳推理结论的或然性,因此,要提高和掌握归纳推理的科学性,注意避免犯"以偏概全"或"轻率概括"的逻辑错误。基于事物都存在于普遍联系之中,事物之间都是相互联系、互相制约的思考而形成的求同法、差异法、求同求异并用法、共变法、剩余法等探求因果联系的五种逻辑方法,属于不完全归纳推理范围,它扩展了归纳推理的应用领域。

6.1 什么是归纳推理

归纳推理就是以个别性知识为前提推出一般性知识的结论的推理。例如:

一法医通过解剖几具溺水而亡的尸体,发现甲溺水死亡内脏有硅藻反应,乙溺水死亡内脏有硅藻反应,丙溺水死亡内脏有硅藻反应,于是得出结论:凡溺水死亡者,其内脏都有硅藻反应。(据研究,这是因为人在入水后呼吸,水进入人的肺脏,水中的浮游生物同水一起经血液循环进入内脏所致。)

这就是一个归纳推理。在这个推理中,法医通过解剖三具溺水而亡的尸体,以其内脏有硅藻反应这种个别知识为前提,得出了凡溺水死亡者,其内脏都有硅藻反应的一般性知识的结论。

6.2 归纳推理的主要特征

归纳推理一般来说有如下特征:

一是,从思维进程方向来讲,归纳推理是从个别性知识前提出发,推出一般性知识为结论。简言之:从个别到一般。

二是,从结论所断定的知识范围来讲,归纳推理结论所断定的知识范围一般超出了前提所断定的知识范围。它的结论是一般性的知识,既是对前提中已有知识的概括,又是对前提中已有知识的外推。简言之:结论的范围超出前提范围。

三是,从前提与结论联系的性质来讲,由于归纳推理的结论所断定的知识范围超出了前提所断定的知识范围,因此,前提并不蕴涵结论,前提与结论的联系不是必然的,在前提真实的情况下,其结论可能真也可能假。简言之:结论是或然的。

归纳推理从个别到一般的思维活动是客观存在的,它是客观事物个别与一般的辩证关系的反映。因为个别中包含有一般,一般寓于个别之中。归纳推理就如实反映了人们这样的认识过程,通过对个别知识的认识,而得出一般性的知识结论。尽管归纳推理的结论是或然的,但这也是人们通过总结实践材料探求新知识的重要工具和手段。

在逻辑史上,近代英国哲学家弗兰西斯·培根,首先系统地阐述并运用了归纳推理。

6.3 归纳推理与演绎推理的区别和联系

6.3.1 什么是演绎推理

演绎推理是前提与结论之间有必然性联系的推理,或前提与结论之间有蕴涵关系的推理。它的思维进程方向是从一般到个别的思维进程。如前本书介绍的三段论推理、联言推理、选言推理、假言推理等都是演绎推理。

6.3.2 归纳推理与演绎推理的区别

主要区别有四方面:

第一方面,思维进程的方向不同。演绎推理是由一般到个别的推理,归纳推理则是由个别到一般的推理。二者思维进程的方向正好相反。

第二方面,结论断定的范围不同。演绎推理的结论所断定的范围没有超出前提所断定的范围,而归纳推理(完全归纳推理除外)的结论所断定的范围则超出了前提所断定的范围。

第三方面,前提与结论的联系性质不同。演绎推理的前提与结论之间的联系是必然的,只要前提真实,形式有效,其结论就必然真实;而归纳推理(完全归纳推理除外)的前提与结论之间的联系是或然的,即使前提真实,形式有效,其结论也未必真实。

第四方面,前提的数量不同。演绎推理的前提数量是有一定限制的。而归纳推理的前提数量是不受限制的。

6.3.3 归纳推理与演绎推理的联系

第一,归纳推理和演绎推理都是人们认识事物过程中不可缺少的环节。

在人们思维的活动中,总是先认识个别和特殊的事物,然后以此为基础再扩展到对整体和一般事物的认识。如毛泽东同志所指出的:"就人类认识运动的秩序说来,总是由认识个别的和特殊的事物,逐步地扩大到认识一般的事物。人们总是首先认识了许多不同事物的特殊的本质,然后才有可能更进一步地进行概括工作,认识诸种事物的共同的本质。当着人们已经认识了这种共同的本质以后,就以这种共同的认识为指导,继续地向着尚未研究过的或者尚未深入地研究过的各种具体的事物进行研究,找出其特殊的本质,这样才可以补充、丰富和发展这种共同的本质的认识,而使这种共同的本质的认识不致变成枯槁的和僵死的东西。这是两个认识的过程:一个是由特殊到一般,一个是由一般到特殊。人类的认识总是这样循环往复地进行的,而每一次的循环(只要是严格地按照科学的方法)都可能使人类的认识提高一步,使人类的认识不断地深化。"①归纳推理是从个别到一般的推理,这一特点决定了归纳推理的个别性知识的前提需要演绎推理提供的理论、原理作指导。如果失去了一般性原理的指导,归纳推理就无法对经验材料进行集中和概括。此外,要提高归纳推理结论的可靠性,也要应用已有的科学知识对各个事物或现象进行分析研究,这也需要借助于演绎推理。因此说,归纳推理和演绎推理都是人们认识事物过程中不可缺少的环节。

第二,归纳推理和演绎推理是人们认识事物过程中的相互补充。演绎推理是由一般到个别的推理,是对一般性原理的应用,这是归纳推理对以个别知识为前提认识的补充;同时演绎推理,它本身却不能为自己准备好作为出发点的一般性原理,而是通过归纳从经验材料中概括出来的,是由归纳推理提供的,因此说,归纳推理和演绎推理是人们认识事物过程中的相互补充。

---

① 《毛泽东选集》第1卷,人民出版社1991年第2版,第309—310页。

6.4 归纳推理的种类

本章从传统逻辑的研究范围将归纳推理分为：完全归纳推理和不完全归纳推理。不完全归纳推理又分为：简单枚举归纳推理和科学归纳推理。

$$归纳推理\begin{cases}完全归纳推理\\不完全归纳推理\begin{cases}简单枚举归纳推理\\科学归纳推理\end{cases}\end{cases}$$

6.4.1 完全归纳推理

一、什么是完全归纳推理及公式表示

完全归纳推理又叫归纳法，它是根据一类事物中的每一个个别对象都具有（或不具有）某种属性，从而推出该类事物的全部对象都具有（或不具有）某种属性的归纳推理。例如：

一个贩毒团伙共有 6 名成员，通过考查得知这个团伙的每一个人都有前科，于是得出结论：这个贩毒团伙的所有人都有前科。

这就是一个完全归纳推理。

若用 S 表示一类事物，用 S_1、S_2、$\cdots$、S_N 表示该类事物中的每一个个别对象，用 P 表示某种属性，则完全归纳推理的逻辑形式可以用公式表示为：

S_1 是（或不是）P，

S_2 是（或不是）P，

……

S_N 是（或不是）P，

S_1、S_2、$\cdots$、S_N 是 S 类的全部个别对象；

所以，所有 S 都是（或不是）P。

由于完全归纳推理的前提考察的是一类事物的全部个别对象，确知 P 属性为全部对象所有。其结论所断定的范围没有超出前提所断定的范围，其前提与结论之间的联系是必然的，只要前提都真，其结论就必真，它的前提蕴涵结论。根据前提与结论的联系具有必然性的性质，也有的逻辑学家将完全归纳推理归属于演绎推理一类。

本章以传统逻辑视角考虑，以思维进程的方向是从一般到个别还是从个别到一般为划分标准，将完全归纳推理划归为归纳推理一类，但它的结论性质是必然性的。

二、完全归纳推理的规则

因完全归纳推理是基于研究某类事物中每一个个别对象的共性，进而对该类

事物作出的一般性结论的归纳推理,所以它要遵守如下两条规则:

第一,每一个前提都必须是真实可靠,若前提有一虚假,则不能得到真实可靠的结论。

第二,前提必须是对一类事物中的每一个对象都毫无遗漏地进行考察。

三、运用完全归纳推理的局限性

根据完全归纳推理的特征和规则,它要求考察的每一个前提都必须是真实可靠的,并对一类事物中的每一个对象都必须毫无遗漏地考察,这样就给运用完全归纳推理带来一定的局限。

其一是,当需要考察的一类事物所包含的对象在数量上是无穷的,这就限制了对完全归纳推理的运用。比如对"所有的事物都是可以认识的"这一结论的考察,其考察对象的数量是无穷的,用完全归纳推理是难以一一考察的。

其二是,当需要考察的一类事物所包含的对象虽然在数量上是可以穷尽的,但由于数量过大,难以逐一考察时,这也是对完全归纳推理运用的限制。比如著名的哥德巴赫猜想:18世纪德国数学家哥德巴赫,在研究中发现"任何大于2的偶数都可以表示为两个(即质数)素数之和",于是在1742年写信给当时欧洲著名数学家欧拉,提出了以上猜想。有人对大于2的偶数逐一进行了演算,演算了三亿三千万个数始终是对的。但三亿三千万个数在整个数列中又是那样的"微不足道",虽然考察的对象可以穷尽,但由于数量过大,因此也不能用完全归纳推理得出。

基于上述原因,不完全归纳推理便应运而出。

6.4.2 不完全归纳推理及种类

不完全归纳推理就是根据一类事物中的部分对象具有(或不具有)某种属性,从而推出该类事物的全部对象都具有(或不具有)某种属性的归纳推理。例如:

人们发现元素的排列、天体的运行、四季的交替、生物的进化、社会的发展都是有规律的。由此概括出一个一般性的结论:一切物质的运动形式都是有规律的。

这就是一个不完全归纳推理。前提中考察了:

元素的排列

天体的运行

四季的交替

生物的进化

社会的发展

都是有规律的,且它们都是物质运动的形态。

所以得出"一切物质的运动形式都是有规律的"的一般性结论。

不完全归纳推理的前提通过考察了该类事物中的部分对象,而在结论得出了关于该类事物全部对象的一般性知识。可见结论所断定的范围超出了前提所断定的范围,其前提与结论之间的联系不是必然的而是或然的,亦即说,不完全归纳推理是一种或然性推理。

尽管如此,不完全归纳推理反映了人们对事物认识的客观的自然状态。人们总是先认识事物的部分或个别,同时事物也在不断地发展、变化,因而不可能穷尽对一类事物全部对象的逐一考察。这样不完全归纳推理就突破了完全归纳推理的局限,能从为数不多的事例中概括出普遍性的原理和规律,从而为人们提供了新知识,扩大了人们的认识范围。因此,它在科学研究和实际工作中被广泛运用。

不完全归纳推理又分为简单枚举归纳推理和科学归纳推理。

6.4.2.1 简单枚举归纳推理

一、什么是简单枚举归纳推理及公式表示

简单枚举归纳推理又称简单枚举法。它是根据一类事物中的部分对象具有(或不具有)某种属性,并且没有遇到相反事例,从而概括出该类事物的一般性结论的归纳推理。简言之,简单枚举归纳推理实际上就是一个不完全归纳推理的基本形式,它是从经验事实的不断重复中推出一个普遍性的结论。

它的基本特征是:枚举部分对象,未遇反例,而得出对全部对象的认识。如下几例:

1. 人们早已知道,某些生物的活动是按照时间的变化(昼夜交替或四季变更)来进行的,具有时间上的周期性节律。如鸡叫三遍天亮,青蛙冬眠春晓,牵牛花破晓开放,大雁春来秋往,等等。人们由此得出结论:凡生物体的活动都具有时间上的周期性节律。

2. 美国加利福尼亚大学医学教授唐纳德·阿特拉斯,搜集了一些音乐指挥的寿命材料。他发现,阿尔图罗·托斯卡里尼一直工作到90岁,布鲁诺·瓦尔特工作到85岁,瑞典的欧内斯特·安塞姆工作到86岁,等等。于是,他得出结论:音乐指挥都比较长寿。

3. 甲是湖南人,他爱吃辣椒;乙是湖南人,他也爱吃辣椒;丙是湖南人,他更爱吃辣椒。我碰到的湖南人都爱吃辣椒。所以,所有湖南人都爱吃辣椒。

4. 我们摩擦冻僵的双手,手便暖和起来;我们敲击冰冷的石块,石块会发出火光;我们用锤子不断地锤击铁块,铁块会热到发红;古人还通过钻木取火。所以,任何两个物体的摩擦都会生热。

这些推理的过程均是运用了简单枚举归纳推理,都是根据一类事物中的部分对象具有(或不具有)某种属性,并且没有遇到相反事例,从而概括出该类事物的一般性结论。

简单枚举归纳推理的逻辑形式可以用公式表示如下:

S_1是(或不是)P,
S_2是(或不是)P,
……
S_N是(或不是)P,
S_1、S_2、…、S_N是 S 类的部分对象;并且没有遇到相反事例;
所以,所有 S 都是(或不是)P。

二、简单枚举归纳推理结论的或然性

简单枚举归纳推理的依据是一类事物中的部分对象情况的多次重复出现,并且没有遇到相反事例。这里面有两个问题:

第一,我们考察一类事物中的部分对象所具有的某种属性,并非必然为该类事物的全部对象所具有。例如,"所有哺乳动物都是胎生的"这一一般性认识的结论,是通过考察,如人、猴子、猪、牛、马、羊等部分哺乳动物而得出的。但这并非为哺乳动物类的全部对象所具有,因哺乳动物鸭嘴兽就不是胎生的而是卵生的。

第二,"未遇反例"不等于没有反例,也不等于今后不会出现反例。所以,我们运用简单枚举归纳推理所得出的结论,一旦发现反例,就会被推翻。例如,人们曾根据"燕子、麻雀、鸽子、喜鹊、老鹰、海鸥等鸟都会飞"这一现象的多次重复出现,而没有遇到反例,便得出了"所有鸟都会飞"的一般性结论。但后来却发现了相反事例:鸟类中的鸵鸟不会飞。于是,原结论就被推翻了。还有的资料介绍,如"血都是红的"、"天下乌鸦一般黑"等通过简单枚举归纳推理所得出的一般性结论,由于有人在南极洲发现有一种鱼的血是白色的,而且人们发现蝗虫、蜗牛、虾、螃蟹的血都不是红的,有人在日本还发现了白色羽毛的乌鸦,于是原先的结论因遇到反例也就不再成立,遂即被推翻。

上述事实表明,简单枚举归纳推理结论具有或然性。然而,尽管简单枚举归纳推理的结论是或然的,但由于运用它十分简捷方便,只考察部分对象就可以做出一般性结论,而且其适用范围较广,因此,它在人们的日常生活、工作以及科学发现和研究中起着重要作用。

许多经验性的知识就是运用简单枚举归纳推理获得的,如农谚"燕子趴地蛇过道,蚂蚁搬家山戴帽,水缸出汗蛤蟆叫,瓢泼大雨就要到";"先下牛毛没大雨,后下牛毛不晴天";"蜻蜓千百绕低空,不过三日雨蒙蒙"等,都是人们根据生活中多次重复的事例运用简单枚举归纳推理概括出来的。

三、提高简单枚举归纳推理前提对于结论的支持程度,避免犯"以偏概全"或"轻率概括"的逻辑错误

为提高简单枚举归纳推理前提对于结论的支持程度要注意以下四点:

1. 考察一类事物的对象的数量要尽可能多。简单枚举归纳推理的依据之一就是类似事例的多次重复出现,因而其结论的可靠程度与前提中考察的对象数量

密切相关。一般说来,考察的对象数量越多,结论的可靠程度就越高。

2. 考察一类事物的对象的范围要尽可能广泛。广泛主要是从多角度、辐射的面来考虑,范围越广泛,根据就越充分,结论的可靠程度也就越高。

3. 考察一类事物的对象的属性是否是事物的本质的东西,如果是一类事物的本质的属性,则结论的可靠程度就高。

4. 考察一类事物的对象的情况,要注意发现反例。简单枚举归纳推理的另一个依据就是前提所考察的事例中没有遇到相反事例,即其结论的得出关键在于没有遇到相反事例,或者说,只要发现一个相反事例,结论就不能成立。这样就能从反面把握和提高简单枚举归纳推理的可靠程度。

"以偏概全"或"轻率概括"是在运用简单枚举归纳推理时使用不当所犯的逻辑错误。它主要是指,在考察一类事物的对象时所枚举的对象少,且考察的又不是本质的东西,便贸然地概括出一般性结论,并将这一结论看成是完全可靠的。它通常是由于观察不全面和不注意上述几点造成的。

6.4.2.2 科学归纳推理

科学归纳推理又叫科学归纳法。它是根据一类事物中的部分对象具有某种属性,并且分析了对象和属性之间具有因果联系,从而概括出该类事物具有某种属性的一般性结论的归纳推理。例如:

金受热体积膨胀,
银受热体积膨胀,
铜受热体积膨胀,
铁受热体积膨胀,
……

金、银、铜、铁……是金属类的部分对象,金属体积的大小取决于其分子之间距离的大小,而受热使金属分子之间的距离相应增大,从而导致金属体积膨胀;

所以,凡金属受热其体积就膨胀。

这就是一个科学归纳推理。其前提中考察了"金属"类中的部分对象金、银、铜、铁等受热时具有"体积膨胀"的属性,并且又分析了"金属受热"与"金属体积膨胀"之间的因果联系,于是得出了"凡金属受热其体积就膨胀"这个一般性结论。

科学归纳推理的逻辑形式可以用公式表示为:

S_1是P,

S_2是P,

……

S_N是P,

S_1、S_2、…、S_N是S类的部分对象,并且S与P之间有因果关系;

所以,所有 S 都是 P。

科学归纳推理不仅考察了一类事物中的部分对象具有某种属性,而且是在科学地分析了对象与属性之间的因果联系的基础上得出的一般性结论,尽管其结论也是或然的,但比较以实践经验为主的简单枚举归纳推理来讲,它的结论可靠程度大幅度提高。

6.4.2.3　科学归纳推理和简单枚举归纳推理的区别

尽管科学归纳推理和简单枚举归纳推理的结论是或然的,但它们都是人们在日常生活、工作以及科学发现和研究中使用频率较高的推理形式。我们比较这两种推理形式,对于认识这两种推理的区别,以便更好地运用这两种推理是有着重要意义的。它们之间的主要区别如下:

1. 科学归纳推理的推理依据是根据一类事物中的部分对象具有某种属性,并且研究分析了对象与属性之间的因果联系,因而运用时要求在考察部分事例的基础上,进一步揭示出对象与属性之间的因果联系。简单枚举归纳推理是以一类事物中的部分对象具有某种属性情况的多次重复出现,并且没有遇到相反事例作为推理依据的,因而运用时要求尽量考察更多的事例,并且尽量考察可能出现相反事例的场合。

2. 结论的性质和可靠程度不同。科学归纳推理的结论则建立在研究分析了对象与属性之间的因果联系的基础之上,其推理依据更充分,因此,其结论的可靠程度明显高于简单枚举归纳推理;简单枚举归纳推理和科学归纳推理在结论的可靠程度方面却有所不同。简单枚举归纳推理的结论的可靠程度低,一遇到相反事例,其结论就会被推翻。

3. 前提所考察的对象数量对结论可靠程度的影响不同。科学归纳推理,其前提所考察的对象数量的多少对结论的可靠程度不具有决定性的意义,只要真正认识到了对象与属性之间的因果联系,即使前提中考察的对象数量不多,也能得出比较可靠的结论。简单枚举归纳推理,其前提所考察的对象数量的多少对结论可靠程度的影响很大,在未遇到相反事例的情况下,前提中考察的对象数量越多,漏掉相反情况的可能性就越小,其结论的可靠程度就越高。

6.5　探求因果联系的五种逻辑方法

6.5.1　什么是因果联系

在自然界和社会中,若某个现象的存在或发生必然引起另一个现象的存在或发生,那么,这两个现象之间就具有因果联系。其中,引起另一现象出现的先行现象叫原因,被某一现象引起的后继现象叫结果。例如,月球对地球的吸引力作用,是发生海洋潮汐的原因,而海洋潮汐则是月球对地球的吸引力作用的结果。

6.5.2 探求因果联系的客观基础

因果联系本身所具有的特点,是进行探求因果联系的五种逻辑方法的客观基础。

一、因果联系的客观性、普遍性。客观世界是一个有着内在联系的、复杂的统一整体,任何事物都存在于普遍联系之中,事物之间都是相互联系、互相制约的。因果联系就是这诸多联系中的一种重要的联系。任何现象都有其产生的原因,任何原因都必然引起一定的结果。因果联系是普遍存在的,它是不以人的意志为转移的。

二、因果联系的确定性。原因和结果在时空上总是接近的,并且总是共同变化的。原因的变化将引起结果的变化,结果的改变总是由原因的改变所引起的。因此,因果联系的确定性从质上讲,在确定的条件下,相同的原因会产生相同的结果。从量上讲,作为原因的现象发生一定程度的变化,作为结果的现象也会随之发生一定程度的变化。

三、因果联系在时间上有前后相继性。原因和结果在时间上总是先后相继的,原因总在结果之前,结果总在原因之后,即因果联系具有先因后果的时间性。因此,在探求因果联系时,就必须在被研究现象出现之前的先行现象中去寻找其原因,在被研究现象出现之后的后继现象中去寻找其结果。

四、因果联系具有多样性。因果联系是复杂多样的,有一因一果、多因一果、一因多果和合因一果等。一因一果是指只有某一特定原因才能引起某一结果。多因一果是指不同的原因引起同一结果。一因多果是指同一个原因引起多种不同的结果。合因一果是指几种原因的共同作用而引起某一结果。

探求因果联系是一个复杂的认识过程,不仅需要具备一定的科学知识,还要应用一定的逻辑方法。传统逻辑所讲的探求因果联系的五种逻辑方法,是19世纪英国的哲学家和逻辑学家约翰·穆勒在总结、补充和完善前人的研究成果的基础上提出来的。逻辑史上称为"穆勒五法"。这些方法是:求同法、求异法、求同求异并用法、共变法和剩余法。又称为"求因果五法"。它们统属于不完全归纳推理中的科学归纳法。

6.5.3 什么是求同法

求同法又称契合法,它是根据在被研究现象出现的若干场合中,只有一个先行的相关情况相同,其他情况都不相同,进而确定这个唯一相同的相关情况与被研究现象之间有因果联系。例如:

起初人们并不知道引起甲状腺肿大的原因是什么,于是就对甲状腺肿大流行的地区进行了调查。经比较分析发现,这些地区的人口、气候、风土民情、饮食习惯等都有程度不同的差别,但在这众多的差别中,有一种情况却是相同的,即这些地区的土壤和水流中都缺碘,因而使居民的饮食中也缺碘。人们由此得出结论:甲状腺肿大是由饮食中缺碘引起的。

这就是运用求同法得出的结论。

联系上例,如果用 a 表示被研究现象,用 A 表示不同场合中唯一相同的情况,用 B、C、D、E、F、G 表示不同场合中各种不同的情况,求同法的推理形式可以用公式表示如下:

场合	相关情况	被研究现象
(1)	A、B、C	a
(2)	A、D、E	a
(3)	A、F、G	a
……	……	……

所以 A 与 a 之间有因果联系。

求同法的特点是异中求同。

"异"是指各个场合的其他情况都不相同,"同"是指各个场合中都有一个相同的情况。求同法就是从不同场合中排除其中众多不同的相关情况,寻求唯一相同的相关情况,以此来判定这一相同的相关情况与被研究现象之间有因果联系。

6.5.4 求同法的运用

通过求同法而得出的结论具有很大的或然性。因其前提只是已经观察到的被研究现象出现的若干场合,而并非所有场合。同时我们在考虑相关先行情况时,又可能把无关的先行情况当成有关的,或把真正的有关的先行情况忽略掉。所以,我们在运用求同法时要注意以下两点:

一、要认真分析在被研究各场合中的相同情况是否只有一个,以免遗漏真正的原因。在求同法的各种不同场合中存在的相同情况可能不止一个,已经发现的相同情况很可能与被研究现象毫不相干,而真正的原因——另一相同情况却隐藏在许多不同情况的背后,如果不仔细分析,就很容易在排异时将它错误地排除掉,而误把那个不相干的、表面相同的情况当作真正的原因。

二、应选择尽可能多的场合进行比较。因求同法是在不同场合的相关情况中寻找相同情况的方法,所以,其结论的可靠程度与所考察的场合的数量有关。一般说来,考察的场合愈多,不相干的共同情况出现的可能性就愈少,也就愈能提高结论的可靠性。

6.5.5 什么是求异法

求异法又称差异法,它是根据在被研究现象出现和不出现的两个场合中,只有一个相关情况不同,其他情况都相同,进而确定这个唯一不同的相关情况与被研究现象之间有因果联系。例如:

我国古代有一起因借债不还而用镰刀杀人案件。检验官探明了借债人的住处,便命令该地居民将家中镰刀全部交出,一一摆在地上。当时正值盛夏,只见其中一把镰刀上苍蝇群集,而这把镰刀正是借债人镰刀,于是将其抓住讯问。但他拒不认罪,大喊冤枉。于是检验官指着镰刀让他自己看,说道:"别人的镰刀上没有苍蝇,而你用的镰刀杀人后,血腥气还在,所以苍蝇集聚在你的镰刀上,这难道还不清楚吗?"杀人者乃叩头认罪,四周观看讯问的人,纷纷赞叹。

这里检验官运用的就是求异法。同样是镰刀,其中一把苍蝇群集,其他镰刀无此种现象,唯一不同的情况是此镰刀有血腥气,于是得出结论:镰刀上有血腥气是招引苍蝇的原因。

如果用 a 表示被研究现象,用 B、C、D 表示两个场合中的相同情况,用 A 表示在一个场合(正面场合)中出现,而在另一个场合(反面场合)中不出现的唯一不同情况,求异法的推理形式可以用公式表示如下:

场 合	相关情况	被研究现象
正面场合	A、B、C、D	a
反面场合	B、C、D	无 a

所以,A 与 a 之间有因果联系。

求异法的特点是同中求异。

"同"是指两个场合中除有 A 和无 A 外,其他情况都相同;"异"是指在正面场合中有相关情况 A 和被研究现象 a,而在反面场合中则没有相关情况 A 和被研究现象 a。求异法就是从许多相同的情况中找差异,从差异的对比中找原因。由于求异法要求在正反两个场合中,只能有一个相关情况不同,其他情况必须完全相同,一般总要在人工控制的条件下才能做到。因此,求异法是科学试验中广泛采用的方法。科学试验活动中的对比试验便是运用求异法的逻辑原理安排的。

6.5.6 求异法的运用

求异法的特点是同中求异,它不仅考察被研究现象出现的场合,还考察被研究现象不出现的场合,即通过正反两方面场合的对比来考察被研究现象,这样,就能比较准确地判定某个情况与被研究现象之间的因果联系。运用起来要比求同法的结论可靠得多。但它的结论毕竟也是或然的,还有待提高。运用时应注意以下两点:

一、运用求异法时,应严格要求正反两个场合中的其他情况均相同而唯有一个情况不同。如果其他情况中还隐藏着另一个不同情况,那么,就不能运用求异法来判定现象间的因果联系。

二、运用求异法时,应完整地把握情况与现象间的因果联系,不能把部分原因当作全部原因。

6.5.7 什么是求同求异并用法

求同求异并用法又称契合差异并用法,它是根据在被研究现象出现的一组场合(即正面场合组)中,都有一个相同的相关情况;而在被研究现象不出现的另一组场合(即反面场合组)中,都没有这个相关情况,进而确定这个相关情况与被研究现象之间有因果联系。

例如:达尔文在研究动物形态和生活环境的关系时发现,不同类动物生活在相同的环境中,形态大致相同。鲨鱼属鱼类,鱼龙属爬行类,海豚属哺乳类,因其都生活在相同的环境中,形态很接近。而同类动物生活在不同的环境中,其形态却不同。如狼、蝙蝠和鲸同属哺乳类,但因其生活环境不同,形态也互异。由此得出:生活环境与动物的形态有因果联系。

又如:人们很早就发现,种植豆类植物(豌豆、蚕豆、黄豆等)时,不仅不需要给土壤施氮肥,而且豆类植物还可以使土壤增加含氮量。相反,若种植非豆类植物(玉米、水稻、小米等),就没有这种现象。后经过研究,人们进一步发现,豆类植物的根部长有根瘤,而其他植物则没有。因此,人们得出如下结论:豆类植物的根瘤能使土壤中含氮量增加。

这就是运用求同求异并用法得出的结论。

我们将 A 组叫做正面场合组,把 B 组叫做反面场合组,用 A 表示相同情况,用 a 表示被研究现象,用 B、C、D、E、F、G 等表示各自不同的情况,那么,求同求异并用法的推理形式可以用公式表示为:

场合		相关情况	被研究现象
正面场合组	(1)	A,B,C	a
	(2)	A,D,E	a
	(3)	A,F,G	a
	……	……	……
反面场合组	(1)	B,H	a
	(2)	D,M	a
	(3)	F,N	a
	……	……	……

所以，A 与 a 之间有因果联系。

求同求异并用法的特点是两次求同，一次求异。

也就是说，运用求同求异并用法时，需要经过三个步骤来确定被研究现象的原因：第一步，把被研究现象 a 出现的正面场合组中的各个场合加以比较，发现只有一个情况 A 是相同的，其他情况都不同，据此运用求同法得出结论：凡有情况 A 就有现象 a；第二步，把被研究现象 a 不出现的反面场合组中的各个场合加以比较，发现其他情况都不同，只有一个情况相同，即情况 A 都不出现，据此运用求同法得出结论：凡无情况 A 就无现象 a；第三步，把正、反两个场合组的结果进行分析比较，根据有 A 就有 a，无 A 则无 a，运用求异法即可得出结论：A 与 a 之间有因果联系。

求同求异并用法是吸收了求同法和求异法的特点而形成的一种独立的方法，它不是求同法和求异法的相继运用。求同法和求异法的相继运用是指先用求同法确定因果联系，后用求异法进行检验。它只经过两个步骤，其特点是一次求同，一次求异。它要求相对应的正、反两个场合组的各个场合中，除了有无情况 A 这一差别外，其他情况都完全相同。而求同求异并用法则不同，它要两次运用求同法，在正、反两个场合组中分别求同，然后在这两个场合组之间求异。其正、反两个场合组的各个场合中，除了有无情况 A 这一差别外，其他情况也可以不同。

6.5.8 求同求异并用法的运用

求同求异并用法兼有求同法和求异法的特点，结论较为可靠，但结论仍是或然的。所以在运用中，为了提高其结论的可靠性，应注意以下两点：

1. 要尽量多考察正、反两个场合组中的场合。因为考察的场合越多，比较的范围越广，就越能排除在某个场合中偶然出现的或者与被研究现象不相干的情况，最后所得的结论也就越可靠。

2. 要尽可能选择与正面场合组场合相似的反面场合组场合来进行比较。反面场合组场合可以是无限的，但其中有很多场合对于探求被研究现象的原因并没有意义，只有那些与正面场合组相似的场合才有意义，而且正、反两个场合组场合越接近，就越能体现因果联系的质的确定性，其结论也就越可靠。

6.5.9 什么是共变法

共变法是根据在被研究现象出现的若干场合中，其他相关情况都相同且保持不变，只有一个相关情况在变化，而且当这一情况发生变化时，被研究现象也随之发生相应的变化，进而确定这唯一变化的相关情况与被研究现象之间有因果联系。例如：

为了证实吸烟与肺癌的关系，研究人员进行了大量的调查和研究工作。研资料显示：每多吸一支烟,肺癌的发病率就上升一倍。如果一个人每天吸两包烟,那么这个人比不吸烟的人得肺癌的几率高达20倍。可见,吸烟与肺癌的发生有一定的因果联系。

这就是运用共变法得出的结论。

如果用 B、C、D 表示各场合中均相同且保持不变的其他相关情况,用 A_1、A_2、A_3……表示唯一变化的相关情况 A 的各种变化状态,那么,共变法的推理形式可以用公式表示为：

场合	相关情况	被研究现象
（1）	A_1、B、C、D	a_1
（2）	A_2、B、C、D	a_2
（3）	A_3、B、C、D	a_3
……	……	……

所以,A 与 a 之间有因果联系。

共变法的特点是同中求变。

即在各个场合中的其他相关情况均保持相同且不变的条件下,从量的变化方面来探求情况 A 与现象 a 之间的因果联系。因果联系具有量的确定性,即在特定条件下,原因在量上的扩大或缩小,一定会引起结果在量上的扩大或缩小。原因和结果在量上的这种共变关系,就是共变法探求因果联系的客观依据。

6.5.10　共变法的运用

一、分清共变法与求异法的区别,有助于共变法的运用。在运用共变法时,它与求异法的运用有相似之处：都是只有一个情况 A 不同,其他相关情况都相同。所以在运用中容易发生混淆。实际两者是有区别的。共变法的特点则是同中求变,情况 A 的变化是从 A_1 到 A_2 到 A_3……它考察的是数量上的递增或递减的变化关系。求异法的特点是同中求异,情况 A 的变化是从有到无。因此,在探求因果联系时,如果事物中的某些因素无法消除或者暂时不能消除时,就要运用共变法。而在考察某种现象的出现和不出现时就要运用求异法。共变法则是求异法的进一步展开,它不但要探求出原因,还要找出因果的数量关系,在定性分析的基础上进行定量分析。

二、运用共变法时,只能有一个情况发生变化而引起被研究现象随之变化,其他情况应保持不变。否则,如果有两个或两个以上的相关情况在变化,那就无法确定究竟是哪一个情况与被研究现象之间有共变关系,得出的结论就不可靠。

三、要具体分析共变的方向。原因和结果在量上的共变关系是有规律的,要么同向共变,要么异向共变。所谓同向共变,是指原因和结果在量上的共变关系成正比,即若原因的量一直递增,则结果的量也随之一直递增。所谓异向共变,是指原因和结果在量上的共变关系成反比,即若原因的量一直递增,则结果的量就一直递减。因此,如果在被考察的场合中发现有变化不规律的事例,就不能运用共变法判定因果联系。

四、共变关系不能超过一定的限度。共变关系是有一定限度的,如果超过了这个限度,原来的共变关系就会消失,甚至会出现一种相反的共变关系。

6.5.11　什么是剩余法

剩余法是根据已知某一复合情况与某一复合现象之间有因果联系,并且复合情况中的一部分与复合现象中的一部分有因果联系,进而确定复合情况的剩余部分与复合现象的剩余部分之间有因果联系。

例如:在发现海王星之前,天文学家观察到天王星的运行轨道有四个地方发生倾斜。已知天王星轨道发生倾斜的原因是由于受到附近行星的吸引,又知三个地方的倾斜是由于受到三颗已知行星的吸引,而这三颗已知行星的吸引都不能解释第四个地方倾斜的现象,于是便推测天王星在第四个地方发生倾斜的原因是受到另一颗未知行星的吸引。根据天体力学理论,天文学家计算出了未知行星的运行轨道。果然1846年德国天文学家伽勒用望远镜发现了这颗未知行星——海王星。

这一结论就是运用剩余法得出的。如果用 A、B、C、D 表示复合情况,用 a、b、c、d 表示复合现象,用 B、C、D 表示复合情况中的一部分,用 b、c、d 表示复合现象中的一部分,用 A 表示复合情况的剩余部分,用 a 表示复合现象的剩余部分,那么,剩余法的推理形式可以用公式表示为:
A、B、C、D 与 a、b、c、d 有因果联系,
B 与 b 有因果联系,
C 与 c 有因果联系,
D 与 d 有因果联系;
所以,A 与 a 之间有因果联系。

剩余法是研究复合情况与复合现象之间因果联系的方法,其特点是从余果求余因。

即从复杂的因果联系中排除已知的因果联系,以探求剩余的未知的因果联系。因此,在科学研究和司法工作中,当用已知原因不能完全说明某种复杂现象时,就可以运用剩余法得出结论。

6.5.12　剩余法的运用

为了提高剩余法结论的可靠性,在运用剩余法时要注意对复合原因的准确分

析及对部分原因和部分结果的准确分析。同时,还要注意复合现象的剩余部分a的原因有时不是单一的,这也需要作进一步的研究,一直分析到单一情况为止,以避免把真正的原因遗漏掉。

　　探求因果联系的五种逻辑方法,它们各有自己的特点和作用,人们在思维活动和司法实践中,常常把几种逻辑方法结合在一起,并联系其他推理形式和认识方法加以综合运用。

【练习题】

一、填空题

　　1. 考察了一类事物的部分对象,而得出了一般性结论,这是应用_____　　_____归纳推理。

　　2. 从思维进程的方向上看,演绎推理是从_____到_____的推理,归纳推理是从_____到_____的推理,类比推理则是从_____到_____或从_____到_____的推理。

　　3. 完全归纳推理考察的是一类事物的_____对象。不完全归纳推理的结论所断定的范围_____了前提所断定的范围,因而具有_____　　_____性;而完全归纳推理的结论所断定的范围_____前提所断定的范围,因而具有_____性。

　　4. "司马迁受宫刑作《史记》,屈原放逐而作《离骚》,曹雪芹食粥而作《红楼梦》",有人据此推论司马迁、屈原、曹雪芹都是在逆境中做出了成就,所以,人在逆境中有成就。这是运用了_____推理。

　　5. 简单枚举归纳推理是根据经验的多次重复而未遇到_____才得出结论的,运用时,应注意避免出现"_____"或"_____"的逻辑错误。科学归纳推理则考察了对象与属性间的_____联系,因此,其结论的可靠程度比简单枚举归纳推理的要_____。

　　6. 探求因果联系的五法是_____、_____、_____、_____和_____。

　　7. "不同的钟摆是由不同的物质做成的,而且形状不同,重量也不同,但当钟摆的长度相同时,它们的摆动频率也相同。于是得出结论:钟摆的长度与摆动频率之间有因果联系。"这个结论的得出,运用了探求因果联系方法中的_____,也叫_____,它的特点是_____。

　　8. 求异法又称_____,它的特点是_____。通过求异法得出的结论是_____的,这种方法主要用于实验。

　　9. 求同求异并用法又称_____,它的特点是_____。

10. "地磁场发生磁暴的周期性经常与太阳黑子的周期一致。随着太阳黑子数目的增加,磁暴的强烈程度也增高;当太阳黑子数目减少时,磁暴的强烈程度也随之降低,所以,太阳黑子的出现可能是磁暴发生的原因。"这个推理使用了探求因果联系逻辑方法中的_____,它的特点是_____。

11. 若一不完全归纳推理的前提均真,则其结论的真假情况为_____。

12. "把电铃放在玻璃罩内,通电使锤敲铃,则可听到铃声;如果把罩内的空气抽净,再通电敲铃,则听不到铃声。在这两个场合中,玻璃罩、铃、通电、锤敲铃等情况都相同,唯有一个情况不同,即在正面场合中有空气,在反面场合中没有空气。有空气就能听到铃声,没有空气就听不到铃声,于是得出结论:空气是传播声音的原因。"这里采用的探求因果联系的逻辑方法是_____。

13. "小李不仅能歌善舞,而且还能绘画和写书法,所以,大家都说小李是个多面手。"这是一个_____推理。

14. "13 不能被 7 整除,15 不能被 7 整除,17 不能被 7 整除,所以,12 和 18 之间的奇数都不能被 7 整除",这个推理是_____。

15. 一位法医解剖了 8 具溺水死亡者的尸体,他在这 8 具尸体的内脏中均检出了硅藻。据此,得出了_____的结论。这一结论运用了_____推理。

16. 若一类比推理的前提均真,则其结论的真假情况是_____。运用类比推理时,常犯的逻辑错误是"_____"。

17. 回溯推理又称_____,其结论是_____的。它的特点是,在已知两个事物或现象间具有因果联系的基础上,由_____推测_____。

18. 在运用模拟方法时,模型与原型必须_____。人们根据模型具有的属性来推断被研究的原型所具有的属性,运用的是_____推理。

19. 不完全归纳推理、类比推理和回溯推理都是前提_____结论的推理,它们都是_____性推理。

二、单项选择题

1. 达尔文观察到不同类的生物生活在相同环境里,常常具有相同的形态和构造。鲨鱼属于鱼类,鱼龙属于爬行类,海豚属于哺乳类,它们是完全不同的动物,但是由于长期生活在水中,环境相同,所以它们的外貌相似,身体都是梭形,都有胸鳍、背鳍和尾鳍。他又观察到同类生物生活在不同环境中,常常呈现出不同的形态和构造。鼹鼠、狼、鲸和蝙蝠同属于哺乳类动物,但由于生活条件不同,使得它们的形态和构造也不同,鼹鼠的形态构造适于地下生活,狼适于奔跑,鲸适于游水,蝙蝠适于飞翔。他把前两类观察的结果进行比较,提出了生物的形态和构造与其生活的环境有因果联系,即生活环境的相同或不同,是生物的形态和构造相同或不同的

原因。这个推理运用的是(　　)

A. 求异法　　　　　　　　B. 求同法
C. 共变法　　　　　　　　D. 求同求异并用法

2. "蚂蚁搬家,蛇过道,必有大雨到",这是由(　　)得出的结论。

A. 完全归纳推理　　　　　B. 简单枚举归纳推理
C. 类比推理　　　　　　　D. 求同法

3. "锯木时锯发热,锉物时锉发热,磨刀时刀发热,射击时枪膛也发热;这些都是摩擦,未见矛盾情况,可见,摩擦会发热。"这个推理是(　　)

A. 演绎推理　　　　　　　B. 简单枚举归纳推理
C. 完全归纳推理　　　　　D. 科学归纳推理

4. 科学家发现,太阳黑子大量出现的年份,长江流域的雨量就大;太阳黑子出现不多的年份,长江流域的雨量就不大;太阳黑子很少出现的年份,长江流域的雨量就很小。据此科学家认为,太阳黑子出现的多少同长江流域雨量的大小之间有因果联系。这一结论的得出运用的是探求因果联系方法中的(　　)

A. 求同法　　B. 求异法　　C. 共变法　　D. 剩余法

5. 一个推理形式有效的完全归纳推理,其前提真实与结论真实之间的关系是(　　)

A. 前者是后者的充分条件
B. 前者是后者的必要条件
C. 前者是后者的充分必要条件
D. 前者既不是后者的充分条件,也不是必要条件

6. 夏天,人们经常可以发现,过夜的馒头发霉变质了,过夜的米饭发霉变质了,过夜的剩菜发霉变质了,过夜的肉汤也发霉变质了,这些主食和副食虽然质地各不相同,但它们都是置于霉菌易于滋生的高温季节里。可见,易于滋生霉菌的高温条件是过夜主副食发霉变质的原因。上述因果联系的判定是运用(　　)得出的。

A. 求异法　　　　　　　　B. 求同求异并用法
C. 剩余法　　　　　　　　D. 求同法

7. 运用求同法确定因果联系时,必须要求被研究现象出现的各场合中(　　)

A. 所有相关情况都不同　　B. 只有一个相关情况相同
C. 所有相关情况都相同　　D. 只有一个相关情况不同

8. 完全归纳推理在前提真的情况下,结论(　　)

A. 可能假　　B. 必然真　　C. 可能真　　D. 必然假

9. 用一只狗做实验,经观察,知道它有正常的条件反射;然后,去掉它的大脑皮质,再观察,发现它已失去了条件反射。由此得知:狗是依靠大脑皮质进行条件

反射的。这一推理采用的是探求因果联系方法中的( )
  A. 求同法   B. 求异法   C. 求同求异并用法 D. 共变法
10. 不完全归纳推理的前提是结论的( )条件。
  A. 充分   B. 必要
  C. 充分必要   D. 不充分又不必要
11. 南极的企鹅是"滑雪健将",每小时能滑雪30公里。人们观察到,企鹅滑雪时让肚皮贴在雪面上,雪面承受全身重量,双脚作"滑雪杖"蹬动。人们据此设计了"极地汽车",车身贴在雪面上,两边的"轮勺"作"滑雪杖",这样,极地越野车试制成功了,时速可达50公里,比企鹅还快。这一陈述中包含了( )推理。
  A. 演绎   B. 归纳   C. 类比   D. 模态
12. 仿生学的逻辑依据是( )
  A. 演绎推理   B. 归纳推理   C. 类比推理   D. 科学假说
13. 先天的遗传因素和后天的环境影响对人的发展所起的作用到底哪个重要？双胞胎的研究对于回答这个问题有重要作用。唯环境影响决定论者预言,如果把一对双胞胎完全分开抚养,同时把一对不相关的婴儿放在一起抚养,那么待他们长大成人后,在性格等内在特征上,前二者决不会比后二者有更多的类似。实际的统计数据并不支持这种极端的观点,但也不支持另一种极端的观点,即唯遗传因素决定论( )
  A. 为了确定上述两种极端观点哪一个正确,还需要作进一步的研究工作
  B. 虽然不能说环境影响对人的发展起唯一决定的作用,但实际上起最重要的作用
  C. 环境影响和遗传因素对人的发展都起着重要作用
  D. 试图通过改变一个人的环境来改变一个人是徒劳无益的
14. 类比推理和简单枚举归纳推理的相同点是( )
  A. 结论都是或然性的   B. 思维方向相同
  C. 前提蕴涵结论   D. 推理形式相同
15. 根据两个或两类对象在某些属性上的相同或相似,从而推出它们在另一属性上也相同或相似,这种推理叫( )
  A. 科学归纳推理   B. 假言推理
  C. 简单枚举归纳推理   D. 类比推理
16. 类比推理和回溯推理的前提与结论的关系都是( )
  A. 前提与结论等值   B. 前提蕴涵结论
  C. 前提不蕴涵结论   D. 前提与结论相矛盾
17. 神学家比西安·亚雷在说明地球是太阳系的中心时,做了这样的推论:太阳是被上帝创造用来照亮地球的,就像人们总是移动火把去照亮房子,而不是移动

房子去被火把照亮一样,因此,只能是太阳绕着地球转,而不是地球绕着太阳转。这个推理所犯的逻辑错误是(　　)

　　A. 机械类比　　　B. 轻率概括　　　C. 转移论题　　　D. 以偏概全

18. 下列类比推理中,正确的是(　　)

　　A. S类对象有属性a、b、c、d,S类的某一个体有属性a、b、c,所以,S类的某一个体有属性d

　　B. S类的某一个体有属性a、b、c、d,S类具有属性a、b、c,所以,S类具有属性d

　　C. S类对象有属性a、b、c、d,P类对象有属性a、b、c,所以,P类对象具有属性d

　　D. S类对象有属性a、b、c、d,P类的某一个体有属性a、b、c,所以,P类的某一个体有属性d

19. 在类比推理中,(　　)

　　A. 前提真,结论必真　　　　　　B. 前提真,结论不必然真

　　C. 前提真,结论必然不真　　　　D. 前提真,结论不可能真

20. 提高类比推理结论可靠性的途径是(　　)

　　A. 类比对象间相同或相似属性的增加及其与推出属性间联系程度的增强

　　B. 增加类比对象

　　C. 采用"机械类比"的方法　　　　D. 多增加假说

三、双项选择题

1. 某医院肠道诊室同一天深夜有几个腹泻病人前来就诊,医生询问后得知,他们都吃了某菜场出售的一种河鱼。据此初步断定,腹泻可能是由这种河鱼不新鲜引起的。这里运用的探求因果联系的逻辑方法是(　　)

　　A. 两次求同,一次求异　　　　　B. 同中求异

　　C. 异中求同　　　　　　　　　　D. 先行情况中仅有一种情况是相同的

　　E. 先行情况中仅有一种情况是不同的

2. 简单枚举归纳推理属于(　　)的推理。

　　A. 由一般到个别　　　　　　　B. 或然性

　　C. 必然性　　　　　　　　　　D. 前提不蕴涵结论

　　E. 前提蕴涵结论

3. 类比推理是(　　)的推理。

　　A. 由个别到一般　　　　　　　B. 前提不蕴涵结论

　　C. 由一般到个别　　　　　　　D. 前提与结论有必然联系

　　E. 由个别到个别或由一般到一般

4. 若运用完全归纳推理提出的结论一定为真,则必须做到(　　)

A. 前提中考察的是某类中的全部对象

B. 前提中考察的是某类中的部分对象

C. 对考察对象所作的每个断定都是真的

D. 考察的对象与 S 类具有因果联系

5. "科学归纳推理"可以概括为( )

A. 探求因果联系的逻辑方法　　B. 不完全归纳推理

C. 完全归纳推理　　D. 从一般到个别的推理

E. 或然性推理

6. 完全归纳推理是( )的推理。

A. 从个别到一般　　B. 或然性

C. 从一般到个别　　D. 必然性

E. 前提不蕴涵结论

7. 下列结论可以运用完全归纳推理得出的有( )

A. 某校的教师都是大学本科毕业的

B. 瑞雪兆丰年

C. 事物都是发展变化的

D. 在前提中的两个中项处于不同位置的情况下,三段论 EIO 式都是有效式

E. 所有的恒星都是发光的

8. "归纳推理"这个概念可以限制为( )

A. 或然性推理　　B. 直接推理

C. 简单枚举归纳推理　　D. 不完全归纳推理

E. 间接推理

9. "我国北京、天津、上海和重庆四个直辖市,北京人口超过 700 万,天津人口超过 700 万,上海人口超过 700 万,重庆人口也超过 700 万。因此,我国所有直辖市的人口都超过 700 万。"这一推理属于( )推理和( )推理。

A. 或然性　　B. 必然性

C. 简单枚举归纳　　D. 完全归纳

E. 假言

10. 类比推理和回溯推理的相同点是( )

A. 它们都是从一般到个别的推理

B. 它们都属于必然性推理

C. 它们的结论都没有超出前提断定的范围

D. 它们都属于或然性推理

E. 它们的前提都不蕴涵结论

11. 下列推理中属于必然性推理的是( )

A. 完全归纳推理 B. 科学归纳推理
C. 类比推理 D. 回溯推理
E. 二难推理

12. 下列推理属于或然性推理的是（ ）
A. 换质法推理 B. 科学归纳推理
C. 三段论 D. 简单枚举归纳推理
E. 矛盾关系推理

四、多项选择题

1. 归纳推理与演绎推理的主要区别（ ）
A. 前提与结论断定的范围不同 B. 在认识中的重要程度不同
C. 思维进程的方向不同 D. 前提与结论的联系性质不同
E. 前提的真假不同

2. "小麦的生长离不开阳光，水稻的生长离不开阳光，玉米的生长离不开阳光，所以，所有农作物的生长都离不开阳光"，这个推理是（ ）
A. 完全归纳推理 B. 简单枚举归纳推理
C. 科学归纳推理 D. 从个别到一般的推理
E. 必然性推理 F. 或然性推理

3. 类比推理和不完全归纳推理的相同点是（ ）
A. 思维进程的方向相同 B. 结论是或然性的
C. 推理形式相同 D. 前提真结论未必真
E. 都是间接推理

4. 下列结论不能用完全归纳推理得出的是（ ）
A. 三角形的内角之和是180度 B. 绿色植物都能进行光合作用
C. 人贵有自知之明 D. 偶数都能被2整除
E. 两个特称命题为前提得不出结论 F. 如果患肺炎，那么就会发烧

5. 科学归纳推理和简单枚举归纳推理的共同点是（ ）
A. 结论蕴涵前提的推理 B. 都是或然性推理
C. 从个别到一般的推理 D. 可靠性程度一样的推理
E. 前提不蕴涵结论的推理

6. 下列说法正确的有（ ）
A. 求异法只考察被研究现象出现的场合
B. 求异法不仅考察被研究现象出现的场合，还考察被研究现象不出现的场合
C. 求同法所得结论的可靠程度与考察的数量有关
D. 共变法的结论具有或然性
E. 剩余法的结论具有必然性

7. 与简单枚举归纳推理相比,科学归纳推理具有的不同特点是( )

A. 要分析现象间的因果联系　　B. 其结论是必然的

C. 其结论断定的范围超出了前提的范围

D. 其结论的可靠程度较高　　E. 不注重前提的数量

8. 下列推理中属于或然性推理的是( )

A. 完全归纳推理　　　　　　B. 科学归纳推理

C. 简单枚举归纳推理　　　　D. 假言推理

E. 回溯推理　　　　　　　　F. 类比推理

9. 类比推理的特点是( )

A. 前提不蕴涵结论　　　　　B. 结论具有或然性

C. 从个别到一般　　　　　　D. 结论蕴涵前提

E. 从个别到个别或从一般到一般　F. 从一般到个别

10. 归纳推理是( )的推理。

A. 前提不蕴涵结论　　　　　B. 或然性

C. 从个别到一般　　　　　　D. 有的为必然性,有的为或然性

E. 前提有的蕴涵结论,有的不蕴涵结论

11. 要提高简单枚举归纳推理结论的可靠性,就应该( )

A. 考察对象的全部情况　　　B. 尽可能扩大考察对象分布的范围

C. 尽可能增加考察对象的数量　D. 避开反面事例

E. 搜集可能出现的反面事例

五、分析下列推理属于何种推理

1. 在人类社会中,不论是奴隶社会、封建社会、资本主义社会,还是社会主义社会,法律都是有阶级性的。所以,在一切存在阶级的社会里,法律都有阶级性。

2. 法医经过长期观察,发现被雷击死者,皮肤上会出现自上而下分支走向的树枝状雷电击纹,在工作实践中,还没有发现与此不同的情况。于是断定:所有被雷击死者,皮肤上都会出现自上而下分支走向的树枝状雷电击纹。

3. 意大利的那不勒斯城附近有个石灰岩洞,人们牵着牛马等高大的动物通过岩洞从未出现问题,但是狗、猫、鼠等小动物走进洞里就倒地而死。人们通过研究发现,小动物之所以死去,是因为它们的头部靠近地面,而地面附近有大量的二氧化碳,缺乏氧气。据此,人们得出结论:地面附近缺氧的石灰岩洞会造成头部离地面较近的各种小动物死亡。

4. 甲溺水死亡内脏有硅藻反应,乙溺水死亡内脏有硅藻反应,丙溺水死亡内脏有硅藻反应……据研究,这是因为人在入水后呼吸,水进入人的肺脏,水中的浮游生物同水一起经血液循环进入内脏所致。于是得出结论:凡溺水死亡者,其内脏都有硅藻反应。

5. 富兰克林、瓦特、法拉第、爱迪生等许多著名的科学家都是自学成才的,可见,著名的科学家都是自学成才的。

6. 人们观察了许多被扼死的人,发现死者颈部都有被掐的痕迹和皮下出血现象,并且没有遇到反例,于是得出结论:凡被扼死的人,颈部都会有被掐的痕迹和皮下出血现象。

7. 已知某些生物的活动是按照时间的变化(昼夜交替或四季变更)来进行的,具有周期性的节律。如鸡叫三遍天亮,牵牛花破晓开放,在北方燕子春来秋往,人白天工作夜间休息等等。有的科学家从中得出结论:凡生物体的活动都具有时间上的周期性。

8. 古代有个患头痛病的樵夫上山去砍柴,不慎碰破了脚趾,出了一点血,但他却感觉头不痛了。当时他没有在意。后来,他头痛病复发时,无意中又碰破了上次碰破过的脚趾,头痛又好了,这次引起了他的注意。以后凡头痛病复发时,他就有意地去刺破那个脚趾,结果都有减轻或制止头痛的效果。这个樵夫所碰的部位,就是现在人体穴位中的"大敦穴"。

9. 甲、乙两起盗窃案,在作案的方式方法、作案工具与作案时间等方面都十分相似,现已知甲案为李某所为,因此,侦查人员断定:乙案也可能是李某所为。

10. 某日清晨,在某办公楼外的地面上发现一具女尸,其头部出血并流至地面,与尸体垂直的第三层楼上的一个房间的窗户是打开的,那是个医务所,而死者是该医务所的护士。在死者身旁不远的地方发现一块擦窗户用的抹布。经查证,死者当夜在医务所值班。于是,侦查人员初步认定,死者是在夜间擦窗户时不慎失足坠楼致死的。

11. 在某江面上发现一具浮尸,尸体完整,无伤痕,亦无搏斗迹象,死者显然是淹死的,于是,人们结合"如果一个人不慎失足落水而死,那么江面上就会出现浮尸",进而推论:死者可能是不慎失足落水而淹死的。

12. 去年侦破一起强奸案,某侦察人员在现场亲眼看到这样的情况:死者是一名少女,贵重物品均未丢失,并有搏斗痕迹。现在发生的这起案件,死者也是一名少女,同样也有搏斗痕迹,而且贵重物品也未丢失。于是,该侦查人员断定:此案也必定是一起强奸案。

13. 一个星期六的晚上,某地发生了一起作案人乘男女青年谈恋爱之机抢夺手表的案件。公安人员发现,此案与一个月前发生的另一起抢夺手表的案件有许多相似之处:两案都是趁男女青年周六晚上在僻静地方谈恋爱之机作案;作案人都诈称是公安人员;据反映,作案人的口音、身材、身高、年龄均基本相同;公安人员先破了其中一案,查清作案人是田某,于是又将田某列为另一起案件的重点嫌疑对象。破案结果证明,两案均为田某所为。

14. 出窑的砖已经定型了,他的错误不能改了。

15. 罗马体育馆的设计师,通过分析研究人的头盖骨的结构和性能发现,人的头盖骨由3块骨片组成,形薄体轻,但却比较坚固。他由此受到启发。他想,若体育馆的屋顶用1 620块形薄体轻的构件组成颅形,也应该是坚固的。按照这种想法设计施工,果然达到了预期的目的。

16. 某地连续发生三起持枪抢劫案件。三起案件均为三人团伙作案;作案时都手持冲锋枪、火药枪、马刀等凶器;抢劫地点都位于交通不便的百货店;目的都是以现金为主;犯罪分子都操同一地方口音。后来破获其中一起是一个自称"游击队"的三人团伙所为。侦查人员据此推断:其他两起案件也是该团伙所为。

六、指出下列各题运用了哪种探求因果联系的逻辑方法,并写出其逻辑公式

1. 长期生活在又咸又苦的海水中的鱼,它们的肉却不咸,这是为什么呢?科学家们考察了一些生活在海水中的鱼,发现它们虽然在体形、大小、种类等方面不同,但它们腮片上都有一种能排盐分的特殊构造,叫氯化物分泌细胞组织。科学家们又考察了一些生活在淡水中的鱼,发现它们虽然也在体形、大小、种类等方面不同,但它们腮片上都没有这种氯化物分泌细胞组织。由此得知,具有氯化物分泌细胞组织是海鱼在海水中长期生活而肉不咸的原因。

2. 国外有的科学家通过对头发化学成分的分析,发现头发内含有大量的硫和钙。精确的测定表明,心肌梗塞患者头发中的含钙量已降到了最低限度。假定一个健康男子头发的含钙量平均为0.26%,那么,一个患有心肌梗塞男子的头发的含钙量仅有0.09%。据此,科学家们相信:根据头发含钙量的变化,可以诊断出心肌梗塞的发展情况。

3. 每一种化学元素都有自己特定的光谱。1866年简孙和罗克耶尔研究太阳光谱时发现,太阳光谱中有一条红线、一条青绿线、一条蓝线和一条黄线。红线、青绿线和蓝线是氢的光谱,而黄线是什么呢?当时已知的元素中,没有一种元素的光谱里有这样的黄线,于是他们猜测,这条黄线是某种未知的天体物质的光谱。他们把这种新发现的物质叫作氦。

4. 我国古代有一起因借债不还而用镰刀杀人的案件。检验官命令该地居民将镰刀全部交出,排列在地上。当时正值夏天,很快苍蝇就聚集在其中一把镰刀上。检验官当即命令将这把镰刀的主人逮捕讯问,但那人不服。检验官指着镰刀说,其他镰刀上都没有苍蝇,而你用镰刀杀人,血腥气还在,所以苍蝇聚集其上,这不足以说明问题吗?杀人者乃叩头服罪。

5. 某铁路局货运段接到一批外地托运来的发菜。在搬运过程中,发现这些货包的重量远远超过该体积发菜应有的重量,于是断定:货包里除发菜外,一定还有其他东西。破开货包一看,里面果然藏着许多银元。

6. 某单位在半年内共召开了七次重要会议,其中四次内容被泄露,三次内容未被泄露。据查,这七次会议的参加者不完全相同,但凡有王某参加的四次会议,内容均被泄露,而王某未参加的三次会议,内容均未被泄露;其他人都没有与王某相同的情况。由此推断:王某的泄密是造成四次会议内容失密的原因。

7. 有人曾把某劳改农场的罪犯按不同的文化层次进行分析,结果发现,罪犯中文化程度高的人特别少,而文化程度低的人则特别多。也就是说,人的文化程度越高,犯罪率就越低;人的文化程度越低,犯罪率就越高。可见,人的文化程度与犯罪率的高低有因果联系。

8. 甲、乙两地相邻,其户数、人口、居民的构成大体相同,但甲地发案率低,乙地发案率却高。对甲、乙两地进行比较发现,甲地治保组织健全,能充分发挥作用;而乙地治保组织陷于瘫痪,形同虚设,根本不起作用。由此得出结论:治保组织健全,并充分发挥作用,是发案率低的原因。

9. 人们观察到,种植豌豆、蚕豆、大豆等植物时,不仅无需向土壤中施氮肥,反而还能增加土壤中氮的含量。尽管这些植物有许多不同之处,但它们的根部都有突出的根瘤。由此可见,根部有突出的根瘤的植物能增加土壤中氮的含量。

10. 某地有一养鱼池,因池水被大量污染物质严重污染,池中的鱼全部死亡。后来,人们在池中种上了水葱,不到两个月,污染物质竟全部消失,池中又可以养鱼了。这说明,水葱有很强的净化污水的能力。

第七章　类比要提高

> **本章提要**
>
> 类比推理是与演绎推理、归纳推理并列的三大推理之一。类比推理就是根据两个或两类对象在某些属性上相同或相似,从而推出它们在另一属性上也相同或相似的推理。类比推理分为性质类比和关系类比。根据相似性确立推导关系是类比推理的主要特征。由于类比推理在科学发现、科学试验、提出科学假说、思维表达论证,特别是在公安司法侦查实践中具有重要作用,所以我们要注意提高类比推理的可靠程度,防止"机械类比"的逻辑错误。

7.1　什么是类比推理

类比推理就是根据两个或两类对象在某些属性上相同或相似,从而推出它们在另一属性上也相同或相似的推理。类比推理也称作类比法或类推法。例如:

甲案发生在某星期五晚上九点左右,犯罪分子在滨海路从后面棒击被害人,然后将其拖至路旁树丛中用电线捆绑双手和双脚,抢劫强奸。经侦查确定某社区泵房供水员毕某有重大作案嫌疑。

乙案发生在另一个星期五晚上九点左右,犯罪分子在滨海路从后面棒击被害人,然后将其拖至路旁树丛中用电线捆绑双手和双脚,抢劫强奸。

根据上述情况推断,两案可能是同一作案人所为。

这个结论就是运用类比推理得出的。

7.2　类比推理的公式表示

类比推理的逻辑形式可以用公式表示为:

A 对象具有 a、b、c、d 属性,
B 对象具有 a、b、c 属性,
―――――――――――――
所以,B 对象也具有 d 属性。

这一公式中的 A、B 表示相比较的两个或两类对象,这两个或两类对象既可以是两个不同的事物类,也可以是同类或异类的两个不同的事物,还可以是一个事物类与另一个事物类的个体事物。a、b、c 表示 A、B 这两个或两类对象的相同或相似属性,d 表示推出属性。

在类比推理的形式结构中:

第一,A 事物是我们熟悉的事物,B 事物是我们希望说明或深入了解的事物,并且它们在一些属性上具有相似性;

第二,已知 A 事物的前提与结论具有真实的因果联系,因此,B 事物也应有相关的因果联系。

7.3 类比推理的逻辑特征

类比推理与演绎推理和归纳推理相比,主要有两个特征:

第一,思维进程的方向是由个别到个别。类比推理是通过将两个对象相比而得出结论的,他的思维进程的方向是从一个对象的属性到另一个对象的属性,将两者相比,最后得出结论。从这一特点来看,它既不同于演绎推理也不同于归纳推理。演绎推理的思维进程的方向是从一般到个别,归纳推理的思维进程的方向是从个别到一般。

第二,结论是或然的。事物之间及事物与属性之间的联系是普遍存在的,但这些联系有些是必然的,有些是偶然的。类比推理仅仅根据两事物的属性相同或相似就推论它们在其他的属性上也相同或相似,并没有具体分析事物之间、事物与属性之间、属性与属性之间联系的性质,不能准确地认识事物,把握属性间的关系,前提不蕴含结论,因此,其结论是或然的。在实践中,有的结论被证明为真,有的被证明为假。例如,地球和火星都是行星,都被大气包围,都有一定的温度,都有水,根据这些推出火星上也有生命的结论,但是,这个结论被后来的科学探索所否定。它的结论就是或然的。

7.4 类比推理的种类

根据类比推理的前提考察的是事物的性质还是事物之间的关系,将类比推理分为性质类比和关系类比。

7.4.1 性质类比推理

性质类比推理就是根据两个或两类对象在某些性质上相同或相似,而且已知其中的一个或一类对象还具有其他性质,进而推出另一个或另一类对象也具有相同或相似的其他性质。

性质类比推理的逻辑形式可以表示为:

A 对象具有性质 a、b、c、d,
B 对象具有性质 a、b、c,
────────────────
所以,B 对象也具有性质 d。

7.4.2 关系类比推理

关系类比推理就是根据两个系统在某些关系上相同或相似,而且已知其中的一个系统还具有其他关系,进而推出另一个系统也具有相同或相似的其他关系。

关系类比推理的逻辑形式可以表示为:

A 系统具有关系 A_1、A_2、A_3、A_4,
B 系统具有关系 A_1、A_2、A_3,
────────────────
所以,B 系统也具有关系 A_4。

在现代自然科学和工程技术中广泛应用一种模拟方法,这种模拟方法就是模拟类比。模拟类比就是根据被研究现象(即原型)设计制造出模型,然后用模型进行实验。

例如,要研究新型飞机、大型船舶、宇宙飞船、通讯卫星等的性能,或者设计大型水利电力工程、防震的高层建筑等,就得先用模型进行模拟实验,以便取得所需要的科学资料。这种由模型到原型的过渡,其逻辑基础就是这种关系类比推理。当然,在运用模拟类比方法时,模型与原型必须相同或相似,只有这样,才能使所做的模拟实验具有较高的科学价值。

7.5 类比推理的作用

类比推理是人们生活、学习及人际沟通中最为常用的一种思维方法,它既是一种发现、认识的方法,又是一种说明、说理的方法。人们是为了解释某种事实或原理(B)，最简洁的就是找出另一种与之相似的事实或原理(A)，通过类比推理来举一反三，触类旁通。

据说，古希腊有个国王让金匠给自己打制了一顶纯金的皇冠，却又无端怀疑金匠做了手脚，从中克扣了黄金。用秤称了之后，重量与给金匠的黄金并无两样。但这个国王还是疑心重重，于是便令当时最著名的科学家阿基米得解决这个问题。阿基米得为此绞尽了脑汁，却总是想不出一个确实可行的验证方法。一天他去洗澡，当他慢慢地将身体沉入水中的时候，浴盆中的水也慢慢地上升。这一现象引起他的注意，启发他理解到水面上升是由于他的身体占据了一定量的水的空间的缘故。由此他又联想到如果找一块与皇冠一样重的金块，通过排水量的对比又会怎么样呢？突然闪现的念头使他顿悟出解开皇冠之谜的方法。"我发现了！我发现了！"他连衣服也顾不上穿就跑回家中，于是，著名的浮力定律即"阿基米得定律"产生了：浸在液体中的物体(全部或部分)所受的竖直向上的浮力，其大小等于物体所排开液体所受的重力，在这个定律的发现过程中，阿基米得在"如何称皇冠"与"洗澡"之间发现了相似的对应关系，然后将"洗澡"的事实用于"称皇冠"的问题情景，从而产生了解决问题的途径。这个思路就是类比解答。

被后世建筑工匠、木匠尊称为"祖师"的鲁班，一直苦于用斧子砍树费时费力。一天他又上山砍树，当他往山上爬时被一种叶子为锯齿状的草划破了手。这个情景使他立刻产生联想，在"如何更快捷省力地伐木"与"手被划破"之间发现了相像的对应关系，然后将"手被划破"的事实用于"更快捷省力地伐木"的问题情景，从而制造出了锯子。这个思路也是类比解答。

在这种因类推类的类比思路导引下，我国古代还积淀了许许多多的成语故事。比如，从《尚书》的"玉石俱焚"以及孔子的"苛政猛于虎"中，我们可以从烈火、"猛虎"与"苛政"的相似性上，清晰地理解为官不正的可怕。又如我们可以从"橘逾淮为枳"理解同样的事物或人在不同的环境条件下，可以发生不同的变化；从"楚王好细腰"理解上行下效的道理；从"揠苗助长"理解不按客观规律办事，一味求快，反而会把事情弄糟；从"井底之蛙"理解不能孤陋寡闻，目光短浅，而又自鸣得意；从"刻舟求剑"理解做事情不能墨守成规；从"唇亡齿寒"理解贪图小利，牺牲邻邦，其结果必然是因小失大，自取灭亡；从"滥竽充数"理解没有真才实学就不能招摇撞骗；从"买椟还珠"理解不能主次颠倒，也不能只重形式不重内容；从"郑人买履"理解不能迷信教条，不从实际出发；从"守株待兔"理解不能心存侥幸，把偶然当成必然；等等。当我们如今再使用这些成语时，所理解的已不是成语本身所要讲述的故事和事理了，所理解的已是成语所寓意的深刻事理了。

事实表明，虽然类比推理是一种或然性推理，结论不必然为真，但是由于它可以使人的思维由一个对象思考到另一个对象，由此及彼，产生联想，因而在人们认识世界和改造世界的过程中具有重要作用。

7.5.1 在科学发现过程中的作用

类比推理在科学发现中具有重要的作用。例如,荷兰物理学家惠更斯把光和声两类现象作了类比,发现它们具有一系列相同的属性:直线传播、反射、折射和干扰等现象,而声的本质是由物体的振动所产生的一种波动,因此惠更斯推断光的本性也是一种波动,从而创立了光的波动说。

奥地利医生奥恩布鲁格(1722—1809)在一次为一个胸痛的病人看病时,因未能确诊病因,致使病人没得到有效的治疗,结果病人不久便死了,奥恩布鲁格解剖了死者的尸体,结果发现胸腔内充满积液,医生的职业感使他深深地内疚,于是他苦苦地寻找诊断与治疗的方法。他父亲是一个经营酒业的商人,经常用手敲击酒桶以确定其中存酒的多少。奥恩布鲁格从此受到启发,他想,人的胸部也是一个腔体,能否用叩击听音的方法去诊断胸腔内部的疾病呢?于是,他开始了深入的研究,终在1761年写成了《用叩诊人体胸廓发现胸腔内部疾病的新方法》,发明了叩诊法。在这个过程中,奥恩布鲁格运用了类比推理。

类比推理也是现代仿生学的理论基础。比如,飞机的飞行就是模仿了鸟类翅膀的上面凸下面平的空气动力学特征,雷达是模仿了蝙蝠的超声波回声定位现象,航空器的结构则是模仿了蜂窝的正六面体的结构。

7.5.2 在科学实验中的作用

科学实验是有目的、有计划地人工模拟或控制自然条件,研究事物状态或发展变化的方法。因为这种方法的前提就是模拟或控制自然条件,即是创造一个与自然界事物发展过程中的相同的自然环境,所以,类比推理在其中具有重要的作用。比如,研究航空器性能的风洞实验,就是模拟了飞行器在飞行中与气流相对运动所出现的各种情况,测出数据,得出结论,做出决策的。此外,在许多领域中,比如研究材料在不同压力、不同温度下的抗疲劳程度的实验,研究人在飓风中抗吹倒能力的实验,研究病毒和细菌抗药性的实验等都可以非常典型地看到类比推理在其中所起的重要作用。

7.5.3 在提出科学假说过程中的作用

许多著名的假说例如大陆漂移说,就是在类比推理的基础上提出来的。德国地球物理学家魏格纳曾经将浮在岩浆上的地球板块与浮在水上的冰块进行类比,提出地球上各个大陆是由古生代时的一整块大陆分离漂移而形成的。

7.5.4 在表达和论证中的作用

类比推理也是人们在表达和论证中经常使用的很有效的方法。当人们对某些事物有了一定的认识时,在某些场合便需要表达出来,这时类比推理的作用是其他的推理所代替不了的。在《战国策·齐策》中记述了一段邹忌劝齐王的故事,在邹忌劝齐王的过程中,类比推理用得是恰到好处。现在摘录如下:

邹忌修八尺有余,而形貌昳丽。朝服衣冠,窥镜,谓其妻曰:"我孰与城北徐公美?"其妻曰:"君甚美,徐公何能及君也!"城北徐公,齐国之美丽者也。忌不自信,而复问其妾曰:"吾孰与徐公美?"妾曰:"徐公何能及君也!"旦日,客从外来,与坐谈,问之客曰:"吾与徐公孰美?"客曰:"徐公不若君之美也。"明日,徐公来,孰视之,自以为不如;窥镜而自视,又弗如远甚。暮寝而思之,曰:"吾妻之美我者,私我也;妾之美我者,畏我也;客之美我者,欲有求于我也。"

于是入朝见威王,曰:"臣诚知不如徐公美。臣之妻私臣,臣之妾畏臣,臣之客欲有求于臣,皆以美于徐公。今齐地方千里,百二十城,宫妇左右莫不私王,朝廷之臣莫不畏王,四境之内莫不有求于王。由此观之,王之蔽甚矣!"

王曰:"善。"乃下令:"群臣吏民,能面刺寡人之过者,受上赏;上书谏寡人者,受中赏;能谤讥于市朝,闻寡人之耳者,受下赏。"令初下,群臣进谏,门庭若市;数月之后,时时而间进;期年之后,虽欲言,无可进者。

燕、赵、韩、魏闻之,皆朝于齐。此所谓战胜于朝廷。

7.6 类比推理在侦查中的运用

类比推理在侦查中的运用可分为如下三个方面:

7.6.1 并案与串案

并案是指将主要特征相同或相似的案件合并侦查的方法。串案是指将前后有关联的案件串联起来侦查的方法。无论并案还是串案,都是将两个以上的案件联系起来进行侦查的方法。并案一般是在同类的案件中进行,比如都是盗窃案或都是抢劫案;而串案可在不同的案件类型中进行,比如盗窃枪支案件与随后发生的与盗枪案有关联的持枪抢劫案,抢劫机动车案与随后发生的开车盗窃案等。

并案与串案一般需要具备下列条件之一:

第一,作案手段雷同或相似;第二,作案人体貌特征相似或人数相等;第三,此案件现场发现彼案件中物品;第四,案件现场痕迹相同或近似。

类比推理在并案与串案中的作用表现在两个方面:

一是，确认作案人。

根据类比推理来确定作案人的思维过程如下：

甲案具有 A、B、C 特征，王某具有重大嫌疑，

乙案具有 A、B、C 特征，可考虑王某具有重大嫌疑。

北京交警在调查一起交通肇事案件时，发现"京 A×××"牌照的轿车在五年内肇事八百余起，都是在快速干道上尾随外地车，寻找机会趁外地车违章窜线或变道时，顶上去肇事，然后私自了断，敲诈对方钱财。查出这起肇事案的司机，便抓获了这八百多起肇事敲诈案件的团伙。

二是，互补案情。

如果合并侦查或串联侦查的各个案件都没有发现犯罪嫌疑人，那么，可以利用类比推理来互补案情。其思维过程如下：

甲案具有 A、B、C、D 特征，

乙案具有 A、B、C 特征，

乙案可能也具有 D 特征。

从上面的公式来看几乎就是类比推理的公式。

某市曾连续发生二十余起尾随妇女入室抢劫强奸案件，作案手法都是尾随妇女上楼，用刀将被害人逼入室内，然后反绑被害人双手，抢劫、强奸、杀人。在勘查后发的两起案件现场时，细心的侦查员在走廊地面上发现了嚼过的口香糖，经了解，这两起案件的被害人及家属都不含口香糖，另外，从吐出的地点看，也不像是自家人含的。于是，估计可能是作案人含的。但是，上面的唾液已经失去检验价值，侦破领导小组立即做出决定，复查前面已经勘查过的案件现场，结果，在复查的十九起案件的现场中，有八起案件的现场发现了嚼过的口香糖，对其中三个有鉴定价值的口香糖上所附着的唾液进行鉴定，得到了认定同一的结论。这一发现对于后来的破案起了非常重要的作用。

7.6.2　比对与认定

比对与认定几乎是任何侦查过程都离不开的刑事技术方法。它所依据的逻辑原理是这样的：

样本具有 A、B、C、D 属性，

检材具有 A、B、C、D 属性，

结论：检材与样本认定同一。

侦查过程中的比对与认定可以分为如下两方面：

一方面，痕迹、物品的比对与认定。

痕迹、物品的比对与认定是侦查中基础性的也是关键性的工作。在侦查中许多痕迹、物品需要比对，比如撬压痕迹、轮胎痕迹、牙齿痕迹、枪弹痕迹、指纹、足迹、笔迹、血迹、体液、毛发、工具、凶器等。当痕迹与人或物认定同一之时，比如当撬压痕迹与撬压工具认定同一之时，轮胎痕迹与轮胎认定同一之时，牙齿痕迹与牙齿认定同一之时，枪弹痕迹与枪弹认定同一之时等等，案件的内部联系才显露出来，案件的本质才开始被我们所认识。

另一方面，尸体、场所的比对与认定。

尸体的比对与认定是凶杀案件侦查中经常性的也是关键性的工作。在抛尸现场或分尸案件中，尸体的比对与认定是侦查工作的前提，因为如果不确定被害人的身源，不知道死者姓甚名谁，不知道其生前交往及社会关系，侦查工作就无法进行下去。

场所的比对与认定是侦查中经常性的也是关键性的工作。场所的比对与认定通常被称作"对现场"，就是当犯罪嫌疑人供述后，侦查员要押解其到犯罪现场去核实和确认。这是刑事诉讼中不可缺少的一个环节。场所的比对与认定主要解决犯罪地点的确认，并通过确认犯罪地点进一步了解和印证案情、赃物藏匿地点、埋藏工具、尸体地点等。

7.6.3 侦查实验

侦查实验是在侦查中通过模拟案件发展过程中的某个环节或某个侧面来认识案情的方法。其思维过程是：

案件中在甲条件下出现了 A、B、C、D 特征，
实验中在甲条件下出现了 A、B、C、D 特征，

结论：案件中在甲条件下出现 A、B、C、D 特征是可能的。

某地外国专家楼被盗，经侦查确认，楼后面离地 2.4 米的小窗为可能的出入口，小窗宽为 0.8 米，高为 0.6 米，但是，窗下的地面是一较陡的小斜坡，只能单人站立，不能架设蹬踏和攀附物。如果作案人从小窗进入现场，那么，其身体应较高并且具有一定的专业素质。找来 5 名运动员进行现场实验，结果是：3 名体操运动员和一名篮球运动员可由小窗进入现场，初步验证了侦查员的结论。破案后证明，作案人曾是国家级运动员。

随着科学技术的发展，侦查实验越来越多地在侦查中被使用，范围也越来越广泛。在药物性毒杀案件中，关于药物的品种、药物的用量等，经常需要进行实验。各种痕迹的形成，也经常需要进行实验。

侦查实验是一种研究过程也是一种探索过程，它是侦查实践的一个方面，可以验证我们的假设，解决侦查中的很多关键问题。

7.7 运用类比推理应注意的问题

7.7.1 与比喻和比较相区别

比喻是用喻体来说明本体。即用简单的、生动的、形象的事物来说明复杂的、枯燥的、抽象的道理的方法。它的特点是从喻体到本体,目的是本体。比喻不受类的限制,比如,说某人笨得像猪一样。而类比推理要在同类或相近类的事物之间进行。

比较是直接将两个事物相比,它也没有类的限制,可以是同类的,也可以是不同类的。目的是考察二者有哪些相同点,哪些不同点。而类比推理要在同类或相近类的事物之间进行,而且只选择相同或相似的属性相比,并且要在两个对象相比后,推出新的结论,并不是简单地仅就二者的相同或不同得出结论。

7.7.2 注意提高结论的可靠性

一、相比属性要多。两种对象间相同的属性越多,它们所属的类别就可能越近,结论的可能性就越大;两种对象间相同的属性越少,它们所属的类别就可能越远,结论的可能性就越小;比如,进行高级神经方面的药物实验,一般选择猩猩、猴子或狗,而很少用到猪、鸭、鸡等。

二、用本质属性相比。本质属性是事物之所以是该事物的本质规定性,也是区别其他事物的根本所在。用本质属性相比可以排除事物的偶然相同或相似性,因而大大提高结论的可靠性。

三、相比属性与推出属性联系要密切。前提中作为根据的属性与结论中推出的属性的联系越密切,结论就越可靠。如果前提中作为根据的属性与结论中推出的属性的联系是必然的,那么,结论就是必然的。它的形式就是:

有 A、B、C 就一定有 D,
对象乙有 A、B、C,
───────────────
所以对象乙就一定有 D。

这是一个三段论推理,因此,它是必然的。

7.7.3 防止机械类比的错误

机械类比是指仅仅根据对象间的某些表面相似而进行的类比推理。犯机械类比的错误一般是只看到了事物的表面的、非本质的、偶然出现的属性,而未深究其内在的、本质的、必然的原因就进行类比推理,得出结论。比如,早期的人们看到鸟类煽动翅膀飞行,就做出翅膀模仿其煽动飞行,却每每以失败告终。当时的人们并不知道鸟的翅膀具有空气动力学上的升力结构,而这后一个属性才是鸟类能飞行的本质属性。再比如,我们在前面说过,地球和火星都是行星,都被大气包围,都有一定的温度,都有水,根据这些属性推出火星上也有生命的结论,这个结论被后来的科学实验所否定。为什么呢? 这是因为,人们只看到了地球和火星表面上的相同之处,而在实际上,地球和火星的大气、温度和水的状态,就对于人类的生存来说,有本质的不同。这个推理就犯了机械类比的错误。

那么,如何防止机械类比呢? 第一,抓住事物内在的、本质的、必然的属性,只有抓住事物内在的、本质的、必然的属性才能进行正确的类比。必须通过事物表面的、非本质的、偶然出现的属性来探究事物内在的、本质的、必然的属性,从表面到内部,从现象到本质,从偶然到必然。第二,在事物的一般本质属性中抓住事物的主要本质属性。例如,比较地球和月球,它们都是球形,都有自转、公转,地球上有高等生物,月球上就没有高等生物,这就需要探寻月球上是否有和高等生物相关的属性,这就是事物的主要本质属性。经研究发现,月球上昼夜温差很大,白天温度可达135℃,夜间下降到零下160℃,月球上也没有水,空气也很稀薄,这些情况都不适于高等生物的生存,比较后,就可防止机械类比而作出月球上有高等生物的结论。

7.8 类比推理要提高

学习类比推理就要运用类比推理,运用类比推理就要把握类比推理的逻辑要求,提高类比推理的可靠程度。

7.8.1 相似性是提高类比可靠程度的生命所在

类比的客观基础是对认识对象之间相似性的发现,并由此及彼地迁移相似点或相似关系。因此,相似性并且由此产生的可比性是类比的生命所在。对此,中国古代学者早有成熟论述。孟子讲:"故凡同类者,举相似也。"(《孟子·告子上》)意即:凡是一类的事物,都有其相似之处。

例如,宋国大夫戴盈问孟子说:"抽取十分之一的低税率,废除关卡市场的征税,今年还做不到;只能先减少些,等明年再实行,怎么样?"孟子立即用归谬类推进行了反驳:"现在有个人每天偷邻居一只鸡。有人劝告他说:'偷鸡不是君子之道。'偷鸡的人说:'那我就减少偷鸡吧,每个月偷一只,等到明年再也不偷鸡了。'如果知道不是仁义的事情,就应该立即停止,为什么还要等到明年呢?"(原文见《孟

子·滕文公下》)

偷鸡与重税这两件事,在"非义"上具有"相似"的共同属性,无论是每天偷一只还是每个月偷一只,这种量上的差别并不能改变其不义的质;同样,重税也不会因为量上的减少就改变其不义的质。因此,通过突出——映射——再表征——重构,对于它们只能采取同一种否定的态度,而不是对其中的另一个采取貌似否定实质肯定的态度(减少)。

7.8.2 有无相异性是检验类比可靠程度的方法

任何事物都可能具有某种相似点。虽然相似性是类比的生命,但有了相似点却并不意味着两个事物之间就必然可以类比。类比的过程是一个整合多重信息源并加以重新建构的过程。在这个过程中,类推的逻辑根据只是"相似",而如果只一味注意两类事物的"相似",就有可能忽视它们之间相异的属性,而这些相异性也许就是它们之间不能进行类比的根据,如不管不顾这些相异的属性,则可能使一些类比非常勉强,或者是情绪化的强比。这样的类比有时会让人困惑。

类比的根据是两类事物之间的相似性或相同性,但有时事物的相似或相同只是表面上的相似或相同,而这种表面上的相似或相同只能是一种现象的根据。如果把这种现象的根据作为类比的根据,就会流于黑格尔所说的"用外在的根据来进行推论的主观辩证法"的诡辩。

18世纪的英国,就曾流行着一种关于上帝存在的设计论证明:设计论者根据人工作品进行类比推理,认为,我们既然能够从房屋的存在推断出一个房屋设计者的存在,那么,我们也就能够从宇宙的存在合理地推断出它的设计者、创造者——上帝的存在。

7.8.3 有无相关性的检验是防止"机械类比"的有效途径

事物发生、发展的因果联系是复杂的,有时看似相似的因果关系却可能是毫不相关的。

例如,据《笑林》记载:

有个北方人,出门到南方去。南方人用竹笋招待他。北方人觉得挺好吃,便问:"这是什么?"南方人说:"竹也。"后来这个北方人从南方回到家,立刻吩咐妻子把他家的竹席煮了吃。但从早煮到晚,怎么也煮不烂,这个北方人恨恨地对妻子说:"南方人真诡,欺负我到这等地步。"

在这个类比中,对于"竹"的说明与理解,本身就含有歧义,因此,当那位南方人说"竹(笋)能吃"时,其前提与结论之间具有因果关系;而那位北方人理解"竹(席)能吃"时,其前提与结论之间并不具有因果关系,两者在"能吃"这一属性上,并不具有相似性与可比性。但他仍然将"竹笋"与"能吃"之间的因果关系映射并类推到"竹席"上,从而忽视了"竹笋"与"竹席"在有相似之处外,还有相异的地方,而这相异的地方恰恰就是缺乏相关性而使类比不能成立的条件。因此,这位北方人由于"概念模糊"的逻辑错误在前,继而犯了"机械类比"的错误。

通过质疑、评价这种无相关性的类推错误,可以给我们昭示出两个互相联系的类推论辩原则:

其一,在类推中,所比事物之间的相似性,应该越是本质联系越好;

其二,在寻找具有"同情"、"同理"的"相似"过程中,我们不但要"知类",更重要的是还要"明故(理由)",亦即这种相关性的根据是什么。

只有明晰了事物之间的确定的相关性,我们才能在类推论辩中少犯"无类而比"的错误。

7.8.4 有无弱化是防止"相似谬误"的保障

虽然类比是人们经常采用的一种说明、论证的方法,但是,在运用类比的过程中,如果一味注意所类比事物之间的相似点,而有意无意地遗漏了所类比事物之间的反例,或是忽视了已知属性与类推属性之间缺乏较强的相关性时,类比就会出现弱化。

另一方面,类比事物之间的相似,可以从不同的角度考察,A与B相似可以是按某一属性为标准,但B与C相似则又可以按另一个属性为标准。如此类推,第一个类比事物与最后一个类比事物相似的标准就不可捉摸,也许会风马牛不相及了。

加之,类比是从同类到异类再到远类的思维运动,在这个思维运动的过程中,事物之间的联系将逐渐疏远,逐渐淡化。因此,从量上分析,相似度的逐渐递减,一旦超越了某个"客观界限",就可能出现质的变化,相似就会变成了不相似。

基于此,类比的链条越长,最后的相似度就会越低,类比也就越会出现弱化,其结论当然也就越不可信,越不贴切。这种由于类比链条长而出现了弱化的类比,叫做"相似谬误"。

最典型的由于类比链条长而出现"相似谬误"要算是《吕氏春秋·察传》中的"狗似人"了:

狗似玃(jué,似猕猴而形体较大),玃似猕猴,猕猴似人,(狗似人)。

《刘子新论·审名》篇也曾对此说过:

专以类推,以此像彼。谓犬似玃,玃似狙(古书里指一种猴子),狙似人,则犬似人矣。谓白似缃(xiāng,浅黄色),缃似黄,黄似朱,朱似紫,紫似绀(gàn,稍微带红的黑色),绀似黑,则白成黑矣。

从语言上分析,"相似"不同于"相同"。"相同"的含义指彼此一样,没有区别,有其"同"的确定性;而"相似"却没有这种不变的确定性。因此,"相同"具有传递性,而"相似"却没有传递性。这是人类对客观事物"质"的相同、相异的正确认识的结果。

但是,"相似谬误"却在心理上认定了相似性的"质"不会有所改变,从而无视了相似性在"质"上的比较标准可能不一致,无视了相似性在"量"上的可能递减,一味"照猫画虎",结果"画虎不成反类犬"了。

【练习题】

一、填空

1. _____是根据两个对象在某些属性上相同或近似,从而推出它们在另外的属性上也可能相同或近似的推理。

2. 类比推理仅仅根据两事物的属性相同或相似就推论它们在其他的属性上也相同或相似,因此,其结论是_____。

3. 类比推理的根据是_____。

4. 类比推理的思维进程的方向既不同于_____,也不同于_____。

5. 光和声现象都具有一系列相同的属性:直线传播、反射、折射和干扰等,而声的本质是由物体的振动所产生的一种波动,因此光的本性也是_____。

6. 在研究航空器性能的风洞实验中,通过模拟飞行器在飞行中与气流相对运动所出现的各种情况,测出数据,得出结论,它的根据是_____。

7. _____是用简单的、生动的、形象的事物来说明复杂的、枯燥的、抽象的道理的方法。

8. _____是通过直接将两个事物相比考查其相同与否的方法。

9. 两种对象间相同的属性_____,它们所属的类别就可能越近。

10. _____是指仅仅根据对象间的某些表面相似而进行的类比推理。

二、单项选择

1. 类比推理思维进程的方向是(　　)
   A. 由个别到个别　　　　　　　　B. 由个别到一般
   C. 由一般到个别　　　　　　　　D. 由一般到一般

2. 类比推理的根据是(　　)
   A. 同类事物的共同本质属性　　　B. 同类事物的不同本质属性
   C. 不同类事物的共同本质属性　　D. 不同类事物的不同本质属性

3. 类比推理的结论是(　　)
   A. 或然的　　　　　　　　　　　B. 必然的
   C. 既是或然的又是必然的　　　　D. 有时是或然的有时是必然的

4. 类比推理的实质是( )
   A. 从普遍原理推导具体道理 B. 从具体道理推导普遍原理
   C. 从普遍原理推导普遍原理 D. 从具体道理推导具体道理
5. 下面说法中正确的是( )
   A. 类比推理是一种必然性推理
   B. 类比推理是一种或然性推理
   C. 类比推理既是一种必然性推理又是一种或然性推理
   D. 类比推理既不是一种必然性推理又不是一种或然性推理
6. 下面说法中错误的是( )
   A. 类比推理与比喻和比较不同
   B. 类比推理在科学发现中具有重要的作用
   C. 机械类比是一种错误的类比推理
   D. 错误的类比推理就是机械类比
7. 运用类比推理最重要的一点是( )
   A. 注意相比属性的本质性 B. 注意相比属性的条件性
   C. 注意相比属性的典型性 D. 注意相比属性的普遍性
8. 在侦查中运用类比推理最理想的条件是( )
   A. 作案手段雷同或相似 B. 作案人体貌特征相似或人数相等
   C. 此案件现场发现彼案件中物品 D. 案件现场痕迹相同或近似
9. 在侦查中运用类比推理最成熟的时机是( )
   A. 对相比案件情况基本把握
   B. 对相比案件的各要素有深刻认识
   C. 对相比案件的各属性的本质有深刻认识
   D. 对相比案件的各要素有明确的了解
10. 在认定身源时最有效的方法是( )
    A. 用人体的属性相比
    B. 用人体的本质属性相比
    C. 用人体的不可分离的本质属性相比
    D. 用人体所有本质属性相比

三、分析题

(一)分析下面类比推理结论的可靠性。

1. 有一个供销社的工作人员下乡途中,看到山坡上长满红红的酸枣子,摘下几个尝了尝,发现这种果实含有淀粉,酸里带甜,由此而联想到酿酒的原料具有这些性质,从而推想到酸枣子也有酿酒的可能性。

2. 一天早晨,在纽约的街道上,一个老人因车祸而死亡。老人身上没有证件,警察在处理现场时发现了一副被撞碎了的假牙,将假牙对上,出现了一个人身保险号码。经查,这个号码的主人是詹姆斯·朱姆巴赫。于是警察就确定了死者是詹姆斯·朱姆巴赫。

3. 人们在对植物细胞的研究中发现,细胞中都有细胞核,植物是属于生物,动物也属于生物;植物有细胞组织,动物也有细胞组织,于是人们由植物的细胞有细胞核进而推断动物的细胞中也可能有细胞核。

4. 一个农场养的鸡鸭,由于吃了发霉的花生而相继死亡。有一位科学家用小白鼠做实验,小白鼠吃了发霉的花生也相继死亡。这位科学家对发霉的花生以及鼠尸进行了化学分析和病理学分析。他发现发霉的花生含有黄曲霉素,而黄曲霉素是强烈的致癌物质,那些小白鼠正是患癌症而死亡的。由此推断农场的鸡鸭也是患癌症而死亡的。

(二)根据下面的材料谈谈类比推理的作用。

1. 科学家李四光发现西亚与我国东北、华北一带在地质结构方面有诸多相同点,而西亚有大量的石油蕴藏,于是推论出我国东北、华北一带也有大量的石油蕴藏。

2. 我国植棉劳模吴吉昌同志,偶然发现在甜瓜苗刚长出两片真叶就打顶,能使它的真叶的腋心里长出两根蔓来,结果坐瓜早、产瓜多,于是他想,棉花和甜瓜都是农作物,两者生长的条件差不多,既然甜瓜打顶可增产,那么棉花用此方法是否也能增产呢?

3.《折狱龟鉴》载:张举,吴人也,为句章令。有妻杀夫,因放火烧舍,称火烧夫死。夫家疑之,诉于官,妻不服。举乃取猪二口,一杀之,一活之,而积薪烧之,活者口中有灰,死者口中无灰。因验尸,口果无灰也。鞠之服罪。

第八章 论证要纯粹

本章提要

论证是使用一个已知为真的命题确定另一个命题的真实性的思维过程。"论证"一词,从狭义上说,和"证明"同义。从广义上说,包括证明和反驳。在这里,论证同"证明"同义。论证由论题、论据、论证方式三个部分组成。而反驳是引用已知为真的命题来确定某一命题的虚假性或对它的证明不能成立的思维过程。反驳分为反驳论题、反驳论据和反驳论证方式三种方法。论证与推理有密切联系,也有区别,论证可以分为演绎论证和归纳论证,也可以分为直接论证和间接论证。论证的规则包括关于论题、论据和论证方式的规则。反驳可分为直接反驳和间接反驳,间接反驳又可分为独立证明反驳法和归谬法两种。由于论证与推理紧密联系,因此必须熟练运用各种推理形式及其规则。同时要熟练掌握论证和反驳的结构、特征及论证规则,以及各种论证方法。

8.1 什么是论证

论证就使用一个已知为真的命题确定另一个命题的真实性的思维过程。"论证"一词,从狭义上说,和"证明"同义。从广义上说,包括证明和反驳。在这里,论证同"证明"同义。

人们在日常生活和实际工作中,特别是在科学研究中,经常要对各种问题发表意见、表明态度,为了确定某一思想的真实性或让别人相信自己的命题是正确的,还要摆事实、讲道理,进行一番推论。这种运用某些有关事实的命题或有关科学理论作为依据,借助于一定的推理形式,从中推出所要确定的命题真实性的思维过程,就是论证。例如:

（1）犯罪都要受到惩罚。因为犯罪是触犯刑律的,而触犯刑律都要受到惩罚。

在这个论证中,它用了"犯罪是触犯刑律的"和"触犯刑律都受到惩罚"这两个已知为真的命题,确定了"犯罪都要受到惩罚"这个命题的真实性。

(2) 实践是检验真理的唯一标准。科学史上的无数事实,充分地说明了这一点。哥白尼关于太阳系的学说,300年里一直是一种假说,直到勒维烈从他所提供的数据中,不仅推算出存在一颗未知的行星(即海王星),而且在确定了这颗行星的位置后,哥白尼的学说才被公认为真理;门捷列夫根据原子量的变化制定的元素周期表,是被尔后的实践证明为正确之后才被人们公认的;同样,在哲学、社会科学领域,马克思主义之所以被承认为真理,也是千百万革命群众长期实践证实的结果。

这段议论就是一个完整的论证过程,它用"哥白尼关于太阳系的学说"、"门捷列夫制定的元素周期表"和"马克思主义学说"这样三个已知为真的命题,确定了"实践是检验真理的唯一标准"这一命题的真实性。

8.2 论证的结构

任何一个论证都是由论题、论据和论证方法三个要素构成。

8.2.1 什么是论题

论题是通过论证要确定其真实性的命题。论题所回答的是"论证什么"的问题,也是展开论证的出发点。在文章或讲话中,它是所要阐述的基本观点。在司法实践中,比如,起诉书、公诉书、判决书提出被告人犯什么罪,如何处理,这都是论题。上述例(1)中的"犯罪都要受到惩罚",例(2)中的"实践是检验真理的唯一标准"就是论题。

论题既可以是经过实践检验已经证明为真的命题,也可以是在论证之前尚未经过实践检验、未确定其真假的命题。在前一种情况下,论证的目的在于揭示或说明某个命题之所以真实的根据,使人们更加信服、接受,不仅知其然,而且知其所以然。所以,论证主要是侧重表述方面。比如,教师在课堂上对已有原理的论证,其论题大多属于这一种。在后一种情况下,论证的目的在于探求真理,为某个命题提供理论的或事实性的根据,以便确定某种观点,某种设想的合理性、可行性。所以,论证主要侧重于探索。比如,在科学活动中,对科学假说的论证,在侦查工作中,对案情的分析和破案方案的论证等,都属于这一种论证。

8.2.2 什么是论据

论据是用来确定论题真实性的命题,它是论证论题成立并令人信服的理由和根据,即用来论证的根据是什么。上述例(1)中的"犯罪是触犯刑律的"和"触犯刑律都受到惩罚";例(2)中"哥白尼关于太阳系的学说"、"门捷列夫制定的元素周期表"和"马克思主义学说"都是论据。

在论证中,作为论据的命题有两种:一种是已经被确认的关于客观事实的命题,即事实论据,它包括具体事实,数字、历史文献及科学实验材料等。通常所说的"摆事实"指的就是这种命题。另一种论据是表述科学原理的命题,它包括定义、公理、原理等。通常所说的"讲道理"指的是这种命题。用科学原理作论据,能使论证深刻,说服力强。

8.2.3 什么是论证方式

论证方式是指论据和论题之间的联系方式,即论据如何推导出论题的方式。它包括两个方面:

第一,采用何种推理形式,使论据同论题发生联系。

如上所述,论证必须借助于论据与论题之间构成的推理关系实现,离开了推理就谈不上论证。论据是前提,论题是结论。一个论证过程可以只包含一个推理,也可以包含一系列推理。例如上述例(1)中只用了一个三段论推理,而例(2)中用了一个归纳推理。

推理可分为演绎推理、归纳推理和类比推理,论据与论题联结而成的推理形式,也相应地具有这几种形式。因此,论证就可分为演绎论证、归纳论证和类比论证。

第二,采用何种方法,使论据的真实性能够证明论题的真实性。

证明论题真实性的方法,可以是直接的方法,也可以是间接的方法。前者是论据直接与论题发生联系,论据真可以直接推出论题真;后者是用论据确定另一个命题虚假,进而确定论题的真实性,它的论据不直接同论题发生联系,而是同论题以外的其他命题发生联系。

在思维活动中,对于不同内容的论题,可以采用相同的论证方式去论证,对于同一个论题,又可以有几种不同的论证方式。对于一个具体论题,到底采用什么样的论证方式,要根据不同的内容和不同的论证目的以及论证者掌握的不同论据来定。

论证方式并不独立存在于论题和论据之外,而是以隐含的形式存在于论题和论据之中。所以,论证方式在论证的语言表达中不像论题和论据那样明显。分析论证方式就是分析论证过程中采用了何种推理形式。要做到正确地分析一个论证的论证方式,就需要在熟练掌握各种推理形式的基础上,正确把握论题和论据之间的逻辑联系。

8.3　论证的纯粹性

论证的纯粹性指的是，论题必须要通过采用一种或几种推理形式由论据推出，而不是靠主观想像得出。例如：

要判断张三是否是作案人，不能光靠想像，不能认为张三平时品德高尚，不可能作案，必须得进行有效的论证。如果经过调查，证明张三没有作案时间，这样，就可以推出张三一定不是作案人，这个结论是必然的，纯粹的，不夹杂有个人的主观臆断。因为这个结果是通过一个推理形式和论据必然联系起来的。这个推理形式就是充分条件假言推理的否定后件式。

上述推理如下：

如果张三是作案人，那么张三一定有作案时间；经过调查，发现张三没有作案时间。所以，张三不是作案人。

在司法工作中，论证是诉讼活动各个阶段都不能不用到的一种智力手段。众所周知，司法人员对案件的任何断定，无论是对案件性质的认定，还是对具体案件作出的裁决判处结论，都必须引用相关的法律规定和可靠的关于案件事实的命题，对之进行具有说服力的、令人信服的论证。否则，就不能不使人怀疑定性、判处结论的合法性和正确性。至于法律文书的制作和法庭辩论的展开，更是论证方法手段的具体应用。在某种意义上可以说，法律文书的制作质量和法庭辩论的实际效果，很大程度上取决于论证的运用技巧和论证作用的发挥程度。但这些都不能脱离开推理形式而进行，不能靠主观臆断或猜测，论证一定要纯粹。

8.4　论证与推理的关系

论证与推理既联系又区别。

联系方面：

推理是论证的工具，论证是推理的应用。任何论证都要借助推理才能进行。论题相当于推理的结论，论据相当于推理的前提，论证方式相当于推理形式。如以下议论，按大前提、小前提、结论的次序排列是推理：

〔大前提〕因为凡是作案者都有作案时间，

〔小前提〕而张三没有作案时间。

〔结论〕所以，张三不是作案者。

这是三段论第二格的 AEE 式。把这一议论，按论题、论据的次序排列是论证：

〔论题〕张三不是作案者。
〔论据 1〕因为凡是作案者都有作案时间，
〔论据 2〕而张三没有作案时间。

论证和推理在结构上的关系可由下图表示：

论　证	推　理
论　据	前　提
论　题	结　论
论证方式	推理形式

区别有四：

第一，思维进程不同。论证是确认论题的真实性，由未知到已知，其思维进程是先提出论题，后为论证论题的真实性而寻找论据，再用论据对论题进行论证，是论题在先，论据在后。推理是由已知前提推出未知结论，其思维进程是先前提，后结论。

第二，对前提或论据真实性的要求不同。推理只断定前提与结论之间具有必然联系，或者或然联系，它并不必然断定前提的真实性。但是，论证却不只是断定论据和论题之间有必然联系或者或然联系，而且还由断定论据的真实性，进而断定论题的真实。

第三，逻辑结构的繁简不同。论证的结构通常比推理复杂，往往由一系列推理构成。

第四，目的不同。论证的目的是确认某个命题为真，在于阐明真理。推理的目的是得出一个新的命题，在于发现真理。

8.5　论证的作用

论证是理性认识的一种思维形式，它在人的认识和实践活动中有重要的作用。

第一，论证是人们获取新知识的重要手段。通过逻辑论证，人们可以在已有的知识的基础上获得新的知识。例如，伽利略通过"物体下落速度与重量无关"的论证，推翻了亚里士多德关于运动的理论；罗巴切夫斯基在对"直线外一点可以引无数条直线与它相平行"的论证过程中，建立了不同于欧几里德几何学的罗巴切夫斯基几何学;毛泽东同志通过对"中国革命走农村包围城市的道路"思想的论证,建立了中国新民主主义革命的理论。

第二,论证是探索真理的重要工具。在科学发展史上,科学家利用科学规律进行理论探索与论证,从而作出重大发现的事例屡见不鲜。例如,门捷列夫利用他发现的元素周期律,从理论上论证了许多先前化学中未知元素的存在,对这些元素的某些性质做了描述。后来,一些元素陆续被发现,其性质也很准确地和门捷列夫所预见的相符。又如,1834年,贝瑟尔观察天狼星自行时,发现它并不沿着直线(指大圆的弧)运动,而描绘出波浪式的曲线。他因此推测,这可能是天狼星被另一颗紧挨着它的星所摄动而产生的。10年后,他经过详细计算和逻辑论证,便从理论上断定这颗星(即天狼伴星)是存在的。又经过18年,美国克拉克用天文望远镜观测,证实了贝瑟尔的发现,天狼伴星的发现说明论证在发现真理方面的重要作用。

第三,论证是传授知识、传播真理,反驳谬误和诡辩的重要手段。在日常生活和工作中,要把真理传播给别人,使他们信服并付诸实践,就需要论证。例如,老师对知识的讲授,既是传播知识,又是传播真理,其中论证起着重要的作用。同样,我们要捍卫真理,发展真理,就必须用充分的论证揭穿谬误和诡辩的实质,来识别诡辩和驳斥谬误。

第四,论证是各种推理和逻辑方法的综合运用,是检验真理的工具。一个科学理论观点,无论在实践检验之前,还是在实践检验之后,都需要经过逻辑论证。论证是各种推理和逻辑方法的综合运用,通过论证,揭示各命题之间的逻辑联系,明确其发生和发展的过程,这样就能从整体结构上把握命题的性质、地位和作用。

8.6 论证的种类

根据论证的方法不同,亦即在论证的过程中是否有反论题,将论证分为:直接论证和间接论证。

8.6.1 什么是直接论证

直接论证就是引用论据从正面直接确定论题真实性的论证方法。

直接论证的特点是:论据直接与论题发生联系,不通过其他命题为桥梁便可由论据真推导出论题真。例如前面举的例(1)和例(2)都属于直接论证。

8.6.2 什么是间接论证

间接论证是通过确定与论题相排斥的其他命题的虚假来确定该论题真的论证方法。间接论证的特点是:论据不直接与论题发生联系,而是同论题之外的、与论题相排斥的命题发生联系。间接论证又分为反证法和选言证法。

8.6.2.1　什么是反证法

反证法又叫假言证法,它是先证明与原命题相矛盾的命题为假,然后根据排中律确定原命题真的间接论证。

8.6.2.1.1　反证法的运用过程

首先,设定一个与原论题相矛盾的反论题;

然后,证明反论题假,通常以反论题为前提构成一个充分条件假言命题(其后件为假命题);

再后,以此为前提构成一个充分条件假言推理的否定后件式,由否定后件推出否定前件(即反论题假)的结论;

最后,根据排中律,由反论题为假,证明原论题为真。

例如,我们必须大力发展教育,如果不是这样,就不能满足社会主义现代化建设对各种人才的需要,就不能迅速提高整个中华民族的文化素质,社会主义现代化建设也就会成为一句空话。

这个论证所用的方法就是反证法。它的论题是"我们必须大力发展教育"。为了确定这一论题的真实性,先假设了一个反论题"我们不大力发展教育",然后从这一反论题出发,必然得出"不能满足社会主义现代化建设对各种人才的需要,不能迅速提高整个中华民族的文化素质"的结论。这样就组成了一个充分条件假言命题,但其后件,即由反论题得出的结论显然是错误的(因为社会主义现代化建设对各种人才的需要已得到满足,整个中华民族的文化素质也已迅速提高),应给予否定。根据充分条件假言推理的否定后件式,从而推出反论题"我们不大力发展教育"是假的;再根据排中律,就可以确定"我们必须大力发展教育"是真的。

根据上述分析,将反证法概括为以下四个步骤:

第一,为了证明 p,先提出与论题 P 有矛盾关系的反论题非 p。

第二,假定反论题非 p 真,并根据这一假定推出一个(或一些)显然荒谬的命题 q。

第三,运用充分条件假言推理否定后件式,从否定 q 进而否定反论题非 p。

第四,根据排中律,两个互相矛盾的命题不能同假,必有一真。既然反论题非 p 是假的,那么,论题 p 必真,即论题 p 得到了证明。

8.6.2.1.2　反证法过程的形式表示

论题:p

反论题:非 p

证明:如果非 p,那么 q

　　　非 q

　　―――――――――

　　　所以,非"非 p"(即"p")

反证法证明简捷,是一种非常有说服力的证明方法。

运用反证法时,确定反论题不能成立的方法多种多样。既可以由反论题引出两个相互否定的命题,亦即由反论题推导出逻辑矛盾来实现;也可以由反论题推导出与科学原理或人们公认的理论相悖的、明显荒谬的命题来实现。

在引用论据确定反论题不能成立时,采用的推理形式既可以是一个结构简单的充分条件假言推理的否定后件式,也可以是一个连接着一个的、连锁形式的充分条件假言推理或若干个并列的充分条件假言推理的否定后件式。

上面的例子就是通过一个结构简单的充分条件假言推理的否定后件式实现的。然而像我们前面关于三段论第一格"小前提必须是肯定命题"的论证:

"为什么三段论第一格的小前提必须是肯定命题呢?因为,如果三段论第一格的小前提是否定命题,那么,它的结论就只能是否定命题;如果结论是否定命题,则结论中的大项就必然是周延的;如果大项在结论中周延,则大项在大前提中必须周延;如果大项在大前提中周延,则大前提就必须是否定命题。这样,两个前提都是否定命题,根据三段论规则,不可能得必然结论。所以,三段论第一格的小前提必须是肯定命题。"

在这个论证中,论题是"(第一格的)小前提必须是肯定命题",设立的反论题是"小前提是否定命题",对该反论题的否定,就是在一个接一个地引申出推断的基础上,通过否定最后那个推断,进而层层地否定其前件,并最终否定反论题而实现的。

又如:

"我们必须加强社会主义法制。因为,如果我们不加强社会主义法制,就不能保障社会主义市场经济的顺利进行;如果我们不加强社会主义法制,就不能维护社会的安定秩序;如果我们不加强社会主义法制,就不能有效地惩治贪污腐败以及其他一切刑事犯罪;如果我们不加强社会主义法制,就不能切实保护人民的合法权益。"

在这里,对反论题"我们不加强社会主义法制"的否定,就是通过四个并列的充分条件假言推理的否定后件式(省略了不言而喻的小前提)来实现的。

由于反证法是严格的演绎论证,因此,它在数学及自然科学的领域中应用很广。当某个论题从正面不容易甚至不可能对之作出证明时,就要靠运用反证法。

8.6.2.1.3 运用反证法时,在逻辑上应注意的问题

第一,只有论题的矛盾命题才能作为反论题,论题的反对命题不能作为反论题。因为由论题的反对命题是假,不能必然地推出该命题是真的。

第二,由于反证法运用的充分条件假言推理的否定后件式,所以,在证明中要遵守充分条件假言推理的规则。

第三，反证法所依据的逻辑规律是排中律，而不是矛盾律。因而在运用反证法时，只能根据排中律由假推真，而不能误用矛盾律由真推假。

8.6.2.2 什么是选言证法

选言证法也称排除法或淘汰法，是通过先证明与原论题相关的其他全部可能性的命题都不成立，然后确定原论题真的间接论证。

8.6.2.2.1 运用选言证法的步骤

第一，确立一个包括原论题在内的关于某个问题的所有可能情况的选言命题。

第二，证明除原论题这一选言肢外其他肢命题均不成立。

第三，根据选言推理的否定肯定式，从而推出原论题真。

例如，追捕持枪杀人潜逃嫌疑犯王宗坊、王宗玮时，侦查人员证明"'二王'可能在衡阳、长沙、武汉一带流窜"时，就用了选言证法。侦查人员分析，"二王"离开茶山坳以后，去向不明，地图上的行踪线断了。下一步该怎样围捕？公安部的指挥所要拿出作战方案。根据经验、物证、情报分析，判断"二王"原计划是乘47次列车到广州，妄图越海出逃。车上的遭遇，打乱了他们的行动计划，衡阳遇险，使他们感到到处都已布下了天罗地网，不敢继续南行，更不敢北归，近一段时间内，他们只可能流窜在衡阳、长沙、武汉一带。

这段论证如下：

"二王"或者继续南逃，或者北返，或者无目的地逃窜。

他们不敢继续南去（车上遭遇……打乱了计划），也不敢北返（北返不安全，衡阳遇险，他们知道处处布下了天罗地网）。

所以，他们无目的地逃窜（即可能在衡阳、长沙、武汉一带流窜）。

又如，一房间主人惨死在木椅上，福尔摩斯断定为谋杀，医生却不明白："罪犯究竟是怎么进来的呢？门是锁着的；窗户又够不着；烟囱太窄，不能通过。"福尔摩斯说："当你考虑到一切可能的因素，并且把绝对不可能的因素都除去以后，不管剩下的是什么，不管是多么难以相信的事，那不就是实情吗？咱们知道：他不是从门进来的，不是从窗户进来的，也不是从烟囱进来的。咱们也知道，他不会预先藏在屋里边，因为屋里没有藏身的地方。那么他是从哪里进来的呢？"医生嚷道："他是从屋顶那个洞进来的！"经查，果然如此。其论证如下：

或是从屋顶的洞进来，或从门进来，或从窗户进来，或从烟囱进来，或预先藏在屋里。

不从门进来，不从窗户进来，不从烟囱进来，不预先藏在屋里。

所以，从屋顶的洞进来。

8.6.2.2.2 选言证法过程的形式表示

求证：p

设：或者p真，或者q真，或者r真

证明：q假，并且r假

所以，p真

司法工作中，在分析案情、确认案件事实时作出的论证，很多情况下都因难以直接确定论题的真实性而不得不采用选言证法进行论证。比如，要证明"发案时某人在作案现场"，靠直接对该论题作出证明不太容易，往往就要设想出在发案时间内某人还可能在哪些地方，或者他可能辩解说他在哪些地方，然后用证据证明他不在这些地方，进而证明论题为真。刑侦工作中对案件性质的论证，一般也少不了要用到选言证法。

8.6.2.2.3 运用选言证法时，在逻辑上应注意的问题

第一，所构成的选言命题，其选言肢必须穷尽。否则，即使引用论据证明了其余选言肢假，也不能推出论题必然真。

第二，对论题之外的其余选言肢的否定，必须理由充分。如果对其余选言肢中的任一命题否定不成立，也不能推出论题必然为真。

反证法与选言证法都属于间接论证的方法，其共同之处在于论据都不是与论题直接发生联系，都是通过引用论据确定其他命题虚假，进而确定论题为真的。只不过反证法是通过确定与论题构成矛盾关系的那个命题假，从而推导出论题真；而选言证法则是逐一确定论题以外的、分别与论题构成反对关系的各个命题假，进而推出论题真。

实际思维中，直接论证与间接论证常常结合运用。对同一论题，既运用直接论证从正面确定论题的真实性，又运用间接论证的方法从反面确定论题的真实性，这样，可以使得论证更具有说服力。

8.7 什么是演绎论证、归纳论证、类比论证

根据在论证中所运用的是何种推理，论证又分为：演绎论证、归纳论证、类比论证。

8.7.1 什么是演绎论证

演绎论证是运用演绎推理的形式进行的证明。它是根据一般原理来证明某一特殊论断的真实性。在演绎论证中，一般是以科学原理、定理、定律或其他一般性的真实命题为根据，运用演绎推理的形式，推导出某一论题。

例如：某甲有作案动机，因为犯罪分子都有作案动机，而某甲是犯罪分子。

这段议论就是一个演绎论证。用"犯罪分子都有作案动机"这个一般原理证明"某甲有作案动机"这一论题,在这里,论证方式是直言三段论的第一格。此外,演绎论证还有运用假言推理或选言推理等推理形式进行的证明。又如下面这个论证,则是通过二难推理直接证明"侦查过程中调查浮尸案件的死者为什么必须先近后远,远近结合呢? 因为除了部分浮尸案件的死者被杀害的地点可能在外地之外,绝大多数的死者都是在本地甚至是在发现尸体的地点或者附近被害的。如果死者是本地人,在本地就必须有相应的失踪者;如果死者系外地人,在本地乃至在现场附近必有其生前活动的踪迹可寻"。

这个论证整理出来实则就是这样一个二难推理:

如果浮尸案件的死者是本地人,那么本地必有相应的失踪者(调查应先近后远);

如果浮尸案件的死者是外地人,那么本地必有其生前活动的踪迹可寻(调查应先近后远);

(浮尸案件的死者只能或者是本地人,或者是外地人)

所以,浮尸案件的调查应先近后远。

演绎证明中只要作为论据的一般原理真实可靠,反映具体情况属实和推理形式符合规则,那么论题就是可靠的,所以在司法工作中,比如关于定罪、判刑或法医检验结论的证明,多用演绎论证。

8.7.2 什么是归纳论证

归纳论证就是运用归纳推理的形式进行的证明。它是根据一些个别或特殊性的论断来证明一般性的原理。其特点是:归纳论证的论据是一系列反映具体事例的命题,或者是一类事物包含的若干事物情况的较为特殊性的命题;而其要证明的论题,则是关于这些事例或较特殊性事物情况的概括,是较论据更为广泛、更具一般性的命题。它的论据与论题联结而构成的推理,既可以是完全归纳推理,也可以是不完全归纳推理,而且,实际论证中,特别是在人文社会科学领域中运用的归纳论证,往往是通过不完全归纳推理来进行的。例如:

在中华民族的开化史上,有素称发达的农业和手工业,有许多伟大的思想家、科学家、发明家、政治家、军事家、文学家和艺术家,有丰富的文化典籍。在很早的时候,中国就有了指南针的发明。还在 1800 年前,已经发明了造纸法。在 1300 年前,已经发明了雕版印刷。在 800 年前,更发明了活字印刷。火药的应用也在欧洲人之前。所以,中国是世界文明发达最早的国家之一。

这段议论就是一个归纳论证。它用了一个不完全归纳推理,通过列举一系列反映具体事例的论据,证明了"中国是世界文明发达最早的国家之一"这一论题。

又如:

法医观察了若干个低下部位出现尸斑的尸体发现,都是死后 2—4 小时出现的。为什么都是死后 2—4 小时出现尸斑呢?经过分析得知:在这个时间内由于死者血液循环终止,血液自然下沉,造成低下部位毛细血管充血,因此出现尸斑。于是得出结论:人死后 2—4 小时会出现尸斑。

这段议论也是一个归纳论证。它用了不完全归纳推理中的科学归纳法证明了"人死后 2—4 小时会出现尸斑"这一论题。法医工作者反复观察这种现象,他们不是简单地考察个别对象就概括出结论,而是分析了人死后 2—4 小时与低下部位出现尸斑的内在联系,是在弄清了现象之间的因果联系后得出结论的。这种方法在科学中常用。

不完全归纳推理的结论超出了前提所断定的范围,前提与结论之间的联系是或然的,在前提真时,其结论也有可能假。因此,单独运用不完全归纳推理进行证明,还不能完全有效地确定论题的真实性,只能对论题的真实性给予某种程度上的支持。但是,不能由此就否认不完全归纳推理的证明作用。只要掌握了大量事实材料,或用典型事例作论据,运用不完全归纳推理进行证明也具有说服力。它是人们常用的证明方法。

完全归纳推理的前提如果是真的,结论就必然是真的。因此,运用完全归纳推理进行证明,能有效地确定论题的真实性。例如:三段论推理中,对一般规则中的第六条"两个特称前提推不出结论"和第七条"前提中有一个特称则结论必特称"这两条规则的证明,用的就是完全归纳推理。

在证明一个论题时,常常把演绎论证和归纳论证结合起来使用,这样可以使论题更具有证明性和说服力。例如:

〔论题〕适量饮酒患心脏病的危险小。

〔论据1〕波士顿妇女医院医生迈克尔研究了 680 个案例,证明适量饮酒患心脏病的危险小。(简单枚举归纳推理成分,列举事实论据)

〔论据2〕

〔大前提〕过去的研究表明,脂蛋白质含量高使患心脏病的危险减小。

〔小前提〕现在的研究表明,适量饮酒脂蛋白质含量高。

〔结论〕所以,适量饮酒患心脏病的危险小。(演绎推理成分,列举理论论据)

这段议论就把演绎论证和归纳论证结合起来,有较强的必然性、说服性。

8.7.3 什么是类比论证

类比论证是通过类比推理由论据直接推导出论题的论证。它的特点是:通过对两个(或两类)对象某些属性的相同或相似的比较,并根据其中一个(或一类)对象具有某种属性,进而证明论题另一对象也应具有这样的属性。

类比论证是运用类比推理进行的论证,而类比推理的前提(即论据)和结论(即论题)之间不具有必然联系。尽管如此,只要人们在论证中能够把握住类比对象属性间的实质相关性,这样的类比论证仍然可以具有很强的说服力。因此,在实际思维中仍被广泛运用。例如,当一些科技工作者论证"塔里木河两岸可种植长绒棉"这个论题时,就用了下面这样的类比论证:

种植长绒棉需要日照长、霜期短、气温高、雨量适度等条件,中亚的乌兹别克地区具有这些条件,能种植长绒棉。我国的塔里木河两岸过去没有长绒棉,但是具有和乌兹别克地区相似的条件,因此,塔里木河两岸也可种植长绒棉。

可整理为:

中亚的乌兹别克地区和我国的塔里木河两岸地区都具有日照长、霜期短、气温高、雨量适度等条件。

中亚的乌兹别克地区能种植长绒棉。

所以,中国的塔里木河两岸地区也能种植长绒棉。

类比论证在司法工作中的作用也十分突出。比如刑事侦查工作中经常要用到的并案侦查和侦查实验等方法,审判工作中的类比法律推理,都是类比推理的应用。例如:某市文化路连续发生数起拦路强奸案,侦查人员将这几起案件进行了对比,发现它们有许多共同之处:(1)这数起案件都是发生在夏天深夜12点左右附近工厂女工下夜班之时,说明犯罪分子掌握了工厂下夜班的规律。(2)被侵害的对象都是下夜班单独回家的女工。(3)从作案手段来看,罪犯都是先尾随被害女工身后,然后突然骑车冲上去将被害人从所骑车上撞到,拉入无灯光的小胡同实施强暴,说明犯罪分子对文化路周围环境十分熟悉。(4)据几个被害人所述,她们描述的罪犯的身材、高矮、年龄等都基本相似。于是,侦查人员认为,这数起案件可能为同一罪犯所为,决定并案侦查。在一次蹲坑守候的过程中,当场抓获正欲实施强暴的犯罪嫌疑人张某。侦查人员突击讯问,张某对前数起拦路强奸案供认不讳。在这个案件的分析过程中,侦查人员依据几起案件的共同之处,用类比论证证明了"这数起案件可能为同一罪犯所为"这一论题。又如,在"付××诉饭山乡卫生院损害赔偿案"的二审法院的审理判决中,就运用了类比论证,将法无明文规定的"医疗差错"与法已明文规定的侵权损害赔偿进行类比,直接证明"上诉人(一审被告)应当承担民事责任"这个论题的正当性与合理性。判决书中是这样论证的:

"付××医生给上诉人造成的损害后果由于未达到死亡、残废或功能障碍的程度,因而不属于《医疗事故处理办法》第三条所称的'医疗事故',而仅属于医疗差错。对医疗差错单位是否应承担责任,现法无明文规定。但从侵权民事责任的构成要件来看,本案上诉人具备了应承担责任的所有要件:其医务人员有违法行为,即违反医疗规章制度的不作为行为;有给他人造成损害的事实;损害事实与违法行为之间有因果联系;行为人主观上有过错。所以,尽管不构成医疗事故,本案上诉人也应承担民事责任。"

演绎论证、归纳论证和类比论证都是通过论据与论题之间构成的推理关系,由论据的真实性或正当性直接推导出论题的真实性或正当性的论证。所以,演绎论证、归纳论证和类比论证本身也属于直接论证。

8.8 论证的规则

论证规则是保证论证的纯粹性,提高论证的论证性和说服力的必要条件。论证规则分别从论题、论据、论证方式三方面加以规定。

8.8.1 关于论题的规则

8.8.1.1 论题应明确

论题明确是指论题所表达的含义应当清楚而明白。论证的目的就在于确定论题的真实性,因此,清楚而明确的论题是论证的先决条件。论题明确,才能使论证具有明确的方向,从而有效地确定论题的真实性,增强议论的论证性和说服力。否则,论证就会缺乏明确的方向,不能有效地论证论题的真实性,议论就缺乏论证性、说服力。因此,在论证时,要求论证者首先弄清自己的论题是什么,并且用明确的语言表达出来。违反这一规则所犯的逻辑错误称为"论题模糊"或"论题不清"。

例如,有人不承认"实践是检验真理的唯一标准"这一马克思主义的基本原理,但又不敢明确否定,于是便含糊其辞地提出:"实践和马克思主义都是检验真理的标准。"这一论题表述的观点就很模糊。正如有篇文章批评指出的:这个论题"是说有的认识都需要既用实践又用马克思主义来检验,还是说有的认识需要用实践来检验,有的则需要用马克思主义来检验呢?"当然,不论上述哪种意思都是错误的。从逻辑上说,则是犯了"论题不清"的错误。

司法文书中,如果文书的主旨不明,就不符合这条规则的要求。例如,诉状的书写,要把诉讼目标明确提出来:一是,谁告谁要明确,即原告和被告的姓名、性别、年龄、住址等要明确,使法院收到诉状后,易于调查,便于传讯;二是诉讼什么问题要明确,即争端的焦点,请求的目的是什么,必须明白的提出来。制作司法文书的目的要明确,解决的问题要清楚、解决问题的意见要鲜明突出。这是论证的这条规则在司法文书中的具体体现。又如,在辩护词的书写中,辩护人对案件的基本看法,必须在辩护词的序言中明确提出来。在认定犯罪事实和适用法律方面的辩护,被告人的行为是否构成犯罪,犯什么罪,罪重还是罪轻,是一罪还是数罪,都必须立论清楚、观点明确。在辩护词的结尾部分,应明确提出辩护词的结论性的意见,对被告人如何定罪量刑,适用什么刑法条款,向法院提什么看法、要求或建议都必须观点明确。公诉人出庭答辩,要紧紧抓住辩论的重点和分歧的焦点,即抓住案件事实、性质的认定,对法律条款的适用和诉讼程序是否违法以及错误观点等进行辩论。至于与案件无关和不涉及影响定罪量刑的枝节问题不予答辩。只有这样,才能使辩论的主次分明、重点突出、观点明确,从而达到法庭辩论的目的。

8.8.1.2 论题应当保持同一

论题应当保持同一,是指在一个论证中只能有一个论题,并且在整个论证过程中保持不变,始终围绕该论题进行论证,即遵守同一律的要求。违反这条规则所犯的错误"转移论题"或"偷换论题"。

"转移论题"或"偷换论题"就是在论证过程中将论题转换成其他论题。例如,本来要论证的是"鱼油能健脑",而实际论证中却重点去论证"鱼油可以使人脑聪明"。很显然,这就是两个不同的论题。用后者替换前者,犯了"转移论题"的逻辑错误。又如,一篇题为《老年人长寿的要诀在于经常参加体育锻炼》的文章写道:早晨起来户外散步,可呼吸新鲜的空气,促进血液循环;上午公园遛弯儿可舒广胸怀,增加生活的情趣;下午弈棋、钓鱼,可活跃思维,陶冶情操;冬日狩猎,可活动筋骨;夏日游泳,可增强肌肤;春日登山,可开阔视野;秋日远游,可饱览山色风光。这篇文章所列举的论据貌似在证明论题,其实论述了老年人参加文体活动的益处,并没有针对论题进行论证。

"偷换论题"或"转移论题"的常见形式是证明过多或证明过少。

"证明过多"就是在证明的过程中,实际证明的论题,比原论题断定更多。例如,要证明"过量服用维生素 C 对人体无益",在证明过程中有意或无意地去证明"服用维生素 C 对人体无益",这就把问题扩大了,即证明过多。

"证明过少"就是在证明过程中,实际证明的论题,比原论题断定更少。如原论题为"四边形的内角和等于 360°",而实际证明的论题,却是"正方形的内角之和等于 360°",后者的断定比前者较少,这样原论题的真实性就没有得到证明,即证明过少。

在司法文书中,对同一案件性质的断定必须保持同一,否则就会犯转移论题的错误,对案件的定性造成混乱。

8.8.2 关于论据的规则

8.8.2.1 论据必须真实

论据是用来论证论题真实性的根据,论证的过程就是从论据的真实性推出论题真实性的过程。如果论据虚假,就无法从论据推出论题的真实性。因此,这条规则要求人们在论证过程中,所引用的论据必须是已经证明了的真实命题,不能引用虚假的命题作为论据,也不能引用真实性尚未证明的命题作论据。

如果以科学上已证明为假的或歪曲反映事实的命题作论据,就会犯"论据虚假"的逻辑错误。例如:

只有逆境才能出人才。因为从古至今,世界上没有哪一位杰出的科学家没有一段坎坷的经历。

这段论证里的论据"从古至今,世界上没有哪一位杰出的科学家没有一段坎坷的经历",就是一个虚假的,不符合事实的命题。如19世纪自然科学的泰斗达尔文,他的科学生涯就是一帆风顺的,在80多位获诺贝尔物理奖的科学家中,获得教授时的平均年龄还不到35岁,其中绝大多数都是在顺境的情况下作出天才发现的,如洛伦兹、费米、李政道等,更是"少年得志"。可见,上述这一论证就犯了"论据虚假"的逻辑错误。

如果以其真实性尚未被证实的命题作论据,就会犯"预期理由"的逻辑错误。以假说和猜测为论据就必然出现"预期理由"的错误。例如,有人说,地球上出现的不明飞行物,肯定是外星球的宇宙人发射的,因为现代科学告诉我们,外星球可能存在着比地球人更高级的宇宙人。他们向地球发射宇宙飞行器是很自然的事。

这段议论中以"外星球可能存在着比地球人更高级的宇宙人"作为"地球上出现的不明飞行物,肯定是外星球的宇宙人发射的"论据,显然是用一个尚未验证的命题作论据进行论证,犯了"预期理由"的逻辑错误。

在实际思维中,凡是以猜测、估计、传闻,甚至道听途说得来的命题作为论据证明论题,都属于这类错误。

8.8.2.2 论据的真实性不应当靠论题的真实性来证明

在论证中,论题的真实性是从论据的真实性中推出来的,即论题的真实性是依赖论据的真实性来证明的。如果论据的真实性还要依靠论题来证明,则论据和论题的真实性都不可能得到证明,就会形成论题与论据互为依据的"循环论证",又叫"窃取论题"。

例如,在论证"地球是圆的"这一论题时,以观察到的事实"我们站在高处看海中的帆船,从远处驶来,总是先见船杆后见船身"作为论据,而当说明这一论据时,又以"地球是圆的"作为论据来进行证明,这就犯了"循环论证"的逻辑错误。

8.8.3 关于论证方式的规则

论证方式的规则是在论据和论题之间必须存在推断关系,即从论据应能推出论题,论据是论题的充足理由,从论据的真实性能合乎逻辑地推出论题的真实性。关于论证方式的规则就是一条,即论据要能必然地推出论题。若违反这条规则就会犯"推不出"的逻辑错误。我们从反面论述,以加强对此规则的理解和认识。这种逻辑错误通常有以下几种表现:

一、论据与论题不相干

论证过程中,如果论据与论题之间在内容上毫无关系,即使论据是真的,但对论证论题真实性并无实际意义,因而不能从论据推出论题,必犯"推不出"的逻辑错误。例如:

有人在论述"厨师刘某盗窃了学校食堂的食油"这一论题时,找了三个方面的论据:第一,刘某的父亲曾因盗窃坐过牢;第二,刘某不是学校的正式职工;第三,刘某沉默寡言。在这里,三个论据与论题没有任何关系,即使三个论据都是真的,也和论题的真实性毫不相干。

在起诉书中,如果所陈述的事实和法律依据与被告的罪名认定不相符合,这也是论题与论据不相干。例如,某被告与一男孩(12岁)在某大街一侧的人行道上玩排球,该男孩打了一个低球,被告用脚接球,但未能稳住,球滚上马路。此时,63岁的吕某骑车经过,车轮轧球,人摔倒在地,头碰到地上,造成闭合颅脑损伤,合并脑出血,经抢救无效,两天后死亡。检察院以被告犯交通肇事罪提起公诉。某律师出庭辩护。律师根据《刑法》第133条的规定,指出交通肇事罪具有两个主要特征:第一,犯罪的主体是从事交通运输的人员;第二,在客观上的表现为:交通运输人员过失地违反规章制度,发生重大交通事故,致人重伤、死亡或者使公私财产遭受重大损失。本案被告和他的行为不具有上述特征。被告是羊毛衫厂的机修工人,不能作为本罪的主体。在公路便道上玩球,仅仅违反了《某市道路交通管理暂行处罚条例》。《刑法》第133条不适用于本案。因此,仅凭"被告在公路旁玩球出事",不能就认定"被告犯交通肇事罪"。

从逻辑上分析,律师的辩护指出了起诉书中所陈述的事实和法律依据与被告罪名的认定二者之间"风马牛不相及",即论据不是论题的充足理由。

二、论据不足

论据不足是指已有的论据虽说是必要的,但不是充分的,必须补充其他的论据来,才能充分论证论题的真实性。例如:

"我国历史上的民族英雄戚继光,小时候他父亲戚景通对他十分钟爱,对他期望也很大,因此,对他的教育是非常严格的。正是由于家教严格,使戚继光长大后成为一名震惊中外的军事帅才。"

在这段论证中,就属于论据不足,理由不充分。戚继光出生于将门之家,"家教严格"是他长大后成为震惊中外的军事帅才的一个条件,但并不是唯一的条件。

又如：

"毛某就是本案的凶手无疑。因为第一，毛某是该银行营业所的记账员，熟悉营业所的内部情况；第二，案发后毛某最先到达现场而不及时报告，反而浇水扫地破坏现场；第三，用于纵火焚尸的引火物谷草，是毛某在发案前三天带来营业所的；第四，毛某家中有一把刀子，其刀口宽度、长度与被害人身上的伤口大致吻合。综上所述可见，毛某一定是本案凶手。"

上述这些理由也许都是真实的，并且与所要证明的论题之间也有一定的联系，但这种联系不是必然的。由这些论据的真，只能推出论题有可能是真的，但不能推出论题必然是真的。所以，这样的论证同样是由于论据不足而犯了"推不出"的逻辑错误。

三、以人为据

以人为据就是仅仅以某权威、某人的言行为根据，或者仅仅以某声誉不佳的人的言行为根据，对某一论点进行肯定或否定，并不考虑他们的言行是否符合客观实际的错误，其实质是以颂扬或攻击某人的个人品质代替科学的论证。

比如论证说："某甲没有实施某个犯罪行为，因为某甲平时表现很好，对人诚恳正直"；"某乙实施了某个犯罪行为，因为某乙品质恶劣，令人厌恶"，等等。这就犯了"推不出"的逻辑错误。因为由"某甲平时表现好，对人诚恳正直"真，不能必然推出"某甲没有实施某个犯罪行为"是真的，同样也不能由"某乙品质恶劣，令人厌恶"为真必然推出"某乙实施了某个犯罪行为"为真。

在司法工作中，"以人为据"的逻辑错误表现如下：一是用关于某人品质恶劣的评价，来证明他是否实施了某种犯罪行为；二是用证人是否是领导、权威，来衡量其证言的真实可靠性，用某人因为犯过错误或与被告有一定的利害关系，就认为其证言不可信。

四、违反推理规则

违反推理规则是指在论证中所运用的推理形式不正确，违反推理规则，即使论据真实，也不能证明论题的真实性。例如：

有人认为："某人肯定是一氧化碳中毒致死的。因为，该死者的尸斑呈樱桃红色；如果是一氧化碳中毒致死的，那么尸斑呈樱桃红色。"

这个论证使用的是充分条件假言推理的肯定后件式，违反了充分条件假言推理"肯定后件不能肯定前件"的规则，是一个无效式。因此，即使作为论据的两个命题都是真的，也不能从论据推出论题，犯了"推不出"的逻辑错误。

8.9 什么是反驳

反驳是引用已知为真的命题来确定某一命题的虚假性或对它的证明不能成立的思维过程。例如：

1960年9月5日，一英国记者提出一个论题："一个国家向外扩张，是由于人口过多。"周恩来说："我们不同意这种看法。英国的人口在第一次世界大战前是4500万，不算太多，但是，英国在一个很长的时期内曾经是'日不落'殖民帝国。美国的面积小于中国，美国的人口还不及中国人口的三分之一，但是美国的军事基地遍于全球，美国的海外驻军达150万人。中国人口虽多，但是没有一兵一卒驻在外国的领土上，更没有在外国建立军事基地。可见，一个国家是否向外扩张，并不决定于它的人口多少，而决定于它的社会制度。"

这就是一个反驳，周恩来用英国和美国的例子证明英国记者的论题"一个国家向外扩张，是由于人口过多"假，同时即等于证明自己的论题"并非'一个国家向外扩张，是由于人口过多'"真。

由此可见，反驳不是为了证明某个命题的真实、正当，而是为了确定某个命题的虚假或真实性不可靠而展开的论证。从确立某种观点的角度看，论证是为了"立"，反驳则是为了"破"。反驳的作用，在于破斥谬误，而同时也在于阐扬真理。在反驳中，证明对方的论题假，同时即等于证明自己的论题真。因此，在确定某个命题的真实性或正当性的过程中，特别是在一个层次结构比较复杂的论证中，论证与反驳往往结合使用。

8.10 反驳的种类

反驳是为了否定某个论证而展开的思维活动。而论证是由论题、论据和论证方式三部分组成，其中任何一个部分不能成立，该论证也就不能成立。因此，反驳也就可以针对其中任何一个部分来展开。根据反驳对象的差异，将反驳分为：反驳论题、反驳论据和反驳论证方式三种类型。只要证明了其中任何一个部分虚假或不成立，都足以使得该论证不能成立，从而达到反驳的目的。

8.10.1 反驳论题

反驳论题就是对论题这一命题的反驳，即根据已知为真的命题，来确定所要反驳的论题的虚假性。

由于论题是论证的主体,是对方论证要证明的观点,因此,证明了对方论证中的论题虚假,或者揭示出该论题荒谬,不仅可以从根本上推翻对方的论证,而且可以起到否定对方观点的作用。也只有反驳论题,才能起到否定对方观点的作用。所以,反驳论题较之对其他论证部分的反驳更具有"破"的意义。例如:

1945年11月14日,纽伦堡国际军事法庭开庭,审判戈林等纳粹首要战犯。他们被指控犯有破坏和平罪、违反战争法规罪和违反人道罪。被告的辩护律师雅尔赖斯教授在替纳粹辩护中竟然声称,由纳粹德国发动的第二次世界大战虽然有5 500万受害者,但是却没有一个抓得住的凶手。他在法庭辩护时提出"行为之前法无规定者不罚"、"国际法不直接针对个人,而且,如果个人行为是国家行为,个人不负责任"、"执行命令者无罪"等辩护理由。

针对雅尔赖斯"国际法不直接针对个人"的论点,原苏联首席起诉人鲁登科指出,国际法对于个人和国家一样都要使他们承担义务,并对他们具有约束力,这一点早已被人承认,这是因为违反国际法的罪行是通过个人实施的,而不是通过抽象的实体,那么,不惩办个人就难以惩办国家。

原苏方起诉人在这里的反驳就是针对对方论题进行的反驳。针对论题进行反驳,只要论据充分,论证方式正确,就驳倒了对方的整个论证。

在法庭辩论中,被告人或辩护人作无罪辩护时,为了证明起诉书中所提出的罪名不能成立,也经常从反驳论题入手。只要能把罪名推翻,那么无罪辩护也就能成立了。

8.10.2 反驳论据

反驳论据,是证明对方论据的虚假。它是引用真实性或正当性明显的命题,以确定支撑对方论题的某个论据虚假或不能成立而作出的反驳。

例如,某报曾载文说,厄瓜多尔的"贝尔卡邦巴是世界长寿区,因为这里的大多数人都活到120—130岁"。对此,有人就作了下面这样一个反驳:

"所谓'贝尔卡邦巴是世界长寿区'的说法不可信,因为这里大多数人,并不像×文中说的那样都活到120—130岁。1974年美国的两位学者的调查结果表明,该地区居民有两个风俗。其一是年过60岁的,总是理所当然地把实际年龄提高。如自称活了129岁的门迪达,在他61岁(1944年)时便虚称70岁。5年后又自称为80岁,到了1974年时自称为127岁。这样的例子在几乎所有的老年人身上都存在。其二是儿童或青少年死亡时,他们的名字要留给才出生的婴儿,这个婴儿一出生便有了所顶替的那个人的年龄。可见,认为这里的大多数人都活到120—130岁的说法是不真实的,所谓'贝尔卡邦巴是世界长寿区'的说法,当然也就是不可信的。"

这就是针对对方论证中的论据进行的反驳。反驳中引用了真实性明显可靠的一系列事实性命题,直接确定了被反驳的论据,即"贝尔卡邦巴的大多数人都活到120—130岁"这个命题不符合事实。证明了对方的论据虚假,也就使"贝尔卡邦巴是世界长寿区"的这个论题站不住脚。

在通常情况下,驳倒了对方的论据,并不等于驳倒了对方的论题,只能说明对方的论证还不能成立,其论题的真实性还不能确认。论题真实性未被确认与论题虚假不同。一个论题是否真实,并不取决于它的论据是否真实。因此,驳倒了对方的论据,不等于就驳倒了对方的论题。

8.10.3 反驳论证方式

反驳论证方式就是指出对方的论证方式违反了有关的推理规则,犯了推不出的逻辑错误。即揭露论题和论据之间没有必然的逻辑联系。例如:

茅以升是科学家,因为所有科学家都是有真才实学的,而茅以升是有真才实学的。

要反驳这个证明,就可以指出它的论证方式是错误的,因为这个论证方式所运用的三段论是一个错误的推理形式,它的中项在前题中一次都没有周延,违反了三段论一般规则中的"中项在前题中至少周延一次"。所以,这个论证是不成立的。

又如,有人这样论证"小张这次考试成绩未达到优秀"。因为只有这次考试成绩达到优秀,才能被评为三好学生;事实上,小张没有被评为三好学生。所以,小张这次考试成绩未达到优秀。

这是一个必要条件假言推理形式,它是一个错误的推理形式,从它的论据推不出它所论证的论题。因为它所使用的论证方式违反了必要条件假言推理"否定后件,不能否定前件"的规则。

应当注意的是,驳倒了对方的论证方式,不等于就驳倒了对方的论题,也不等于确定了对方的论据是虚假的。这是因为,在不少情况下,对方的论题和论据却是真实的。如上面的例子,论题"茅以升是科学家"和论据"所有科学家都是有真才实学的"和"茅以升是有真才实学的"都是真实的,只是论证方式是错误的。这时,驳倒了论证方式,只能说明对方论题的真实性还有待于证明。从推理的角度看,推理形式不正确时,无论前提(论据)是否真实,结论(论题)都是可真可假的。

反驳的主要目的,在于证明对方论题是虚假的。因此,反驳论题是最基本的。为了增强反驳的逻辑力量,人们常常把上述三种反驳方法结合起来使用。在某一具体反驳中,要根据具体情况决定采用哪些方法,这些反驳方法怎样结合才能做到恰当。

8.11 反驳方法

在反驳过程中,根据是否有反论题把反驳分为:直接反驳和间接反驳。

8.11.1 什么是直接反驳

直接反驳就是引用有关事实的判断(命题)或表达科学原理的判断(命题)作论据,直接推出某论题是虚假的。

例如,××市法庭就一起伤害案件进行法庭调解时,在公诉人宣读起诉书后,被告辩护说,被告伤害他人是一时感情冲动。公诉人答辩说,被告人张××首先提出要报复王××,被告人常××表示赞同,并承诺帮助打人。从此二人多次密谋、商定,在犯罪时间上选定2003年4月25日夜11点。在犯罪地点上选在地处偏僻、作案后能迅速逃跑而又不易被人抓获的地方。在作案工具上都制造了匕首。经过一周的时间准备,25日,被告张××请被告常××喝酒、吃饭之后,二人带匕首到现场,这完全是故意伤害他人,并不是一时的感情冲动。

这就是用事实直接反驳对方的论题。

直接反驳可以运用演绎推理(即演绎反驳),也可运用归纳推理(即归纳反驳)。在直接演绎反驳中经常使用对当关系直接推理,由真推假,即可证明对方的论题为假。

例如,要反驳"所有的天鹅都是白的",只要举出"有的天鹅不是白的"就可以驳倒这一虚假的论题。也可根据复合命题的逻辑性质进行反驳。

又如,甲说:"我认为有些未年满18岁的年轻人可以有选举权。因为有些年轻人思想成熟早,有独立的见解,聪明、能干。"乙反驳说:"我国法律明文规定:只有年满18岁的公民,才能有选举权。因此,未年满18岁而有选举权,这是违法的,根本不能成立。"这也是直接反驳。乙引用法律条文"只有年满18岁才有选举权"为真,直接推出"未年满18岁而有选举权"为假。因为必要条件假言命题前件假后件真时,该命题假。

在直接归纳反驳中,可以使用"个别事例法"反驳,也可以使用"简单枚举法"来反驳。为了驳倒"属羊的命苦"这一论题,可列举清朝的王夫之、李鸿章、慈禧太后和现代的国际巨星章子怡等都是属羊的,有的地位显赫,有的大有成就。

直接反驳的特点在于:不需要经过任何中间环节,反驳直接、有力。

8.11.2 什么是间接反驳

间接反驳是通过证明与被反驳的命题相矛盾或反对的命题为真,从而推出原命题是虚假的。间接反驳分为独立证明反驳法和归谬法两种。

8.11.2.1 独立证明反驳法

独立证明反驳法是先证明与被反驳的命题相矛盾或反对的命题为真,然后,根据不矛盾律确定被反驳的命题假。

一、运用独立证明反驳法的步骤:

第一,设定与被反驳命题相矛盾或反对的命题;

第二,通过演绎论证或归纳论证来证明相矛盾或反对的命题为真;

第三,根据不矛盾律,确定被反驳命题为假。

例如,在法庭审理王某抢劫案中,辩护人提出,被告人未抢得钱物,因而没有抢劫的事实,不构成抢劫罪。公诉人针锋相对地指出:"被告人的行为已构成抢劫罪。"并以不可辩驳的力量证明了这一论点:关于抢劫罪,《刑法》第263条规定:"以暴力、胁迫或者其他方法抢劫公私财物的,处3年以上10年以下有期徒刑。"也就是说,抢劫罪就是在主观上以非法占有为目的,在客观上实施了以暴力、胁迫或者其他方法抢劫公私财物的行为。被告人看见对面来了一个青年女子,手里提着一个包,估计装有财物,因此产生了抢劫的念头。被告人在主观上是以非法占有为目的;在客观上,被告人手持匕首,威胁被害人交出提包,虽然由于提包中没有钱物而没有达到抢劫的目的,但是被告人已实施了抢劫的行为,因此,构成了抢劫罪。

在这个案例中,公诉人用的就是独立证明反驳法,公诉人通过充分的论据,论证了"被告人的行为已构成抢劫罪",就驳倒了辩护人关于"被告人的行为不构成抢劫罪"的论点。

二、独立证明反驳法的推演过程:

反驳 P

设:非 P

证明:非 P 真

　　所以,P 假(根据不矛盾律)

三、独立证明反驳法的特点。

需要通过中间环节,先设立反论题,通过证明反论题的真,进而确定被反驳的论题为假,从而达到反驳的目的。

四、独立证明反驳法与反证法的区别:

首先,二者的作用不同。独立证明反驳法是用来确定某一命题的虚假性,而反证法用来确定某命题的真实性;

其次,二者的理论依据不同。独立证明的反论题与被反驳的论题可以是矛盾关系,也可以是反对关系,而反证法的反论题与原论题只能是矛盾关系;

最后,二者依据的规律不同。独立证明反驳法依据不矛盾律确定被反驳命题的虚假性,而反证法则依据排中律确定原命题的真实性。

8.11.2.2 归谬法

归谬法就是要反驳某论题,先假定其为真,然后由它推出荒谬的结论,从而证明所要反驳的命题的虚假。

一、运用归谬法的步骤:

第一,假定被反驳的命题为真;

第二,以它为前件推出后件,构成一个充分条件假言命题;

第三,根据充分条件假言推理的"否定后件就要否定前件"的规则,确定被反驳的命题的虚假。

例如,加拿大前外交官切斯特·朗宁,出生于湖北襄樊,喝中国奶妈的奶长大。在他竞选省议员时,反对派说他"喝中国人的奶长大,身上一定有中国血统"。朗宁反驳说:"根据你们的逻辑,你们是喝牛奶长大的,你们身上一定有牛的血统。"

这里被反驳的论题是"喝中国人的奶长大,身上一定有中国血统",反驳时先假定它是真的,由它的真来推出"你们身上有牛的血统"这一荒谬的结论,从而证明被反驳的论题为假。

又如,在一起贪污案的法庭辩论中,辩护人提出,被告人所领取的钱是奖金。公诉人反驳说:"如果被告人领取的是奖金,被告人为何在领款栏上不签自己的名字,却签他人的名字呢?更有甚者,被告人为何要暗中加大回扣手续费,骗取公司领导的批准呢?"

在这里,公诉人先假定辩护人的论点是真的,然后由之推出一系列有违于案情、无法解释的荒谬结论,从而驳倒了对方。

二、归谬法的推演过程:

反驳 P

设:P 真

证明:如果 P 真,那么 q

非 q

所以,并非 P 真

所以,P 假

归谬法的特点在于:这是一种以进为退的反驳方法。假定反驳的论题为真,是为了引出荒谬。引出荒谬是为了反戈一击,驳倒被反驳的论题。

三、归谬法与反证法既有联系又有区别。

联系方面:

反证法是先间接证明反论题的虚假(后确定论题的真实性),归谬法也是间接证明反论题的虚假。

区别方面：

第一，作用不同。反证法不用于反驳，其目的在于确定某一命题的真实性；归谬法用于反驳，其目的在于确定某一命题的虚假性；

第二，结构不同。反证法结构比归谬法结构复杂。反证法需设反论题，归谬法则不需要设反论题；反证法需要运用排中律，又确定反论题的假间接确定论题真，归谬法则不用排中律，它根据充分条件假言推理的否定后件式直接推出被反驳论题假。

【练习题】

一、填空题

1. 论证就是用一个或一些命题推出另一个命题的_____的思维过程。
2. 论证是由_____、_____和_____三部分组成。
3. 论证和推理有密切的联系，论题相当于推理的_____；论据相当于推理的_____；论证方式相当于推理的_____。
4. 间接论证是通过论证与现论题相矛盾的命题虚假，从而确定该论题为真的论证。间接论证可分为_____和_____。
5. 反证法是先证明_____，然后根据_____律确定原命题为真。
6. 选言证法是证明与原论题_____，然后确定论题真的论证方法，主要运用的推理形式是_____。
7. 反驳是引用_____确定另一命题的_____或_____的思维形式。
8. 反驳可分为反驳_____、反驳_____和反驳_____。
9. 间接反驳是先论证与被反驳论题_____的论题为____，然后根据_____确定被反驳论题为假。
10. 归谬法主要运用的推理形式是_____。

二、选择题（不定项选择）

1. 在论证中先论证与原论题相矛盾的论断为假，然后根据排中律确定原论题真的论证方法叫做（　　）
   A. 选言证法　　B. 反证法　　C. 归谬法　　D. 间接反驳
2. 反证法中所设的反论题非 P 与原论题 P 之间是（　　）
   A. 等值关系　　B. 矛盾关系　　C. 反对关系　　D. 差等关系
3. "论题应当保持同一"，这条论证规则的逻辑根据是（　　）
   A. 同一律　　B. 不矛盾律　　C. 排中律　　D. 充足理由律

4. 反证法所运用的推理形式是(　　)

A. 肯定前件式　　B. 否定前件式　　C. 肯定后件式　　D. 否定后件式

5. "有人说天下乌鸦一般黑,其实这是不对的,人们已经培育出了白乌鸦。所以,并非所有乌鸦都是黑的"。

请问这段议论所运用的反驳方法是(　　)

A. 直接反驳　　B. 间接反驳　　C. 归谬法　　D. 反证法

6. "对人民内部的民主方面和对反动派专政的方面,相互结合起来,就是人民民主专政。为什么理由要这样做?大家很清楚。不这样,革命就要失败,人民就要遭殃,国家就要灭亡。"在这个论证中,论证方式是(　　)

A. 直接论证　　　　　　　　　　B. 间接论证

C. 归纳论证　　　　　　　　　　D. 运用三段论的演绎论证

E. 反证法

7. 在论证过程中,如果违反了论据方面的规则,就会犯(　　)

A. "循环论证"的错误　　　　　　B. "预期理由"的错误

C. "论据虚假"的错误　　　　　　D. "转移论题"的错误

8. 有一种观点认为,到21世纪,和发达国家相比,发展中国家将有更多的人死于艾滋病。其根据是:据统计,艾滋病毒感染者人数在发达国家趋于稳定或略有下降,在发展中国家却持续快速发展;到21世纪,估计全球的艾滋病毒感染者将达到4 000万至1亿1千万人,其中,60%将集中在发展中国家。这一观点缺乏充分的说服力。因为,同样权威的统计数据表明,发达国家的艾滋病感染者从感染到发病的平均时间要大大短于发展中国家,而从发病到死亡的平均时间只有发展中国家的二分之一。

以下哪项最为恰当地概括了上述反驳所使用的方法?(　　)

A. 对"论敌"的立论动机提出质疑

B. 指出"论敌"把两个相近的概念当作同一概念来使用

C. 对"论敌"的论据的真实性提出质疑

D. 提出一个反例来否定"论敌"的一般性结论

E. 指出"论敌"在论证中没有明确具体的时间范围

9. "凡盗窃犯都占有赃物,因为,根据我们以往的侦查经验,某甲、某乙、某丙、某丁等盗窃犯都占有赃物。"这个论证是(　　)

A. 演绎论证　　B. 归纳论证　　C. 间接论证　　D. 选言论证

10. 如果驳倒了对方的论证方式,则说明(　　)

A. 对方的论题还不成立

B. 对方的论据虚假

C. 对方论题的真实性还有待证明

D. 对方论据犯了"推不出"的逻辑错误

11. 古希腊学者克拉底曾说"一切命题都是假的"。亚里士多德反驳说:"如果一切命题都是假的,那么这个'一切命题都是假的'也是假的。"亚里士多德的反驳用的是( )

　　A. 直接反驳　　　B. 间接反驳　　　C. 归谬法　　　D. 演绎反驳

12. 论据可以是( )

　　A. 科学定理、定律　　　　　　　B. 权威人士和领导的言论
　　C. 经实践检验为真的命题　　　　D. 各门科学的基本原理

13. 反证法与归谬法的主要区别是( )

　　A. 前者用于论证,后者用于反驳
　　B. 前者需设反论题,后者不需设反论题
　　C. 前者须用排中律,后者不用排中律
　　D. 两者都运用了充分条件假言推理的否定后件式

14. 独立证明反驳法与反证法的主要区别是( )

　　A. 前者是反驳方法,后者是证明方法
　　B. 前者需设反论题,后者不需设反论题
　　C. 前者依据不矛盾律,后者依据排中律
　　D. 前者确定被反驳的论题假或不能成立,后者确定论题真

15. 语言不能生产物质财富,如果语言能够生产物质财富,那么夸夸其谈的人就会成为世界上的富翁了。

以下哪项论证在方式上与上述论证最为类似?( )

　　A. 人在自己的生活中不能不尊重规律,如果违背规律,就会受到规律的无情惩罚
　　B. 加强税法宣传十分重要,这样做可以普及税法知识,增强人们的纳税意识,增加国家财政收入
　　C. 有些近体诗是要求对仗的,因为有些近体诗是律诗,而所有律诗都要求对仗
　　D. 风水先生惯说空,指南指北指西东,倘若真有龙虎地,何不当年葬乃翁
　　E. 金属都具有导电的性质,因为,我们研究了金、银、铜、铁、铝这些金属,发现他们都能导电

16. 这几年参加注册会计师考试的人越来越多了,可以这样讲,所有想从事会计工作的人都想获得注册会计师证书。小王也想获得注册会计师证书,所以,小王一定是想从事会计工作的人了。

以下哪项如果为真,最能加强上述论证?( )

　　A. 目前越来越多的从事会计工作的人具有注册会计师证书

B. 不想获得注册会计师证书,就不是一个好的会计工作者
C. 只有想获得注册会计师证书的人,才有资格从事会计工作
D. 只有想从事会计工作的人,才想获得注册会计师证书
E. 想要获得注册会计师证书,一定要对会计理论非常熟悉

17. 有人说:"哺乳动物都是胎生的。"
以下哪项最能驳斥上述命题?(　　)
A. 也许有的非哺乳动物是胎生的
B. 可能有的哺乳动物不是胎生的
C. 没有见到过非胎生的哺乳动物
D. 非胎生的动物不大可能是哺乳动物
E. 鸭嘴兽是哺乳动物,但不是胎生的

18. 林园小区有住户家中发现了白蚁。除非小区中有住户家中发现白蚁,否则任何小区不能免费领取高效杀蚁灵。静园小区可以免费领取高效杀蚁灵。
如果上述断定都真,那么以下哪项不能确定真假?(　　)
a. 林园小区有的住户家中没有发现白蚁。
b. 林园小区能免费领取高效杀蚁灵。
c. 静园小区的住户家中都发现了白蚁。
A. 只有 a
B. 只有 b
C. 只有 c
D. 只有 b 和 c
E. a、b 和 c

19. 在一项实验中,实验对象的一半作为实验组,食用了大量的味精,而作为对照组的另一半没有食用这种味精。结果,实验组的认知能力比对照组差得多。这一不利结果是由于这种味精的一种主要成分——谷氨酸造成的。
以下哪项如果为真,最有助于证明味精中某些成分造成这一实验结论?(　　)
A. 大多数味精消费者不像实验中的人那样食用大量的味精
B. 上述结论中提到的谷氨酸在所有蛋白质中都有,为了保证营养必须摄入一定量这种谷氨酸
C. 实验组中人们所食用的味精数量是在政府食品条例规定的安全用量之内的
D. 第二次实验时,只给一组食用大量味精作为实验组,而不设食用味精的对照组
E. 两组实验对象是在实验前按其认知能力均等划分的

20. 某学院最近进行了一项有关奖学金对学习效率是否有促进作用的调查，结果表明：获得奖学金的学生比那些没有获得奖学金的学生的学习成绩平均要高出 25%。调查的内容包括自习的出勤率、完成作业所需要的平均时间、日平均阅读量等许多指标。这充分说明，奖学金对帮助学生提高学习效率的作用是很明显的。

以下哪项如果为真，最能削弱以上的论证？（　　）

A. 获得奖学金的同学通常有好的学习习惯和高的学习效率

B. 获得奖学金的学生可以更容易改善学习环境来提高学习效率

C. 学习效率低的学生通常学习时间长而缺少正常休息

D. 对学习效率的高低跟奖学金的多少的关系的研究应当采取定量方法进行

E. 没有获得奖学金的学生普遍觉得学习压力过重，很难提高学习效率

21. 血液中脂肪蛋白质含量的增多，会增加人体阻止吸收过多的胆固醇的能力，从而降低血液中的胆固醇。有些人通过有规律的体育锻炼和减肥，能明显地增加血液中高浓度脂肪蛋白的含量。

以下哪项作为结论，从上述题干中推出最为恰当？（　　）

A. 有些人通过有规律的体育锻炼降低了血液中的胆固醇，则这些人一定是胖子

B. 不经常进行体育锻炼的人，特别是胖子，随着年龄的增大，血液中出现胆固醇的风险越来越大

C. 体育锻炼和减肥是降低血液中高胆固醇的最有效的方法

D. 有些人通过有规律的体育锻炼和减肥来降低血液中的胆固醇

E. 标准体重的人只需要通过有规律的体育锻炼就能降低血液中的胆固醇

22. 地球和月球相比，有许多共同属性，如它们都属太阳系星体，都是球形的，都有自转和公转等。既然地球上有生物存在，因此，月球上也很可能有生物存在。

以下哪项如果为真，最能削弱上述推论的可靠性？（　　）

A. 地球和月球大小不同

B. 月球上同一地点温度变化极大，白天可上升到 100℃，晚上又降至零下 160℃

C. 月球距地球很远，不可能有生物存在

D. 地球和月球生成时间不同

E. 地球和月球旋转速度不同

23. 本问题发生在一所学校内，学校的教授们有一些是球迷；学校的预算委员会们一致要求把学校的足球场改建为一个科贸写字楼，以改善学校的收入状况；所有的足球迷都反对将学校的足球场改建成科贸写字楼。

如果以上陈述均为真，那么以下哪项也必为真？（　　）

A. 学校所有的教授都是学校预算委员会的成员

B. 学校有的教授不是学校预算委员会的成员

C. 学校预算委员会有的成员是足球迷

D. 有的足球迷是学校预算委员会的成员

E. 并不是所有的学校预算委员会的成员都是学校的教授

24. 那些认为动物园的安全措施已十分齐备的人,面对下面的新闻报道应当清醒了。昨天,一对年轻父母不慎使自己的小孩落入猴山而被群猴抓伤。幸而管理人员及时赶到,驱散群猴,将小孩送入医院抢救,才没有酿成严重后果。因此,应进一步检查动物园的安全措施。

以下哪项是对上述论证方法的恰当概括?(　　)

A. 从一个特定事件得出一个普遍结论

B. 用个人而非逻辑的理由进行批评

C. 将一个普遍的原理适用于一个特定的事例

D. 混淆了某一事例所发生的原因

E. 对相似但意义不同的术语的混淆

25. 如今的音像市场上,正版的激光唱盘和影视盘销售不佳,而盗版的激光唱盘和影视盘却屡禁不绝,销售异常火爆。有的分析家认为,这主要是因为在价格上盗版盘更有优势,所以在市场上更有活力。

以下哪项是这位分析人员在分析中隐含的假设?(　　)

A. 正版的激光唱盘和影视盘往往内容呆板,不适应市场的需要

B. 与价格的差别相比,正版盗版质量差别不大

C. 盗版的激光唱盘和影视盘不如正版的盘进货渠道通畅

D. 正版的激光唱盘和影视盘不如盗版的盘销售网络完善

E. 知识产权保护对盗版盘的打击使得盗版盘的价格上涨

26. 在司法审判中,所谓肯定性误判是指把无罪者判为有罪,否定性误判是指把有罪判为无罪。肯定性误判就是所谓的错判,否定性误判就是所谓的错放。而司法公正的根本原则是"不放过一个坏人,不冤枉一个好人"。

某法学家认为,目前衡量一个法院在办案中对司法公正的原则贯彻得是否足够好,就看它的肯定性误判率是否足够低。

以下哪项如果为真,能最有力地支持上述法学家的观点?(　　)

A. 错放,只是放过了坏人;错判,则是既放过了坏人,又冤枉了好人

B. 宁可错判,不可错放,是"左"的思想在司法界的反映

C. 错放造成的损失,大多是可弥补的;错判对被害人造成的伤害,是不可弥补的

D. 各个法院的办案正确率普遍有明显的提高

E. 各个法院的否定性误判率基本相同

27. 19世纪有一位英国改革家说,每一个勤劳的农夫,都至少拥有两头牛。那些没有牛的,通常是些好吃懒做的人。因此,他的改革方式便是国家给每一个没有牛的农夫两头牛,这样整个国家就没有好吃懒做的人了。这位改革家明显犯了一个逻辑错误。

以下哪项论证中出现的逻辑错误与题干中出现的类似?(　　)

A. 瓜熟蒂落,所以瓜熟是蒂落的原因
B. 这是一本好书,因为它的作者曾获诺贝尔奖
C. 你是一个犯过罪的人,有什么资格说我不懂哲学
D. 有些发达国家一周只工作差不多四天或实行弹性工作制,为了缩短与发达国家的差距,我国也应该照此办理
E. 你说谎,所以我不相信你的话因为我不相信你的话,所以你说谎是徒劳的

28. 认为大学的附属医院比社区医院或私立医院要好,是一种误解。事实上,大学的附属医院抢救病人的成功率比其他医院要小。这说明大学的附属医院的医疗护理水平比其他医院要低。

以下哪项,如果为真,最能驳斥上述论证?(　　)

A. 很多医生既在大学工作又在私立医院工作
B. 在大学,特别是医科大学的附属医院拥有其他医院所缺少的精密设备
C. 大学附属医院的主要任务是科学研究,而不是治疗和护理病人
D. 去大学附属医院就诊的病人的病情,通常比去私立医院或社区医院的病人的病情重
E. 抢救病人的成功率只是评价医院的标准之一,而不是唯一的标准

29. 在美国商界,有很多人反对政府对商业的干预。他们认为,这种干预提高了商业成本,削弱了有益的竞争,最终对企业和公众都不利。他们列举了货车运输业、航空业和电信业这样一些行业,在这些行业中非干预政策带来了明显的经济效益。但这些人所持的观点忽略了诸如金融业这样一些行业,政府干预在这些行业中是至关重要的。事实上在30年代,如果没有政府的干预,这个行业的某些部分会彻底崩溃。

以下哪项,最为恰当地指出了题干所使用的方法?(　　)

A. 通过反例来驳斥对方的观点
B. 指出对方的观点中存在着前后矛盾
C. 对对方立论的动机提出疑问
D. 对对方论据的真实性提出质疑
E. 指出对方在论证中运用的是不正确的推理

30. 法庭正在对一名犯罪嫌疑人张某进行审讯,其辩护律师说:"张某大学毕

业,有较高的文化层次,并且有一位美丽的妻子和一个可爱的女儿,他怎么可能铤而走险去抢银行呢?"

以下哪项中的手法与该辩护律师的手法相似?（　　）

A. 小王在这个问题上的错误认识,与他不注重世界观的改造有一定的联系

B. 今年庄稼收成不好,固然有自然灾害方面的原因,难道我们主观上就没有责任吗

C. 李某只承认有挪用公款的行为,而拒不承认贪污行为,这是一种避重就轻的做法

D. 老李历史上犯过错误,受到组织上的处理,他不可能对本企业的发展提出合理化的建议

E. 大风把广告牌吹倒了,造成了一定的损失,必须追究有关人员的责任

31. 人们常说：人们在工作中付出的努力有多大,应该得到的酬劳就有多大。不过,稍微思考一下就会发现这是一个不合理的看法,因为它意味着那些用低等技术或靠自然体能去完成任务的人将会得到更多的奖励。

上述论证使用了以下哪些论证策略?（　　）

A. 陈述一个一般原则,然后再运用这一原则展开推论

B. 为所讨论的被采用的原则提供证据,结果却适得其反

C. 论证一个结论,这个结论已暗含在一个不言自明的原则之中

D. 试图通过论证一个不能令人接受的推论来破坏一个一般原则

E. 通过表明所考虑的原则在实践中不能被一贯地运用来否定这个原则

32. 心脏的搏动引起血液循环。对同一个人,心脏越快,单位时间进入循环的血液量越多。血液中的红血球运输氧气。一般地说,一个人单位时间通过血液循环获得的氧气越多,他的体能及其发挥就越佳。因此,为了提高运动员在体育比赛中的竞技水平,应该加强他们在高海拔地区的训练,因为在高海拔地区,人体内每单位体积血液中含有的红血球数量,要高于在低海拔地区。

以下哪项是题干的论证必须假设的?（　　）

A. 海拔的高低对运动员的心脏不发生影响

B. 不同运动员的心率基本相同

C. 运动员的心率比普通人慢

D. 运动员在高海拔地区的心率不低于在低海拔地区

33. 有些人认为观看电影中的暴力镜头会导致观众好斗的实际行动,难道说只看别人吃饭能填饱自己的肚皮吗?

以下哪项推论如果成立,最能够支持上述推论?（　　）

A. 有些人认为盗用公物做私人用途是不道德的,难道说从商店里偷商品就不是不道德的吗

228

B. 有些人认为民族主义是有一定道理的,难道说民族主义不曾被用来当作犯罪的借口吗

C. 有些人认为拳击是事先安排好了的,就像摔跤经常是事先安排好了的一样,难道说这两种运动项目都是由同一些人管理的吗

D. 有些人认为经济学家可以控制通货膨胀,难道说气象学家能控制天晴吗

E. 有些人认为工作狂是对缺少人际沟通技巧的人的生活的一种补充,可是许多医生不都是工作狂吗

34. 在 70 年代后期美国纽约市的财政危机中,联邦政府曾争论是否要给纽约市以财政援助。一位对此持反对意见的经济学家问道:"是不是以后纽约市每次遇到财政麻烦,联邦政府都要解囊?"

这位经济学家的质问可以受到反驳,因为(　　)

A. 使用了带有歧义性的概念

B. 假如除了他,每个人都同意纽约市应该受到援助

C. 诉诸情感而不是遵循逻辑

D. 依据第二手资料而不是依据第一手资料

E. 完全地离开了当前的论题

35. 因偷盗、抢劫或流氓罪入狱的刑满释放人员的重新犯罪率,要远远高于因索贿受贿等职务犯罪的刑满释放人员。这说明,在狱中对前一类罪犯教育改造的效果,远不如对后一类罪犯。

以下哪些如果为真,最能削弱上述论证?(　　)

A. 与其他类型的罪犯相比,职务犯罪者往往有较高的文化水平

B. 对贪污、受贿的刑事打击,并没能有效地扼制腐败,有些地方的腐败反而愈演愈烈

C. 刑满释放人员很难再得到官职

D. 职务犯罪的罪犯在整个服刑犯中只占很小的比例

E. 统计显示,职务犯罪者很少有前科

36. 王红的这段话不会错,因为他是听他爸爸说的,而他爸爸是一个治学严谨、受人尊敬、造诣很深、世界著名的数学家。

以下哪项如果为真,将最能反驳上述结论?(　　)

A. 王红谈的不是关于数学的问题

B. 王红平时曾说错话

C. 王红的爸爸并不认为他的每句话都是对的

D. 王红的爸爸老了

E. 王红很听他爸爸的话

37. 某保险公司近来的一项研究表明,那些在舒适环境里工作的人比在不舒

适工作环境里工作的人生产效率高25%。评价工作绩效的客观标准包括承办案件数和案件的复杂性。这表明：日益改善的工作环境可以提高工人的生产率。

以下哪项如果为真,最能削弱上述结论?(　　)

A. 平均来说,生产率低的员工每天在工作场所的时间比生产率高的员工要少

B. 舒适的环境比不舒适的环境更能激励员工努力工作

C. 生产率高的员工通常得到舒适的工作环境作为酬劳

D. 生产率高的员工不会比生产率低的员工工作时间长

E. 在拥挤、不舒适的环境中,同事的压力妨碍员工的工作

38. 有人坚信飞碟是存在的,理由是：谁能证明飞碟不存在呢?

以下哪项与上述的论证方式是相同的?(　　)

A. 中世纪欧洲神学家论证上帝存在的理由是：你能证明上帝不存在吗

B. 神农架地区有野人,因为有人看见过野人的踪影

C. 科学家不是天生聪明的,因为爱因斯坦就不是天生聪明的

D. 一个经院哲学家不相信人的神经在脑中汇合,理由是：亚里士多德著作中讲到,神经是从心脏里产生出来的

E. 鬼是存在的。如果没有鬼,为什么古今中外有那么多鬼故事

39. 一位研究人员希望了解他所在社区的人们喜欢的是可口可乐还是百事可乐。他找了些喜欢可口可乐的人,要他们在一杯可口可乐和一杯百事可乐中,通过品尝指出喜好。杯子上不贴标签,以免商标引发明显的偏见,可是将可口可乐的杯子标志为"M",将百事可乐的杯子标志为"Q"。结果显示,超过一半的人更喜欢百事可乐,而非可口可乐。

以下哪项如果为真,最可能削弱上述论证的结论?(　　)

A. 参加者受到了一定的暗示,觉得自己的回答会被认真对待

B. 参加实验者很多人都没有同时喝过这两种可乐,甚至其中的30%的参加实验者只喝过其中一种可乐

C. 多数参加者对于可口可乐和百事可乐的市场占有情况是了解的,并且经过研究证明,他们普遍有一种同情弱者的心态

D. 在对参加者实验的人所进行的另外一个对照实验中,发现了一个有趣的结果：这些实验中的大部分更喜欢英文字母 Q,而不大喜欢 M

E. 参加实验前的一个星期中,百事可乐的形象代表正在举行大规模的演唱会,演唱会的场地中有百事可乐的大幅宣传画,并且在电视转播中反复出现

40. 目前的大学生普遍缺乏中国传统文化的学习和积累。根据国家教育部有关部门及部分高等院校最近做的一次调查表明,大学生中喜欢和比较喜欢京剧艺术的只占到被调查人数的14%。

以下陈述中的哪一项最能削弱上述观点?(　　)

A. 大学生缺乏京剧欣赏方面的指导，不懂得怎样去欣赏
B. 喜欢京剧艺术与学习中国传统文化不是一回事，不要以偏概全
C. 14%的比例正说明培养大学生对传统文化的兴趣大有潜力可挖
D. 有一些大学生既喜欢京剧，又对中国传统文化的其他方面有兴趣
E. 调查的比例太小，恐怕不能反映当代大学生的真实情况

三、分析下列论证的结构，指出其论题、论证方式

1. 文学艺术也要实行民主。如果没有不同意见的争论，没有自由的批评，任何科学既不能发展，也不能进步，文学艺术也不例外。

2. 绿色植物通过光合作用都能放出氧气。我们可以通过许多实验来证明。水藻通过光合作用可以放出氧气。玉米苗可以通过光合作用放出氧气……这是因为，绿色植物在光和作用过程中，水和二氧化碳变成糖类而放出氧气。

3. 并不是所有的社会现象都是有阶级性的。在社会现象中，有的是有阶级性的，有的是没有阶级性的。这一点，我们可以从语言现象没有阶级性得到证实，既然语言现象是没有阶级性的，而语言现象是社会现象，这就充分说明，并非所有社会现象都是有阶级性的。

4. 对待历史文化遗产应采取批判继承的态度。对待历史文化遗产的态度，要么是全盘继承，要么是虚无主义，要么是批判继承。全盘继承，不分精华和糟粕，不能推陈出新，不利于文化的发展，这种态度是不可取的。虚无主义，割断了历史，违背了文化发展的规律，同样不利于文化的发展，只有批判继承，去其糟粕，取其精华，才能促进文化的繁荣。

5. 党政干部必须提高科学文化水平。因为党政干部不提高科学文化水平，他们所负责的各个部门的组织领导工作就不能适应新形势的需要，我国社会主义事业就难以顺利地向前发展。

6. 古希腊的无神论者论证说，世界上有灾难和丑恶的存在就证明神是不存在的。伊壁鸠鲁说："我们应当承认，神或是愿意但又不能除掉世间的丑恶，或是能够但又不愿意除掉世间的丑恶，或是能够但又愿意除掉世间的丑恶。如果神愿意而不能够除掉世间的丑恶，那么他就不是万能的，而这种无能为力是与神的本性相矛盾的。如果神能够但不愿意除掉世间的丑恶，那么就证明了神的恶意，而这种恶意也同样是与神的本性相矛盾的。如果神愿意而又能够除掉世间的丑恶这唯一适合于神的一个假定，那么何以在这种情况下世间还有丑恶？"

7. 科学技术是生产力。因为蒸汽机的诞生，带来了第一次工业革命，使人类社会的生产方式，由手工操作进入了机械化生产的时代，使社会生产力大大提高。电动机的制造成功，带来了第二次工业革命，使社会的大生产由机械化进入到电气化阶段，社会生产力又前进了一大步。这说明科学技术的进步，促进了社会生产结构的普遍变革，影响到生产部门的深刻变化，最终促进生产力

的普遍提高。

8. 基本初等函数都是连续的。因为我们已经证明,角函数和反函数是连续的,幂函数是连续的,对数函数是连续的,而角函数、反函数、幂函数、指数函数和对数函数是所有的基本初等函数。

9. 从前,有许多人坐在一间房子里,议论某甲的品行。其中一人说:"某甲其他方面都不坏,只有两样不好。第一,喜欢发怒。第二,做事鲁莽。"不料此人正好经过门外,听到这话,勃然大怒,一脚踢进去,挥拳打那说话的人,嘴里叫道:"我到底什么时候曾经喜欢发怒?!什么时候做事鲁莽?!"别人都说道:"过去的且不说了,现在的事实不就证明了吗?"

10. 1939 年 2 月,毛泽东在一次干部会议上,谈到解决当时抗日根据地经济困难的办法时说:"饿死呢,解散呢,还是自己动手?饿死是没有一个人赞成的,解散也是没有一个人赞成的,还是自己动手吧——这就是我们的回答。"

四、分析下列反驳的结构,指出被反驳的论题、反驳方式和反驳方法

1. 某被告的辩护人说:"被告在犯罪前工作积极,曾荣立三等功,希望法庭在量刑时考虑这一点,对被告人从轻处罚或免于处罚"。公诉人答辩说:"赏罚分明,是我们党的一贯政策,功归功,过归过,一个人立功只能说明他的过去,不能说明他的现在,更不能拿过去立功抵消现在之过……如果过去立过功,今天就可以胡作非为,且可以从轻或免于处罚,怎么能够体现社会主义国家法律的严肃性呢?"

2. 燃素说是 17 世纪由德国化学家施塔尔提出的,他认为一切可燃烧物中有一种特殊的物质——燃素,燃烧过程就是可燃物放出燃素的过程。但是后来对燃烧现象进行精确的定量分析表明,金属燃烧后,重量不是减少,而是增加。这样,燃素说只好宣称燃素有负重量。这当然是极其荒谬的。

3. 有人说形式逻辑也有阶级性,这种观点是不对的,如果形式逻辑有阶级性,那么历史上和现实中就应当有农民阶级的形式逻辑与资产阶级的形式逻辑之别,然而事实并非如此,形式逻辑对任何阶级都是一视同仁的。

4. 有人说:"吃鱼可以聪明",真是这样吗?鲁迅先生因刺多费时,素不喜欢吃鱼,他那目光如炬的洞察力,所向披靡的批判锋芒,足以显示了他的聪明。"举家食粥"的曹雪芹,此时恐早已与鱼无缘,却写下了绝顶聪明的《红楼梦》。就是喜食鱼头的聂卫平,如果只是一日三餐大吃鱼头,也绝无棋盘上的聪明的。那些花天酒地,终生绝无食鱼之虞的末代昏君与纨绔子弟,有一个聪明的吗?海底那些唯以鱼为食的生物,虽比人类出现的还早,至今也仅仅聪明到为人类的盘中餐而已!天才无疑是最聪明的,然而"天才,就是百分之二的灵感加上百分之九十八的汗水"(爱迪生语)。这是吃鱼就能吃出来的吗?历史上杰出的人物,反倒多是从困境中走出来的,是从"食无鱼"的境况中奋斗出来的。

5. 若言琴上有琴声,放在匣中何不鸣?若言声在指头上,何不于君指上听?

(苏轼:《琴诗》)

6. 亚里士多德有一个论点:"物体越重下落速度越快。"(P)意大利科学家伽利略指出,根据这一论点,一块轻石 A 加在一块重石 B 上下落,则有以下矛盾结果:(1) A+B 比 B 重,下落速度比 B 大(Q)。(2) 速度小的 A 加在速度大的 B 上,会减低 B 的下落速度,因而 A+B 的下落速度,比 B 小(非 Q)。伽利略说:"这两个结果的互不相容,证明亚里士多德错了。"从论点 P 引出"Q 并且非 Q"的矛盾结果,证明 P 假。

7. 有人想把从发热器中取出的热量全部变为有用功,制造出第二类永动机,这是异想天开。因为根据热力学第二定律,一切可以实现的热机,从发热器(高温热源)取得的热量,一部分变成有用功,一部分须传给冷却器(低温热源),第二类永动机不可能制造成功。

8. 短文章就没有分量? 那不见得,文章不在长短,要看内容如何。内容有分量,尽管文章短小也是有分量的;如果内容没有分量,尽管文章写得像万里长城那样长,还是没有分量。所以,不能用量压人,要讲求质。黄金只有一点点,但还是有分量的;牛粪虽然一大堆,分量却不见得有多重。说短文章没有分量是不切实际的。中国古代就有许多短文章,如《论语》、《道德经》等。《论语》中有不少好的东西,就是《道德经》在那个时代也有它突出的地方。"三个臭皮匠,凑成个诸葛亮"这样的话就很好。它十几个字抵得过一大篇文章。类似的例子有的是。

9. "还是杂文时代,还要鲁迅笔法。"鲁迅处在黑暗势力统治下面,没有言论自由,所以用冷嘲热讽的杂文形式作战,鲁迅是完全正确的。我们也需要尖锐地嘲笑法西斯主义、中国的反动派和一切危害人民的事物,但在给革命文艺家以充分民主自由、仅仅不给反革命分子以民主自由的陕甘宁边区和敌后的各抗日根据地,杂文形式就不应该简单地和鲁迅的一样。我们可以大声疾呼,而不要隐晦曲折,使人民大众不易看懂。如果不是对于人民的敌人,而是对于人民自己,那么,"杂文时代"的鲁迅,也不曾嘲笑和攻击革命人民和革命政党,杂文的写法也和对于敌人的完全两样。对于人民的缺点是需要批评的,我们在前面已经说过了,但必须是真正站在人民的立场上,用保护人民、教育人民的满腔热情来说话。如果把同志当作敌人来对待,就是使自己站在敌人的立场上去了。我们是否废除讽刺? 不是的,讽刺是永远需要的。但是有几种讽刺:有对付敌人的,有对付同盟者的,有对付自己队伍的,态度各有不同。我们并不一般地反对讽刺,但是必须废除讽刺的乱用。

10. 假如语言能生产物质财富,那么夸夸其谈的人就会成为世界上最富有的人了。而这不是事实,所以,语言不能生产物质财富。

五、简析以下议论是论证还是反驳。如果是论证,指出论题和论证方式;如果是反驳,指出被反驳的论题和反驳方式

1. 吸烟是有害的。因为烟的热解常物,有 500 多种对人体有害。烟尘颗粒中

含有40多种致癌物。烟中的尼古丁和一氧化碳,对心血管造成严重损害。吸烟导致肺癌、肺出血、心脏病、高血压、气管炎和其他疾病。吸烟使人早衰、早死,每天一支烟,减寿5分半,每天40支烟,减寿8.3年。吸烟影响下一代,怀孕妇女吸烟,影响胎儿发育。

2.《检察日报》2001年9月19日第6版《法制评论·法辩》专栏有文题为《让他坐下说》,大意如下:

我们在电视上常看到干警在警局询问时,嫌疑人(包括女性)都是蹲在地上的镜头。笔者不禁要问:警局能不能让嫌疑人坐着回答问题,嫌疑人有没有坐着的权利?

根据法律的有关规定,任何公民在未经人民法院作出判决前,其他任何单位和个人均无权认定其有罪。是否构成犯罪需要查明后经法院判决,事实上有许多嫌疑人最终都洗刷了不白之冤。因此说,嫌疑人也是人,享有公民的一切权利,与司法机关的干警在地位上是平等的。

退一步说,即使真是罪犯,也不能如此剥夺他(她)的人格尊严,不能因为他们是犯人就剥夺他们坐的权利。我们少数执法人员总是用有色眼镜看待嫌疑人,认为自己高人一等,不尊重嫌疑人的权利。于是少数人在执法中,刑讯逼供成为侦破案件的手段,现实中处女被判卖淫、无辜者被判死刑都曾出现过,而一些新闻媒体把这种不规范的司法行为也搬上电视,容易误导观众。

司法机关负有惩罚犯罪的神圣职责,但最终是为了保护人民,保护人民群众的利益。在沉默权离我们尚远的情况下,不妨先施于坐的权利,如何?

3. 太阳是恒星。因为能自身发光的、质量大的星球是恒星,而太阳能自身发光,质量是地球的33万倍,占太阳系质量的99.86%。

4. 人治兴则法治衰,法治衰则人情滥,人情滥则后门开,后门开则贪污盛,贪污盛则国家危。所以,人治兴则国家危。

5. 改革是十分必要的。如果不进行改革,那么广大干部和群众的积极性调动不起来,生产力得不到较快的发展,四化建设没有希望。我们要把广大干部、群众的积极性调动起来,大力发展生产力,实现四个现代化,所以非搞改革不可。

6. "上帝是全能的"真是这样吗?如果上帝能创造一块他自己举不起来的石头,那么上帝就不是全能的;如果上帝不能创造一块他自己举不起来的石头,那么上帝也不是全能的。或者上帝能创造一块他自己举不起来的石头,或者上帝不能创造一块他自己举不起来的石头,总之,上帝不是全能的。

7. 一切工作都必须从实际出发。因为思想政治工作必须从实际出发,经济工作、文教工作、军事工作以及其他工作,亦莫不如此。

8. "人口的增长是社会发展中的决定因素",这是极端荒谬的。如果人口的增长是社会发展中的决定因素,那么,较高的人口密度,就必然会产生相当于它的较高形式的社会制度。可是,事实上却没有这样的情形。

9. 马克思主义害怕批评吗?不。马克思主义是一种科学真理,它是不怕批评的。

10. 我们必须控制人口增长。如果我们不控制人口的增长,让其按照现有水平继续增殖下去,100年后,我国人口就将超过25亿。显然,这样的人口发展远景同我国经济的增长、资源的潜力,都是极不协调的。

11. 中国资产阶级虽然在某种历史时机可以参加革命战争,然而由于它的自私自利性和政治上、经济上的缺乏独立性,不愿意也不能领导中国革命战争走上彻底胜利的道路。中国农民群众和城市小资产阶级群众,是愿意积极地参加革命战争,并愿意使战争得到彻底胜利的。他们是革命战争的主力军;然而他们的小生产的特点,使他们的政治眼光受到限制(一部分失业群众则具有无政府思想),所以他们不能成为战争的正确的领导者。因此,在无产阶级已经走上政治舞台的时代,中国革命战争的领导责任,就不得不落到中国共产党的肩上。在这种时候,任何的革命战争如果没有或违背无产阶级和共产党的领导,那个战争是一定要失败的。

12. 清热解毒中草药能控制细菌感染。因为实验表明,肺炎高热病人,用中草药银花、大叶青、鱼腥草、穿心莲等清热解毒中草药治疗,一周后肺部炎症吸收。患急性菌痢白血球降低的病人,用中草药白头翁汤、苦参等清热解毒药,几天内即治愈。苦参、白花蛇舌草、银花连翘、龙胆草、七叶一枝花、黄连、黄柏、牛黄、蟾酥、板蓝根等药物,能改善炎症部位毛细血管的通透性,抑制渗出和限制炎症范围,有消炎、解毒、镇痛和修复被损害组织器官的作用。当病菌在人体肆虐时,消热解毒的中草药,能激发机体抗感染的免疫功能,增强白细胞和网状内皮系统的吞噬功能,促进抗体的生成。

13. "任何狡辩、任何诡辩(我们还会遇到许许多多这样的狡辩和诡辩)都不能抹杀一个明显的无可争辩的事实:马赫关于物是感觉的复合的学说,是主观唯心主义,是贝克莱主义的简单重复。如果物体像马赫所说的是'感觉的复合',或者像贝克莱所说的是'感觉的组合',那么由此必然会得出一个结论:整个世界只不过是我的表象而已。从这个前提出发,除了自己以外,就不能承认别人的存在,这是最纯粹的唯我论。""经验批判主义者对我们说,物体是感觉的复合;马赫像贝克莱一样,硬要我们相信:如果超出这一点,认为感觉是物体作用于我们感官的结果,那就是形而上学,就是没有意义的多余的假定等等。但头脑是物体。那么,头脑也不过是感觉的复合。结果是,我(我也无非是感觉的复合)依靠感觉的复合去感觉感觉的复合。多妙的哲学!"

14. 合抱之木,生于毫末;九层之台,起于累土;千里之行,始于足下。故天下难事,必作于易;天下大事,必作于细。

15. 凡是历史上发生的东西,总是要在历史上被消灭。战争是历史上发生的东西。所以,战争总是要在历史上被消灭。

六、指出下列论证或反驳犯了什么逻辑错误?

1. 听了韩素音的报告,才知道她原来是个医生。看来知名的作家开始都是学医的。你看契诃夫原来是个医生,柯南道尔、鲁迅、郭沫若都学过医。

2. 有人说,写历史剧可以有艺术虚构。我不同意这种观点。我们无产阶级的文艺工作者,应该坚持实事求是的思想路线,应该按历史的本来面目去反映历史。胡编乱造,只能是对历史的歪曲、篡改。

3. 鲁迅先生在《论辩的灵魂》一文中,概括了当时反动派的奇谈怪论:"你说甲生疮,甲是中国人,你就是说中国人生疮了。既然中国人生疮,你是中国人,就是你生疮了。你既然也生疮,你就和甲一样。而你只说甲生疮,是说诳也。卖国贼是说诳的,所以你是卖国贼。我骂卖国贼,所以我是爱国者。爱国者的话是最有价值的,所以,我的话是不错的,我的话既然不错,你就是卖国贼无疑了。"

4. 有人认为:在其他天体上有高度文明的社会。因为,在其他天体上有智力高度发展的人。

5. 面对严酷的现实,我们不得不承认:人生就是为了自己的生存而挣扎而斗争。人们不管做什么都是直接的或间接的为了自己的生活。为别人劳动是为了得到别人为他自己相同的劳动,不是吗?工人工作是为了领取工资而生活,农民种田是为了自己穿衣吃饭,作家写作给人看是为了领取稿费……诚然,有像雷锋这样一心为人民着想的人。但这样的人也必须有自己能生存的基础,也就是说,他们首先得为自己的生存而劳动,否则连他自己都不能生存,又怎么能为别人呢?

6. 你说这个三段论不正确,这不对。因为,如果一个三段论是正确的,那么它的中项在前提中至少周延一次,而这个三段论的两个中项都周延,这个三段论怎么不正确?

7. 名人未出名门者委实更多。值得注意的是,如果越是注意查看一些名人的经历,就越是发现他们的出身并不高贵,其家庭既不是有万贯财富的富户,其先父远祖也不是具备后辈名人所擅长的技艺,以至于祖传世袭。因此,我们可以说,所有的名人都是从无名小辈中过来的,从没有生下来就是名人的先例。

8. 对于有效三段论而言,如果一个项在结论中不周延,那么该项在前提中也不周延。因为,在有效三段论中,如果一个项在前提中不周延,那么该项在结论中不得周延。

9. 某被告的亲属为被告辩护说:"××的证词不能成立。因为据我所知,××曾因盗窃罪被判刑,现在虽刑满释放,但是,怎么能让被判刑的人作证呢,他的证词能使人相信吗?"

10. 古代人在解释燃烧现象时曾认为,有些物质之所以燃烧,是因为这些物质中含有"燃素"。

七、应用题：运用论证知识，回答问题。

1. 昆曲《十五贯》第三场《被冤》中知县过于执根据苏戌娟在尤葫芦被杀后与熊友兰同行，尤葫芦被杀后丢了十五贯，而熊友兰身上也恰恰带有十五贯，据此断定："熊友兰与苏戌娟一定是通奸谋杀无疑了！"其思维过程是这样的：看她艳如桃李，岂能无人勾引？年正青春怎会冷若冰霜？她与奸夫情投意合，自然要生比翼双飞之意。父亲阻拦，因之杀其父而盗其财。此乃人之常情。

使用有关论证规则分析过于执的思维方法是否正确？

2. 某地发现一具女尸。现场勘查的情况是：尸体头北脚南仰卧，上面盖着一些玉米秸，尸体两侧的沟坡上，有袜子往返的足迹，脚印长 26 厘米，沟旁两棵杨树上有人攀扶的血迹，土路东侧地面上有 10×10 厘米的血迹，距尸体 15 米处有死者的一只右脚棉鞋，沾有血迹和头发。

尸体检查，发现头部有钝器伤 39 处，右手小指骨折，双手有抵抗伤，死者系大量出血致死。

侦查员当即作出正确判断：发现尸体的地点不是原始现场。请分析侦查员用了什么证明方法得出结论的？并写出证明过程及其逻辑形式。

3. 在某一杀人案中，被告被控告的理由是：

① 杀人事件发生的那天晚上，有人看见被告很晚才回来；② 死者是被枪杀的，在现场发现一只六五步枪的子弹壳，撞针偏眼，被告人是民兵，所带的也是六五步枪，而且撞针也偏眼；③ 被告人带的枪上有血迹。所以，被告人一定是杀人犯。

请分析该论证的逻辑错误是什么？写出论证过程。

4. 印度电影《人世间》老律师曼索尔在为拉芝雅辩护时说："如果拉芝雅是凶手，那么她手枪中的五发子弹必有一发打中了她的丈夫；经现场检查，她手枪中五发子弹都打在对面墙上；所以，拉芝雅不是凶手。如果拉芝雅是凶手，那么子弹一定是从前面打进她丈夫的身体（因为拉芝雅射击她丈夫时是面对面）；经尸检发现，尸体上的子弹是从背后打进去的；所以，拉芝雅不是凶手。"

请问曼索尔在论辩中运用了什么论证方法写出其论证过程及逻辑形式。

第九章 谬误要识别

本章提要

谬误主要是指人们在推理论证过程中所产生的一切逻辑错误。谬误源于对逻辑规律、规则不自觉的违反。谬误分为形式谬误和非形式谬误。"非形式谬误"主要包括语言谬误、不相关谬误、论据不当谬误、统计谬误等。要掌握逻辑规则和各种逻辑方法,对所出现的谬误加以识别。

9.1 什么是谬误

谬误问题作为逻辑学研究的重要内容之一,已经有两千多年的历史了。在西方,最早系统研究谬误问题的是亚里士多德。他的《辩谬篇》(《工具论》的第六篇)被公认为西方学术史上第一篇谬误研究专论。在其中,亚里士多德不仅对谬误进行了分类,而且讨论了13种常见谬误,勾画了谬误研究的基本框架。我国古代的许多逻辑学家对于谬误问题也都有所论述,"悖"、"狂举"、"谬"、"乱"、"妄"等实质上谈的都是谬误问题。

尽管谬误研究的历史源远流长,但关于什么是谬误的问题却并没有取得共识。一种观点认为,谬误是指违反逻辑规律和规则而发生的各种逻辑错误;

另一种观点主张,谬误主要是指人们在推理论证过程中所产生的一切逻辑错误;

还有一种观点指出,谬误泛指人们在思维和语言表达中所产生的一切逻辑错误。本书采用最后一种解释。

9.2 谬误与诡辩的主要区别

在日常生活中,人们常常把谬误与诡辩相提并论。诡辩是一种故意违反逻辑规律和规则,为某一错误观点所进行的似是而非的论证。正如德国哲学家黑格尔所说:"诡辩这个词通常意味着以任意的方式,凭借虚假的根据,或者将一个真的道理否定了,弄得动摇了,或者将一个虚假的道理弄的非常动听,好像真的一样。"因此,诡辩与一般谬误的主要区别就在于产生的原因不同,一般谬误源于对逻辑规律、规则不自觉的违反,而诡辩是为了达到某种目的,故意施展计谋、策略,去证明某个错误的观点。

9.3 谬误的分类

谬误分类问题是谬误理论的重要组成部分。谬误分类的目的在于使谬误的研究分析系统化、条理化、明晰化,使人们能够更全面地识别和把握不同的谬误。但是,由于具体的谬误形式繁多,内容多样,要想把所有的谬误精确地划分为若干大类,实际上是极其困难的,一些学者由此断然否定对谬误进行科学分类的可能性。也正因为如此,谬误分类问题同谬误界定问题一样,至今没有取得共识。

从历史的角度看,亚里士多德最早对谬误作了分类。在他那里,谬误被分为"与语言相关的"和"与语言无关的"两种类型。之后,不少学者对这一问题作了进一步的研究,比如,英国逻辑学家怀特莱给出了"逻辑的"和"非逻辑的"分类方法,密尔把谬误分为"起自简单观察的谬误"和"推论谬误"两种类型。在今天,学者们从不同的角度出发,继续深入考察了谬误的分类问题,有的学者主张将谬误分为语形谬误、语义谬误和语用谬误,有的学者认为应当将谬误分为形式谬误、实质谬误和无进展谬误,还有的学者指出应当将谬误分为形式谬误和非形式谬误。本书采用最后一种分类方法。

9.4 什么是形式谬误

谬误可以分为形式谬误和非形式谬误。所谓"形式谬误",是为某种观点进行推理论证时违反推理规则所犯的逻辑错误。形式谬误是仅通过论证形式或结构的检查就可被发现的谬误,如假言推理的否定前件式、三段论中大项不当周延的逻辑错误等。这些内容,前面章节已经详述,这里不再重复。主要介绍非形式谬误。

9.5 什么是非形式谬误

"非形式谬误"是只有通过对论证内容的分析才能被发现的谬误。主要包括语言谬误、不相关谬误、论据不当谬误、统计谬误等。本节论述的重点即是这些非形式谬误。

9.5.1 语言谬误

语言是思想表达和交流的重要工具。语言只有清楚明确,才能达到论证和交际的目的。然而,由于自然语言含义和结构的复杂性,常常容易产生歧义,构成谬误,给人们的论证和交际活动带来极大的障碍。正如吕叔湘先生所说:"语言的确是一种奇妙的、神通广大的工具,可又是一种不保险的工具。听话的人的理解和说话的人的意思不完全相符,甚至完全不相符的情形是常常会发生的。""语言的地面坎坷不平,'过往行人,小心在意'。"

由语言的歧义和含混所造成的语言谬误,主要包括语词歧义、语句歧义、概念含糊、强调的谬误等。

一、语词歧义

自然语言中的词语常常是多义的。在论证中,通过有意或无意地变更语词的含义来达到自身的论证目的,就出现了所谓的语词歧义谬误。

例如:有这样一个债务纠纷案件,在庭审中原告甲出具了一份欠款字据,上面记载的内容是"甲欠乙人民币 6 700 元整"。如上事实甲乙双方没有异议,双方的争执点在于该欠条下方所批示的一行小字:"还欠款 5 700 元。"对此,原告甲解释说,这句话的意思是"乙还欠我 5 700 元"。可是被告乙的意见完全相反。他说:"欠条上那句话的意思是:我已经偿还了原告甲 5 700 元,实际上我还欠原告 1 000元。"

这是一个非常典型的由语言的歧义性造成的法律纠纷案件。问题的关键就在于中文词"还"是个多义词:作动词时读"huán",意思是"偿还、归还";作副词时读"hái",意思是"仍然、仍旧"。甲乙双方中的某一方,正是试图利用对"还"字的如上两种不同的理解,掩盖客观事实,论证自己的错误观点。

自然语言语词歧义性的形成,有时与话语所使用的语境相关。如果说话者在语境已经发生变化的情况下,坚持语词的原有意义,就可能导致语词歧义的谬误。

例如:有一个人捡到了一枚戒指拒不上交。警察问:"你捡到戒指为何不上交?"那个人理直气壮地回答说:"我原本是打算上交的,可是,当我看到戒指后面刻的那句话时,我就打消了这个念头?"警察问:"戒指后面刻的什么话?"那个人回答说:"永远属于你。"

作为一个索引词,"你"的含义和所指应当随着语境的变化而变化。在这例中,捡到戒指的人主观地、一厢情愿地歪曲"你"的含义和所指,企图为自己的错误行为辩解,显然是站不住脚的。

语词歧义的形成还可能源于自然语言语词或短语的结构的不确定性。

例如:2006年12月25日校工会将举办"新年画展"。

"新年画展"这个短语,应该如何理解?校工会的本意是要举办"新·年画·展",但是,"新年画展"这个短语结构的不确定性,造成了歧义,不少人都理解为"校工会将要举办'新年·画展'"。"新年画展"这个短语的歧义性,给人们的表达、交流和理解带来一定的困难。

二、语句歧义

语句歧义是由于语句表达的意义不明确、含混笼统而造成的歧义。

例如:以前有个财主,请一个读书人写了一副对联。上联是"养猪大如山老鼠头头死",下联是"酿酒缸缸好造醋坛坛酸",横批是"人多病少财富"。这个财主读了很高兴。他读成:"养猪大如山,老鼠头头死;酿酒缸缸好,造醋坛坛酸;人多,病少,财富。"这副对联贴出后,很多人看了捧腹大笑,因为他们把对联念成:"养猪大如山老鼠,头头死;酿酒缸缸好造醋,坛坛酸;人多病,少财富。"

这是典型的由于句子语法结构的不确定性而产生的一句多义。我们常说的"父在母先亡",也具有这样的特征。这种语句不仅具有多义性,而且穷尽了全部可能的事物情况,算命先生正是利用这一点,使得未来的结果不论如何,都会"证实"其预言的"正确性"。正如人们所说,一个预言家的预言愈是有歧义,预言的事后解释愈是灵活,预言家的饭碗就愈不成问题。

造成语句歧义的原因除了句子语法结构的不确定性外,还可能是由于不了解某一语句的具体语言环境而导致歧义。

例如:据《吕氏春秋·察传》记载,鲁哀公听到"夔一足"这句话,感到非常惊讶,于是向孔子请教:"说乐正夔一足,您相信吗?"孔子解释说:"过去舜想用音乐教化天下,于是叫重黎把夔从民间推举出来,任命为乐正。夔按照舜的意图正六律,和五声,成绩很大。重黎又想多找几个像夔这样的人,舜说:'像夔这样的人有一个就足够了。'所以'夔一足'并不是说要这个人天生只有一只脚。"

在这例中,鲁哀公正是由于不了解舜使用"夔一足"的具体语言环境,产生了误解。事实上,正如维特根斯坦的研究成果所表明的,任何语词或语句的意义都具有相对性,因而也都具有某种不明确性、不确定性。只有在具体的应用中,在特定的语境或情景中,才能消除语词或语句的不明确性。

三、概念含糊

歧义性和模糊性是自然语言表达所具有的两个重要特征,但"模糊性"不同于"歧义性","歧义性"揭示的是语词或语句所表达含义的不确定性,而"模糊性"强调的是语词所表达的含义不清晰、不明确。

例如:孟德斯鸠在《法的精神》中写道:"中国的法律规定,任何人对皇帝不敬就要处以死刑。因为法律没有明确规定什么叫不敬,所以任何事情都可拿来作借口去剥夺任何人的生命,去灭绝任何家族。""有两个编邸报的人,因为关于某一事件所述情况失实,人们便说在朝廷的邸报上撒谎就是对朝廷的不敬,二人被处死。有一个亲王由于疏忽,在有朱批的上谕上面记了几个字,人们便断定这是对皇帝的不敬,这就使它的家族受到史无前例的可怕的迫害。"

上例中"不敬"这个概念的含义可谓模糊不清。正因为这一点,使得人们缺乏一个具体明确的标准来衡量某一行为是否为"不敬"。在论证中不恰当地利用概念的模糊性,就会造成概念含糊的谬误。概念含糊有可能使整个判断变得模糊不清,也可能使论证变得软弱无力,或者得出错误的结论。

例如:"凡有意杀人者当处死刑,刽子手是有意杀人者,所以,刽子手当处死刑。"

上述结论的得出显然是利用了"有意杀人者"这一概念的模糊性。事实上,刽子手并不是一般意义上的"有意杀人者",而是"奉命有意杀人者",所以,上述推理是不成立的,其结论也是完全错误的。

四、强调的谬误

在交流或论证过程中,通过不恰当地强调特定的语词或语句,误导人们接受某种暗示或隐含的意义,形成错误的认识和判断,就会产生强调的谬误。

例如:"班长今天没有迟到。"

这句话如果以平常的语气说出,是一个意思;如果把重音放在"班长"两个字上,则会产生"班长今天没有迟到,而其他人却可能迟到了"的意思;如果把重音放在"今天"两个字上,则会产生"班长今天没有迟到,但过去很可能一直迟到"的意思;如果把重音放在"迟到"两个字上,则可能产生"班长今天没有迟到,但可能没来"的意思。显然,这同一个语句由于重音不同,所强调的成分不同,衍生的意义会有很大的差异。如果故意利用重读、强调的手法,暗示、误导人们接受某种隐含的意义,就产生了强调的谬误。

例如:市场上大部分电动修剪机在修剪时都可以发挥适当的功效,但许多修剪机的操作是危险的,未经训练的操作者可能会受到严重伤害。鲍特勒公司生产的修剪机曾由国立实验室检测,这是安全检测方面最权威和最让人信任的实验室。因此,如果你买了鲍特勒的电动修剪机,你就是买了安全最有保证的产品。

本例是通过特定语句的强调试图使人们接受某种暗示的意义。毋庸置疑,权威部门对于产品的检测,当然十分重要。但是,检测的结果如何实际上更为重要。这则广告试图通过强调产品检测部门的"权威性"和"可信性",使人忽视产品检测的结果并使人确信被检测产品的"安全性"。

通过特定语词或语句的强调,造成局部的放大作用,是广告商们经常使用的手段。比如,"汪汪"狗食品公司在广告上宣称,其生产的"汪汪"牌狗食罐头,可以提供狗所必需的牛奶或牛奶蛋白质。但是根据专家研究,狗并不需要牛奶或牛奶蛋白质以补充营养。再如,星云牌香烟广告宣称,该品牌香烟的尼古丁、烟焦油与树脂含量最低。这无疑是在暗示消费者,该品牌香烟对消费者健康造成的危害最小。但事实上,香烟中此类物质含量是否最低,对吸烟者而言几乎没有区别,实际上也完全不具有重要性。强调谬误的危害就在于它能产生种种误导,造成种种错觉,干扰人们的认识和判断,因此,在实践中要特别予以重视。

9.5.2 不相关谬误

不相关谬误是指在论证中所列举的理由(论据)和论题由于缺乏逻辑上的必然联系,从而不能合理论证论题的谬误。主要包括诉诸无关事实、诉诸情感、人身攻击、诉诸无知、诉诸权威、诉诸众人等。

一、诉诸无关事实

在论证中,论证者列举并加以确认的事实与所要证明的论题无关。

例如:某县法院受理了一起伤害案,法院审理后对被告做出了"免予刑事处罚"的判决。根据什么做出这样的判决呢?法院的判决书中列举了这样几件事实:
(1)被告人已赔偿了受害者的医药费、营养费100元。
(2)被告人已被行政拘留了15天。
(3)被告人打伤了受害人后,并无新的犯罪活动。

本案中法院判决所依据的事实,与所要证明的论题"免予被告刑事处罚"是否相关?表面上看二者具有一定的联系,但事实并非如此,因为《刑法》中并不存在这样的法律条款,也找不到类似的法律依据,认为被告只要赔偿了受害人的医药费、营养费,被行政拘留过,且无新的犯罪活动就可以免除对原有行为的处罚。某县法院在该案的判决中实质上犯了诉诸无关事实的谬误,其所列举的判决依据不能证明判决结论的正确性。

二、诉诸情感

在论证中,不是依靠逻辑和理性的力量来证明结论,而是试图通过感情、情绪、态度和信念等心理因素,促使他人相信并接受其论题,就会导致诉诸情感的谬误。诉诸情感的一个典型表现形式是诉诸同情,即通过诉说某人可怜或不幸的境况,激发他人的恻隐之心并使之相信某一论断的正确性。

例如:李某盗窃案,律师在法庭上为李某辩护时说:"李某家庭经济十分困难,全家人的基本生活都难以维持。他的妻子下岗5年,如今身患重病卧床不起;孩子上学学费都难以凑齐。正是在这种情况下,李某才铤而走险,进行盗窃活动的。试想,如果李某锒铛入狱,他有病的妻子谁来照顾?孩子上学问题又如何解决呢?为了不至于毁掉这个家庭,建议法庭从轻处罚。"

李某是否应该从轻处罚?律师在上述辩护中并没有提出与法律规定相关的、可影响判处结论的参考情节,却试图通过长篇大论地诉说被告人家中的不幸,以博得法官的同情进而达到论证目的。这是一个典型的以怜悯为根据的辩护。

应当指出,呼吁同情和乞求怜悯本身并不是一种谬误,在论证中人们完全可以借助情感的渲染来达到自己的论证目的。但这并不等于说,可以忽略逻辑和理性的说服和论证。事实上,情感的渲染只有建立在逻辑和理性论证的基础上,才能合理地发挥它的效用。当感情被滥用,论证者以感情代替事实作为根据去论证自己的观点时,就会导致诉诸情感的错误论证。

三、人身攻击

在论证中,以立论者或反驳者的人格或处境为根据,而不是以立论者或反驳者所提出的观点和理由为根据进行辩护或反驳,就会产生人身攻击的谬误。人身攻击的谬误主要包括两种形式:人格人身攻击和处境人身攻击。

人格人身攻击是通过诋毁对方的技能、才智、品德或人格等来否定对方的论题,属于直接人身攻击,是人身攻击的污辱形式。

例如:在篮球俱乐部里,一位足球爱好者说:"公牛队今年恐怕没有足够的优秀球员来赢得 NBA 的总冠军。"一位篮球爱好者不满地说:"瞧你那倒霉的面相,也来谈公牛队的输赢?"

这里,足球爱好者的观点是否站得住脚,我们暂且不论。单就篮球爱好者的论证而言,他并没有给出足球爱好者的观点不成立的理由,而是试图通过对足球爱好者的面相的贬低来达到否定其观点的目的。篮球爱好者显然犯了人格人身攻击的谬误。人格人身攻击谬误可能导致的结果,就是孔子所说的"因人废言"——因为对方的身份或品格等可能有问题从而完全否定对方的观点。

处境人身攻击时依靠诋毁对方的出身、经历、职业、地位等各种处境来否定对方的观点,属于间接人身攻击,是人身攻击的处境形式。

例如:刘歆教授是哲学系主任,声称昨晚看见了飞碟。由于她是个哲学家而不是物理学家,因此,她的报告是不可信的。

显然,刘歆教授的身份并不能够决定她的报告是否可信。论证者以其身份作为根据判断其观点不可信,这是典型的处境人身攻击。

四、诉诸无知

在论证中,由于没有证明一个命题为假的证据,就断定这个命题是真的,或者由于没有证明一个命题为真的证据,就断定这个命题是假的,就产生了诉诸无知的谬误。

诉诸无知谬误主要包括两种形式:

(1) 由于不能证明(不知道)命题 A 是真的,所以它是假的。
(2) 由于不能证明不知道命题 A 是假的,所以它是真的。

诉诸无知论证在超越人类理性能够确认的认识领域中被经常使用。

例如:许多科学家相信,在宇宙中存在居住着高级生命的星球。他们认为,在宇宙的演化中,大约有十万分之一的概率,会形成像地球这样的具备生命产生条件的星球。可是,仅凭概率并不能证明这样的星球真的存在,因为有一定概率出现的事件未必一定发生。实际上人类从未发现有关外星人存在的任何证据。可见,关于外星人和居住着高级生命的星球存在的看法,不过是某些科学家为满足其好奇心而编造的虚假的科学神话。

上述论证所包含的论证形式是:因为不能证明 A 真,所以 A 假。事实上,没有证明 A 为真的证据不等于它就是假的。同样,没有证明 A 为假的证据也不等于它就是真的,例如,我们不能因为无人能证明鬼神不存在,就说世上是有鬼神的。

五、诉诸权威

在论证中,不是对论题进行逻辑论证,而只靠引用书本或者某权威人士的言论去说明论题,就可能导致诉诸权威的谬误。原因在于,权威的权威性总是具有一定的相对性,任何权威都不可能是一切领域中的内行,即便在他们所熟悉的领域里,也不可能做到"句句是真理"。诉诸权威的错误在于过分迷信权威,将某一权威看作是绝对的、不可逾越的。

例如:中世纪有一位经院哲学家不相信人的神经在大脑中会合,于是一位解剖学家请他去参观人体解剖。当他亲眼看到人的神经在大脑中会合的事实时,解剖学家问他:"现在你该相信了吧?"经院哲学家回答说:"假如在亚里士多德的著作里没有关于神经是从心脏产生出来的看法,那我就承认这是真理。"

这位经院哲学家对于亚里士多德这个权威的崇拜可谓到了极点,即便在事实面前,仍然固守和坚持权威的错误观点。这是典型的诉诸权威谬误。

六、诉诸众人

在论证中,盲目援引众人的意见、观点,或信念进行论证,而不考虑这种观点是否有令人信服的论据,就可能导致诉诸众人的谬误。

例如:鲁人有与曾参同姓名者杀人。人告其母曰:"曾参杀人。"其母曰:"吾子不杀人。"织自若。顷之,一人又告之曰:"曾参杀人。"其母尚织自若也。顷之,又一人告之曰:"曾参杀人。"其母拉杼下机而走。

曾参是否杀人？曾母认为,既然有那么多人都这样说,事实一定如此。曾母为众人之言所惑,陷入了诉诸众人的谬误,从而失去了正常的判断能力。诗人李白曾对此评论说:"曾参岂是杀人者？谗言三及慈母惊。"可见,诉诸众人谬误的危害之大。

9.5.3 论据不当谬误

论据不当是指由于不能提供恰当的论据来证明论题所造成的谬误。在论证中,论据只有真实并且充分,才能有力地支持和证明论题。预期理由、虚假理由、错认因果、循环论证、机械类比等都是论据不当的具体表现形式。

一、预期理由

在论证中,以真假未定的命题作为论证的根据,就会产生预期理由的谬误。

例如:有人这样论证:"飞碟"肯定是从外星球飞到地球上来的。现代自然科学告诉我们,外星球存在着像人一样高级的生物是完全可能的,甚至存在着比人更高级的生物也是可能的。可见,外星球生物发射宇宙飞行器到地球上来是很自然的事情。

这一论证中,支持论题的论据真假尚未判定,由这样的论据出发显然不能证明论题的真实性。论证者把这样的论断作为论证的根据,实际上犯了预期理由的错误。

预期理由的谬误在司法实践活动中应该特别引起注意。以真假尚未确定的论断,而不是确实的事实根据为出发点断案,极易造成冤假错案。

例如:湖南省某地曾经发生了这样一起"案件":当地农村姑娘雷某某于11月22日上午去镇上赶集丢了500元钱,回家后怕挨父母打骂,向其母谎称在路上被三个男人把钱抢走了。雷的伯父(系大队支书)随即将此事报告了公社。公社干部根据社员钟某反映"曾见过钟某、张某和李某三人在镇上某饭店吃喝,好像花了500元钱。遂将无辜者钟某等三人认定为抢劫案"嫌疑人。区、社干部和当地派出所的办案人员,听信公社书记的"估计"和未经证实的、证人钟某的证言,采取刑讯逼供等非法手段,致使钟某等三名无辜者诬服,遂酿成一起重大假案。

该假案之所以形成,除了雷某某无中生有、捏造事实外,一个重要原因就在于侦查机关的办案人员以道听途说的传闻、推测性的估计代替客观事实,仅仅从"听说如此"、"估计如此"或"可能如此"出发,就相信"事实确实如此"。这显然不符合模态逻辑的基本规范——以可能命题为前提不能推出实然命题,犯了"预期理由"的错误。

二、虚假理由

在论证中,以本身为假的命题作为论证的根据,或者以本身虽然为真,但与所要证明的论题无关的命题作为根据,这时,所列举的理由就会形同虚设,构成虚假理由的谬误。

例如:甲与乙之间关于"迟到"的一段对话:

甲:你一连迟到3天,领导自然要批评你,难道批评得不对吗?

乙:当然不对!

甲:怎样做才对呢?

乙:他应该表扬我!

甲:俗话说,再一再二没再三,你接连迟到,属于屡教不改,凭什么还要表扬你?

乙:比如你身上有一百个缺点,你能一下子全部改掉吗?我第一次迟到15分,第二次迟到10分钟,第三次迟到5分钟,这说明我在不断改正错误,这难道不是进步吗?所以说你应表扬我,而不应该批评我!

甲:假如有这样一个人,他第一次抢劫了一家大银行,抢走几千万元钱;第二次打劫了一家中等银行,抢走数百万元;第三次抢劫了一家小规模银行,抢走几十万。当局是不是应该对他的这种"进步"之举大加赞赏、重奖鼓励呢?

本例中,乙的论证具有非常强的迷惑性,但其所列举"理由"的虚假,经过甲的类比反驳加以放大后,就非常明显了。以本身虚假的理由作为论证的出发点,显然达不到证明的目的。

虚假理由的谬误在司法实践活动中也应该特别引起注意。在司法实践中,无论所引用的法律条款虚假,还是所采信的案件事实虚假,都会严重破坏司法公正的法治理念和依法审判的法制原则。

例如:在西宁市礼让建筑公司诉《青海法制报》名誉侵权纠纷案中,原告方的委托代理人某律师事务所的6位律师在诉状中称:"《青海法制报》第700期刊登的《古稀老人该去何方》,严重违背我国《新闻法》中有关新闻报道真实性的规定……。"受理此案的西宁市某法院经审理后,在此案的判决书中写道:"本院认为,被告《青海法制报》在没有查清事实的情况下盲目发表此报道,违背了我国《新闻法》中真实性的原则……。"

本案的委托律师和法官在论证自身观点时,都提到了一部法典——"《新闻法》",并以此作为陈述或判决的根据或理由。但让原告方哭笑不得的是,翻遍了所有的法律文本,也没有找到《新闻法》这样一部法典。究其实,迄今为止我国还尚未制定这样一部法典,因而律师和法官的论证所依据的是一部根本就不存在的子虚乌有的"新闻法"。以想像或自身杜撰的法典作为论证根据,结论的合法性与合理性当然丧失殆尽。

三、错认因果

在论证中,在不具有因果联系的现象之间嫁接因果联系,就会产生错认因果的谬误。错认因果的谬误包括以先后为因果、强加因果、片面原因、因果倒置等多种表现形式。

例如:张某和李某因为宅基地边界问题发生纠纷。张某的房子还未盖起,只垒起了院墙,砌好了门框,李某就气冲冲地带领其内弟刘二和刘三,拿着扒房工具,准备扒房。张某伸开两臂阻拦,李某等硬往里冲。双方争执之际,砌在门框上的石头掉落下来,正好砸在李某的头上,李某当场死亡。李某家属认为,张某是造成李某死亡的"罪魁祸首",犯了故意杀人罪,强烈要求对张某绳之以法,以命抵命。

从整个案件的发生过程来看,尽管李某和张某争执在前,李某死亡在后,但张某和李某的争执并不是李某死亡的原因。正如张某的辩护律师所言,如果张某犯的是故意杀人罪,那么,他一定有主观上的故意,但张某主观上并没有杀人的故意;如果张某犯的是故意杀人罪,那么,他一定有客观上的行为,但张某并没有杀人的行为,李某死亡是由意外原因引起的,所以,张某并没有犯故意杀人罪,不需要负相关的刑事责任。李某的家属以时间先后作为判定事物或现象之间是否具有因果联系的依据,错认了因果关系,才产生了不正确的认识。

错认因果的谬误还可以表现为:在明显不具有因果联系的现象之间强加或嫁接因果联系,即所谓的强加因果。

例如:律师为一桩行凶打人的刑事案件的被告人辩护说:"本律师认为,被告人动手打人,系事出有因,因为被告人发现原告在争吵时也铁青着脸,气势汹汹,大有企图打人的预兆,为了防止出现自己被动挨打的局面,被告人果断地先发制人,以迅雷不及掩耳之势,抢先突然袭击,掌握住了这场殴斗的主动权。这完全是一种临危不惧、攻其不备的针锋相对的举动。虽然算不上法律上的正当防卫,但情有可原,姑且称作'准正当防卫'。其次,任何问题都要一分为二。原告脸部挨打固然疼痛不已,然而,被告人迅猛出击的拳头也是血肉之躯。有道是'十指连心痛',在原告脸部肌肉与骨骼的强烈反作用力碰撞下,被告人手上所承受的创伤也丝毫不逊色。这个道理很简单,即是物理上力与作用力的缘故。实际上双方都是受害者,而不能仅是指控本案原告。"

这位律师在辩护中不顾法律与事实,在明显不具有因果联系的现象之间强加因果联系为被告人行凶打人的行为进行辩护,可谓强词夺理,其论证荒唐可笑,当然是没有任何说服力的。

四、循环论证

又称"乞题谬误"、"无进展谬误"。在论证中,如果论据的真实性直接或间接地依赖于论题来证明,就会产生循环论证的谬误。

例如:在讨论是否应该废除死刑问题时,一个同学说:"我们应该实行死刑,因为如果一个人夺取了一条生命,他就必须偿命。"

这位同学的观点是"我们应该实行死刑",但他所引用的论据,不过是把所要论证的观点换了一种语言表达形式重复了一遍,即"如果你夺取了一条人命,你就必须偿命"。这种论据直接重复论题的论证,使得论据的真实性反过来又要依赖于论题来证明,所以是典型的循环论证。

例如:十七世纪法国哲学家笛卡儿曾经这样来证明神的存在。他说:我的神的观念是非常明晰的,神是尽善尽美的,无所不包的,因此也包含了"存在"的性质;如果说尽善尽美的神缺乏这一重要性质——即说他不"存在",是自相矛盾的。因此,神是存在的。

这里,"神存在"的论据是"神是尽善尽美的"。但"神尽善尽美"这一论据的真实性,反过来又要依赖论题"神是存在的"来证明——因为如果神不存在,那么,神就不是尽善尽美。这种论据间接地重复论题的循环论证,具有较强的迷惑性,给人一种好像做出某种论证的假象,但实际上什么也没有论证。

五、轻率概括

在论证中,以特例或非典型事例为根据,不恰当地概括出关于一类对象的一般结论的谬误。

例如:19世纪意大利一位著名的医学教授龙勃罗梭,通过对一些犯罪分子的观察和研究发现:盗窃犯和欺诈犯,头的周围比较大;杀人犯的脸较长,一般都有突出的颧骨、黑而短的头发;在所有犯罪中以伤害犯最多,此种犯罪者的手和手腕都比较长。龙勃罗梭由此断言,犯罪的人多在先天上便有异于常人的特性。

龙勃罗梭的观点显然是十分荒谬的,任何人都会在生理上找到一些类似的特征。如果把这些个别特征夸大为一般原则而认定为犯罪的原因,那么人人都会成为"生来犯人"了。

六、机械类比

在论证中,如果仅仅以事物或对象间表面上存在的某些相同或相似的情况为依据进行类比,就出现了机械类比的谬误。

例如:李名在杂志上看到一则关于飞鸟牌自行车的广告,售价是348元。他来到商店准备购买时,发现店里的同类型自行车没有装车灯,而广告上那辆自行车却装有车灯。对此,经理回答说,348元的售价并不包含车灯;如果要安装车灯的话,需要另外加钱。李名很气愤:"这种做法是很不老实的。既然那盏灯已经登在广告上,那就应该包括在你们所定的售价里。"经理一本正经地答道:"是啊,先生,在我们所登的广告里,车上还坐着一位姑娘呢。可是,我们在出售自行车时,也并不给买主提供一位姑娘啊!"

车灯是自行车的附属物,而姑娘并不是自行车的附属物。经理用"出售自行车并不给买主提供一个姑娘"来类比"不提供车灯",显然犯了机械类比的谬误。

9.5.4 统计谬误

统计谬误是指与统计数字相关的各种谬误。主要包括平均数谬误、百分比谬误、精确度谬误、赌徒谬误等。

一、平均数谬误

平均数是日常生活中最常见的一种统计资料,常被用来刻画一组数据的中间状态。不同的人对平均数有不同的理解。统计中的平均数,至少有三种不同的含义:

一是算术平均数(mean)。把给定的所有数值累加起来,再用这个相加之和除以所给数目的个数,就可以得到一组数据的算术平均数。比如,1、2、3、4、5、6这几个数的算术平均数是$(1+2+3+4+5+6)\div 6=3.5$。

二是中位数(medium)。把给定的所有数值从高到低排列起来,处于数列中间位置的那个数就是所给数据的中位数。如果数列的项数是偶数,则把居于中间位置的两个数字相加除以2,得到的便是中位数。比如,1、2、3、4、5、6这几个数的中位数是$(3+4)\div 2=3.5$;而1、2、3、4、5、6、7这几个数的中位数是4。

三是众数(mode),指一组数列中出现频率最高的数。众数的计算比较复杂,有的数值没有众数,只能计算平均数或中位数。

算术平均数、中位数、众数这三种不同的平均数,意义差别很大。考察不同的问题需要使用不同的平均数,否则可能会掩盖事实真相,甚至导致十分荒谬的结论。所有通过不当使用平均数来引申出某一结论的错误论证,都属于平均数谬误。

平均数谬误主要包括以下三种类型:

一是,不恰当地使用算术平均数

例如:A先生是一位拥有5位职员的公司的负责人,现因业务扩大,需要增加一名员工。B来应聘时,A谈及公司职员的个人薪金问题时,说:"我们这里报酬很不错,人均薪金是每月3 000元。"但当B工作满一个月领取薪金时,却发现自己以及该公司所有其他职员,没有一个人的薪金超过1 000元。B开始不解,继而大呼上当。请问其中缘由何在？

新员工B之所以上当受骗，是因为落入了A先生所设计的平均数陷阱中。实际上，A在谈及个人薪金时所讲的"人均薪金每月3 000元"中的"平均"是指算术平均数。算术平均数的特点是拉长补短，以大补小。从算术平均数的算法可以看出，它很容易受极端值的影响。调查对象的差别越大，数量越少，算术平均数反映对象一般水平的能力也就越差。在本例中，A先生每月的薪金是13 000元，而其他5位职员的薪金是每月1 000元，其平均值（算术平均数）当然是每月3 000元。A先生通过不恰当地使用算术平均数，掩盖了实际上的不平均，制造了公司"报酬很不错"的假象。

二是，不恰当地使用中位数

例如：某市几家大型化工厂污染非常严重，被责令停工治理。一个月后，有媒体报道说，该市的空气质量经过治理大为改观，平均的空气污染已经降到警戒线以下。

事实上，有关调查显示，该市有两家大型化工厂并没有按照要求处理污染问题。也就是说，该市的污染问题并没有得到合理解决。那么，媒体的报道为什么给人们造成了该市污染问题已被合理解决的假象呢？原因就在于媒体报道不恰当地使用中位数，其报道中的"平均"，来源于中位数，即处于一组数列中间位置的那个数，而中位数的特点是永远有一半数比它高，有一半数比它低，这意味着可能仍然存在着个别化工厂污染严重的现象。从环保的角度看，即使是个别化工厂污染严重，整个大气层的污染也不会濒临危险的境地。本例中的媒体报道正是由于不恰当地使用了中位数，掩盖了事实真相，导致人们盲目乐观，沉溺到荒唐透顶的安全感中。

三是，不恰当地使用众数

例如：某市因电厂事故造成全市停电一天，给该市的经济造成了严重损失。就此，该市某领导辩解说："这次停电事故的确给我市的某些企业带来了损失，但这些企业的平均经济损失只有3万元，根本没有公众所预想的那么大。"

本例中，该城市某领导所说的"平均经济损失3万元"中的"平均"，指的是众数，即这次遭受损失的工厂中损失3万元的最多，因此，平均经济损失是3万元。众数也是平均数，从这个意义上讲，这个领导没有说错。但是，值得注意的是，众数的大小不随极端值的变化而变化。这就意味着在这次事故中可能存在着损失非常大的工厂，而这些损失在众数中却不能正确地反映出来。事实的确如此，这次事故中该市最大的一家工厂损失高达350万元！显然，以众数作为平均数，断言"工厂的平均经济损失只有3万元"，这样的说法根本不能反映事件的真相。

二、百分比谬误

百分比可以使人们了解某一类对象在全体对象中所占的比例。用百分比表示统计结果一目了然,但它却无法反映一些非常重要的信息,比如,计算百分比所依据的绝对数字和百分比所表示的绝对总量。当某一主体故意利用较大或较小的百分比来制造某种错觉和假象时,就出现了百分比谬误。

例如:阳光牌笔记本电脑深受顾客喜爱,销量居全市第一。单就今年来说,阳光牌笔记本电脑的销量就增加了50%,而大众牌笔记本电脑的销量只不过增加了25%。

阳光牌笔记本的销量是否比大众牌笔记本电脑的销量要大的多呢?表面上看,也许会产生这样的印象。但实际情况却可能完全不同:阳光牌笔记本的销量确实是"增加了50%",但不过只是由去年的4万台增加到6万台;大众牌笔记本电脑的销量确实"只不过增加了25%",但却是由去年的40万台增加到50万台。孰优孰劣,岂不一目了然?

在不该使用百分比的情况下使用百分比,试图利用百分比来隐蔽绝对数字之间的差异,使人产生错误的印象,只是百分比谬误的表现形式之一。百分比谬误还可能以下面的形式表现出来:

例如:气囊装置安全无比,只有0.1%的汽车可能出现失灵。

0.1%的确是个不大的数字。然而,百分比虽小,却绝不意味着其所体现的数字同样貌不惊人。假如公路上运行的汽车足有15 000万辆,那便意味着有15万辆汽车可能失灵。难道这还不足以造成重大事故?这里,说话人使用较小的百分比的目的,就在于企图使人相信:气囊装置失灵的可能性非常小,甚至可以忽略不计,所以,气囊装置安全无比。这是故意利用较小的百分比,诱导人们忽略百分比所代表的绝对总量所导致的百分比谬误。

三、精确度谬误

现代科学技术的发展使得人们对于自然的认识越来越精确,这种精确性对于人们的观念也产生了影响,致使人们对精确数字推崇备至。精确度谬误就是试图利用数字的精确性来制造某种错觉和假象的谬误。

例如:《真与假》这本书,是作者花费了毕生精力才创作出的作品,深受广大读者喜爱。自该书1927年出版迄今为止,已经再版了5次,售出了92 476 453册。

本例试图通过对《真与假》这本书销售量的精确刻画,证明《真与假》这本书深得广大读者喜爱。但稍有常识的人都知道,一本书从出版发行直至今天,近100年的销量永远不可能统计的如此精确。所以,当有人说出一个精确数字时,我们应该特别当心,因为有些数据,通常根本无法统计的如此精确。

四、赌徒谬误

赌徒谬误也叫"概率论"谬误,是误用先验概率而产生的谬误。比如,过去我国农村重男轻女的思想比较严重,有些妇女生了6个女儿之后,还想生个男孩。她们认为,既然已经生了6个女孩子,那么第7个生下来的婴儿,是男孩的可能性肯定更大。事实上,每次生男孩的概率都是1/2,这同曾经生过几个女孩毫不相干。这就是误用先验概率而产生的"概率论"谬误。

赌徒在赌博时,也经常犯这样的错误。比如,一名赌徒在打赌硬币是正面朝上或是背面朝上时,往往会这样认为:我一连赌了5次,每次都赌"硬币正面朝上",而每次结果都是背面朝上。既然已经5次背面朝上了,那么,第6次一定会正面朝上了。这一次,赌徒加大了赌注,依然赌了正面向上。结果很不幸,他又一次输了。这位打赌者的错误就在于误用了先验概率。实际上,每一次投掷硬币都是一个独立事件,前面抛掷中发生的情况对接下来将要发生的事件没有任何影响。所以,即使在连续5次投掷都是背面朝上的情况下,第6次正面朝上的概率依然不会加大,赌徒对于第6次的尝试不会比前面的5次更有把握。

在日常生活的其他领域,类似的谬误也时有发生。

例如:当今,世界恐怖活动十分猖獗,劫机、爆炸事件经常发生。为此,许多人对乘坐飞机旅行感到惶恐不安。2005年10月3日中午,一架国际航班在万米高空中飞行。这时,一个老头大声喊道:"我要劫机,快把飞机开到巴黎去!"空中小姐说:"这架飞机就是飞往巴黎呀!你为什么要劫机呢?"老头生气地说:"我已经是第三次坐这趟航班了。头一次被劫持去了阿富汗,第二次被劫去了伊拉克,这次无论如何我也得下下手了,不然我就回不了家了!"

这位老先生的做法显然是十分荒唐的,他错误地推测:既然这架飞机前两次都没能够按时正常抵达目的地,那么,第三次不能按时正常地抵达目的地的可能性会更大。事实上,飞机每一次被劫持都是一个独立事件,飞机前两次被劫持,对接下来将要发生的事件没有任何影响。换句话说,即使在这架飞机已被劫持了两次,第三次劫持事件发生的可能性依然不会增大。本例中的老先生正是由于误用先验概率而采取了荒唐的行为。

【练习题】

一、请从相关性的角度,指出下列论证中可能包含的谬误

1. 美国一个名叫达罗的律师为当事人基德辩护时,说:"我向你们请求,不过不是为了基德,而是为了地球上许许多多被掠夺、被踩踬的人请求你们,为那些天不亮就起床、天黑了才回家、耗尽了自己的生命和力气、辛勤劳作以使他人富足和

伟大的人请求你们。"

2. 在农贸市场上,一位女顾客对女商贩说:"喂,老太婆,你卖的怎么是臭蛋呀?"这个女商贩恼火了,说:"什么?你说我卖的是臭蛋?我看你才臭呢!"

3. 许多唯物论者不相信美人鱼的存在,可是却拿不出美人鱼不存在的证据来。可见,美人鱼还是存在的。

4. 庞葱与太子质于邯郸。谓魏王曰:"今一人言市有虎,王信之乎?"王曰:"否。""二人言市有虎,王信之乎?"王曰:"寡人疑之矣。""三人言市有虎,王信之乎?"王曰:"寡人信之矣。"

5. 一位司机超速驾驶,被警察发现要给予罚款处理。司机对警察说:"警官,这回就让我过去吧。我们生活在这个行星上,它以每小时1 000英里的速度自转的同时,还以每小时66 000英里的速度绕着太阳转。而且太阳还以每小时上百万英里的速度绕着银河转。你怎么好因为我在限速30英里的区域内行驶35英里而给我一张罚款条?"

6. 苏格拉底在审判中为自己辩护说:"朋友,我是一个人,和其他人一样,是血肉之躯,不是草木,如荷马所说,我有家,对了,还有儿子,都是雅典人,三个,一个几乎已经成人,其他两个还小。"

7. 许多心理学家认为,人类以外的其他具有快速眼动睡眠的哺乳动物也会通过做梦来恢复记忆功能。这一看法是荒谬的。一方面,关于其他具有快速眼动睡眠的哺乳动物有记忆这一点尚未得到证明;另一方面,人们关于这类动物也做梦这一点更是一无所知。

8. 我不知道杀人是有罪的,所以我杀了人不能判我的罪。

9. 运动是绝对的,这个18世纪的命题宣称在一定的时间里,客体位置的变化可以不参照其他物体的位置便能测定出来。但是,一位颇有声望的物理学家声明,这一立论是前后不一致的。所以运动不可能是绝对的。

二、分析下列论述中可能包含的谬误

1. 很明显,消费者已经厌倦了微波炉,这与他们当初接受这种新发明一样迅速。与微波炉最初投入市场后几年逐渐增长的销售量相比,去年微波炉的销售量下降了。这表明消费者已经认为这些器具不那么有用了。

2. 宇宙是有限的,因为宇宙围绕地球这个中心运行,而宇宙之所以以地球为中心运行,是由于宇宙是有限的。如果宇宙不是有限的而是无限的,那么宇宙为什么竟然在一昼夜就能围绕它的中心运行一周呢?

3. 以前人们经常通过对话进行交流,现在电视机更多地占据了人们的注意力。在看电视的时候,家庭成员之间的交流几乎停止。在没有交流的情况下,家庭成员之间的关系变得越来越脆弱甚至破裂。所以,唯一的解决办法就是把电视机扔掉。

4. 天文台长认为,有些人说花大量的钱用来研制巨大的天文望远镜只会给天文学家带来益处,这种错误的认识如果当初用在麦克斯威尔、牛顿或爱因斯坦身上的话,就会使他们的研究夭折,并且会使现今的世界没有像半导体这样的发明及其应用,因为这些发明和应用都来自于他们的研究。

5. 中世纪经院哲学家托马斯·阿奎那曾有这样的论述:铁之所以能压延,是因为铁有压延的本性。

6. 一个人要成为一个器乐演奏专家,他必须练习。如果一个人每日练习乐器三小时,他就有可能成为一个器乐演奏专家。所以,如果一个人是器乐演奏专家,他每日必定至少练习三小时。

7. 某食客在茶楼吃叉烧包,发现包内没有叉烧,于是质问老板,老板答:"叉烧包不必然有叉烧,难道'老婆饼'还要附送一个老婆不成?"

8. 20世纪初所签订的中俄边界条约是平等的,因为在这个条约上双方是签过字的。中俄双方之所以在条约上签字,就因为这个条约是平等的。如果这个条约是不平等的,双方又怎么会在上面签字呢?

三、PRC公司的推销员琼斯先生由于工作关系,他经常要乘飞机旅行。他非常担心可能有哪一天,会有一个旅客带着隐藏的炸弹。出于这个担心,琼斯先生采取了一个奇怪的行动:每次坐飞机,他总是在自己的公文包中带一枚卸了火药的炸弹。倒霉的事终于发生了。有一天,他在W国的H机场,被机场警卫人员发现了皮包中的秘密。琼斯先生当即被带到警察局。

警察们仔细检查了这颗炸弹,发现它是卸了火药的炸弹。他们百思不解,于是对琼斯先生进行了审问。

"先生们,请相信我,我绝不是恐怖分子,我是一个守法的商人。"琼斯先生发誓说自己是清白的。

"那么,你如何解释公文包中携带的这个东西呢?"警察审问道。

"可这是个空心炸弹,不会爆炸的呀。"

"你总不会把它当玩具而放进你的公文包的吧?"

"不是的。既然你们一定要问个清楚,我就给你们解释个清楚吧。我带这个炸弹的目的是为了大家的安全,当然,这也是为了我自己的安全。告诉你们吧,由于我每次乘飞机都带着一个炸弹,因此我还从没遇上麻烦事。"

"你是说一旦发生劫机事件时你就用它来保护自己?"警方打断了他的话。

"不是的。我带着它的原因是:这样做可以减少劫机事件发生的可能性。"

警察们觉得非常好笑:这人莫不是犯精神病了?一颗没有火药的炸弹竟能减少劫机事件的发生。

这时,琼斯先生对他们慢慢解释道:"我发现,一架飞机上不太可能有某个旅客带着炸弹;进一步推论,一架飞机上同时有两个旅客带炸弹是更加不可能的。如果假定，一架飞机某个旅客带炸弹的几率为50%，那么一架飞机上同时有两个旅客带炸弹的概率肯定大大少于这个数，可能只有25%了。由此可见，我带这颗炸弹能使劫机事件的可能性大大减少。"

琼斯先生固执地坚持着这种想法，警方没有办法说服他。警方进一步调查后，相信琼斯先生的确没有劫机或者别的犯罪动机，就开释了他。

显然，琼斯先生的这种理由是不能成立的，你能分析琼斯先生的言论中所包含的谬误吗？

第十章 逻辑与法律[①]

本章提要

逻辑与法律有着古老和密切的关联。真正意义上的法律逻辑是适用法律的逻辑,是司法人员将一般法律规定适用于待处理案件之中,论证司法判决的正当性、合理性的技术,因而是"供法学家、特别是供法官完成其任务之用的一些工具,方法论工具或智力手段"。本章主要介绍法律推理。法律推理包括形式法律推理和实质法律推理以及逻辑在侦查、审判、立法等法律活动中的运用。

10.1 逻辑与法律

逻辑与法律有着古老和密切的关联。诚如《牛津法律大辞典》所指出的:"事实上,法律研究和适用法律均要大量地依靠逻辑。在法律研究的各个方面,逻辑被用来对法律制度、原理、每个独立法律体系和每个法律部门的原则进行分析和分类,分析法律术语、概念,以及其内涵和结论,他们之间的逻辑关系。……在实际适用法律中,逻辑是与确定某项法律是否可适用某个问题,试图通过辩论说服他人,或者决定某项争执等因素相关联的。"[②]由于经常要解决互相对立的诉讼要求,要对案件事实予以揭示和证明,要辨别是否曲直,因此司法过程往往便是一个自觉或不自觉地运用逻辑进行推理和判断的过程。西方逻辑史学家黑尔蒙曾指出,三段论的逻辑形式早在古埃及和美索布达米亚的司法判决中就已经有所运用了。而在立法文献中,古巴比伦的《汉谟拉比法典》也是用逻辑的对立命题与省略三段论的论

[①] 本章写作主要参阅了雍琦、金承光、姚荣茂合著《法律适用中的逻辑》(中国政法大学出版社 2002 年版)、张继成主编《实用法律逻辑教程》(中国政法大学出版社 2004 年版)中的有关内容,在此表示感谢!
[②] 〔英〕戴维·M·沃克:《牛津法律大辞典》(中译本),光明日报出版社 1988 年版,第 562—563 页。

断方式宣示法律规则的。① 在西方,古希腊哲学家亚里士多德等所发展出的一整套严密的逻辑学体系对于罗马法的发展曾产生了深远的影响,加上罗马的法学家们对于各种法律、法律关系的热心探讨和细致阐述,终于使罗马法得以摆脱其他古代法律体系不合理性、不合逻辑的轨道,成为一个博大精深、结构严密的体系。这种讲求逻辑严密的传统对后世的西方影响至大。

逻辑与法律关系密切并相互影响。

一方面,法律离不开逻辑。无论是立法、执法、司法,还是法学研究、法律教学,都离不开人的理性思维,而人的理性思维是指人类具有能够鉴别、判断、评价、认识真理以及能使人的行为适合于特殊目的的能力。尽管人的理性思维离不开人的感觉、知觉、想像、情感和愿望等,并与它们一道发挥作用,但理性思维又与它们根本不同。理性思维不同于信仰,因为信仰依赖对权威、神或人的信任,而理性思维则通过争论和具有说服力并使人信服的证据发现真理。理性思维也有别于感觉、知觉,因为感觉、知觉只满足于对现象的认识,而理性思维则是通过运用逻辑达到本质的认识。理性思维事实上成为将人与世界上其他事物(包括高等动物)区别开来的本质特征。人的理性思维区别于非理性思维最根本的标志在于思维的逻辑性。所谓思维的逻辑性,是指人的思维活动遵循逻辑规律,正确地运用概念,恰当地做出判断,合乎逻辑地进行推理和论证。在法律中集中体现了人类理性,体现了理性思维的逻辑性。法律区别于原始人的复仇行为,就是因为法律体现了人类理性,体现了人类理性思维的逻辑性。法律从低级到高级的逐步发展也恰好与逻辑学由初级到高级,从形式逻辑到辩证逻辑的发展相一致。

另一方面,逻辑也要借助法律的推动得以发展。逻辑学在古希腊诞生,除了数学科学发展的迫切需要所产生的推动力外,雅典城邦民主制度造就的辩论风气(如议会辩论、法庭辩论等),特别是辩论对谬误的驳斥和对有效论证的追求,为逻辑学的产生和发展提供了直接动力。据西方逻辑史家研究,逻辑是研究有效推理的规则的,而要考察有效推理的规则,只当手中掌握了大量的进行推理和论证的材料,逻辑才能自然产生。纯粹的讲故事或文学讲演并不能提供大量的论证材料。只有那些能找出证明或要求证明的论说和诘问的类型才自然地引起逻辑的研究,因为证明一个命题就是从真前提有效地推出这个命题。我们可以区分三种能找出证明和要求证明的论说类型:在纯数学里,我们寻求证明先天抽象的真理;在形而上学里,我们寻求证明关于世界结构的最一般的命题;在日常生活论证中,尤其是在政治的或法庭上的论证中,我们寻求偶然性命题的证明。② 西方的逻辑学与西

---

① 参见汪奠基《关于中国逻辑史的对象和范围问题》中所引用 Waddington 和 Reymod 等人的观点。该文载《中国逻辑思想论文选》,三联书店 1981 年版,第 5—22 页。

② 〔英〕威廉·涅尔和玛莎·涅尔:《逻辑学的发展》,张家龙等译,商务印书馆 1985 年版,第 1—23 页。

方的法律辩论,同时诞生在古希腊,二者从古至今,相互促进,相得益彰。中国古代,逻辑学与法律辩论,都未能得到应有发展,因为逻辑学若缺少法律辩论的需求和推动,也就失去了有分量的实践推动力量,而法律辩论离开逻辑学提供的有效推理和论证规则,也就缺少了理性思维的方法支持。中国古代逻辑学与法律辩论未能获得类似于西方那样的充分发展,固然存在多方面原因,但逻辑学与法律辩论在中国古代不能相互依赖,相互促进,以至二者都没有得到应有的发展。在加快法治建设和大力发展逻辑科学的今天,中国古代理论思维上的这一经验教训,需要认真总结并铭刻于心。

近代西方国家,立法权与司法权分开,法治理念开始深入人心,作为执掌司法大权的法官被要求严格依法裁判。在这种情况下,人们崇尚法典,因而概念法学在法国和德国首先出现并在19世纪风靡欧洲大陆。概念法学认为,成文法典一旦制定出来,即可自给自足。法典为人们的交往提供了普遍的结构,并足以解决各种各样的纠纷。法官只需要根据适当的逻辑推理,就可以从已有的由概念构成的法律条文中得出正确的判决依据,而无须求助法律外的东西,也不用考虑法律的目的、公平正义的观念和社会的实际需求。① 因此,"在18和19世纪,许多西方法学家把法律推理看成逻辑三段论的运用:法律规范被视为大前提,某一案件的事实被视为小前提,法院判决或某一问题的解决方案被视为结论"。② 不过,这种机械的法律逻辑观念,亦即将法官视为适用法律的机械,只能对立法者所制定的法规,作三段论的逻辑操作的观点,从19世纪后期开始,就遭到了各种法学派别的批判。首先是德国法学家耶林(R. V. Jhering, 1818—1892)对概念法学进行了批判。耶林指出,以法典为代表的法律不可能是天衣无缝的,因此,类推等手段是存在的。而类推不能仅靠概念和逻辑,它必须根据有关的利益进行。③ 现在,人们普遍认为,法律适用推理并不是简单的三段论推理,法律适用逻辑也不是形式逻辑的简单应用。20世纪以来,法律逻辑在西方兴起并成为一门逻辑学与法学之间的交叉学科。一些逻辑学家以及法哲学家撰写了多本法律逻辑著作,使法律逻辑(也有学者称之为法学方法论)成为一门法学基础学科。

国内随着法制的恢复和逐步完善,法律工作者对法律逻辑工具的需要也变得越来越迫切。这种实际需要正逐渐成为推动国内法律逻辑研究的主要动力。本章以逻辑与法律的历史渊源作为契入点,结合司法院校的教学特点,探讨法律逻辑的问题。

---

① 谢晖、陈金钊:《法律:诠释与应用》,上海译文出版社2002年版,第102页。
② 朱景文主编:《对西方法律传统的挑战:美国批判法律研究运动》,中国检察出版社1996年版,第291—292页。
③ 谢晖、陈金钊:《法律:诠释与应用》,上海译文出版社2002年版,第102页。

10.2 什么是法律逻辑

按照法学家们的说法,真正意义上的法律逻辑是适用法律的逻辑,是司法人员将一般法律规定适用于待处理案件之中,论证司法判决的正当性、合理性的技术,因而是"供法学家、特别是供法官完成其任务之用的一些工具,方法论工具或智力手段"。①

司法工作是司法人员适用法律处理案件的一项严肃而复杂的工作。它既是一项实践性的技术操作活动,也是一项严密而复杂的逻辑思维活动。因此,不仅要求司法人员具有较多的法律知识和丰富的实践经验,还要求他们特别应具有严密的逻辑思维能力。拿司法人员对案件的审理工作来说。在案件审理活动中,司法人员要做到正确认定案件事实,准确适用法律,真正贯彻"以事实为根据,以法律为准绳"的办案原则,得出一个既合法合理又令人信服的司法裁决或判决结论,就要求司法人员应具有较强的推理能力和论证技巧。因此,司法工作的性质和特点就决定了司法工作特别需要逻辑作为理论支撑,司法人员特别需要逻辑,特别不能不懂得逻辑。正如前苏联法学教授库德里亚夫采夫所指出的:"逻辑学对于法学,特别是对于定罪的意义是不容置疑的。大概社会生活的任何领域都不会像在法的领域那样,由于违背逻辑规律,造成不正确的推理,导致虚假的结论而引起如此重大的危害。推理的逻辑性,在侦查和办理案件时严格遵守正确的思维规律——对于每一个法律工作者是基本的不可缺少的要求。"②英国当代法哲学家麦考密克也说:"我们需要法律的技术人员,其任务就是要仔细研究技术。在律师们的技术当中主要的就是进行正确的推理和有力的论证技术。"③

司法工作者所需要的这种智力手段或技术,仅靠普通逻辑是否足够了呢?我们认为现有普通逻辑提供的知识往往难称其职。逻辑学是一门具有全人类性和工具性的基础学科,对于任何领域,当然也包括司法活动领域都具有普遍适用性。但是我们不能不看到,普通逻辑提供的终究是适用于普通思维领域的一般性知识,它没有也不可能对司法活动中具有特殊意义的思维形式和方法,给出科学的概括和说明。并且由于普通逻辑侧重研究的是思维的形式结构和一般规律,而对思维的具体内容不加任何研究,这就在一定程度上影响它在司法工作中的实践意义。而只要结合法律理论和司法实践的具体内容做一认真考察就会发现,司法工作的思

① 沈宗灵:"佩雷尔曼的'新修辞学'法律思想",载《法学研究》1983年第5期。
② 〔苏〕B·H·库德里亚夫采夫:《定罪通论》,李益前译,中国展望出版社1989年版,第59页。
③ 〔英〕麦考密克、魏因贝格尔:《制度法论》,周和谦译,中国政法大学出版社1994年版,第131页。

维活动不能生搬硬套普通逻辑的已有理论和方法。正是基于司法实践的特点,国内逻辑学界的同行为更好地发挥普通逻辑的应用效力,使之更贴近司法实践而在这方面做出了巨大的努力,也取得了一些成果。但总的来说,国内学者对法律逻辑的探索还处在起步阶段。

综观国内外关于法律逻辑的已有成果,我们可对法律逻辑研究内容作如下概括:法律逻辑研究司法活动中具有特殊意义的思维形式和方法。具体包括:法律概念及法律解释、法律规范结构及法律规范判断、法律推理及法律论证等问题。其中,法律推理是法律逻辑研究的中心问题。

10.3 什么是法律推理

对法律推理(Legal reasoning)的含义,从不同的角度可以作出不同的解释。从广义的角度来看,"法律推理可视为在法律论证中运用法律理由的过程。"①这里的"法律推理"不仅包括狭义的"法律推理"即司法推理,还包括立法推理、执法推理、公民日常生活中的法律推理等。不过,本书介绍的法律推理是狭义的。所谓(狭义)法律推理,"是指特定法律工作者利用相关材料构成法律理由,以推导和论证司法判决的证成过程或证成方法"。② 具体地说,作为司法推理的法律推理,"是指法律适用者在法律适用过程中,运用证据确认案件事实,选择、分析法律规范,从而将确认的案件事实归属于相应的法律规范并援引相关的法律条款而导出待决案件的裁决、判处结论,并论证其结论可靠、正当和合理的理性思维活动"。③ 简言之,法律推理就是以确认的案件事实和援用的一般法律条款这两个已知前提,运用科学的方法和规则为法律适用结论提供正当理由(justification)④的一种逻辑思维活动,因而,它是逻辑演绎论证模式与辩护性推理的有机结合。法律推理是司法工作者特别是法官在适用法律过程中普遍运用的思维形式和思维方法。它不仅是法律适用过程中的一个重要环节,而且也是实行法治的重要工具和手段。

---

① 〔美〕史蒂文·J·伯顿:《法律和法律推理导论》,张志铭、解兴权译,中国政法大学出版社1998年版,第110页。
② 解兴权:《通向正义之路——法律推理的方法论研究》,中国政法大学出版社2000年版,第19页。
③ 雍琦、金承光、姚荣茂:《法律适用中的逻辑》,中国政法大学出版社2002年版,第39页。
④ justification:由动词justify(为……辩护,证明……是合理的)转化而来,意为"辩护"、"证明为合理(正当)",也可译为"证明"(或"正当理由")。(参见〔美〕J·丹西:《当代认识论导论》,周文彰、何包钢译,中国人民大学出版社1990年版,第1页译注。)而我国法学界的不少学者则将justification译为"证成"或"证立"。

10.4 法律推理的特征

法律推理的特征,主要有以下几方面:

一、法律推理是法律适用中的逻辑思维活动,具有演绎论证性质。法律推理指的是法律适用的总体推理模式而非法律适用中某个具体的推理形式。法律适用推理的总体思维模式表现为演绎论证模式,通常被分析为演绎三段论(或假言推理)。法律推理的演绎论证性质得到大陆法系和普通法系法学家的公认。大陆法系法学家对成文法法律适用中法官法律推理模式的概括,一向以三段论式演绎推理为标准形式,如 18 世纪意大利法学家贝卡利亚就十分肯定地说:"法官对任何案件都应进行三段论式的逻辑推理。大前提是一般法律,小前提是行为是否符合法律,结论是自由或者刑罚。"①普通法系国家法学家也同样肯定判例法法律适用推理模式为演绎推理。例如,英国法学家哈特就说过:"传统理论认为,法院的判决是演绎三段论中的结论,规则是大前提,而案件中一致同意或确立的事实陈述是小前提。与此相类似,就法院引用判例而言,传统观点认为法院从过去判例中抽出规则是归纳推理,而将抽出的规则适用于当前的案件是演绎推理。"②

二、法律推理是为法律结论寻找正当理由的实践理性推理,具有说服性。法律推理与科学推理不同。法律推理的目标不在于寻找真相或真理,而主要是为行为规范或人的行为是否正确或妥当提供正当性理由。法律推理所要回答的主要问题是:规则的正确含义及其有效性,行为是否合法,当事人是否拥有一定权利或应承担一定义务、是否应负法律责任等问题。比利时哲学家佩雷尔曼指出:"法律推理因此是实践性推理的一个精致的个案,它不是一种形式的阐释,而是一个旨在劝说和说服那些它所面对者们的论辩,即这样一个选择、决定或态度是当前合适的选择、决定或态度。根据决定所据以作出的领域,在实践性论辩所给出的理由,'好的'理由,可以是道德的、政治的、经济的和宗教的。对法官来说,它们实质上是法律的,因为他的推理必须表明决定符合他有责任适用的法律。"③美国法学家波斯纳谈到实践理性时指出:"实践理性被理解是当逻辑和科学不足之际人们使用的多种推理方法(包括直觉、权威、比喻、深思、解释、默悟、时间检验以及其他许多方法)。""就法律而言,实践理性的特殊意义在于,它可以高度肯定地回答一些伦理问题。"④

① 〔意〕贝卡利亚:《论犯罪与刑罚》,黄风译,中国大百科全书出版社 1993 年版,第 12 页。
② 〔英〕H·L·A·哈特:"法律推理问题",刘星译,《法学译丛》1991 年第 5 期。
③ 参见张骐:《通过法律推理实现司法公正》,《法学研究》(1999)第 21 卷第 5 期,第 23 页。
④ 〔美〕理查德·A·波斯纳:《法理学问题》,苏力译,中国政法大学出版社 2002 年版,第 39、96 页。

三、法律推理是特定机关公职人员的法律行为,具有权威性。法律推理是法院审理案件获得法律判决的方法,同时它也是证明法律判决合法性的最重要的方法。① 从法官的角度看,法律推理是法官依据法律规定和经证实的案件事实对案件得出法律判决结论的思维和论证过程。在法治社会,法律是通过法定程序制定的行为准则,是包括司法官员在内的全体社会成员的共同行为标准。法官虽然掌握着国家权力,但是只有法律授权时并且按照法律授权,他们才能够使用强制剥夺人的生命、自由或财产的权力。因此,在任何特定的案件中,案件当事人都有权知道法官是否在合法地使用着法律赋予的权力,自己的重大利益是否被合法地处置。人们尊重和服从法律,对于法院判决,只有在确认它是依法作出的条件下,才会心悦诚服地加以接受和服从。这就要求法官揭示法律和特定行为之间的联系,论证法院判决与更高的法律权威(如国家立法机关所制定的法律)之间的某种联系。正确的法律推理可以证明法官的权力是在以合法的正当的方式被使用着,法院作出的判决是合法的,具有合法性的权威。这就表明法律推理不是普通人在日常生活中为解决某个法律问题而进行的推理,它是法官履行法律职责的法律行为,因而法官的法律推理具有权威性。法官的法律推理如果符合程序法和实体法的规定,又有令人信服的事实根据,那么法律推理的结论就具有国家权威性,当事人必须执行。

四、法律推理必须受事实和法律的双重拘束,具有客观性。作为法律推理大前提的法律规范,只能是现行法律(正式法源)、公平正义观念、法理学说、善良风俗、习惯及国家政策等(非正式法源)。它们是法律推理结论正当性的法律依据。作为法律推理小前提的案件事实,必须是得到法庭确认且能涵摄到法律规定之中的客观事实,它是法律推理结论正当性的事实根据。没有事实根据和法律依据的推断,不能称之为法律推理,也不具有正当性。具有事实根据和法律依据,成为法律推理区别于主观推测和经验擅断的客观标志。

10.5　法律推理的种类

对于法律推理,不同学者按照不同标准可以进行不同的分类。事实上,在不同国家或地区甚至在同一国家或地区的不同时期也在运用着不同类型的法律推理。本章对法律推理的分类采用以下两个标准:一是根据法律适用类型的总体推理模式,将法律推理分为演绎法律推理和类比法律推理;二是根据法律推理所涉及的是推理的形式还是内容(包括价值内容),将法律推理分为形式法律推理和实质法律

---

① 〔美〕弗里德曼:《法律制度》,李琼英、林欣译,中国政法大学出版社1994年版,第276页。

推理。

10.5.1 演绎法律推理与类比法律推理

根据法律适用类型的总体推理模式的不同,可将法律推理区分为演绎法律推理和类比法律推理。

一、演绎法律推理

演绎法律推理是大陆法系法律适用推理的推理模式。在以成文法典为单一法律渊源的大陆法系国家或地区,法官(院)要找到法律要求的公正合理地处理具体案件的最好办法的途径,就是以成文法条文为依据和准绳。因为在社会关系复杂的情况下,对具体案件的公正处理方法,首先要求它具有确定性和稳定性,由于成文法遣词严谨、概念明确、概括性强、适用面广以及援用方便等特点而被认为是清楚地表述法律规则和保持司法统一的最好手段。"判决不是根据例子而是根据法律",这是大陆法系法律适用的一个重要原则。在这种法律传统下,其法律适用推理的方式,就是法官审理各类案件都必须根据立法者制定的成文法规则而不考虑先前的判例,对具体案件作出裁决、判处结论。这种以成文法规则作为适用依据的法律推理方式,是建立在人类的理性思维基础上的,其思维进程就是从一般到个别的认识过程。从逻辑上看,其法律推理方式就是一个"演绎论证模式"(其典型为"司法三段论"):R(成文法法律规则)∧F(确认的待决案件事实)→D(对具体案件的裁决或判处结论)。由此可见,大陆法系的法律推理就是将成文法的规则适用于具体案件事实以获取判决的过程,它实际上就是构建并运用(以演绎法为主要甚至唯一形式的)法律推理的过程。其大前提总是成文法条文而非先前的判例,小前提肯定待决案件事实属于成文法条文所假定、预见的法律构成要件,结论则是待决案件所适用的法律效果。

大陆法系的法律推理模式具有如下特征:

1. 立法主体与司法主体分离,能有效避免法律适用机制的失控,而且有利于在成文法典生效范围内维护司法统一,保证法律推理的稳定性和权威性。

2. 以演绎推理模式作为适用法律的逻辑工具和手段。由于演绎推理前提与结论之间的联系是必然的,可以保证其适用结论的合法性和可靠性,而且其法律推理过程相对比较简单,便于适用主体把握和运用。但与此同时也容易导致实务中不重视法律推理技巧的运用。

3. 作为法律推理大前提的成文法条文总是概括的、抽象的和一般性的,不可能包括社会生活的各种具体情形,而作为法律推理小前提的案件事实却是各种各样的,因此,法律推理活动中不容易将法律推理的大、小前提有效地联结起来,这样由于适用主体主观因素的影响,极易出现不同法官对类似案件的判决差异较大,从而导致法律适用的不公平。

4. 由于法律推理中演绎推理的程序相对固定,过于简单和呆板,极易流于机械的操作(概念法学的一度盛行就是明证),从而使成文法的适用不能及时适应社会经济、政治的发展变化。

二、类比法律推理

类比法律推理是英美法系法律适用推理的推理模式。英美法系又称为普通法系,泛指以英格兰法为基础并以判例法为主要法律渊源的国家或地区的法律制度。这是一种区别于以成文法特别以编纂法典为特征的民法法系国家或地区的法律制度。在英美法系国家,盛行的是以判例法规则作为适用依据的法律推理方式,习惯和法院的判例过去是现在仍然是最基本的(尽管不是唯一的)法律渊源。①

根据判例法制度,法院的一项判决具有两方面的意义:一方面判决对特定案件的当事人具有直接拘束力,另一方面判决因此成为下级法院或本级法院今后处理相同或相似案件所应当遵循的先例。从而每一类相似案件的判决都形成了前后相接的案件链。当然连接案件链的要素并非判决本身,而是判决中蕴涵的法律规则。它是先前同类判决中蕴涵的法律规则的继续,又成为未来类似案件判决的法律依据。② 正如贺卫方所说:"在结构上,英国司法判决包含三个有机的组成部分,即:(1)对案件事实直接的或依据推理所进行的裁判;(2)对与案件事实相关的法律问题及原则的陈述;(3)基于上述两项而作出的判决。在这三个成分中,第二项被称为判决理由。对后来的法官具有强制约束力的并非判决书里的全部内容,而只是判决理由。"③

在这种法律制度下,其法律适用推理的方式就是,法官(或法院)审理任何具体案件都必须遵循先例原则(stare decisis),④运用区别技术(distinguishing technique),⑤经过识别(distinction),证明当前案件的基本事实与先例相同或相似,因此应以先例中所蕴涵的法律规则或原则对当前待决案件作出裁处结论。具体说,在司法审判中遵循先例,就是要求法官对先前的判例进行分析,并从中归纳出判决理由和法律原则,然后运用类比推理将这些判决理由和原则适用于当前的案件,从而使相似案件获得相似的解决。

英美法系的法律适用方式是立足于人类经验思维基础上的,其思维进程是由个别到个别或由特殊到特殊的认识过程。从逻辑和技术角度来说,它是运用类比

---

① 〔美〕埃尔曼:《比较法律文化》,贺卫方等译,三联书店 1990 年版,第 44 页。
② 陈兴良:《刑法的人性基础》,中国方正出版社 1996 年版,第 484—485 页。
③ 贺卫方:《司法的理念与制度》,中国政法大学出版社 1998 年版,第 201 页。
④ "先例原则"的基本含义是指:下级法院受上级法院判决的约束,某些上级法院受自己先前判决的约束。
⑤ 判例法并不是指对某一类案件的整个判决,而是指该判决所蕴涵的,能作为先例的某种法律规则或原则。同时,先例可分为有拘束力与无拘束力两类。在这种情况下,对含有先例的判决中的事实或法律问题和现在审理案件中的事实和法律问题必须加以比较和区分,这一过程,在普通法的术语中称为"区别技术"。

方法所进行的法律推理。因此,这种法律推理方式总体上表现为类比推理(也可解释为先归纳后演绎,因而其法律适用推理方式仍是演绎论证)模式。一般说来,英美法系的法律推理包含以下三个部分:(1)对案件事实的裁决(即确认案件事实),可分为直接的和推论的两种。推论的事实裁决是由法官或陪审团从直接的、可感觉到的事实中得出的推论;(2)从先例中归纳并陈述(适用于对案件事实引起的法律争执的)法律原则或规则;(3)综合上述(1)和(2)作出对待决案件的裁决或判处结论。因此,英美法系法律适用中运用的法律推理,其结构可分析为:

具有约束力的先例 Fx 具有 a、b、c、…、n 属性,并且适用 R 法律规则,
待决案件 Fy 也具有 a、b、c、…、n 属性(或具有与之相似的 a'、b'、c'、…、n(属性),

所以,Fy 案也应按照 Fx 案一样适用 R 法律规则。

上述推理的结构也可以通过另一个公式来说明,即:

R 法律规则适用于 Fx 案件,
Fy 案件在实质上与 Fx 案件类似,

所以,R 法律规则也应适用于 Fy 案件。

英美法系的法律推理模式具有如下特点:

1. 司法与立法融为一体。法官在审判过程中一经形成判决同时也就完成了立法,因而可以随时应变,及时指导审判活动,以适应社会经济、政治发展的需要。与抽象概括的制定法不同,判例比较具体,可比性强,可为法官提供一个感性具体的类比样板,以资仿效,更能防止法的精神在适用过程中的耗损和走样。

2. 英美法系以类比推理模式作为法律适用的方式和逻辑手段,而类比推理是以事物的同一性作为客观基础的,因此,其法律适用的优点就在于平等、可预见性、经济和尊敬四个方面。平等是指相同案件进行同样处理,以体现司法的一致性;可预见性是指通过一贯遵循先例的制度,人们可以预知未来的纠纷及其处理结果;经济是指使用既定标准解决新出现的案件可以节省时间和精力;尊敬是指对先前法官的智慧和审判经验的尊重。[①]

3. 英美法系的法律适用推理是通过"区别技术"和类比推理模式来完成的。"区别技术"中的"区别"是指当前待决案件与先前判例之间的比较和"识别",从比较、"识别"中寻找法律适用依据和判决理由,它本身也是一种法律推理。其推理过程也是从个别(先前判例)到个别(待决案件)的推理。这样的推理,从逻辑上看,其前提与结论之间的联系不具有逻辑必然性。因此,英美法系的法律适用方式,极易形成法官根据各自评价标准和情感因素,在浩繁庞杂的先例中援用自己认可的判

---

① 朱景文:《比较法导论》,中国检察出版社 1992 年版,第 256 页。

例(尤其是当法官的政治、业务素质和推理能力欠缺时),这样往往会造成法律适用中的偏差,导致司法专横和"无法司法",从而不利于司法的统一。

两大法系不同的法律适用方式各有其长处和短处。随着时间的推移,两大法系已开始相互取长补短,彼此间呈现出相互融合、相互渗透的趋势。目前,在一些普通法系国家也有成文法典,①而在一些大陆法系国家也存在一种虽不是法律上的,却是事实上的判例法。② 因此,许多国家或地区都在立足于原有法律传统的同时,注意吸收其他法律传统的长处以弥补自身的不足与缺陷。③

10.5.2　形式法律推理与实质法律推理

根据法律推理所涉及的是推理的形式还是内容(包括价值内容),将法律推理分为形式法律推理和实质法律推理。

一、形式法律推理

所谓形式法律推理也叫分析推理,是指在法律适用过程中,根据确认的案件事实,直接援用相关法律条款,并严格按照确定的法律条款的判断结构形式所进行的推理。主要表现为根据一般性(普遍性)法律规范判断,推导出具体案件裁决、判处结论的思维活动过程。它是一种演绎推理,其典型形式为三段论(也可以分析为假言推理)。

在我国这样一个以成文法为主要甚至唯一法律渊源的制定法国家,形式法律推理是适用法律中最基本和最常用的推理。而且从逻辑角度可以充分给以形式化研究和刻画的法律推理,严格说来也只能是这种推理。

形式法律推理也有不同类型。从司法人员实际运用形式法律推理的场合来看,主要有以下两种情形:一是根据有关法律对待处理案件的性质作出判断;二是在此基础上对案件本身作出司法裁量。我们把在对案件性质作出判断的过程中所进行的推理叫做个案裁处定性推理,也叫法律责任划归推理;把在对某一特定性质的法律事实作出责任裁量的过程中所进行的推理叫做个案裁处定量推理,又称法律责任量裁推理。这两种推理在刑事法律推理中分别称作定罪推理和量刑推

---

①　大陆法系固有法典法传统,但在英美法系国家,自20世纪以来尤其是二战后,系统化的法典也见诸各法律部门,如美国《统一商法典》。只不过在这些国家,法典的概念及其在司法程序中的作用与大陆法系国家有所不同而已。参见陈金钊主编:《法理学》,北京大学出版社2002年版,第75页。

②　大陆法系传统上否定判例法的法源地位。但是自20世纪以来,法院强烈地倾向于遵循先例,尤其是上级法院的判例。如法国的行政法主要是通过行政法院的判例发展起来的。总之,从理论上说,大陆法系判例不具有普遍约束力,但是在实践中具有较强的说服力。参见陈金钊主编:《法理学》,北京大学出版社2002年版,第147页。

③　〔美〕汉斯·霍曼:"普通法的性质和法律推理的比较研究",何兰译,载《比较法研究》1991年第4期。

理。① 下面就对定罪推理和量刑推理作一简要介绍。

1. 定罪推理

定罪推理就是以罪名概念的定义作大前提,对照被告人的行为事实,得出定性结论的法律推理。定罪推理的过程,也就是确认被告人的行为是否属于被法律禁止的某类行为的过程,亦即司法归类的过程。由于司法归类活动不是随意进行的,它是以一般性的"规定"作依据,并联结具体的行为而展开的思维活动。其结论的得出,不仅表现为"……所以……"这样的推导关系,而且表现为由一般推论特殊的关系,因此,定罪推理也属于一种演绎性质的推理。

例如,法庭经审理查明,耿永祥在担任苏州海关关长兼苏州工业园区海关筹备处主任和杭州海关关长期间,利用职务之便,先后收受贿赂44次,包括人民币145.3万元、美金4万元以及钻石戒指2枚、钻石项链2条,共计人民币180多万元。

据查,耿永祥利用担任苏州海关关长的职务便利,为江苏省苏州工业园区兴业装饰装潢工程有限公司经理朱文强的老师和女友的调动及朱文强向舟山海关购买罚没冻鱿鱼一事"帮忙",先后收受朱文强的贿赂14万元。耿永祥还帮助江苏省江阴市宏图装饰装潢公司承接昆山和苏州海关办公大楼、海关总署胥口外事培训中心及杭州海关富阳办事处等单位的装修工程,先后26次收受宏图公司经理丁永良人民币70万元,索要人民币20万元。在为江苏省吴县市金山石雕艺术有限公司承接装饰工程"帮忙"后,从中2次收受人民币19万元。

在担任杭州海关关长期间,耿永祥多次要求舟山海关关长陈立钧"关照"舟山万顺储运公司董事长董欣束进行成品油走私活动,使董欣束于1999年6月至8月间得以在舟山走私3.3万余吨柴油。在此过程中,耿永祥收受董欣束所送美金4万元、人民币15万元以及钻石戒指2枚、钻石项链2条。

法庭认为,耿永祥身为国家机关工作人员,利用职务便利索取他人财物及非法收受他人财物,为他人谋取利益,构成了受贿罪,且情节特别严重。依据法律条文:我国《刑法》第385条,国家工作人员利用职务上的便利,索取他人财物的,或者非法收受他人财物,为他人谋取利益的,是受贿罪。国家工作人员在经济往来中,违反国家规定,收受各种名义的回扣、手续费,归个人所有的,以受贿论处。②

上述论证,整理出来,就是下面这样一个定罪推理:

R:国家工作人员利用职务上的便利,索取他人财物的,或者非法收受他人财

---

① 与此相仿,在民事法律推理中有民事责任划归推理和民事责任量裁推理。限于篇幅,本文不作介绍。

② http://www.legaldaily.com.cn/misc/2005-05/26/content-141092.htm.

物,为他人谋取利益的,是受贿罪;

F:耿永祥身为国家机关工作人员,利用职务上的便利索取他人财物及非法收受他人财物,为他人谋取利益;

D:所以,耿永祥的行为构成了受贿罪。

毫无疑问,只要这里所依据的罪名概念定义无可争议,对案件事实的确认也无异议,则上述结论就无可辩驳,具有正当性、合法性和可接受性。

上面这个定罪推理的逻辑结构可用符号公式表示如下:

1 (x)(Gx∧Hx∧(Ex∨Fx)→Tx)   法律规定
2 Ga∧Ha∧(Ea∧Fa)   案件事实
3 Ta   由1和2得出的定罪结论

上面公式中的G代表"国家工作人员",H代表"利用职务上的便利",E代表"索取他人财物",F代表"非法收受他人财物并为他人谋取利益",T代表"犯受贿罪"。x是个体变项,它表示一个不确定的个体。a是个体常项,它表示一个确定的个体,即耿永祥。这样,Gx表示"x是国家工作人员",Hx表示"x是利用职务上的便利的",Ex表示"x是索取他人财物的",Fx表示"x是非法收受他人财物并为他人谋取利益的",Tx表示"x犯受贿罪"。

上面这个推理形式是用现代谓词逻辑的公式表达的。为便于理解,我们也可以将它改用普通逻辑的语言形式表达出来。这就是:

如果一个人是国家工作人员并且利用职务上的便利索取他人财物或者非法收受他人财物并为他人谋取利益,那么这个人犯了受贿罪;

耿永祥是国家工作人员并且利用职务上的便利索取他人财物且又非法收受他人财物为他人谋取利益;

所以,耿永祥犯了受贿罪。

$$p∧q∧(r∨s)→t$$
$$p∧q∧(r∧s)$$
$$∴t$$

上面这个推理形式的有效性在普通逻辑中是显而易见的,它属于充分条件假言推理的肯定前件式。当然也可以将它分析为三段论。即:

凡国家工作人员利用职务上的便利索取他人财物的是受贿罪,
耿永祥的行为是国家工作人员利用职务上的便利索取他人财物的,
所以,耿永祥的行为是受贿罪。

及

凡国家工作人员利用职务上的便利非法收受他人财物为他人谋取利益的是受贿罪。

耿永祥的行为是国家工作人员利用职务上的便利非法收受他人财物为他人谋取利益的。

所以，耿永祥的行为是受贿罪。

上述两个三段论推理的形式都是：

$$\frac{\begin{array}{l}M\ A\ P\\ S\ A\ M\end{array}}{S\ A\ P}$$

这是三段论第一格 AAA 式，因而是正确的推理形式。

从形式法律推理角度分析，定罪推理若适用的犯罪定义正确且确认的案件事实确凿无误，那么该推理的正确与否就只取决于推理的逻辑形式。上面这个推理是形式正确的定罪推理。但司法人员在实际运用定罪推理时，撇开事实认定和援引法律方面的错误外，比较常见的便是推理形式上的错误。

例如，"李亚南受贿案"①中，一审法院经审理认为：

"被告人李亚南系国家工作人员（某饭店保卫干事——引者注），为了谋取私利，通过国家银行的工作人员并利用他们职务上的便利，为他人谋取利益，办理贷款（共5笔计46万元——引者注），并以好处费的名义，从中索取或收受大量现金（共2.1万元——引者注），已构成受贿罪，应予严惩。"

该一审法院得出"李亚南构成受贿罪"这一结论，就运用了定罪推理，这一推理可整理如下：

R: 如果一个人是国家工作人员并且利用其职务上的便利索取他人财物或者非法收受他人财物并为他人谋取利益，那么这个人犯了受贿罪；

F: 被告人李亚南系国家工作人员，利用国家银行工作人员职务上的便利（实则并非利用他自己职务上的便利），索取或非法收受大量现金，并为他人谋取利益；

D: 所以，被告人李亚南的行为属于受贿罪。

① 参见最高人民法院刑事审判第一庭编：《刑事案例选编》，人民法院出版社1992年版，第530—531页。

上面这一定罪推理的形式为:

$$p \wedge q \wedge (r \vee s) \rightarrow t$$
$$\underline{p \wedge m \wedge (r \vee s)}$$
$$\therefore t$$

上面这个推理从普通逻辑的角度来看,显然是不正确的推理。因为小前提中所描述的案件事实中,只证明了被告人李亚南"利用他人职务上的便利(m)",而未证明被告人是否"利用自己职务上的便利(q)"。从表面上看,这样的认定好像没错,被告人确实"利用了职务上的便利",而实际上,被告人并未"利用他自己职务上的便利",而是"利用他人职务上的便利"。上述推理恰恰在这一点上没有认定,给人一种似是而非的感觉。正是这一疏忽,使得该推理成为形式不正确的推理,并使该推理的结论缺乏合法依据和可接受性。事实上,该案被告人正是以本人"没有利用自己职务上的便利"为由提起上诉的,二审法院也正是以被告人的行为"不是利用他自己的职务上的便利"为由而撤销原判的。

2. 量刑推理

量刑推理就是在定罪推理的基础上,援用刑法相关条款得出判处结论的推理。

定罪的过程,是着重考察被告人的行为事实是否与某个罪名概念定义揭示的特征符合,能否归入某项刑法适用范围的过程;运用的难度主要表现在对案件事实确认的方面。而量刑的过程,则是在确认被告人确已构成犯罪并且已确定适用的刑法条款规定的范围内,全面考察犯罪人的行为事实、后果,决定给以何种制裁处理的过程。在这一过程中,虽然法官在法律规定的量刑幅度或制裁方式范围内作出选择是必须的,而具体选择哪种处理方式,则必然要涉及法官自由裁量权的行使和运用。其实,这种"自由裁量权"的背后,却隐藏了复杂的可以左右我们选择的因素。运用的难度,就表现在对这种"自由裁量权"的行使上。

运用量刑推理时,法官在已确定适用的刑法条款规定的量刑幅度内,无论作出何种选择,都应当有充足理由证明为什么选择这种而不选择那种,都得说明选择某种处理方式的合理性和正当理由。显然,要做到这点并不容易。这就要求法官在作出选择时,不仅必须充分考虑选择的法律依据,还得把握影响选择的案件事实的有关情节、后果等等因素。

在运用量刑推理的过程中,判处结论究竟应选择哪种处理方式,虽然也会涉及一些逻辑问题,比如,依据的是"偏重"的选择理由,而结论却是"偏轻"的处理方式;或者情形与此相反,等等。在逻辑上,这无疑是不合理的。但是,在选择过程中所要涉及的问题,不仅要涉及形式法律推理方面的问题,还要涉及实质法律推理方面的问题。

量刑推理的运用过程,是确定对犯罪人如何"绳之以法"的过程。因此,运用量刑推理时不仅必须明确援引刑法的有关条款作为大前提,而且,确认的案件事实必须能够与援引的法律条款相联结。否则,得出的任何处理结论就都不具有合法性。既然量刑推理的大前提是刑法条文,而刑法条文又总的表现为假言判断的结构形式(暂时撇开其规范模态词),这就使得量刑推理不仅表现为假言推理,而且表现为实际上的肯定前件式。因此,量刑推理最简单形式就是:

[刑法条文]　　　　　　　　　　　　如果 p 那么 q
[定罪结论和量刑参考因素]　　　　　p
————————————————————————————————————
[判处结论]　　　　　　　　　　　　所以,q

作为量刑推理大前提的假言判断,其前件"p"表示某种犯罪行为的"罪状"部分,后件"q"表示对某种犯罪应判处的"法定刑"部分。如果仔细地分析其内部结构,可知表述"罪状"部分的前件"p"和表述"法定刑"部分的后件"q"本身又往往表现为复合判断的结构。

我们仍以"耿永祥受贿案"为例说明量刑推理的复杂性。

"法庭判决:法庭认为,耿永祥身为国家机关工作人员,利用职务便利索取他人财物及非法收受他人财物,为他人谋取利益,构成了受贿罪,且情节特别严重。鉴于耿永祥坦白交待态度较好,有悔罪表现,且案发后赃款赃物已基本退清,依法判处死刑,缓期二年执行,剥夺其政治权利终身,没收其全部个人财产。"

该判决所依据的法律条文很多,主要有:《刑法》第385、386、383、57 条。

《刑法》第385 条,国家工作人员利用职务上的便利,索取他人财物的,或者非法收受他人财物,为他人谋取利益的,是受贿罪。

国家工作人员在经济往来中,违反国家规定,收受各种名义的回扣、手续费,归个人所有的,以受贿论处。

《刑法》第386 条,对犯受贿罪的,根据受贿所得数额及情节,依照本法第 383 条的规定处罚。索贿的从重处罚。

《刑法》第 383 条,对犯贪污罪的,根据情节轻重,分别依照下列规定处罚:

(一)个人贪污数额在十万元以上的,处十年以上有期徒刑或者无期徒刑,可以并处没收财产;情节特别严重的,处死刑,并处没收财产。

(二)个人贪污数额在五万元以上不满十万元的,处五年以上有期徒刑,可以并处没收财产;情节特别严重的,处无期徒刑,并处没收财产。

(三)个人贪污数额在五千元以上不满五万元的,处一年以上七年以下有期徒刑;情节严重的,处七年以上十年以下有期徒刑。个人贪污数额在五千元以上不满一万元的,犯罪后有悔改表现、积极退赃的,可以减轻处罚或者免予刑事处罚,由其所在单位或者上级主管机关给予行政处分。

（四）个人贪污数额不满五千元，情节较重的，处二年以下有期徒刑或者拘役；情节较轻的，由其所在单位或者上级主管机关酌情给予行政处分。

对多次贪污未经处理的，按照累计贪污数额处罚。

《刑法》第57条，对于被判处死刑、无期徒刑的犯罪分子，应当剥夺政治权利终身。

从上面不难看出，《刑法》第385条是定罪推理的法律依据，其余都是量刑推理的法律依据。

量刑推理的大前提是从上述法律条文中推导出来的。我们不妨试着分析一下。

从《刑法》第386条并结合《刑法》第383条可以得出：

如果犯罪行为是A并且犯罪情节是B，那么处C刑。

再加上法庭认定的犯罪事实：

耿永祥的犯罪行为是A，且犯罪情节为B。

这样就可得出"对耿永祥处C刑"的结论。

其推理形式为：

$$\frac{\text{如果 A 并且 B，那么 C}}{\text{所以，C}}$$
$$\text{A 并且 B}$$

结合"耿永祥受贿案"来看，耿永祥犯罪数额被法庭认定为"共计人民币180多万元"，因此应当适用《刑法》第383条第一款处罚：如果犯罪数额在十万元以上的，处十年以上有期徒刑或者无期徒刑，可以并处没收财产；情节特别严重的，处死刑，并处没收财产。

耿永祥受贿犯罪数额共计人民币180多万元，显然属于犯罪情节特别严重的情形，因而依据法律应当处死刑，并处没收财产。

再结合《刑法》第56条，对于被判处死刑、无期徒刑的犯罪分子，应当剥夺政治权利终身。又应判处耿永祥剥夺政治权利终身。

需要注意的是，上面的犯罪数额作为犯罪情节在量刑时应予考虑。耿永祥犯罪数额"在十万元以上"达到"180多万元"，显然属于"情节特别严重"，应当"判处死刑并没收财产"。在法官进行量刑推理时还要考虑量刑情节。量刑情节包括"法定情节"和"酌定情节"。法定情节是指法律明文规定在量刑时应予考虑的情节，如刑法所规定的"从重"、"从轻"、"减轻"和"免除处罚"的情节。《刑法》第386条中

"索贿的从重处罚",就属于法定量刑情节。耿永祥的犯罪行为中就有"索贿的"行为,①因而依法也应当"从重处罚"。另外,量刑情节还有酌定情节。酌定情节是指法律并没有明确规定,仅是根据刑事立法精神和有关刑事政策,由人民法院从审判经验中总结出来的,在量刑时由法官灵活掌握、酌情适用的情节。比如,判决书中的"鉴于耿永祥坦白交待态度较好,有悔罪表现,且案发后赃款赃物已基本退清,依法判处死刑,缓期二年执行,剥夺其政治权利终身,没收其全部个人财产。"这里的"坦白交待态度较好,有悔罪表现"和"案发后赃款赃物已基本退清"就属于"酌定情节",法官判处耿永祥死刑,缓期二年执行,应当是考虑到这一"酌定情节"后得出的判处结论。

由于量刑推理中,除了法定情节外还有酌定情节,从而表明法官在量刑时具有"自由裁量权",所以,量刑推理不仅要进行形式法律推理,还要进行实质法律推理。但是应当注意,刑事法律推理是以形式法律推理为主的,不仅定罪推理是这样,量刑推理也是如此。因此,我们通常还是将量刑推理作为形式法律推理来分析。

形式法律推理的基本特点在于,依据同样的前提就应得出相同的结论。比如,根据同样的犯罪事实、同样的符合法律规范的假定条件情况,就应适用同样的法律规范,援用相同的法律条款,并得出相同的裁决、判处结论。在运用形式法律推理适用法律的过程中,不掺杂、不介入其他非法律因素,不因人而异地实行"区别对待"(discrimination)。因此,严格而又准确地运用形式法律推理,就既可以充分体现"法律面前人人平等"和"依法审判"的原则,也可以保证法律的确定性、稳定性和可预见性,有利于维护司法的统一和一致,这无疑是达到法治(尤其是形式法治)所必需的。

二、实质法律推理

实质法律推理,就是在法律适用过程中,于某些特定场合,根据对法律或案件事实本身实质内容的分析、评价,以一定的价值理由为依据,而进行的适用法律的推理。

需要实质法律推理的特定场合。这里所说的"特定场合"是指如下几种情况:法律没有明文规定,出现法律漏洞;或者法律虽有规定,但法律规定本身过于抽象和概括,含糊不清;或者法律规定本身互相交叉或互相冲突;或者依照法律规定运用形式法律推理适用法律,则明显违背法律精神或立法者的真实意图;由于法律的概括性与稳定性而使某些法律规定具有的不可避免的僵化性和保守性等等情形。上述情形下就需要进行实质法律推理。

① 法庭查明:"从 1995 年 4 月到 1999 年 10 月,丁永良(江阴市宏图装饰装潢公司经理)前后 26 次送给耿永祥人民币 70 万元,耿都一一笑纳。去年年初,耿永祥还向丁永良索要了 20 万元人民币用于自己还债。后来丁永良跟着耿永祥到了杭州,丁永良简直就成了耿永祥的钱袋子了。只要耿一个电话,丁就立马把钱送过去。"(http://www.legaldaily.com.cn/misc/2005-05/26/content-141092.htm)

这里所说的"一定的价值理由",通常是指法律规范之外的各种根据和理由,主要有法律适用者应当考虑的立法者意图、法律精神、法律的一般原则以及法理、国家政策、当前情势、社会公共道德和秩序等伦理道德和社会方面的因素。这些"价值理由"实际上是构建实质法律推理的主要依据。

由于各国法律制度以及法律文化传统上的差异,各国采用的实质法律推理形式或方法也不尽相同。结合我国司法实践来看,主要有以下几种"价值理由"为推理依据的实质法律推理:

1. 根据法律基本原则进行的法律推理

法律基本原则是一切法律规则的来源,也是整个法律规则的基础,具有不可动摇的根本地位。如我国民事法律中的公平、平等自愿、等价有偿、诚实信用等基本原则;刑事法律中的罪刑法定、罪无明文不罚、无罪推(假)定等基本原则。这些基本原则是其他法律规则的来源和基础。在法律适用尤其是民事、经济法律适用中,当法律没有规定或法律规定含义不明时,为了使具体个案获得妥当及合理的处理,就必须根据法律基本原则进行实质法律推理。

例如,在一起经济合同纠纷案件中,A 公司于 1994 年 2 月 18 日与 B 公司签订一份农副产品购销合同。合同约定:B 公司供给 A 公司棉粕 2 000 吨,并于 3 月 20 日前全部进入 C 商业储运仓库。合同订立后,B 公司想加价自销,故以各种其他理由先后两次向 A 公司明确表示拒绝履行合同。A 公司于 3 月 3 日向法院申请诉前调解和诉前保全。由于 B 公司仍拒绝履约,调解未果。合同履行期届至后,3 月 22 日 A 公司向法院起诉,请求法院判令 B 公司承担违约责任,偿付违约金。一审法院认定 B 公司违约,应承担民事责任;二审法院认定 B 公司不构成违约,对一审予以改判。A 公司不服,提请再审。再审法院认定:B 公司在合同约定的履行期届至前明确表示不再履行合同,构成先期违约。但是,我国当时的《经济合同法》仅对合同履行期届至后的现实违约(亦即实际违约)的法律后果作了具体规定,而对履行期到来前的先期违约行为所产生的后果缺乏相应的规定,根据我国《民法通则》第 4 条关于民事活动应当遵循"诚实信用"原则的规定,当事人双方订立合同后理应信守合同约定,按合同履行义务,B 公司在合同履行期到来之前无正当理由先期违约,给 A 公司造成了经济损失,直接破坏了当事人之间的合同关系,侵犯了 A 公司对合同利益的期待权,损害了 A 公司的利益,也违背了"诚实信用"原则。因此,B 公司理应承担其先期违约的法律责任,故判决 B 公司偿付 A 公司违约金。

该案的再审判决就运用了实质法律推理。因为对于"先期违约"的法律事实,当时法律中没有相应的法律条文可供援用(即存在法律漏洞),以作为大前提而进

---

① 参见《某市对外贸易公司诉某市饲料公司购销合同先期违约不能交货案》,载《改判案例评解辑录》,法律出版社 2000 年版,第 110—116 页。

行形式法律推理,法院结合本案事实情况,直接根据"诚实信用"这一民法基本原则,对 B 公司先期违约行为的实质内容作出价值判断(即"B 公司在合同履行期到来之前无正当理由先期违约,给 A 公司造成了经济损失,直接破坏了当事人之间的合同关系,侵犯了 A 公司对合同利益的期待权,损害了 A 公司的利益"。),运用实质法律推理导出裁判结论,即 B 公司违背了"诚实信用"原则,判令 B 公司承担先期违约的责任。可见,再审法院根据案件的实质内容和价值判断所得出的裁判结论,不但是合理的、恰当的,也是合法的,具有可接受性。

2. 根据公共政策进行的法律推理

坚持"依法审判"和"以法律为准绳"的司法原则,是法律适用过程中构建形式法律推理的基本原则,也是现代法治国家的基本原则。但在法律适用过程中,我们经常会遇到法律规定模糊不明或者根本没有规定的情形。在这种情况下,就可以根据公共政策构建实质法律推理,来对待处理个案作出妥当的处理。所谓公共政策,是指政府或执政党为管理国家和社会公共事务而设定的一般性的具有指导意义的行为准则和目标。

政策包括两类,一为执政党的政策,即党的政策;一为行政机关、立法机关和司法机关的政策,即为国家政策。依博登海默的看法,作为法律推理凭据的公共政策"主要是指尚未被整合进法律之中的政府政策和惯例"。① 国内也有学者认为,法律推理中"作为补充渊源的政策,只包括国家机关的政策,而不包括党的政策"。② 我国《民法通则》第 6 条规定:"民事活动必须遵守法律,法律没有规定的,应当遵守国家政策。"这一规定确立了一条适用法律、政策的原则,即"法律优先于政策适用,用政策来补充法律漏洞"的原则。新中国建立以来,公共政策尤其是执政党的政策始终对司法活动发挥着重要的导向作用。在个别时期,司法机关甚至主要按照执政党的政策处理案件。近年来,我国提出了"依法治国"的口号,强调应该把法律当作治国的基本方略,而党的政策也必须由党领导人民通过合法程序上升为国家法律,以减少公共政策包括党的政策对司法的冲击,但无可置疑的是,公共政策在我国未来的法治化进程中仍将发挥着不可低估的作用。

不但如此,而且进行形式法律推理时,如果遇到适用明确规定的法律规范,将会造成违背立法本意、不合法律目的及法律精神的结果时,也就是前述"合法"与"合理"发生冲突时,也可以根据国家政策来进行实质法律推理,以期对待处理个案作出妥当、合理的处理。

例如,有这样一起案件:A 县改革开放以后,商品经济发展较快,邮件猛增,但

---

① 〔美〕博登海默:《法理学:法律哲学与法律方法》,邓正来译,中国政法大学出版社 1999 年版,第 465 页。

② 徐国栋:《民法基本原则解释:成文法局限性之克服》,中国政法大学出版社 1992 年版,第 130 页。

邮电业务跟不上形势发展,邮件包裹大量积压,运不出去,甚至一度停止收发,群众叫苦不迭。在这种情况下,邮电局乡邮电所管理员元某便和该局职工、家属 18 人合股设立邮点,收寄包裹,运到附近县城的邮局(所)转寄,分散本地邮局的压力,从中收取手续费及运费,共收寄包裹 6 500 多件,总重量达 7.2 万斤,获利 25 万元,被人们称为"邮电大王"。结果,一审法院以邮电系国家专营、个人不得经营为由,对元某定以投机倒把罪。二审法院在分析案情时发现:如果不依"邮电专营"的法律判决,就会出现法有明文规定不适用的结果(即违背"依法审判"原则);如果依"邮电专营"之规定判决,则会使有利于社会的行为受到处罚(即"不合理")。二审法院认为:元某的行为虽然违反了国家有关邮电专营的规定,但是从有利于发展经济和便利群众的角度来看,元某的行为同当前改革开放,搞活经济的国家政策是相符合的,其行为不但无社会危害性而且减轻了邮电局的工作压力,有利于经济发展和方便群众生活,是一种有利于社会的行为。最后,二审法院据此撤销一审判决,改判元某无罪。①

在本案的处理中,一审法院严格按现有法律规定,进行形式法律推理,得出形式上合法而实质上不合理的判决结论。而二审法院则根据国家政策进行实质法律推理,因而得出了妥当、合理的判决结论。

3. 根据法理或学说进行的法律推理

"所谓法理,乃指法律之原理而言,亦即自法律根本精神演绎而得之法律一般的原则。""法理乃自法律规定的根本精神演绎而出,在法条中虽未揭示演绎而得之法律一般的原则,唯经学说判例的长期经营,却已渐为人所熟知。"②法理和学说在完善和发展法制方面的必要性和意义,为世所公认。但现代各国大都不承认法理和学说是正式法律渊源,不能作为法律适用中构建形式法律推理的大前提即法律依据。不过,法理和学说对实质法律推理仍然具有重要意义。诚如杨仁寿先生所言:"唯社会现象变化无穷,法律无从规范靡遗,且法律有时而尽,其漏洞苟不予填补,法律的规范目的即无由以达。自有授权审判官运用法理加以补充,以贯彻实践法律的规范目的之必要。"③因此,法理和学说特别是权威性的法律学说,对法官处理案件的思路有明显的导向作用。在有些场合,它还发挥着弥补法律不足的作用,即所谓"有法律,从法律,无法律,从法理。"

在我国审判实务中根据法理和学说进行实质法律推理的实例也并不少见。在民事、经济类案件的审理中,当法律没有规定或规定过于原则、概括而含义不明时,

---

① 熊瑞江:《论法律推理》,西南政法学院硕士学位论文(1994 年),第 34 页。转引自雍琦主编:《法律适用中的逻辑》,中国政法大学出版社 2002 年版,第 394—395 页。
② 杨仁寿:《法学方法论》,中国政法大学出版社 1999 年版,第 143—144 页。
③ 同上书,第 143 页。

或者适用现有法律规定将导致不合理结果时,也可以运用法理或学说进行实质法律推理。如根据关于情势变更原则的法理进行实质法律推理,在民事、经济类案件的审理中就被广泛地运用。根据民法理论,在履行经济合同中出现情势变更时,为了达到公平、合理地处理当前案件,就应运用情势变更原则进行实质法律推理。所谓情势变更原则,是指民事法律行为(主要指合同行为)成立后,由于当事人虽无过错,但不能预见、不可避免、不能克服的外因致该民事行为的客观基础——情势发生了当初无法预料的剧变,而依民事法律行为原有效力显失公平,又无法律特别规定解决办法的,当事人有权请求法院或仲裁机关予以变更或撤销原民事法律行为的原则。

例如,"长春市对外经济贸易公司诉长春市朝阳房地产开发公司购销房屋因情势变更而引起的价款纠纷案"①中,二审法院就根据情势变更原则的法理进行了实质法律推理。

原告与被告于1992年6月15日签订房屋购销合同一份,原告向被告购买其正在建造中的房屋一座,总售价399万元。合同签订后,由于市场建材价格大幅度上涨,同年8月和11月,长春市建委、建设银行联合发布文件,规定自1992年1月份起,建设工程结算以原合同定价的50%—70%计取上涨价差。被告据此自行在原价399万的基础上上调99万元,原告提起诉讼,一审法院主张维持原合同效力,判决被告偿付违约金。二审法院经审理认为:建材大幅度涨价,从而使房屋成本提高,这对双方当事人来说,无疑是一种无法防止的外因,它使作为原合同基础的客观情况发生了非当初所能预见的根本变化,如仍按原合同履行显失公平,故应允许被告变更协议价格。据此判决原告给付被告房屋调价款。

本案二审中,就根据情势变更原则的法理进行了实质法律推理。因为我国《民法通则》没有明确规定情势变更原则的条款。但由于作为本案合同的基础——情势,因非当事人的过错而发生了变化,如仍按原合同履行,则违反《民法通则》规定的公平原则,显失公平。因此,主要依情势变更原则的法理作出了公正、合理的处理,其裁判结论具有可接受性。

4. 根据最相类似的法律条文进行的法律推理

法律适用中,当处理法律没有规定的具体个案时,通常的方法就是根据最相类似的法律条文进行法律推理,亦即按类推适用来处理。所谓类推适用,就是指对于法无明文规定的待处理案件,比附援引与其性质最相类似的法律规定以为处理。类推适用的理论依据是"等者等之",即"相同之案件应为相同之处理"的法理。

---

① 详见最高人民法院中国应用法学研究所编:《人民法院案例选》1993年第2辑(总第4辑),人民法院出版社1993年版,第127—131页。

例如,"李杏英诉被告上海大润发有限公司杨浦店、上海大润发有限公司财产损害赔偿纠纷案"①中,原告于2000年11月1日下午在被告上海大润发有限公司杨浦店(简称杨浦店)购物,并使用该店设置的自助寄存柜。下午5时30分左右原告购物结束后,持该店自助寄存柜密码条(号码为1250719748)找到被告杨浦店的工作人员,称其在购物前曾将皮包一只(内有从原告单位刚领取的公款人民币4660元及个人钱款人民币650元,计人民币5310元)和雨伞一把存入该店22号自助寄存柜内,因无法打开该自助寄存柜的箱子,而要求被告杨浦店给予解决。被告杨浦店工作人员按原告指认的柜箱打开后发现里面是空的,并告知原告其所指认的柜箱与密码条显示的柜箱位置不一致;但当打开与密码条号码相符的另一柜箱后,发现里面亦是空的。当晚,原告向当地警署报案。

法院认为,被告杨浦店作为一家大型超市,在人工寄存和自助寄存柜两种寄存方式并存的情况下,原告选择了自助寄存柜寄存其物品,双方之间形成的应是原告借用被告杨浦店自助寄存柜的法律关系,而不是被告杨浦店向原告提供保管服务的法律关系。依照《合同法》第365条、第367条的规定:"保管合同是保管人保管寄存人交付的保管物,并返还该物的合同","保管合同自保管物交付时成立,但当事人另有约定的除外"。保管合同为实践合同,即保管合同的成立,不仅须有当事人双方对保管寄存物品达成一致的意思表示,而且须向保管人移转寄存物的占有。本案中原告在使用被告杨浦店自助寄存柜时,通过"投入硬币、退还硬币、吐出密码条、箱门自动打开、存放物品、关闭箱门"等人机对话方式,取得了被告杨浦店自助寄存柜的使用权,并未发生该柜箱内物品占有的转移,即未产生保管合同成立的必备要件——保管物转移占有的事实。被告杨浦店在向消费者提供无偿使用自助寄存柜服务的同时,亦在自助寄存柜上标明的"寄包须知"中明示:"本商场实行自助寄包,责任自负"、"现金及贵重物品不得寄存",说明被告已表明仅提供自助寄存柜的借用服务,并未作出保管消费者存入自助寄存柜内物品的承诺,被告杨浦店与原告之间并未就保管原告寄存物达成保管的一致意思表示。因此双方形成的不是保管法律关系,而是借用法律关系。

在本案借用关系中,被告作为出借人应保证其交付的借用物无瑕疵,并具备应有的使用效能。现根据证人李某的证词及当时自助寄存柜箱门没有被撬痕迹的情况,可以证明被告所提供的自助寄存柜质量合格。且被告在自助寄存柜上张贴的"操作步骤"和"寄包须知"表明,被告对其向消费者提供的无偿使用自助寄存柜服务,已提出正确的接受服务的方法和真实的说明及明确的警示,被告已尽到了经营者的法定义务。然而原告既未能提供有效证据,足以证明其所称物品的遗失,是自助寄存柜本身的质量问题,或被告在提供借用自助寄存柜服务中存在的故意或重

① 参见(2002)沪二中民一(民)初字第60号。

大过失行为所造成,也未能提供充分证据证明其确曾将所称钱款放入自助寄存柜内,且现场勘验反映原告持有的密码条所对应的柜箱与原告诉称放置其皮包的柜箱位置并不一致。故原告要求两被告承担其放置在自助寄存柜内物品遗失的赔偿责任,缺乏法律依据和事实基础,法院难以支持。据此,依法判决:不予支持原告的诉讼请求。

本案是一起消费者因使用超市自助寄存柜遗失物品而引起的财产损害赔偿纠纷案件。案情并不复杂,但在法律适用上有较大难度,法院通过论证最终认定自助寄存柜服务构成新型借用关系。由于我国《合同法》对借用合同没有直接规定,法律出现空白,为此法院运用《合同法》第124条赋予法官的"类推适用"权限①,对最相类似的条款加以援引,即援引《合同法》第216条、第217条、第220条关于租赁合同的相关规定来类推处理此案,从而对本案作出了正确的处理。

5. 根据利益衡量进行的法律推理

根据利益衡量进行的法律推理,是最典型的实质法律推理方法。"利益衡量"最早是自由法运动后,利益法学派为反对概念法学所喊出的口号。② 20世纪60年代以来,在日本则作为法律解释的一种方法和方法论而被大肆宣扬,"利益衡量"的含义就是指对对立或冲突双方的利益进行权衡、估量后,考虑应注重哪一方的利益。③ 利益衡量,实质上就是公平原则,是法律适用中的一种价值判断标准。法律是为解决社会现实中发生的纠纷而确立基本准则的,成为法律受理对象的纠纷,在实质上都涉及人们利益上的对立和冲突。无论是在进行法律解释,还是对待处理个案进行裁决,都必须对案件当事人之间对立的利益进行比较衡量,作出价值判断。比如在民事诉讼领域,由于是平等主体之间的权利义务的争执,主体有互换性,所以经常要依据充分的利益衡量以定胜负,根据立法目的或法理等填补法律漏洞,并根据具体情况作利益衡量,通过这样的实质法律推理来实现实质正义。

例如,"朱虹诉陈贯一侵犯肖像权案"就给司法人员提供了很大的利益衡量空间。关于公民的肖像权,《民法通则》中只有第100条的规定:"公民享有肖像权,未经本人同意,不得以营利为目的使用公民的肖像。"这不是一个很明确的规范。如何界定"以营利为目的"? 构成侵犯肖像权的要件除"未经本人同意"及"以营利为目的"使用外是否还有其他要件? 最高人民法院有关的解释是:"以营利为目的,未经公民同意利用其肖像作广告、商标、装饰橱窗等,应当认定为侵犯公民肖像权的行为。"除列举了

---

① 我国《合同法》第124条规定:"本法分则或者其他法律没有明文规定的合同,适用本法总则的规定,并可以参照本法分则或者其他法律最相类似的规定。"
② 杨仁寿:《法学方法论》,中国政法大学出版社1999年版,第175页。
③ 梁慧星:《民法解释学》,中国政法大学出版社1995年版,第316—338页。

几种营利行为的表现形式外，其他的并未明确。1991年最高人民法院在《关于上海科技报社和陈贯一与朱虹侵害肖像权上诉案的复函》中指出："上海科技报社、陈贯一未经朱虹同意，在上海科技报载文介绍陈贯一对'重症肌无力症'的治疗经验时，使用了朱虹患病时和治愈后的两幅照片，其目的是为了宣传医疗经验，对社会是有益的，且该行为并未造成严重不良结果，尚构不成侵害肖像权。"可以看出，法院首先将"以营利为目的"限定为以明显的、纯粹的谋取个人利益为目的（因为在报纸上宣传医疗成果并附有地址很难说没有一点谋私利），其次将侵权的构成要件上的法律漏洞填补为除了法定的两个要件外还包括"造成严重不良结果"。这三个要件是大前提，又根据本案的事实（法院认为朱虹因此受到的精神损害如果有的话，也构不成"严重不良"的程度），所以结论是陈贯一的行为不构成侵权。但《复函》接下来指出："在处理时，应向上海科技报社和陈贯一指出，今后未经肖像权人同意，不得再使用其肖像。"显然，法院努力想在肖像权与言论自由（出版属于广义的言论自由）的冲突中寻找一个利益平衡点，但又颇令人费解：既然是"不构成侵权"，为什么今后又"不得"这么做了呢？如果再有类似案件，法院该如何处理？若还是认为不构成侵权，这种"指出"就没有任何实际意义；若认为这么做了应承担法律责任，在双方没有合同约定的情况下，一方要承担一定的法律责任的原因只能是其行为构成侵权。这说明法律在保护公民肖像权和保护言论自由二者之间存在着利益上的冲突和矛盾。这同时表明利益衡量终究只是一种取舍或选择，并非两全的决定。当两种权利发生冲突时，司法人员应根据法律原有的权利配置或法理、政策、公平正义的法律意识，把握现时社会中占主要地位的利益及与其他利益的制衡关系，从而确定其中一种权利的相对重要性，这种权利往往是社会中公民的基本权利，它的相对重要地位有一定的合理性和正当性，它应该是能给社会带来巨大的实际效益的权利。当然，这些权利在给每个人和社会带来利益的同时，个人和社会也必定会为此支付一定的成本或代价。司法人员进行利益衡量就是要确定多少成本是合理的、必要的。言论出版自由是宪法赋予公民的基本权利，肖像权由民法予以保护，当两者相冲突时，对于我们这个正在改革追求更为开放的社会来说，司法人员必须选择一个基本方向，即应当更多地或更优先保护这种科学讨论的自由。但这并不意味着言论自由是绝对的，它也应有限度。关键是这种限制是否会对总体的、未来的言论出版自由构成实质性的或根本性的限制。本案中朱虹遭受的精神痛苦是否应是陈贯一行使言论出版自由而给他人和社会带来的利益而支付的必要的成本？如果"必须经同意使用他人的肖像"会对言论出版自由构成长期实质性的、根本的限制，那么这代价就是必要的；反之则是不必要的，陈贯一应承担侵权责任。

法院裁判案件，表面上看好像是依演绎推理（其典型为三段论），以法律规定联结确认的案件事实而直接得出裁判结论的。但实际上，多数情形则往往取决于实质内容上的价值判断。也就是说，必须结合待处理案件的特定情况，考虑到各种各样实质上的妥当性,即进行利益衡量或考量。当然,在处理各种具体案件时,究竟应注重这方当事人的利益,还是应注重另一方当事人的利益,这又是一个相当复杂和艰难的问题。实际上,企图提出一种似乎能适应任何情况的万应良方或共同准则是荒谬的。对不同具体案件的不同具体情况需要进行具体分析。总之,在处理具体案件时,应当在结合具体案件事实和法律条款的基础上,对双方当事人的利益以及它们与社会利益等利益关系进行各种细微的衡量,并据此作出综合判断,根据利益衡量进行实质法律推理,才能得出妥当、合理、亦即具有可接受性的结论。

尽管如此,法官在裁判案件时,也不能仅凭利益衡量就作出裁判结论,还必须加上现行法上的依据和理由,即法律构成要件,也就是说,还必须援用现有的法律条款,以便验证依据利益衡量所得的结论是否具有妥当性、合理性,并增加裁判结论的合法性和说服力。①

因此,根据利益衡量进行的法律推理,虽然要衡量双方当事人的利益、要涉及实质内容上的价值判断,属于实质法律推理的范畴。但在法律适用过程中,又绝不是单独地只根据利益衡量进行实质法律推理来作出裁判的。它总是渗透在形式法律推理过程中的。这种渗透,使得整个法律推理结论不仅具有正当性、合理性方面的可接受性,而且又具有合法性方面的论证力。

由于实质法律推理不以或不仅仅以确定的某一法律条款作为推导依据,还必须以一定的价值理由作为隐含的或显现的附加依据(前提)进行推导。因此,实质法律推理一般不涉及推理的结构形式——当然,不涉及推理的结构形式,并不意味着它没有结构形式——而是涉及基于对法律规定或案件事实本身实质内容的分析、评价为基础的价值判断。因而实质法律推理是一种涉及实质内容和一定价值理由的非形式的推理,是一种推理结构更加复杂、层次更高的推理,远不是单纯采用形式逻辑(传统的或现代的)的方法就能给以研究、刻画的推理。因此,对实质法律推理的研究和刻画就不宜采用形式逻辑的形式化方法,而应积极吸收并采纳各种非形式逻辑的方法如论辩方法等。

应该指出的是,可称之为实质法律推理的形式或方法,绝不止上述几种。这里只是列出了最为常见的几种,并且上述的分类也极不严格,只具有相对性,它们彼此之间是可以相容的,在实际法律适用过程中也是可以并用的。

需要特别强调的是,把法律推理分为形式法律推理和实质法律推理,只是为了研究和论述的方便,并不意味着这两种推理之间是互相排斥、水火不容的。事实上,在适用法律的推理活动中,这两种推理经常是交叉使用,互相渗透,互相补充,密不可分的。只不过在不同法律制度和法律传统的国家(或地区),不同的法律适用领域(刑事、民事或行政法律适用)里,对形式法律推理和实质法律推理的运用有

---

① 梁慧星:"电视节目预告表的法律保护与利益衡量",载《法学研究》1995年第2期。

所偏重而已。一般来说,在以成文法为主要法律渊源的大陆法系国家,法律适用中以形式法律推理为主,以实质法律推理为辅(也有拒斥实质法律推理的可能);而在以判例法为主要法律渊源的英美法系国家,实质法律推理的运用范围就要广泛得多。在刑事法律适用中,由于实行"罪行法定"和"法无明文不罚"的法治原则,因此,一般以形式法律推理为主要的推理形式,基本上没有单纯运用实质法律推理的情形;而在民事法律适用、经济法律适用(尤其是仲裁适用)中,运用实质法律推理的机会就要多得多。①

10.6 逻辑在法律上的运用

上面我们主要从法律逻辑研究的核心即法律推理的角度,讨论了逻辑在法律上的运用问题。但逻辑在法律上的运用除了可从法律推理的角度加以分析以外,还可从侦查活动、审判活动和立法活动中的应用方面加以分析。实际上,在案件侦查活动中,逻辑更是发挥着其他工具无法替代的基础作用。在审判活动中,逻辑的作用也不仅仅表现为法律推理。在运用证据认定案件事实的过程中,逻辑同样是司法人员手中不可缺少的工具。此外,逻辑对于立法活动也是一个重要的工具。

10.6.1 逻辑在侦查活动中的运用

侦查是刑事诉讼活动中的一个重要阶段。具体说,侦查是公安机关、人民检察院在办理案件过程中,依照法律进行的专门调查工作和有关的强制性措施。在案件侦查过程中,办案人员要大量运用逻辑推理,特别是对案件性质、作案人、作案活动过程等基本案情,都要借助已经查明的案情对未知案情作出推理或推断。在侦查工作中通常将这样的推理或推断称为侦查推理。

一、侦查推理

所谓侦查推理,就是指在逻辑原理的指导下不断运用刑事侦查理论知识和侦查实践经验,针对与犯罪事件有关的事实、现象进行判断,通过已知的事实或已被证实的判断,以进一步揭示出犯罪事实或犯罪人的推理。② 概而言之,侦查推理就是一般逻辑推理在侦查实践活动中的运用。

侦查推理的特点在于,侦查工作是对已经发生的、时过境迁的犯罪事实的逆向(回溯性)探索,其目的就在于探求未知的案件事实,确定犯罪事实是否发生,并借

---
① 参见雍琦主编:《法律适用中的逻辑》,中国政法大学出版社 2002 年版,第 66—68 页。
② 周应德:"论侦查推理与逻辑思维的关系",载《犯罪侦查研究文辑》(于凤玲、郝宏奎编),群众出版社 1987 年版,第 75—81 页。

助于证据材料,查明犯罪人,为起诉和审判做准备。由于侦查活动中运用侦查推理的目的在于探索,是为侦查工作指明方向、限定范围的,因此,侦查推理所得到的结论就具有推测的性质。在侦查推理中,侦查假说是主要的推理形式。下面结合具体案例对侦查假说作简单介绍。

侦查假说亦称侦查假设。它是指在案件发生后,侦查人员根据案件中已知的事实材料以及相关的科学知识和办案经验,对案件中需要查明的问题作出的推测性解释。侦查假说是一种工作假说,是假说方法在侦查活动中的具体运用。侦查假说对于侦查工作起着导向作用,甚至可以说侦破案件的全过程也就是侦查假说的提出、推演、检验、修正和证实的过程。

侦查假说是针对案情提出的,而案情可分为两种:一是案件的个别情节,二是案件的基本情节。因此侦查假说也相应地分为两种:一是关于案件个别情节的假说。侦查工作要求对每个刑事案件应当查明犯罪性质、犯罪动机、犯罪目的、犯罪时间及地点、作案的工具及手段、实施犯罪行为的人等情况。当以上这些案情不能直接运用已知的事实材料推出时,就需要对其作出假说,来推测这些个别情节,形成"关于犯罪人的假说"、"关于案件性质的假说"、"关于犯罪手段的假说"、"关于作案时间、地点的假说"等等。其中,关于作案人的假说和关于案件性质的假说最为重要,直接关系到能否正确确定案件侦查方向,从而缩小侦查范围,准确及时地破案。二是关于案件基本情节的假说。这种假说是对案件所要查明的基本情节即犯罪性质、目的、动机、作案过程及作案人所作出的一种概括性假说。关于案件基本情节的假说,是将关于案件个别情况的各个假说概括起来而形成的关于这个案件整体情况的尽可能完整的假说。

例如,一个秋天傍晚,几个刑警冒雨赶到黄石市利源煤矿招待所,他们刚接到住宿该招待所的客人电话报警:"住210室的浙江温州商人江水生4.98万元现金及其他财物被盗。"该招待所由于管理不善,闲杂人员可以自由出入,此前曾多次发生住店客人被盗案件。在对210室的现场勘查中,刑警们看到,此房间门锁早已损坏,房门一推就开。刑警们还了解到,被盗现场210室内原来曾有两个一模一样的手提航空皮箱:一个装满衣服等一般生活日用品,放在未上锁的写字台内,且柜门半敞,极易被人发现。然而该皮箱纹丝未动。另一个则装满近5万元巨额现金和少量其他财物,用一条密码钢丝锁锁在床铺底下内侧的床架上,非常隐蔽,极难被人发现。然而,此皮箱却被盗贼准确地窃走了。刑警们还找到了被盗贼拉开后丢弃在现场的密码钢丝锁,经查看,外表竟没有一点破坏的痕迹。但是,将该锁重新锁上后,却可以用力拉开。这样一把号称坚固保险的钢丝锁,为何竟经不起用手一拉呢?技术员到商场买来一把同样品名的密码钢丝锁作为样本进行拉拽实验,结果是,两个壮汉手拉脚抵,拼尽全力也无法将样本锁拉开。技术员将现场锁和样本锁同时拆卸分解,将两把锁的内部零件逐一地进行同类项比对。结果,刑警们惊讶地发现：与样本锁相比，现场钢丝锁内少了一个非常关键的零件——卡簧！①

刑警们对该案的个别情节分别作了如下推理：

（1）如果是外来人员乘虚而入顺手作案而不是熟悉身边情况的人蓄谋所为，那么犯罪分子就不会只窃取存放隐蔽难以发现的钱箱而对容易发现的另一衣箱却视而不见；这个犯罪分子只窃取存放隐蔽难以发现的钱箱而对容易发现的另一衣箱却视而不见；所以，本案不是外来人员乘虚而入顺手作案而是熟悉身边情况的人蓄谋所为。

（2）如果现场密码钢丝锁是好的，那么人们即使用强力也是拉不开的（例如实验中由两个壮汉手拉脚抵，拼尽全力也无法将与现场密码钢丝锁同种类同型号的样本锁拉开）；现场密码钢丝锁被犯罪分子用强力拉开了，所以，现场密码钢丝锁不是一把好锁。

（3）运用求异法推出现场密码钢丝锁被犯罪分子拉开的原因：

场合	先行情况	被研究现象
A（样本锁）	ａｂｃｄｅ（卡簧完好）	f（用强力拉不开）
B（现场锁）	ａｂｃｄ—（卡簧被卸）	—（用力轻易拉开）

所以，现场锁卡簧被卸是犯罪分子能轻易拉开密码钢丝锁的原因。

经过上面这几个逻辑推理，侦查人员对该盗窃案的性质和作案人的条件及作案过程就可提出下面的侦查假说：

（1）第一个推理结论可概括为"盗贼作案目标准确"。稍具逻辑思维能力并有一定生活经验的人，都可由此推知"盗贼是熟悉现金存放情况的人"。

（2）又经第二个推理并经实验得知，"现场钢丝锁是人为破坏的"，据此，又可进一步推知"盗贼是具有能在受害人身边破坏钢丝锁条件的人"。

（3）综合前面两个侦查推论（亦称个别情节的假说），可以对本案的基本情节提出如下推测：本案犯罪分子不是外来流动人员而是与受害人熟悉的人，作为本案作案人必须具备两个作案条件：一是熟悉现金存放情况，二是能在受害人身边破坏密码钢丝锁。而且这个作案人显然是早有盗窃预谋，事先利用与受害人有特别接近的机会，将密码钢丝锁上的卡簧卸掉，然后乘室内无人之机，撞门入室，直奔床铺底下，用力拉开密码钢丝锁，盗走装满现金的航空皮箱。

有了上面这样的侦查假说，侦查人员的侦查活动就有了比较明确的侦查方向。由于侦查目标比较明确而侦查范围相对缩小，因此就可以迅速而准确地找到犯罪分子，提高侦查办案效率。

---

① 赵志飞：《奇案疑踪与侦查逻辑·36案》，中国人民公安大学出版社2003年版，第48—55页。

当破案的刑警们经过这样的逻辑推理和案情分析之后,该案侦查范围大大缩小,侦查人员于是立即在失主身边的关系密切者中展开寻查。果然,不到一天工夫,与失主江水生同行多日的小老乡江水炳便束手就擒,被他盗走的航空皮箱和全部赃款亦被追回。经审讯,江水炳交代的作案过程竟与刑警们推演重现的作案过程完全一致。

侦查假说作为侦查推理的主要形式,在侦查工作中起着极其关键的作用。从一定意义上说,某个疑难案件之所以久侦不破,很可能就是因为侦查假说发生了偏差;而另一个案件之所以会及时破案,很可能就是由于侦查人员提出了符合案情实际的侦查假说,确定了正确的侦查方向。

侦查假说作为工作假说,既有赖于实践经验的积累,也需要科学理论的指导。接下来我们将对建立和验证侦查假说的相关问题作点讨论。

二、如何建立符合案情实际的侦查假说?

为了建立符合案情实际的侦查假说,需要做大量的前期准备工作。比如要详尽地收集与案情有关的各种事实材料。确实可靠的事实材料是建立侦查假说的基础。从侦查工作实际出发,收集材料的主要途径有两个:一是现场勘查,即通过对作案现场的仔细勘查,及时发现并提取现场的各种痕迹和物证,如指纹、毛发、脚印、血迹等等;二是调查走访,向被害人、证人及其他有关人员了解案情,收集各方面的证据材料。同时还要运用科学知识和原理,对收集来的各种事实材料进行科学分析,揭示材料与案情之间的因果联系。如应用法医学知识,根据头发的成分推测人的性别、年龄、营养状况、职业等,根据尸斑、尸僵程度或胃内食物残渣,推测死亡时间;应用痕迹学知识,根据现场痕迹推测人的身高、体重、年龄、作案工具及作案过程等。

有了确实可靠的事实材料,就可以提出侦查假说。在提出侦查假说时,应当注意以下两点:一是提出的侦查假说必须能解释有关的案情。这是作为假说的解释力要求。也就是说,所提出的侦查假说必须能解释已发现的案情,不能与已知的案情矛盾;此外所提出的侦查假说,还要能对当时尚未发现的案情作出预测,并可以证实。二是提出的侦查假说必须尽可能全面完整。也就是说,提出侦查假说时,必须尽可能地考虑到案件全部的可能性,关于案件性质、作案人、作案时间、地点、工具及作案过程的假说,都要尽量反映案件中的所有可能情况,穷尽一切可能,不放过任何蛛丝马迹。一句话,有多少种可能,就应提出多少个侦查假说。

侦查假说通常表现为一个选言命题,全面完整即要求选言肢穷尽。在实践中,可以通过引入划分应当相应相称的规则,来建立表述侦查假说的选言命题。例如,若发现一具女尸,就其死亡性质可分为"正常死亡"与"非正常死亡";若属非正常死亡,就其死亡原因可分为"自杀"、"他杀"与"意外致死";若法医鉴定为他杀,则可将作案动机分为"情杀"、"仇杀"、"财杀"、"奸杀"与"政治谋杀",进而提出"本案或是情杀,或是仇杀,或是财杀,或是奸杀,或是政治谋杀"。这就是一个选言肢相对穷尽的侦查假说。

三、侦查假说的验证

侦查假说的检验分为经验检验和逻辑检验两种方式。经验检验用直接观察的方式进行;逻辑检验用逻辑推理的方式进行。这两种检验方式既可单独使用,亦可结合使用。对侦查假说进行逻辑检验分为两步:第一步,从侦查假说中推演出待验命题,并围绕待验命题收集证据材料;第二步,用收集来的证据材料验证待验命题的真假,并用推理推出侦查假说的真假,从而证实或推翻侦查假说。

例如,有这样一个案子,某天晚上,青年女社员徐××吃完晚饭后不久,她的邻居叫她端热水回来洗澡。徐端回热水后只擦了身子,随即关上大门,点上煤油灯,独坐堂屋做针线活。不久,突然从她家厨房里窜出一名歹徒,将煤油灯吹熄并在徐身上乱砍了20余刀,迅即从后门逃去。徐重伤未死。经现场勘查,侦查人员在徐倒卧处发现一把柴刀,上面还留有血迹。显然,这把柴刀是作案工具。经了解,这把柴刀是被害人家里自己用的,原放在厨房靠水缸的地面上。而水缸盖上面还放有一把菜刀,罪犯未曾动用。被害人家中衣物、橱柜等物未被翻动,也未发现现金、物资被盗。

侦查人员经过对现场痕迹物证的初步分析,提出了本案作为预谋杀人案的三个假说:(1)谋财杀人;(2)报仇杀人;(3)奸情杀人。

接下来的工作就是对假说进行检验。为了检验假说,就必须从假说中推演出一系列的待验命题,然后,侦查人员进一步针对这些待验命题去收集证据材料,用以验证这些待验命题是否属实。从侦查假说中推演出待验命题,是以侦查假说为前件,以待验命题为后件,建立充分条件假言命题。

(1)如果是谋财杀人,那么可以推出:① 被害人家里现金或衣物被盗;② 被害人家里橱柜被翻动。

(2)如果是报仇杀人,那么可以推出:① 被害人有仇人;② 仇人对徐有报复杀人的动机;③ 仇人具有作案时间。

(3)如果是奸情杀人,那么可以推出下列待验命题:① 徐××过去或现在曾有恋人;② 徐的恋人有杀死徐的动机;③ 徐的恋人具有作案时间。

为了验证上述待验命题,侦查人员需要进一步收集材料。经过侦查人员的仔细调查,确认被害人家中衣物、橱柜均未被翻动,也没有现金或衣物被盗。徐××婚前曾与不少小伙子谈过恋爱,但这些小伙子的作案嫌疑均被一一否定。这样原先的侦查假说因为待验命题不成立而被证伪,或者说遭到否定。

当原有的侦查假说被否定之后,侦查人员必须通过重新分析已知的事实材料,提出新的侦查假说。对新的假说也要继续进行验证。

当本案是预谋杀人案的侦查假说遭到否定之后,侦查人员重新对作案现场进行了分析。这时他们想起放在水缸盖上的那把菜刀。因为如果是预谋杀人,其目的是要置人于死地,就应该是自带凶器或者选用更易使人致死的凶器。可是,本案罪犯不仅没有自带凶器,而且菜刀与柴刀同放一处,为什么不用锋利的菜刀而用不锋利的柴刀呢? 由此可以推知,本案不可能是预谋杀人。

罪犯不是预谋杀人,那就可能是临时起意;罪犯砍了20余刀并未使被害人死亡,那可能意味着罪犯力量不够强大,可能是青少年作案。根据新的侦查假说,重新确定了侦查方向。结果,经过侦查人员的深入调查终于发现,本队中学生朱×有作案嫌疑:① 朱×在发案的当天晚上8时到10时这段时间去向不明,具有作案时间;② 朱×曾有流氓活动;③ 发现朱×的鞋子和现场留下的鞋印完全符合;④ 从其交出的衣服、袜子上发现了几处点滴血迹,经技术化验,与被害人徐××的血型相符。案件到此真相大白:原来朱×隐蔽在徐××家灶间内,想偷看徐××洗澡,但徐后来仅用水擦了身子,朱×非常扫兴,由于潜伏时间较长,肚子又痛,就产生了行凶而逃的恶念。

本案侦查人员先是提出了作为预谋杀人案的三个侦查假说,但从假说中推出的待验命题均被否定,从而使侦查假说被推翻。从逻辑上说,推翻一个假说采用的是充分条件假言推理的否定后件式,即 $H \rightarrow E, \neg E, \therefore \neg H$。因而具有必然性。推翻旧假说,就要提出新假说。侦查人员经过重新分析案情,并推断该案可能是青少年作案,通过调查发现中学生朱×情况反常,于是将朱×作为嫌疑人列入侦查范围。这实际上是提出了朱×是作案人的侦查假说。接下来便是从假说中推出待验命题,加以验证。通过验证证实假说的推理不是必然性推理,其结论具有或然性,其推理形式为: $H \rightarrow E_1 \wedge E_2 \cdots \wedge E_n, E_1 \wedge E_2 \cdots \wedge E_n, \therefore H$。尽管结论不是必然的,但对于及时侦破案件却是很有用的。实践中通过决定性的验证,可以大大提高结论的可靠性。比如本案中,如果朱×是作案人,那么他的衣服上会沾有被害人的血迹;结果从其交出的衣服上发现了与被害人血型相同的血迹。虽然经过这样的验证,结论还不是必然的,但结合其他相关证据,完全可以将可靠性提高到接近百分之百。关于证据的可靠性问题,我们将在下一节中介绍。

10.6.2 逻辑在审判活动中的运用

前面介绍的法律推理,理所当然是逻辑在审判活动中的运用。在审判活动中,法官要进行法律推理,必须首先获得法律推理的小前提和大前提。获得法律推理大、小前提的活动更需要逻辑的运用。下面将从如何获得法律推理大、小前提的角度来讨论逻辑在审判活动中的具体运用。

一、法律规范推理——获得法律推理大前提的推理

我们将获得法律推理大前提的推理称为法律规范推理。法律规范推理通常是

从一个一般性的普遍的法律规范命题出发,推出一个可适用于某个具体案件事实的法律规范命题。法律规范推理也存在形式推理与实质推理之分。这里只介绍形式推理,因为这种推理可用形式逻辑加以刻画,也最能体现出法律的确定性、稳定性和可预见性。

法律规范推理主要表现为:根据某个一般性、普遍性、综合了多种假定情况的法律规范命题(即立法者制定的法律规范),推导出它所包含的、可适用于某个具体案件的法律规范命题(即裁判规范——法官进行裁判时所遵循的法律规范)。

成文法国家的制定法法律条文(款),往往都表现为比较复杂的命题结构,可以将其视为一个法律规范命题组。借助于对这样的条文命题结构的分析,并根据其规范模态词(如"必须"、"允许"、"禁止"等)与各个肢命题间的逻辑关系,就可以由这一规范命题组,推导出若干个结构简单的、可适用于具体案件的法律规范命题(即"裁判规范")。下面以《刑法》第236条第1款为例来说明规范的推导过程:

"以暴力、胁迫或者其他手段强奸妇女的,处3年以上10年以下有期徒刑。"

把这一条款中省略的"词语"补充出来,就可以将其恢复为完整的语句表达式,即:

"如果一个人以暴力手段强奸妇女,或者以胁迫手段强奸妇女,或者以(类似暴力、胁迫手段的)其他手段强奸妇女,那么,就应对实施该行为的人处3年以上10年以下有期徒刑。"

刑法条文是立法者给司法者发出的、对犯罪者予以制裁的指令,因而一般都可以将其视为一种命令规范。如果我们以相应的符号表示这一规范命题中的规范模态词、肢命题以及肢命题之间的逻辑联结词,则上述《刑法》第236条第1款就可以"翻译"为命题逻辑的语言(公式)。

设:

p_1="一个人以暴力手段强奸妇女";

p_2="一个人以胁迫手段强奸妇女";

p_3="一个人以其他手段强奸妇女";

q="对实施该行为的人处3年以上10年以下有期徒刑"。

则《刑法》第236条第1款的命题结构形式为:

$$O((p_1 \vee p_2 \vee p_3) \to q)$$

根据形式逻辑中介绍的命题形式之间的等值转换规律(即命题演算规律),由上述规范模态词制约的命题结构,可推演出下面这样的命题形式:

$$O((p_1 \to q) \wedge (p_2 \to q) \wedge (p_3 \to q))$$

再根据规范模态词与其肢命题间的逻辑关系,就可得出下面这样一个法律规范命题组：

(R1)　　$O(p_1 \to q)$

(R2)　　$O(p_2 \to q)$

(R3)　　$O(p_3 \to q)$

再将上述三个结构比较简单的法律规范命题形式，转换成自然语言表达式，则可以得到下述一般性（普遍性）的、可适用于某个具体的强奸案件的三个法律规范命题，即裁判规范：

(Ra)"如果一个人以暴力手段强奸妇女，那么，就应对他处 3 年以上 10 年以下有期徒刑"；

(Rb)"如果一个人以胁迫手段强奸妇女，那么，就应对他处 3 年以上 10 年以下有期徒刑"；

(Rc)"如果一个人以（类似于暴力、胁迫手段的）其他手段强奸妇女，那么，就应对他处 3 年以上 10 年以下有期徒刑"。

换言之，根据《刑法》第 236 条第 1 款之规定，运用法律规范推理，我们就能推出上述(Ra)、(Rb)、(Rc)这样三个可以适用于某个具体强奸案件的"裁判规范"。

以上的法律规范推理表明，如果作为前提的法律规范命题（制定法规范）是法律上有效的，则经过逻辑推导所获得的结论即推出的法律规范命题（裁判规范）也同样是法律上有效的。

二、事实推理——获得法律推理小前提的推理

我们把获得法律推理小前提的推理即确认案件事实的推理称为事实推理。法官通过事实推理，确定证据的取舍和证明力的大小，并基于证据的推论确认案件事实，从而为法律推理建立小前提。

事实推理的目标在于确认案件事实。要弄清什么是案件事实，首先要搞清楚什么是事实。这个问题其实是一个深奥的哲学问题，也就是说，"事实"是一个哲学范畴。我国知名学者彭漪涟教授在研究了中外哲学史上关于"事实"的各种观点后，提出了自己的事实观。即"事实乃是呈现于感官之前的事物（及其情况）为概念所接受，并由主体作出判断而被知觉到的。事实乃是关于感性经验的一种知识形式。一般地说，所谓事实，就是经验事实"。① 简言之，"所谓事实乃是对呈现于感官之前的实际情况的一种陈述"。② 具体说，事实只是对事物实际情况的一种陈述，是关于客观事物的知识，而不是指客观事物自身，即事实不是未进入人的认识

---

① 彭漪涟："论事实"，载《新华文摘》1992 年第 2 期。
② 彭漪涟：《事实论》，上海社会科学院出版社 1996 年版，第 71 页。

领域而处于人的认识、经验之外的纯粹的"自在之物";一切事实都是经验事实,必须为人们所直接或间接观察到,然后由主体的概念所接受,并由主体作出判断而陈述出来。事实具有可靠性的特征,事实总是真的,即可靠的,不可能是假的。人们习惯上所说的"捏造的事实"(如刑事被告人伪造证据、证人做假证之类)并不是事实,因为事实是对事物感性呈现的实际情况的断定和陈述,而事物的感性呈现的实际情况是无法捏造的,能捏造的只能是事物被歪曲了的情况,而不是实际情况。因此,"某人捏造某事实"本身可能是一个事实,但"某人"所捏造的那个所谓"事实"决不是事实。事实是不可能捏造的、也无法捏造的。① 事实还具有不变性的特征,即事实一经发现或被创造出来就是不可更改的。事实具有不可重复性的特征。

在此基础上需要弄清什么是案件事实。案件事实是指呈现于诉讼主体以及当事人、见证人或知情人感官之前的关于某一案件实际情况(简称案情)的陈述或断定,与之相对应的内容则是案件的实际情况(案情)。案件事实必须是已进入诉讼程序的事实,且必须与法律规范(或法律规定)相关,即必须是受法律制约或受法律评价的事实。一般说来,构成案件事实的基本构成要素,可分解为"七何"要素,即何事、何时、何地、何情(如何)、何故(为何)、何物、何人。

诉讼活动中,案件当事人、检察官、律师或证人对案件事实的反映或陈述,如刑事诉讼中控诉方(检察官或自诉人)依法指控的事实和民事诉讼中原告方(或反诉方)依法所主张的事实,在诉讼法学中一般称为"诉称事实"或"待证事实"。由于诉称事实的主体对案件实际情况的认识和主张存在差异,加上强烈的利己动机和个人好恶等因素的影响,诉辩双方都可能会自觉或不自觉地利用虚假陈述来夸大或缩小、歪曲甚至掩盖案件的实际情况。因此,诉称事实或待证事实与案件事实本身不是一回事。而在法律适用过程中,司法人员必须运用已有的证据材料对之进行证实或证伪,以判明这些待证事实是否就是现实社会生活中业已实际发生的案件事实。担任审判工作的法官尤其要注意运用诉辩双方提出的证据材料,来对案件事实进行确认,以查明案件真相。

在具体案件中,法官是如何运用证据查明案件真相并确认案件事实的呢?

我们说,法官认定事实是一个复杂的判断证据的过程。根据我国法律,法官对证据进行判断,必须经过下列三步或三个阶段:第一步,是合法性判断。他首先判断证据的合法性。所谓证据的合法性,是指按照法律的规定,可以用来在诉讼中作为证据使用、作为事实认定的根据的资格。程序法学上称为证据能力。法律关于证据的合法性是有规定的,法律规定什么样的证据是合法的,什么样的证据是不合法的。法官首先依据法律规定和最高法院的解释,判断证据的合法性,本案当事人双方提出的证据中,哪些是合法的,哪些是不合法的。然后剔除不合法的证据,留

---

① 彭漪涟:《事实论》,上海社会科学院出版社 1996 年版,第 73—74 页。

下合法的证据。证据的合法性,着重于证据的形式和取得方法,并不涉及其内容之真伪。合法的证据不等于都是真实的,对于剩下的合法证据,还要进一步判断它的真实性。即法官对证据进行判断的第二步,是真实性判断。原、被告双方提出的证据,哪些是真的,哪些是假的? 我们目前的诉讼中还存在着假证,有人制造假证、伪证、收买证人,篡改本来的证据,涂改、变造证据,这些做假证的手段在实际诉讼当中还很常见。因此,对于合法的证据,法官还要进行判断,判断它是真的还是假的。我们只采纳案件发生时与案件密切相关的真实的证据,对经过人工变造、伪造的、篡改的证据,即不真实的证据,法庭当然不能采纳。关于如何判断证据的真实性即可靠性问题,我们在下文将作专门讨论。对证据判断的第三步,是判断证据的内容、意义。经过对证据的真实性判断,剩下的都是真实的证据。但原、被告的证据还经常相反,还存在一个问题,这个证据究竟说明什么? 当事人拿到法院的物证,仅仅是一个载体,它到底表明了什么,还须法官进行判断。法官对真实的证据还要进行判断,即判断它的内容、意义,它在法律上的意义是什么? 这是法官判断证据的三步或三个阶段。在对证据进行判断的过程中,既要运用法官的知识和经验,更要进行逻辑推理。正如最高法院《关于审理行政诉讼证据若干问题的规定》第54条所说的那样:"法庭应当对经过庭审质证的证据和无需质证的证据进行逐一审查和对全部证据综合审查,遵循法官职业道德,运用逻辑推理和生活经验,进行全面、客观和公正地分析判断,确定证据材料与案件事实之间的证明关系,排除不具有关联性的证据材料,准确认定案件事实。"这里表明,法官判断证据要运用生活经验,更要运用逻辑推理。下面将对如何运用逻辑推理来判断证据的可靠性和充分性作点补充说明。

所谓证据的可靠性,即证据学上说的"证据的确实性"。它是在证据来源合法性的基础上进一步确定证据与案件事实的关联性和真实性。所谓关联性,是指证据与案件事实之间必须具有逻辑联系。所谓真实性,是指证据必须是客观存在的事实陈述,无论物质性证据材料还是意识性证据材料所提供的事实陈述,都应当是事物的实际情况,应当真实可靠。因此,对证据可靠性的判定,也就是判定鉴别证据本身的真伪(即证据所提供的事实的真或假),从逻辑方面来看,主要是判定证据的真伪与关联性。

判定证据的可靠性,主要有经验方法和逻辑方法。大致包括观察法、实验法、比对推理、对照印证法、矛盾判定法和充足理由判定法等。其中观察法、比对推理主要是判定物质性根据可靠性的方法,矛盾判定法和充足理由判定法主要是判定意识性根据可靠性的方法,而实验法和对照印证法则介于二者之间,既可用以判定物质性根据的可靠性,也可用以判定意识性根据的可靠性。下面以实验法为例说明如何运用实验来判定证据的可靠性。

实验判定法在刑事侦查中鉴别证据的可靠性时经常运用,在某些民事案件如侵权损害赔偿案件中也常采用。它是用人工的方法,模拟某一事件发生的条件或经过情况,用以甄别证据的真伪。司法实践中尤其是侦查工作中,为了判定在一定条件下能否听到某种声音或看到某种事物,在一定时间内能否完成某一行为,在某些条件下能否发生某种现象,在某种条件下使用某种工具是否可以留下某种痕迹等等,就经常运用实验判定法来鉴别证据(实物证据或言词证据)的真伪。例如,下面这起案件就是运用实验法来判定言词证据是不真实的。

某年3月15日,某农场加工厂更夫傅××失踪,3天后发现傅的尸体,确认为他杀。第一现场系死者住的值班室。在现场浮土上提取了13人的足迹,其方位均在行凶杀人位置上,在浮土下面坚硬的地面上提取的两种足迹(这两种足迹都是踏在潮湿的泥土上干涸后形成的。据了解,傅每晚临睡前有洒水扫地的习惯,据此认定这两种足迹系傅临死前洒水扫地后所留),其一是死者本人的,另一种足迹系该场职工林××的高腰毛皮鞋所留。讯问中,嫌疑人林××辩解说:"脚印是我的,但那是17日听说老傅头死了进屋去看时留下的。"为了判定该辩解(言词证据)是否可靠、真实,侦查人员就采用了实验判定法。侦查人员选择与林××身高、体重相同的人,穿同样的鞋,在现场地面洒水后,每隔半小时踩一次,拍下照片,然后将各个时间拍的照片逐一与现场足迹进行比对,经过36小时(傅15日21点以后死亡到林称17日到傅房间约36小时)的连续实验,结果表明:洒水后1至2小时内踩的足迹造型反映出的特征,与现场遗留的足迹完全相同;超过3小时,立体感不明显;4小时后,立体感消失;至36小时,连足迹花纹都反映不出来了。从而证实林××的足迹不是3月17日所留,而是3月15日洒水后不久留下的。这样,就证明了嫌疑人的辩解是编造的谎言。

对于意识性根据(如言词证据)的真实性,通常还采用矛盾判定法和充足理由判定法。有无逻辑矛盾之所以能够成为判定意识性根据是否可靠的一个依据,是因为逻辑矛盾是歪曲反映现实而出现的矛盾。现实本身,在特定的时间、条件下,不可能既是如此这般,又不是如此这般。正因为包含逻辑矛盾的陈述,不可能是如实反映案件真实情况的陈述,故而在思维领域即可判定该陈述不是真实可靠的。"'逻辑矛盾'——当然在正确的逻辑思维的条件下——无论在经济分析中或在政治分析中都是不应当有的。"①同样地,在法律适用过程中,对于包含有逻辑矛盾的意识性根据也是"不应当有的",如有,则不能轻易予以采信,而应当合理地加以排除。比如,林肯为其亡友的儿子小阿姆斯特朗所做的无罪辩护,就是通过揭露本案唯一的证人福尔逊的证言包含着无法摆脱的逻辑矛盾,从而推翻了指控小阿姆斯特朗有罪的唯一证据,赢得了这场诉讼。②

---

① 《列宁全集》,第23卷,第33页。
② 参见王政挺主编:《中外法庭论辩选萃》,东方出版社1990年版,第66—68页。

作为确认案件事实根据的意识性根据,它陈述的内容,有时并不是对案件事实发生或经过情况的描述,而是表现为对案件事实情况的论断,在"鉴定结论"和"证人证言"这两类言词证据中表现得尤为明显。而该论断的得出,又总是或明或暗、或显或隐地依赖于其理由。如果其所依赖的理由本身的真实性,尚不足以证明(或推出)该论断的真实性,则这样的论断就是真假尚未确定的(即"真假不定的")论断。虽然不能肯定它是假的,然而也不足以证明它是真的。因此,要判定这种意识性根据(表现为对案件事实情况的论断,而不是描述)的可靠性,就必须借助于充足理由律,运用充足理由判定法来完成。

所谓充足理由判定法,就是根据充足理由律关于"理由必须真实"和"理由必须充分"的逻辑要求,指出那些表现为对案件事实情况作出论断而非仅作描述的言词证据,其理由不真实或者不充分,从而判定这样的意识性根据属于真假未定而不能视为真实证据的一种逻辑方法。

有这样一个颇能说明问题的案例。有一姓秦的小学女教师,某天深夜回家,路过一条僻静小巷时,被附近某厂工人徐××拦路强奸,并抢去了手表。事隔数日后,秦××向司法机关告发。案件审理中,被告徐××辩解说,他不是强奸而是恋爱"过格",路遇时因感情不能控制而发生了两性关系,只是最近关系谈"崩了"。而秦××却矢口否认说:"从来没有同徐××有过私人往来,更没有什么恋爱关系。只是因为徐××的小妹妹在小学读书,有一次徐××来开过家长会,所以知道他在××厂工作。"办案人员根据调查材料,竟确认徐××所述"系恋爱过格而发生了两性关系"属实。确认这一案件事实的根据是什么呢?一是徐××同车间的几个青年工人的证言,他们都说徐××确实最近正在"耍朋友",但大家不知那个女的是谁;二是工人杨××的证言:"某日,我从后面亲眼看见徐××同一青年女子,手牵着手进入电影院,那个女子穿的是紫红色灯芯绒上衣,同小学秦老师穿的有件上衣一样,所以我可以肯定那个女子就是秦老师。"

这里,杨××证言中陈述的理由,以及基于这些理由而得出有关案件事实情况的论断,构成的推理关系就不合逻辑。把得出上述论断的推理形式整理出来,就是这样的:

那天见到的那个人是穿紫红色灯芯绒上衣的人,
秦××是穿紫红色灯芯绒上衣的人,

所以,秦××就是那天见到的那个人。

显而易见,借助于这样的推理(三段论第二格的无效式 AAA 式),尽管依据的前提真,也不足以证明该论断真。虽然该论断有真实的可能性,但也不可忽视它有虚假的危险性。如果此案经办人员当时能注意到这点,就不至于用这种真假尚未确定的证言,作为确认案件事实的根据,就不会轻率地对该案作出那样的定论了。后来,由于被害人多次申诉,司法机关终于查明秦××所述的情况属实,否定了当初对案件事实的错误认定。

对案件事实的确认,依赖于确实(可靠)、充分的证据。因而衡量案件事实是否查清的关键,就是要判定证据是否确实(可靠)、充分。上面我们讨论了证据可靠性的判定方法。那么,如何判定证据是否充分呢?这就必须认识运用证据证明案件事实的推理形式及其逻辑性质,并把握判定证据充分性的思考方法。

关于证据的"充分性"或"证据充分",我国法学界多数人认为:"所谓充分,是指具备足以证明案件真实情况的一定的证据量。这是对证据的量的要求。"①有的论著甚至认为:"证据的充分性反映了证明要求中对证据量的规定。不论证据多么确定,如果不达到应有的数量,不能认定案情。"②其实,把证据的"充分性"看成一个"量的概念"或者"量化程度的概念",甚至把"证据的充分性"等同于"证据的齐全性",纯属对证据"充分性"含义的误解。

我们认为,证据"充分"与否的问题,纯属逻辑问题。单纯的"量",即使其数量再多,也难以说明何以能"充分",更不能说数量愈多就愈充分。须知,充分与否,是就两种事物情况之间的关系而言的,是在思维领域才能把握的。因此,它绝不是一个数量方面的概念,也不是两种事物情况之间纯客观性的关系概念,而是由思维把握的关于两种事物情况之间制约关系的概念。孤立地就一种事物情况自身来说,无所谓充分或不充分的问题。只有当我们把一种事物情况同另一种事物情况联系起来,考察它们之间的制约关系是否可由一种事物情况的真推出另一种事物情况的真的时候,才有所谓充分或不充分的问题。

就事物情况之间的制约关系而言,当"A"情况出现时,"B"情况就必然伴随出现,而不存在反例,亦即不可能发生"'A'出现而'B'不出现"这样的反例。在这种情况下,我们就把"A"看作是制约"B"出现的充分条件。在诉讼证明过程中,如何判定由一种事物情况推论另一种事物情况是否充分呢?应当怎样思考推论是否具有充分性呢?

首先,如果事实上"A"出现而"B"却可以不出现(包括出现与"B"相反或不相容的情况)时,那就说明"A"不是制约"B"出现的充分条件。在这种情况下,由"A"认定"B"就不具有充分性。

简言之,要判定由"A"认定"B"是否充分,就取决于能否排除"A 而非 B"(即"虽然 A 出现,但是 B 却不出现")这种可能性。只要能证明不可能有"A 而非 B"(即"虽然 A 出现,但是 B 却不出现")这样的事例出现,就可以判定由"A"认定"B"

---

① 崔敏主编:《刑事证据理论研究综述》,中国人民公安大学出版社 1989 年版,第 80 页。
② 肖胜喜:《刑事诉讼证明论》,中国政法大学出版社 1994 年版,第 157 页。

是充分的。比如,由"一个数既能被 2 整除又能被 3 整除"(A),认定"这个数能被 6 整除"(B)。我们要判定这一认定是否充分,就取决于能否作出这样的证明,即:当"一个数既能被 2 整除又能被 3 整除"(A)这一情况出现的时候,不可能出现"这个数不能被 6 整除"这种与"B"相反的情况。只要能排除出现这种相反情况的所有可能性,由前者认定后者就是充分的。

排除出现相反情况的所有可能性,在证据学理论中称为"结论的排他性",即"得出的结论是唯一的,排除了其他可能性"。① 因此,证据的充分性就表现为结论的排他性。对证据充分性的判定,也就是看是否已把全案证据(或全部的在案证据)连贯起来,形成为证明体系,证明的结论是否具有排他性(或唯一性)。

其次,当事实上"A"对"B"是充分的,"B"对"A"则只是必要的,因此,不能简单地由"B"认定"A"。但是,当"B"出现时,我们已知它只可能由"A"、"C"、"D"、"E"等几种情况引起,而经过证明,"C"、"D"、"E"等其他几种情况在特定条件下不可能出现,这就意味着"B"只能由"A"引起。在这种情况下,由"B"就能认定"A",其结论就具有排他性,这样的认定也就具有充分性。譬如,已知"∠a 与∠b 是对顶角"(A),就必然出现"∠a 与∠b 相等"(B)这样的情况,而在特定条件下,若要由"∠a 与∠b 相等"(B)去认定"∠a 与∠b 是对顶角"(A),如果只是简单地、轻率地作这样的认定,显然不能成立。但是,如果我们已知"∠a 与∠b 相等"(B),并已考虑到在特定条件下引起这一情况出现的各种可能性,如:①"∠a 与∠b 是平行线上的内错角"(C);②"∠a 与∠b 是平行线上的同位角"(D);③"∠a 与∠b 是全等三角形的两底角"(E);④"∠a 与∠b 是等腰三角形的两底角"(F);⑤"∠a 与∠b 是平行线上的对顶角"(A)。经过证明,"C"、"D"、"E"、"F"这几种可能性在特定条件下不可能存在,在这个基础上由"∠a 与∠b 相等"(B),反推"∠a 与∠b 是对顶角(A)",这样的结论当然也具有排他性,因而这样的认定无疑也就具有充分性。

综上所述,当我们由一种情况的存在或出现,推论另一种情况的存在或出现时,如何判定我们的认定是否充分呢? 一是当我们根据"A"认定"B"时,必须能排除"A 出现而 B 却可以不出现"这种可能性,否则,认定就不具有充分性;二是如果我们已知"A"对于"B"是充分的,而要由"B"去认定"A"时,则必须能够排除除"A"之外还可导致"B"出现的其余各种可能性如"C"、"D"、"E"、"F"等,否则,认定不具有充分性。总之,要判定认定是否具有充分性,就要看它的结论是否具有排他性(或唯一性)。

确认了证据是真实的和充分的之后,若要用它组成法律推理小前提,还必须对证据材料的意义作出说明和解释,特别是物质性根据如物证、书证等,因为它们都是"哑巴",不能直接告诉你它们所代表的法律意义。

---

① 陈一云主编:《证据学》,中国人民大学出版社 1991 年版,第 118 页。

当事人拿到法院的物证，表明了什么，是侵犯商标权，还是侵犯名誉权？有人甚至把酒瓶标识拿到法庭上，这酒瓶标识就是一个证据，原告用来指控被告假冒商标，侵犯他的商标权。我们对真实的证据还要进行判断，判断它的内容、意义，判断它在法律上的意义。

例如当事人的违约诉讼，当中最主要的一个证据就是合同，合同原本或复印件。合同签订后，双方又签订了变更合同的协议，修改合同的协议，以及合同履行中的电报、传真、信函等，都提交法庭作为证据。这些证据经过真实性判断已经证明它是真的，在真实性上没有问题，但证据的内容是什么，那个电报的内容，文字措词是什么意思，合同书上的某个条款、某段文字是什么意思，往往双方对某个条款、某段文字的理解刚好相反，需要法官来判断其内容、意义。一个作为证据的合同，上面某一个条款双方有分歧，就要由审理该案的法官认定其意义和内容。判断一个合同的某一条款、文字词句的内容、意义，叫做合同的解释。因为当事人双方的理解截然相反，如果法官不通过解释确定合同某个条款的内容意义，就不能划分双方的权利义务，也就无法判断谁的行为是正当的，就不能判断谁是谁非。

合同所使用的文字不清楚、不准确，需要解释。其他证据同样需要解释。例如带到法庭上的一个酒瓶，一个牌匾，在侵犯商标权、名誉权案中，也需要判断它的内容意义，也需要进行解释。东北的哈尔滨判了一个关于"狗不理包子"的案件。天津的"狗不理"包子是非常有名的老字号。作为天津一家有名的食品公司，它控告黑龙江省哈尔滨市的天龙阁饭店，侵犯了原告狗不理公司的商标权和名称权。天津"狗不理"既是注册商标，也是原告的企业名称。这个案件的事实涉及一个重要证据，就是天龙阁饭店大门上挂的一个牌匾，上面书写着：天津狗不理包子。

此案一审法院判决原告败诉。原告即天津狗不理公司不服，上诉到二审。黑龙江省法院作出二审判决：撤销原判，改判原告胜诉。这两个判决，同样是黑龙江的，一个市法院，一个省法院，对于同一个案件事实，作出了截然相反的判决。如此相反的两审判决，它的焦点在何处呢？在于对这个牌匾即对物证的解释不同，对它的意义的认识不同。一审法院的判决书说，天龙阁饭店的牌匾上虽然有"天津狗不理包子"这几个字，但这并不表明它侵犯了原告的商标权和名称权，因为牌匾的内容意义不是宣传本店生产天津的狗不理包子，而是宣传狗不理包子的第几代传人。因为这牌匾下面还有一行小字：第几代传人×××。一审法院认为，虽然牌匾上有"天津狗不理包子"几个字，但更重要的是，它下面有"第几代传人×××"。这个牌匾宣传的是本店的大厨师是天津狗不理包子的第几代传人，旨在表明人的身份。因此一审法院认为牌匾的意义在于表明人的身份，就是这第几代传人的身份。饭店挂一个牌匾表明我的大师傅是什么身份，这错在什么地方？是不是构成侵权？这不构成侵权。它不侵犯"天津狗不理包子"公司的商标权和名称权。一审法院对这个牌匾作出了认定，认为它的内容和意义在于宣传和表明被告大师傅的特殊身份，与法律上的侵犯商标权、名称权挨不上边。正是基于这样的解释,作出了原告败诉的判决。

而这个案件的二审法院却作出了相反的判决:撤销原判,改判原告胜诉。它的关键在什么地方呢?也在这个牌匾上,在于对牌匾的意义内容作了不同的解释。二审法院在判决书中说,该牌匾的意义、内容不在宣传大师傅的身份,而是宣传本店经营的产品是天津狗不理包子。它的根据是什么呢?二审法院认为,如果牌匾的意义是宣传第几代传人,它就应该"第几代传人×××"是大字,"天津狗不理包子"这几个字至少不应是大字,而在本案牌匾上有三行字,第一行"正宗"两个字是小字,第三行"第几代传人×××"也是小字,而唯独中间一行"天津狗不理包子"是大字。如果你要宣传第几代传人,那就应该这几个字是大字,结果牌匾上居中几个大字是:天津狗不理包子。那么一般老百姓远远望去,小字没有看清楚,一下子就看到大字,认定本店经营的是天津狗不理包子。所以这个牌匾的内容意义绝不是宣传什么大师傅的特殊身份,它在表明它经营的是天津狗不理包子,这当然是典型的侵犯商标权和名称权。因此二审法院撤销原判改判原告胜诉。

因此,建立法律推理小前提的推理,主要是对证据材料进行判断,既要判断证据的合法性,还要判断证据的真实性和充分性,更要对证据的意义作出正确的解释,这一系列思维活动都不是简单的断定,而要经过理性的思考和逻辑上的推理,我们把这些推理统称为建立法律推理小前提的推理即事实推理。

10.6.3　逻辑在立法活动中的运用

关于逻辑在立法活动中的作用,主要体现在以下两个方面:一是通过价值判断和利益衡量,对什么样的行为需要制定法律规则加以约束作出判断和论证;二是制定的法律规范需要借助法律概念和规范命题(或规范判断)的形式加以表达。前者涉及价值判断,后者涉及法律概念与法律规范命题。

一、价值判断——法律规范的来源

价值判断不仅在司法中具有重要的意义,在立法中,价值判断同样不可缺少。一般认为,正是因为有了价值判断,才产生了相应的法律规范判断。所以,价值判断还是制定法律规范的依据和基础。没有价值判断,就不可能出现法律规范。

但是,作为立法依据的价值判断,并不是绝对的,它往往是相对的,即通常是在两种不同的情形中通过比较而产生更好或更坏的概念,在此基础上才得出应不应该制定相关的法律规定的结论。

英国法哲学家麦考密克在论证"理性向我们揭示了确立共同规则的必要"时举了一个例子,可用来说明制定法律规则时的价值判断及利益衡量。他认为,在停车根本不受约束的情况下,如果有足够多的私车或载重卡车等车辆,将会产生极大的拥挤,不能指望人们通过理性的自我约束来解决这一问题。"通过对限制停车带来的不便和道路过分拥挤造成的不便进行权衡,应该能够制定出关于如何有序地停靠车辆的公共立法,以保障尽可能广泛的公众享有方便。"①

因此,之所以要制定某个法律规范,实际上乃是利益衡量和价值判断的结果。那么在立法过程中又如何进行利益衡量和价值判断呢？这种利益衡量和价值判断其实是一种价值比较。现代逻辑有一分支叫做优先逻辑,它正是研究价值比较和价值选择的,可以供我们参考。

在人的生活中离不开价值概念,如善、恶以及相应的更好、更坏等。而优先逻辑(The Logic of Preference)正是与这组概念有关的逻辑分支学科,它以存在于价值判断之间的优先关系为研究对象,是一种关于优先关系的形式理论。研究优先逻辑的重要人物冯·赖特(G. H. von Wright)曾指出,理解优先概念本身,对于理解(诸学科中的)更复杂的价值判断形式,不仅是有帮助的,而且还是实质性的。

在优先逻辑的发展史上,存在着两种不同的研究方法:即公理方法和语义方法。所谓公理化研究,就是人们首先借助于直观思考,规定一些基本的形式规则,以作为优先逻辑进一步展开的基础;从这些基本规则出发,通过严格的逻辑推论,把整个优先理论构造出来。这种方法并不令人满意,因为关于优先逻辑最明显的可接受性原则在这些研究者中间也存在很大的分歧。另一种方法是语义的方法,人们首先为优先逻辑的原则确定一个可接受性标准,并且把所有根据这个标准可接受的原则都包括在系统之内。这种研究以 Nicholas Rescher 为代表,他所构造的理论能够解释公理化研究者中间所出现的那些分歧,似乎是一种更有前途的工作。当然这样的研究若要走向实际应用,还有一段很长的路要走。作为法律逻辑研究的一个方向,我们自然要关心优先逻辑在立法活动中的作用,并为立法中的利益衡量和价值判断提供可以量化的判断标准,从而为我们的立法活动提供客观的科学的证据。

下面就立法活动中的一些与逻辑有关的技术性问题作点考察,限于篇幅,仅就法律规范表达式所涉及的法律概念与法律规范命题问题作一简单介绍。

二、法律概念——法律规范的组成要素

我们是通过概念来反映现实世界的。概念作为我们认识的基本工具,不仅具有反映现实的功能,而且还有规范现实的作用。概念的这两种功能或作用在法律中表现得尤为明显。

在立法过程中,我们要用概念去描摹或反映法律事物或现象,同时又要用概念去规范人们的行为。

法律概念是在对各种法律现象共同特征进行概括和总结的基础上形成的。它既是法律规范的构成要素,也是运用法律规范进行法律思维的出发点和基本工具。

---

① 〔英〕尼尔·麦考密克:《法律推理与法律理论》,姜峰译,法律出版社2005年版,第2页。

许多中外法学家把法律概念形象地比喻为构建法律大厦的"砖石",认为法律概念是构建法律规范的基础,而法律规范就是由众多法律概念精心构造而成的严密体系。正因为如此,正确理解法律概念对于法律适用具有极为重要的意义。美国法哲学家博登海默在谈到法律概念作用时指出:"(法律)概念乃是解决法律问题所必须的和必不可少的工具。没有限定严格的专门概念,我们便不能清楚地和理性地思考法律问题。没有概念,我们便无法将我们对法律的思考转变为语言,也无法以一种可理解的方式把这些思考传达给他人。如果我们试图完全否弃概念,那么整个法律大厦就将化为灰烬。"①

法律概念的重要作用主要体现在:(1) 法律概念是构筑法律大厦的砖石,是法律规范的基本构成要素;(2) 法律概念是法律推理中联结大、小前提得出裁判结论的中介(司法三段论的中项就是重要的法律概念);(3) 法律概念是法律价值和法律精神的物质载体,法律文本或法官所使用的法律概念往往能反映出其所持有的价值判断。

那么什么是法律概念?法律概念与普通概念有何区别和联系?所谓法律概念,是指出现在法律规范中用以指称那些应由法律规范调整的事件或行为的法律专门术语。如"合同"、"代理"、"不可抗力"、"故意犯罪"、"贪污罪"、"正当防卫"、"犯罪中止"、"公民"、"法人"、"成年人"、"人身权"、"财产权"、"诉讼时效"、"指定管辖"、"宣告死亡"、"证据保全"、"恢复原状"等等。法律概念与普通概念既有联系又有区别。法律概念与普通概念一样,也有内涵和外延,也必须借助语词来表达,其内涵与外延间同样存在反变关系。法律概念作为普通概念属下的种概念,还具有自己的特殊性,具体表现在:(1) 法律概念的内涵和外延一般是国家以法律形式加以规定的,因而具有主观规定性。如"成年人"作为法律概念,其内涵就是由国家通过法律加以规定的,我国《民法通则》第 11 条规定:"十八周岁以上的公民是成年人。"再如"自首",我国《刑法》第 67 条规定:"犯罪以后自动投案,如实供述自己的罪行的,是自首。"普通概念的外延一般不作硬性规定,而法律概念为了更加精确和确定,不仅要规定其内涵,而且要规定其外延。比如,"近亲属"作为法律概念,其外延就是由法律加以规定的,我国《刑事诉讼法》第 82 条规定:"近亲属是指夫、妻、父、母、子、女、同胞兄弟姐妹。"(2) 表达法律概念的语词是由国家统一约定的并与法律概念保持对应关系。表达法律概念的语词一般是由国家立法机关从众多相近涵义的同义词中精心挑选出来的,而且在法律适用中不能以其他同义词来替代。例如,表达"成年男子的配偶"这一法律概念的语词,日常语言中有许多,如妻子、爱人、贱内、老婆、娘子、老伴等都是,但作为法律用语,表达"成年男子的配偶"这一概

---

① 〔美〕E·博登海默:《法理学——法律哲学与法律方法》,邓正来译,中国政法大学出版社 1999 年版,第 486 页。

念,法律规定使用"妻子"一词,其他语词均非法律用语。所以,法官在法院裁判文书中只能使用"妻子"而不能使用其他语词用于指称"成年男子的配偶"这一法律概念。(3) 法律概念外延的模糊性既要加以限制又要适当利用。任何概念的外延边缘都存在模糊性,如"老年人"其中心区域无疑是十分明确的,一个七、八十岁的人肯定属于老年人的外延,但在与"中年人"接壤的边缘区域如五十岁左右的人,究竟属不属于"老年人"的外延,显然就不那么明确了。在法律中,概念的精确和确定是法律所追求的目标,因此,应当尽可能消除法律概念的模糊性,使法律概念的外延变得清晰。在法律中常常通过对法律概念进行定义、限制、列举等,使法律概念由模糊变为清晰。

在立法过程中,经常通过对法律概念的定义来明确法律概念。法律概念的定义与普通概念的定义既有联系也有区别,这主要表现为法律文本中有不少特殊的定义形式。法律中定义的特殊形式可概括为如下几种形式:①

(1) 析取型定义

如果被定义概念指称的对象包括两种以上的不同特征又不能作总的概括,在定义项中就只能分别列出其种差项。这样各个种差项之间,就具有"或者"一词表示的逻辑关系,即析取关系。这类定义称为析取型定义。例如:

应当预见自己的行为可能发生危害社会的结果,因为疏忽大意而没有预见,或者已经预见而轻信能够避免,以致发生这种结果的,是过失犯罪。(《刑法》第 15 条)

(2) 合取型定义

如果被定义概念指称的对象共同具有若干种差项表明的性质且又不能作总的概括,这样各个种差项之间就具有"并且"一词表示的逻辑关系,即合取关系。这类定义称为合取型定义。例如:

本条所称商业秘密,是指不为公众所知悉,能为权利人带来经济利益,具有实用性并经权利人采取保密措施的技术信息和经营信息。(《刑法》第 219 条)

(3) 内涵外延型定义

如果对某个法律概念,既要明确其内涵又要明确其外延,这时通常采用内涵外延型定义。由于法律对概念的确定性有较高要求,所以在法律文本及法律解释中,常会见到这种内涵外延型定义。例如:

本法所称票据权利,是指持票人向票据债务人请求支付票据金额的权利,包括付款请求权和追索权。(《票据法》第 4 条)

---

① 限于篇幅,对法律定义的六种特殊形式不做详细分析。有关内容参见缪四平:"法律定义研究",载《华东政法学院学报》2003 年第 3 期,第 11—18 页。

(4) 肯定否定型定义

定义一般不能采用否定形式，但由于法律要求释义精确、缜密、精细，因此常采用肯定否定相结合的形式，给法律概念下定义。例如：

正当防卫明显超过必要限度造成重大损害的（属于防卫过当），应当负刑事责任。对正在进行行凶、杀人、抢劫、强奸、绑架以及其他严重危及人身安全的暴力犯罪，采取防卫行为，造成不法侵害人伤亡的，不属于防卫过当，不负刑事责任。(《刑法》第20条)

(5) 复合型定义

在需用法律加以规范的事物或现象中，经常会出现主体、客体及行为等相互之间错综复杂的情况，对这些复杂情况立法者有必要加以综合概括，从而形成概括性的定义。这时种差项之间既非单纯的析取亦非简单的合取，而是既有合取又有析取的复合型关系。若一个法律概念的种差项之间存在着合取与析取的复合关系，这样的定义称作复合型定义。例如：

本法所称合同是平等主体的自然人、法人、其他组织之间设立、变更、终止民事权利义务关系的协议。(《合同法》第2条)

(6) 省略型定义

在制定刑法的过程中，有时为了考虑行文的简洁紧凑，常用省略形式将几个相互之间有联系的罪名合成一个罪名，并用一个定义的表达形式来概括表达，这样形成的定义称为省略型定义。例如，依照《刑法》第363条的规定，可以给出如下定义：

制作、复制、出版、贩卖、传播淫秽物品罪就是以牟利为目的，制作、复制、出版、贩卖、传播淫秽物品的行为。

很明显，这一定义的被定义概念其实包含有五个罪名，而定义概念也分别揭示了这五个罪名各自不同的构成性质。从语句形式上看，好像是一个定义，而从逻辑上分析，其实包含了五个定义。这种省略形式的定义，除法律行文外，在其他场合是难以见到的。

在法律中不仅要使法律概念明确，而且有时也需要法律概念不明确，这就是利用法律概念的模糊性。对法律概念模糊性的利用，集中体现在法律文本中存在着一类特殊的法律概念，即模糊法律概念。如"重伤"、"数额巨大"、"合理期限"、"情节特别严重"、"诚实信用"等等就属于模糊法律概念。它们是立法者有意识地用来概括表达某些不便于精确规定的事项，从而使法律具有较大的弹性，能够适应社会情势的发展变化而不至于对法律频繁地修改。

模糊概念在法律中的作用大致有以下几方面：

(1) 用于列举事物。当法律要列举的事物很多,而又无法一一列举,或者无须一一列举时,常常使用"其他……"或"以及其他……"等模糊概念来表示。

我国《刑法》条文中,就有很多这样的模糊概念。例如《刑法》第 20 条第 3 款:"对正在进行行凶、杀人、抢劫、强奸、绑架以及其他严重危及人身安全的暴力犯罪,采取防卫行为,造成不法侵害人伤亡的,不属于防卫过当,不负刑事责任。"其中"其他严重危及人身安全的暴力犯罪"就属于模糊概念。

(2) 用于表示事物的数量。由于法律中有相当一部分数量(数额)不必也不能采用具体数字予以明确,所以往往要用"数额较大"、"数额巨大"、"数额特别巨大"等模糊概念来表示。

例如《刑法》第 267 条:"抢夺公私财物,数额较大的,处三年以下有期徒刑、拘役或者管制,并处或者单处罚金;数额巨大或者有其他严重情节的,处三年以上十年以下有期徒刑,并处罚金;数额特别巨大或者有其他特别严重情节的,处十年以上有期徒刑或者无期徒刑,并处罚金或者没收财产。"这里就出现了"数额较大"、"数额巨大"、"数额特别巨大"等模糊概念。

(3) 用于表示犯罪情节与后果的轻重程度。由于犯罪情节与后果的轻重程度是无法量化的,所以法律中常常用"情节轻微"、"情节严重"、"情节特别恶劣"、"重大伤害"、"重大损失"、"严重后果"、"严重危害"、"重大伤亡事故"、"后果特别严重"等模糊概念来表示。

例如《刑法》第 134 条:"工厂、矿山、林场、建筑企业或者其他企业、事业单位的职工,由于不服从管理、违反规章制度,或者强令工人违章冒险作业,因而发生重大伤亡事故或者造成其他严重后果的,处三年以下有期徒刑或者拘役;情节特别恶劣的,处三年以上七年以下有期徒刑。"这里运用了"重大伤亡事故"、"严重后果"、"情节特别恶劣"等模糊概念。

(4) 用于表示时间和空间。因为法律所提及的时间和空间范围大多是不确定的,所以常用"必要时"、"在一定时期内"、"在特定时期内"、"部分地区"、"个别地区"、"合理期限内"等模糊概念来表示。

例如《宪法》第 31 条:"国家在必要时得设立特别行政区。"第 89 条:"国务院行使下列职权:(一)……(十六)决定省、自治区、直辖市的范围内部分地区的戒严;(十七)……"这里的"必要时"和"部分地区"就属于模糊概念。又如《合同法》经常采用模糊概念"合理期限内"表示不确定的时间,这样的表述有很多,诸如第 69 条:"……中止履行后,对方在合理期限内未恢复履行能力并且未提供适当担保的,中止履行的一方可以解除合同。"第 95 条:"法律没有规定或者当事人没有约定解除权行使期限,经对方催告后在合理期限内不行使的,该权利消灭。"

(5) 用于表示事物的状态。由于事物的状态各式各样,也难以确切刻画,所以法律常用"感情破裂"、"危急情况"、"紧急状态"等模糊概念来表示。

例如,《婚姻法》第 32 条:"人民法院审理离婚案件,应当进行调解;如感情确已破裂,调解无效,应准予离婚。"这里的"感情确已破裂"就是模糊概念。又如《继承法》第 17 条:"遗嘱人在危急情况下,可以立口头遗嘱。口头遗嘱应当有两个以上见证人在场见证。危急情况解除后,遗嘱人能够用书面或者录音形式立遗嘱的,所立的口头遗嘱无效。"其中"危急情况"也是模糊概念。

(6)用于表示处分、制裁的情态。由于处分、制裁的情态不能量化,也难以确切刻画,所以法律常用"酌情给予行政处分"、"酌情处罚"、"从轻处罚"、"减轻处罚"、"从重处罚"、"严厉惩处"等模糊概念来表示。

例如《刑法》第 383 条:"对犯贪污罪的,根据情节轻重,分别依照下列规定处罚:(一)……(四)个人贪污数额不满五千元,情节较重的,处二年以下有期徒刑或者拘役;情节较轻的,由其所在单位或者上级主管机关酌情给予行政处分。"第 398 条第 2 款:"非国家机关工作人员犯前款罪的,依照前款的规定酌情处罚。"这里的"酌情给予行政处分"和"酌情处罚"都是模糊概念。又如《刑法》第 279 条:"冒充人民警察招摇撞骗的,依照前款的规定从重处罚。"其中"从重处罚"便是模糊概念。又如《枪支管理法》第 3 条:"国家严厉惩处违反枪支管理的违法犯罪行为。"这里的"严厉惩处"也是模糊概念。

(7)用于表示犯罪的动机和目的。由于犯罪的动机各式各样,难以划一,所以法律常用"以营利为目的"、"为他人谋取利益"、"为谋取不正当利益"等模糊概念来表示。

例如《刑法》第 385 条:"国家工作人员利用职务上的便利,索取他人财物的,或者非法收受他人财物,为他人谋取利益的,是受贿罪。"第 389 条:"为谋取不正当利益,给予国家工作人员以财物的,是行贿罪。"这两条中"为他人谋取利益"和"为谋取不正当利益"都是模糊概念。

(8)用于表示那些性质相近或界线不明的事物(现象)。这类模糊概念在法律中最普遍。如"伤害"、"欺诈"、"胁迫"、"善意"、"恶意"、"过错"、"侮辱"、"诽谤"、"剽窃"、"平等"、"公平"、"合理"、"显失公平"、"乘人之危"、"高度危险"、"适当补偿"、"确有悔改表现"、"必要的生活费"等。可以毫不夸张地说,法律中多数条文都是由这些模糊概念构成的。离开了模糊概念,成文法律就根本无法制定出来。

法律文本中运用模糊概念的情况,当然远不止这些,但主要的则是以上八个方面。可见,在立法中,不仅要尽量使法律概念精确确定,同时也需要大量运用模糊概念,这样才能使法律规定具有更大的弹性,能够适应社会生活的发展变化而不至于频繁地修改法律,从而保持法律的相对稳定。

三、规范判断——法律规范的表达形式

立法其实就是制定或确认法律规范的活动。现代成文法都要求用规范的语言文字将法律规范表达出来,分门别类汇编成法典。在起草法律草案制订具体法律

规范的活动中,如何用规范的语言文字将法律规范表达出来,这也是立法中的一项技术问题。为了更好地理解这一立法技术问题,我们先对法律规范做一简单介绍。

法律规范是行为规范的一种。所谓行为规范,就是约束人们行为的规则,它要求特定主体在假定情况出现的时候,应当作出或不作出什么样的行为。法律规范就是具有特殊作用的社会行为规范,它由国家机关制定或认可并以国家强制力保证其实施。

法律规范与一般行为规范在内容、性质、地位、作用等方面存在根本区别,但在抽象的形式结构方面是相同的,就是说,法律规范具有一般行为规范的基本结构(逻辑结构)。

一个完整的行为规范通常由以下三方面的内容构成:(1)确定规范的承受者,表明该规范是针对谁发出的指令,是对谁提出的行为要求;(2)规定规范承受者应当作出或不作出的是什么样的行为,也就是规范中对某种行为所作的描述;(3)指出要求承受者作出或不作出某种行为时所需具备的情况或条件,它是规范中的一种假定或预见。

例如:

"医生进入手术室前必须严格消毒。"

"任何人不得在学校附近燃放烟花爆竹。"

根据一个完整的行为规范所必须包括的三方面内容,可将其结构概括为如下表达式:①

如果某人具有特征 T,并且出现情况 W,那么必须(允许或禁止)履行 C。

或者用公式表示为: $(T \wedge W) \rightarrow NC$

公式中的"C"表示行为,既可指作为,如"严格消毒",也可指不作为,如"不燃放烟花爆竹"。"N"是规范模态词,代表自然语言中的"必须"、"允许"和"禁止"这类语词。实际生活中,行为规范的三个部分通常并不完整表达出来。"T"和"W"经常省略。但应注意,若省略"T",即没有指明规范承受者,则有两种可能,或者通过语境已经明确,或者对所有人都适用;若省略"W",即没有指出行为的条件,则表明在任何情况下都得按指令行事。省略"T"和"W"的行为规范的结构一般可简化为:"必须 C"、"允许 C"或"禁止 C"。

任何行为规范包括法律规范,都必然表达为一个个具有判断结构形式的语句,而且,作为规范,是给特定对象发出的指令,因而既要有对行为的表达,还要有对行为执行方式的说明。逻辑学中将"必须"、"允许"、"禁止"这类表达行为执行方式的语词称为规范模态词,并将包含规范模态词的语句称为规范模态判断,简称规范判

---

① 参见〔波兰〕齐姆宾斯基:《法律应用逻辑》,刘圣恩等译,群众出版社 1988 年版,第 142 页。

断。如上文中的"必须C"、"允许C"或"禁止C"。

严格说,行为规范与规范判断是有区别的。行为规范主要是从内容方面说的,且通常指的是关于某类行为规则的体系。规范判断则是指表达行为规范的语句,相当于某一具体的规范性条文。因此,"法律规范"一般用于指称完整的法律体系,而"法律规范判断"则用于指称具体的法律条文。不过,有时二者也可通用。

在一个规范中,主要成分是要求应当作出(或不作出)的是什么样的行为,亦即关于行为的规定。就规范对承受者给出行为规定来看,又都包含了肯定方面和否定方面的意思。例如:

"旁听者进入法庭必须保持安静,不得大声喧哗。"

这一规范前面部分表达的就是肯定方面的意思,它命令承受者应当作出什么样的行为。这一规范的后面部分表达的则是否定方面的意思,它命令承受者应当不作出什么样的行为。不过,实际生活中,并非每一规范都如此明显地作出了正反两方面的表达。当一个规范只以肯定形式命令承受者作出某种行为时,它隐含的另一方面的意思,就是禁止承受者作出与之相反的那类行为;当一个规范只以否定的形式,命令承受者不得作出某种行为时,它隐含的另一方面的意思,就是要求承受者必须作出与之相反的那类行为。

因此,当规范表达为"必须C"时,也就等于说:"必须C,并且禁止非C";当规范表达为"不准C"时,也就等于说:"不准C,并且必须非C"。所以,规范可以采用命令作出某种行为的语言形式,也可以采用禁止作出某种行为的语言形式。命令形式和禁止形式,可以相互替换。

此外,有时规范还采用"可以怎样"或"可以不怎样"的表达式。

如果规范规定承受者在某种情况下"可以C",隐含的另一方面的意思就是不禁止作出与规定"C"相反的行为;反之,若规定"可以非C"时,隐含的另一方面的意思就是不禁止作出与"非C"相反的行为。

采用否定的形式表达的规范,通常将承受者省去。这样的规范都是一般规范,其承受者就是特定范围内的每一个人。例如,"禁止随地吐痰"这一规范的承受者就是特定场合的每一个人。又如,"严禁酒后开车",这一规范的承受者就是所有的驾车人员。

行为规范虽然是约束人们行为的规则,然而规范承受者并不都那么乐于接受指令,并按规范要求作出或不作出某种行为。为此,规范的制定者往往在给出一个行为规范的同时,相应地给出另一个制裁规定,以警告承受者:如若不按规范行事,将招致什么样的痛苦或损失。例如:

"场内禁止吸烟,违者罚款×元。"

这里,"场内禁止吸烟"是对特定场合内的人(即表达中省去的承受者)发出的指令;"违者罚款×元",既是对不执行这一规范者的警告,也是给负有监督履行规范责任的个人或机构发出的指令。需要说明的是,与某个规范相联系的制裁规定,已不属于该规范的构成部分,而是与之相关的另一规范。这另一规范也同样可分析为上面三个组成部分。

从规范判断的性质来看,总的不外乎义务性规范判断、权利性规范判断和禁止性规范判断。由于不同的规范判断都通过相应的规范模态词来表示,因此,也可以根据规范模态词的不同,将规范模态判断分为必须判断、允许判断和禁止判断。

(1) 必须判断

必须判断亦称义务性规范判断,也就是含有"必须"、"应当"这类模态词的判断。它表明对承受者给出的相关行为规定是被命令强制履行的,也就是说,假定的情况一旦出现,承受者就得履行行为,不履行行为的做法是遭到禁止的,并有可能导致惩罚或其他不利后果。例如,

① 公民必须履行宪法和法律规定的义务。
② 搜查妇女的身体,应当由女工作人员进行。
③ 汽车进入居住区必须不鸣笛。
④ 在公共场所应当不抽烟。

以上都是必须判断,若把模态词抽取出来,可获得必须判断的一般形式,即"必须 p"或"应当 p"。由于规范判断中表示行为的部分即变项部分可以是肯定的,也可以是否定的。若用"p"代表变项部分为肯定即作为,用"¬p"代表变项部分为否定即不作为,并用"O"表示"必须",则①和②的形式为"Op",③和④的形式为"O¬p"。

现代汉语中表达必须判断,除了"必须"和"应当"外,通常还用"有义务"、"有……的义务"、"有……的责任"等来表示。例如:

"人民法院有义务保证被告人获得辩护。"
"凡是知道案件情况的人,都有作证的义务。"
"附带民事诉讼的当事人对自己提出的主张,有责任提供证据。"
以上语句也同样表达必须判断。

(2) 允许判断

允许判断,也叫授权性规范判断。它表明承受者有做出或不做出某种行为的权利,也就是说,允许承受者做出或不做出某种行为。它表明,当假定的情况出现时,按照规范指令履行行为是承受者的权利,任何人都不得非法干涉,否则便是侵犯他人权利。

现代汉语中表达允许判断,除了"允许"外,还常用"可"、"可以"、"准予"、"准许"、"有权"、"有……的权利"、"有……的自由"等来表示。例如:

⑤ 允许外国公司、企业同中国合营者共同举办合营企业。
⑥ 被告人可以为自己辩护。
⑦ 公民有不发表言论的权利。
⑧ 公民有不信仰宗教的自由。

以上都是允许判断,若把模态词抽取出来,可获得允许判断的一般形式,即"允许 p"或"可以 p"。由于规范判断中表示行为的部分即变项部分可能为肯定,也可能为否定。若用"p"代表变项部分为肯定即作为,用"¬p"代表变项部分为否定即不作为,并用"P"表示"允许",则⑤和⑥的形式为"Pp",⑦和⑧的形式为"P¬p"。

法律规范中,关于权利性的法律条文(如宪法中规定公民基本权利的条文),一般也都属于允许判断。

(3) 禁止判断

自然语言表达的规范判断,除必须判断和允许判断两种基本形式外,还有禁止判断即包含"禁止"模态词的规范判断。它与禁止性规范相对应。在自然语言中,除了"禁止"一词外,含有"严禁"、"不得"、"不许"、"不准"等模态词的规范判断也属于禁止判断。但在规范逻辑中,"允许"被定义为"不禁止"、"禁止"被定义为"不允许",可见,"禁止"这样的规范模态,实际上可以通过对"允许"进行否定而得到。

禁止判断与必须判断和允许判断之间存在以下的等值转换关系:

(1) Fp ⟷ O¬p　("禁止 p"等值于"必须不 p")
(2) Fp ⟷ ¬Pp　("禁止 p"等值于"不允许 p")

我们可类比模态对当关系找出四种简单规范判断之间的对当关系。这四种规范判断分别为:

(1) 必须肯定判断,形式为"必须 p",或者写成"Op"。
(2) 必须否定判断,形式为"必须非 p",或者写成"O¬p"。
(3) 允许肯定判断,形式为"允许 p",或者写成"Pp"。
(4) 允许否定判断,形式为"允许非 p",或者写成"P¬p"。

素材相同的四种规范判断"Op"、"O¬p"、"Pp"、"P¬p"之间,也有着类似于真值模态判断"Lp"、"L¬p"、"Mp"、"M¬p"之间的逻辑关系。详细内容请参阅本书第三章。

【练习题】

一、填空题

1. 法律概念是指_____
_____。

2. _____称为规范模态

判断或规范判断。

3. 完整的行为规范通常包括三方面内容：（1）_____（2）_____
（3）_____。

4. 规范判断通常有三类，分别叫做_____判断、_____判断和_____判断。

5. 侦查假说是指_____
_____。

6. 侦查假说通常分为两种：一是关于_____的假说；二是关于_____的假说。

7. 根据法律适用类型的总体推理模式的不同，法律推理可分为_____推理和_____推理。

8. 根据法律推理所涉及的是推理的形式还是内容（包括价值内容），法律推理可分为_____推理和_____推理。

二、选择题（不定项选择）

1. 法律逻辑的研究内容包括（　　）
   A. 法律概念　　　　　　　　B. 规范判断
   C. 法律推理　　　　　　　　D. 法律论证
   E. 犯罪构成

2. 逻辑与法律的关系是（　　）
   A. 立法要运用逻辑　　　　　B. 法律适用离不开逻辑
   C. 研究法律需要逻辑　　　　D. 法律为逻辑研究提供素材
   E. 法律的需要推动应用逻辑发展

3. 明确法律概念常采用下列（　　）这些特殊的定义形式。
   A. 析取型定义　　　　　　　B. 合取型定义
   C. 比喻定义　　　　　　　　D. 内涵外延型定义
   E. 肯定否定型定义

4. 法律文本中常常运用模糊概念来（　　）
   A. 列举事物　　　　　　　　B. 表示事物的数量
   C. 表示犯罪情节与后果的轻重程度　D. 表示不确定时间和空间
   E. 表示性质相近或界线不明的事物（现象）

5. 形式法律推理的前提不可以是（　　）
   A. 确认案件事实的命题　　　B. 法律规范命题
   C. 表达国家政策的命题　　　D. 表达法学原理的命题
   E. 从法律规范命题推出的命题

6. 形式法律推理与实质法律推理的关系是（　　）

A. 形式法律推理是法律推理的基本形式

B. 实质法律推理是形式法律推理的补充

C. 形式法律推理与实质法律推理在实际推理过程中互相排斥不可同时运用

D. 适用成文法只需用形式法律推理

E. 再完备的成文法也离不开实质法律推理

7. 提出侦查假说的过程中可以运用（　　）

   A. 枚举归纳推理　　　　　　　B. 类比推理

   C. 溯原推理　　　　　　　　　D. 或然性推理

   E. 统计推理

8. 如果从侦查假说中推演出来的待验命题符合客观事实，则该假说（　　）

   A. 必然为真　　　　　　　　　B. 必然为假

   C. 证实度提高　　　　　　　　D. 证实度降低

   E. 有可能为假

9. 验证侦查假说的推理其性质为（　　）

   A. 证实假说的推理是必然性推理

   B. 证实假说的推理是或然性推理

   C. 否定侦查假说的推理是必然性推理

   D. 否定侦查假说的推理是或然性推理

   E. 证实和否定假说的推理或者都是必然性推理或者都是或然性推理

10. 行为规范三个部分中的"T"和"W"若省略则意味着（　　）

   A. 若没有指明规范承受者则对所有人都适用

   B. 若没有指明规范承受者则对任何人不适用

   C. 若没有指出行为的条件则表明该规则无条件适用

   D. 若没有指出行为的条件则表明在任何情况下都适用

   E. 若没有指明规范承受者则表明适用者已很明确无须再指出

11. 在发掘旧石器时代的古墓葬时，发现死者身边有衣服、饰物、武器等陪葬品，据此，考古学家们提出了一个初步假定：在旧石器时代，人们就有了死后复生的信念。

   以下哪项能为该初步假定提供支持？（　　）

   A. 死者身边的陪葬品是死者生前用过的

   B. 死后复生是大多数宗教信仰的核心信念

   C. 放置陪葬物是后人表示对死者的怀念与崇敬

   D. 陪葬物是为死者在复生后使用而准备的

   E. 放置陪葬物表示死者生前的富有

12. 某年冬天夜晚，抚顺市一名妇女在家中被害，作案人拿走了该妇女家中的首饰、现金等财物。现场勘查确定：被害人家的门上有个铁栓，未遭任何破坏；被害人的鞋子摆放有序，她被害前已脱衣入睡。法医鉴定认为：被害人于当晚10时左右被人用锐器杀死，其头部损伤近百处，前胸和腹部损伤十多处，两手损伤30多处，但致命伤不超过6处。依据上述案情，能够建立的侦查假说是（　　）

A. 本案为谋财害命
B. 本案为报仇杀人
C. 本案作案人与被害人较熟悉
D. 本案作案人的力气较大，应为男性青壮年
E. 本案作案人的力气较小，可能是女性

三、实例分析题

1. 甲、乙两位侦查员在勘查一起凶杀案现场时发现：在通向杀人现场的必经通道上有一直径约两米的水洼，在水洼前后边缘的地上都留有两种脚印，一为水波纹底解放胶鞋印，一为横状密纹底塑料凉鞋印。另外，在水洼的左侧还发现有走向杀人现场的解放胶鞋印，但两侧均未发现有塑料凉鞋印，说明穿解放胶鞋的人是绕行水洼左侧去往现场的，而穿塑料凉鞋的人则是一步迈过水洼去的。于是，甲、乙两位侦查员根据"如果一个人能够一步迈过两米的距离，那么他绝不会是一个老年人"这样的前提（假定该前提为真），得出下述推断：

甲："穿解放胶鞋的那个人是一个老年人"；

乙："穿塑料凉鞋的那个人不是一个老年人"。

问：甲、乙两位侦查员作出上述推断各运用了何种形式的推理？请写出其推理形式，并说明它是否有效的理由。

2. 分析下列案例，指出其中运用了哪些推理？各是怎样运用的？请写出其推理形式与推理过程。

某市郊发现一具无名女尸。经勘查，死者系大量出血死亡，而现场周围却无大量血迹。据此，警方认定，发现尸体的现场不是第一现场。但作案现场在哪里呢？犯罪分子应当具备哪些作案条件？警方作了如下案情分析：

"作案现场只能或者在城区，或者在别处野地，或者在发现尸体现场附近的农舍家中。如果作案现场在别处野地，犯罪分子杀害被害人之后就没有必要再移尸至此；如果犯罪分子在发现尸体附近的农舍家中作案，则发现尸体的现场就必然会留下犯罪分子搬运尸体及被害人遗物而多次往返的足迹；可现场勘查证明，这里只有犯罪分子留下的一人一次往返的足迹。可见，作案现场在城区。

城区距发现尸体的现场有40多华里，犯罪分子要将死者的尸体搬运至此，就必须用运载工具。而运载工具又只能是汽车，或者是三轮车，或者是自行车。因死者是大量出血死亡的，若运载工具是三轮车或自行车，沿途就必有连续漏落的血迹，但经仔细勘查，沿途都没有漏落的血迹，因此，运载工具不可能是三轮车或自行

311

车。所以,可以肯定运载工具是汽车。

只有犯罪分子是汽车司机,才能用汽车运载被害人尸体;本案的犯罪分子既然是用汽车运载被害人尸体的,因而可知本案的犯罪分子是汽车司机。"

3. 根据下述案例材料,回答后面提出的问题。

某地农村妇女干部王某(31岁)于某日深夜吊死在其卧室邻近室内的房梁上。侦查人员通过现场勘查和调查了解,得知如下情况:

(1) 死者吊死的位置,距死者卧室约12步远。

(2) 尸检证明,死者颈部索沟呈马蹄形,有生活反应,可以肯定是生前伤。

(3) 死者下身仅穿一条裤衩,赤着足,推测死前已经或正准备上床睡觉。

(4) 死者脚趾尖上有少许泥土,脚掌上却没有泥土。全身无任何挣扎、搏斗留下的伤痕。

(5) 死者死亡当天仍同平常一样做农活,在子女面前也未显出任何不正常情绪。

(6) 死者生前作风正派,与其他男性没有任何过密的往来;尸检也未发现奸情痕迹。

(7) 死者生前与周围群众的关系非常好,从未与人结过仇怨。

(8) 死者室内财物无任何丢失,也无翻动迹象。

(9) 死者的丈夫一直嫌死者不漂亮,只是迫于父母之命而成婚。婚后虽生三个孩子,但其丈夫仍经常闹离婚,死者对其丈夫却总是逆来顺受、委曲求全。

(10) 死者死亡前两天,其丈夫就已去县城开会。但是,在发案当天,有人在村头上曾见到过他。

根据上述材料,侦查人员对本案性质提出了如下几种假说:

A. "死者因长期夫妻关系不好而上吊自杀";

B. "死者是被人强行吊在绳上窒息死亡的";

C. "死者是被人击昏后背至吊绳处吊死的"。

问:上述三个假说分别能解释哪些事实、不能解释哪些事实?哪个假说的解释力最强?请结合上述材料分析说明。

4. 1983年10月22日,湖南省博物馆珍藏的马王堆汉墓出土文物被盗。21个文物陈列柜有7个被砸。号称"国宝"的素纱禅衣以及丝绢手套、卷云纹漆盘等31件珍贵文物被盗。侦查人员在现场找到了一个压模工农皮鞋的鞋印。文物陈列柜的明锁被撬开后,暗锁没有被动,但玻璃门被打碎。侦查人员测量了击打玻璃的着力点。现场找到了一根毛发,已经将其送去化验。罪犯仅仅盗走了素纱禅衣,而未盗走更为珍贵的彩绘帛画。根据这些迹象侦查人员提出了侦查假设。请问:根据这些迹象侦查人员可以提出哪些侦查假设?

5. 在湖南甲地发现一具无名男尸,身高1.70米,年龄约40岁,上着白色衬衣,下穿民警蓝裤,脚穿三接头皮鞋。头部被打破,喉管被割断。发现尸体的现场没有任何可疑的痕迹。为了辨认尸体,公安机关发出了公告。经A辨认,确认死者为其同事B。A提供了如下情况:当年5月,A与B前往甲地找C进货。5月17日,C告知两人过几天再来。5月19日,B携部分款项再次前往甲地提货。当天下午,他打电话给A说,提货票已经开了,赶快送钱来。5月21日,A携巨款前往甲地,但是却找不到B。C告诉他,B已经到广州看货去了。5月31日,A收到了从广州国际电报局发来的署名为B的一封电报,告知已到广州,有事不宜回来。公安人员根据以上情况,提出了侦查假设。请问:公安人员可以提出哪些侦查假设?

6. 在某地的森林和沼泽地段的铁路上,距最近村庄4公里处,发现一个人被火车轧成好几段,衣服也撕裂成碎片,散落在沿铁路路基两侧大约85米的距离内。碎尸和衣服上有火车车轮、机油和砂砾的痕迹。当地居民认出死者是附近工厂的一名工人,他性情暴躁,嗜酒如命。

在公安人员勘查现场之前,当地行政负责人员看了现场并作出了结论:死者喝醉了酒后沿铁路路基回家,不小心跌倒在路基上,没能在火车开来前爬起。当地医院的医生也到达现场,观察后得出结论:死者唯一死因是火车轮子碾轧所致,并开具了死亡证明,允许把尸体掩埋而不必进行解剖。

公安人员到达现场后,得出了另外的结论:如果死者确系酒醉后独自返家,以至跌倒在铁路路基上,那么,他在跌倒之前,是怎么在夜晚从村里沿森林和沼泽地走了4公里多路,而他的鞋子却是十分干净只有一点点灰尘呢?显然,死者是被驮到这里的,而这个驮死者的人,很可能就是杀害他的凶手。于是公安人员对碎尸进行了勘验。在用纱布清洗死者胸部时,清楚地看到一处火车轮无法碾压出的伤痕——一个铁锤状的锥形窟窿。经检验证明,这只有双刃刀子插入活体胸部才能造成。

破案后得知,当地村庄中一名护林员李某,因与死者有矛盾,便趁其酒醉,假装扶其回家,在路上把一柄双刃匕首插入死者胸部,将其杀死。为了掩盖其罪行,凶手双肩扛着尸体,经过森林和沼泽地来到了铁路,并把尸体扔在很快就有火车通过的铁路路基。

在本案的侦查中,公安人员提出了什么侦查假设?进行了怎样的推理?

7. 1986年一个大雪纷飞的日子里,美国康州的一位名叫海莉的妇女失踪了。调查人员怀疑是她的丈夫杀了她,但是怎么也找不到证据,连死者的尸体都找不到。这时有人反映在海莉失踪的那天晚上看见她的丈夫开着一辆碎木机在河边逗留。警察产生了一个令人不寒而栗的假设:海莉的丈夫用碎木机来对付她,所以连尸体都找不到。康州法庭科学实验室的李昌钰博士受聘主持侦破工作。李博士认为海莉家的卧室是现场勘查的重点。在一张双人床的弹簧床垫外端面上,有一小块长条形的痕迹,对该痕迹的物质进行了联苯胺实验,结果呈阳性反应。这证明可能是血迹。李博士提取了一些被怀疑为血痕的微量物质,然后进行了一系列检验。首先,他们通过血痕种属检验肯定那些物质是人血;然后,他们通过血型检验确定为 O 型血,而这正好和失踪人的血型相同;接着,他们通过 PCM 酶型检验证明这血痕是比较新鲜的;最后,他们又通过对血痕物质成分检验确定那是循环血而不是经血。血痕检验证实了李博士的怀疑。卧室是杀人现场。李博士组织警察们勘查了碎木机出现的河边。在积雪中,他们发现了一个残破的信封,信封上的收信人姓名是海莉。这封信给了李博士信心:河边是碎尸现场。与此同时,警察局的潜水员在河床上发现了一台被拆卸的电锯。电锯被拆成很多截,电锯身上的号码也被人刮掉了。李博士断定这台电锯不是因为没有用了而被丢弃,而是因为有人想隐瞒些什么而被扔掉的。经过勘查发现电锯上有些微量的物质:毛发、人体组织和血痕物质。毫无疑问,这个电锯证实了李博士的推断。随后,他们在融化了的雪水中相继找到了一些碎木片、毛发、纤维、骨头碎片、人体组织碎片,还有一小片带着指甲油的指甲、一小块像牙医们镶牙用的金属片和一小块牙齿。最后,他们找到了 56 片人骨碎片、两个牙套、2 660 根头发、一块断指、五滴血迹、三盎司人体组织和两片指甲。每根头发都经过显微镜的分析,发现都是同一人的头发,而且是被从头皮上直接剁下去的,颜色呈黄色,这正好和海莉一样。人类学家从骨头脂肪含量推出这些骨头已经有几个月时间,这正好和海莉失踪的时间相同,用骨头所做的抗原、抗体实验表明骨头是 O 型血,和海莉的血型一致。决定性的证据是一个牙套。现场发现的牙套和海莉牙科医生那里的牙套模型相比较,两者完全吻合。这些证据证实了海莉丈夫是杀人者的怀疑。

上述侦破过程运用了什么推理?简述推理过程。

第十一章 传统与现代

本章提要

现代逻辑亦称符号逻辑,是在传统逻辑的基础上,为克服传统逻辑之不足和解决数学基础研究中出现的大量逻辑问题而发展起来的逻辑科学。也就是说:现代逻辑指的是数理逻辑和一切在数理逻辑的基础之上或采用数理逻辑的思想与方法而发展起来的逻辑。本章主要介绍了现代逻辑的两个基础理论部分,命题逻辑与谓词逻辑,即人们常说的两个演算。经典命题逻辑,亦称联结词逻辑。研究以简单命题为基本单位,由真值联结词所构成的复合命题的逻辑特征及其规律的演算的理论。经典谓词逻辑亦称"量词"逻辑。它是把简单命题剖分为主词、谓词、量词来研究命题的形式结构、推理规则的逻辑演算。

11.1 什么是现代逻辑

所有逻辑科学被二分为传统逻辑与现代逻辑,他们都是一个逻辑群。就现代逻辑而言,它有以下两个方面的含义。

一是指历史发展时期,它与"传统逻辑"相对,凡是数理逻辑产生以后产生、发展起来的逻辑,都属于现代逻辑,而传统逻辑则是指由亚里士多德创立,经过中世纪的演变而发展至19世纪(乃至今天)的逻辑。泛指数理逻辑产生前的形式逻辑,以传统的演绎逻辑为主,也包括传统归纳逻辑。

二是指内容的区别。现代逻辑亦称符号逻辑,是在传统逻辑的基础上,为克服传统逻辑之不足和解决数学基础研究中出现的大量逻辑问题而发展起来的逻辑科学①。也就是说:现代逻辑指的是数理逻辑和一切在数理逻辑的基础之上或采用数理逻辑

---

① 王桂艳:"现代逻辑的发展与非形式逻辑的兴起",《哈尔滨市委党校学报》,2000年第5期,第38—41页。

的思想与方法而发展起来的逻辑①。

现代逻辑是当今国际逻辑发展的主流。从本质上讲,国外现今所提到的"逻辑学"主要就是指现代逻辑,当然也包括非形式逻辑和批判性思维等。对于现代逻辑的划分,学术界一直有争论。有影响的划分大致有如下几种。

一是雷切尔的划分。雷切尔(N. Rescher)1968年在《哲学逻辑论集》中把现代逻辑分为基本逻辑(传统逻辑、正统的现代逻辑、非正统的现代逻辑)、元逻辑(逻辑语形学、逻辑语义学、逻辑语用学、逻辑语言学)、数学的发展(算术方面、代数方面、函数论方面、证明论、概率逻辑、集合论、数学基础)、科学的发展(物理学应用、生物学应用、社会科学应用)、哲学的发展(伦理应用、形而上学应用、认识论应用、归纳逻辑)。

二是哈克的划分。哈克(S. Haack)1977年在《逻辑哲学》中将现代逻辑划分为:传统逻辑、经典逻辑(二值语句演算、谓词演算)、扩展逻辑(模态逻辑、时间逻辑、道义逻辑、认知逻辑、优先逻辑、祈使逻辑、疑问逻辑)、归纳逻辑。

三是国内学者的划分。李树琦等1989年在《现代逻辑学》将现代逻辑划分为理论逻辑与应用逻辑两大部分。张学立和陈锐2004年在《现代逻辑导论》中对这种两大类划分做了进一步论述。现转载如下②。

1. 理论逻辑

(1) 基础逻辑

　A. 经典逻辑

　　a. 命题逻辑

　　b. 谓词逻辑

　B. 非经典逻辑

　　a. 模态逻辑

　　b. 多值逻辑

　　c. 直觉主义逻辑

　　d. 相干逻辑

　　e. 自由逻辑

　　f. 模糊逻辑

　　g. 内涵逻辑

(2) 元逻辑

　A. 逻辑语形学

　B. 逻辑语义学

---

① 宋文坚:《逻辑学》,人民出版社1998年版,第19—20页。
② 张学立、陈锐:《现代逻辑导论》,贵州人民出版社2004年版,第8—9页。

C. 逻辑语用学

（3）数学的逻辑

A. 集合论

B. 证明论

C. 递归论

D. 模型论

（4）归纳逻辑

A. 传统归纳逻辑

B. 现代归纳逻辑

2. 应用逻辑

（1）本体论的逻辑

A. 存在逻辑

B. 时态逻辑

C. 部分与整体逻辑

D. 莱斯涅夫斯基本体论逻辑

（2）认识论的逻辑

A. 知道逻辑

B. 信念逻辑

C. 问题逻辑

D. 断定逻辑

E. 条件句逻辑

F. 信息与信息处理逻辑

（3）伦理规范的逻辑

A. 道义逻辑

B. 行为逻辑

C. 命令逻辑

D. 优选逻辑

（4）自然语言逻辑

（5）科学应用的逻辑（仅列举部分）

A. 控制逻辑

B. 拓扑逻辑

C. 组合逻辑

D. 量子逻辑

E. 电路逻辑

本章主要介绍现代逻辑两个基础理论部分，经典命题逻辑和经典的谓词逻辑。

11.2 经典命题逻辑

经典命题逻辑,亦称联结词逻辑。研究以简单命题为基本单位,由真值联结词所构成的复合命题的逻辑特征及其规律的演算的理论。

11.2.1 命题、命题形式和真值函数

一、命题的概念、特征及种类

1. 命题概念

所谓命题就是用语句形式表达出来的关于事物情况的思想,也就是说,命题是反映事物情况的思维形态。

词项是用以指称和表达对象的,它是构成命题的基本要素。

然而,对象总是具有某种属性,或者处于某种关系之中,孤立的一个或若干个词项只代表特定的某一个或某若干个对象,不能对对象的性质或关系做出说明。

例如,"国家"、"中国"、"亚洲"。

仅仅从这两个词项本身是无法说明什么的。

正是就这个意义而言,我们说孤立的词项还不能完整地表达我们的思想。只有把词项按照一定的语法规则组合起来,例如把"国家"、"中国"、"亚洲"构成"中国是在亚洲的国家"。这样才能对"中国"这个对象的情况做出说明。

这种关于某对象具有某性质或某几个对象之间有某种关系的说明通常被看作事物情况。显然,事物情况不同于对象。

2. 命题的逻辑特征

命题是说明事物情况的,这就有一个命题所说明的事物情况与事实是否相符合的问题。

如果一个命题所说明的事物情况事实上存在,即事物情况确实发生,那么命题的说明符合事实,这个命题就是真的;一个命题所说明的事物情况如果不符合事实,那么该命题就是假的;真实是不以人的意志为转移的,因此命题的真假标准是客观的。独立于人的主观意志而存在。

任意一个命题它要么是真的,要么是假的。没有真假的思想不是命题。

一个命题是真的,那么它的说明符合事实;一个命题是假的,那么它的说明不符合事实。我们经常说事实只有一个,即客观存在就是如此,它不以任何人的意志为转移。因此,一个命题的说明不可能既符合又不符合事实。这决定了一个命题是真的,它就不可能假;一个命题是假的,它就不可能真。不存在既真又假的命题。

一个命题要么是真的,要么是假的,这就是命题的逻辑特征。我们把真假叫做

命题的逻辑值,或简称为命题真值(truth value)。真命题就是其逻辑值为真的命题,假命题是其值为假的命题。不过,确定一个具体命题的真假并不是逻辑学的任务,而是该命题的内容所在学科的任务。例如,命题"地球的核心部位的温度在5 000℃以上"的真假不是逻辑学所能回答的。

3. 命题的种类

命题主要包括简单命题和复合命题。

简单命题的构成要素一般包括：主词、谓词、系词、量词(相当于我们判断章所讲的主项、谓项、量项、联项)；

复合命题构成要素包括联结词和命题。构成复合命题的命题,称之为肢命题(相当于我们判断章所讲的复合判断)。

二、命题形式

任何命题都有内容与形式两个方面。命题内容指的是命题所反映的事物情况,而命题形式则指命题内容的联系方式。命题所表达的思想内容存在的具体形式称为命题形式。

经典命题逻辑对命题形式的研究限于复合命题形式。复合命题形式是包含了其他命题的一种命题,它是由若干个(至少一个)简单命题通过一定的逻辑联结词组合而成的。于是便产生了真值联接词以及与此相关的真值形式。也就是说,复合命题形式就是指真值形式。

真值联结词是反映复合命题与肢命题之间真假制约关系的联结词。经典命题逻辑中经常用到的真值联结词有五个：否定、合取、析取、蕴涵、等值。这五个联结词又称为基本的真值联结词。由一定的真值联结词结合命题变项所形成的形式结构称之为真值形式。由上五个基本联结词和一定的命题变项相结合进而形成的真值形式,分别称之为否定式、合取式、蕴涵式、等值式。

三、真值函数

在现代逻辑中,把上面我们对复合命题的讨论,转化为函数形式化的讨论,也就是引入一些数学概念与方法来处理命题与命题之间的关系或者联结词的逻辑性质。因此,现代逻辑总体上被称之为数理逻辑或者数学逻辑。

函数就是在某变化过程中有两个变量 X 和 Y,变量 Y 随着变量 X 一起变化,而且依赖于 X。如果变量 X 取某个特定的值,Y 依确定的关系取相应的值,那么称Y 是 X 的函数。X 被称为自变量,Y 被称为因变量。一个函数由它的自变量允许取值的范围(即定义域)和对应关系所确定,并由此确定了函数值的变化范围(即值域)。定义域、对应关系、值域称为函数的三要素。在现代逻辑的命题逻辑中,定义域或值域为(真,假)或(1,0),对应关系也通常涉及命题联结词,因此,把定义域和值域都为(真,假)的函数称之为真值函数。

复合命题是由命题联结词和支命题构成的。复合命题的真值是由支命题的真值根据联结词决定的。联结词不同,复合命题的逻辑性质就不同。复合命题推理实质上是关于命题联结词的推理。在现代逻辑中,复合命题被抽象为由真值运算形成的真值函数,构成复合命题的联结词被抽象为真值联结词或真值函数的函子(或者说,真值运算的算子),构成复合命题形式的命题变元被抽象为只取真、假二个真值的真值变元,复合命题形式被抽象为真值形式(公式)。这种抽象,是为研究推理的有效性服务的。而一个推理是否有效,就是前提真时结论是否必然为真。所谓有效推理,就是具有保真性的推理。

现代逻辑采用人工(符号)语言来研究推理,对推出关系既可从研究符号与符号关系的逻辑语法学方面进行,研究语法推出关系(⊦),也可以从研究符号及其解释的逻辑语义学方面进行,研究语义推出关系(⊨)。⊦ 表示从一个前提能语法推出一个结论,如 A⊦B,表示从 A 可以用逻辑语法推出 B。⊨ 表示从一个真前提能得到一个真结论,如 A⊨B 表示从 A 真能得出 B 真。这样,上面我们对复合命题的讨论,就可以形式表示如下:

Ⅰ. 联言(合取)命题

联言命题的形式可以用合取式 $p \wedge q$ 表示。$\wedge$ 是一个二元函数:$p \wedge q$ 为真当且仅当 p 真且 q 真。这种函数关系,反映了联言命题的逻辑性质。$\wedge$ 也可以看成在两个命题 p、q 上进行运算以形成一个新的命题 $p \wedge q$ 的逻辑运算(其他联结词也同样如此)。

合取运算 $\wedge$ 服从交换律、结合律和幂等律等运算规律。即:

$$A \wedge B = B \wedge A$$

$$A \wedge B \wedge C = (A \wedge B) \wedge C$$

$$A \wedge A = A$$

联言推理的规则有如下两条:

$\wedge_+$(合取引入):$A, B \vdash A \wedge B$;

$\wedge_-$(合取消去):$A \wedge B \vdash A, A \wedge B \vdash B$。

Ⅱ. 相容选言(析取)命题

用(弱)析取式 $p \vee q$ 表示其形式。$\vee$ 是一个二元真值函数(二元运算):$p \vee q$ 为真,当且仅当 p 为真或 q 为真。这种函数关系,反映了相容选言命题的逻辑性质。

$\vee$ 运算服从交换律、结合律、幂等律等运算规律;

$\vee$ 对 $\wedge$,$\wedge$ 对 $\vee$ 的分配律成立,即:

$$C \vee (A \wedge B) = (C \vee B) \wedge (C \vee A)$$

对∧和∨的否定运算服从德·摩根律：

$$\sim(p\wedge q)\Leftrightarrow\sim p\vee\sim q;\sim(p\vee q)\Leftrightarrow\sim p\wedge\sim q。$$

相容选言推理的规则有如下两条：

∨$_+$（析取引入）：$A\vdash A\vee B,B\vdash A\vee B$；

∨$_-$（否定肯定式）：$A\vee B,\sim A\vdash B,A\vee B,\sim B\vdash A$。

Ⅲ．不相容选言（强析取）

不相容选言命题可以用强析取式 $p\veebar q$ 表示其形式。$\veebar$ 是一个二元真值函数：$p\veebar q$ 为真，当且仅当 p 和 q 的真值不同。

$\veebar$ 运算服从交换律和结合律。

不相容选言推理只有∨$_-$一条规则：

∨$_-$（肯定否定式）：$A\veebar B,A\vdash\sim B,A\veebar B,B\vdash\sim A$；

否定肯定式：$A\veebar B,\sim A\vdash B,A\veebar B,\sim B\vdash A$。

Ⅳ．充分条件假言命题

在形式语言中，以（实质）蕴涵式 p→q 表示充分条件假言命题的逻辑形式。→是一个二元真值函数：p→q 为真当且仅当不是 p 为真而 q 为假（或者，p→q 为真当且仅当 p 为假或 q 为真）。

必须注意区别→和⊢。→是由两个（支）命题形成一个（复合）命题的（二元）逻辑运算的算子（例如，在"下雨"和"地湿"这两个命题上用"如果，那么"进行运算，就形成了"如果下雨，那么地湿"这个命题），正如∧、∨、↔也是由两个（支）命题形成一个（复合）命题的（二元）逻辑运算的算子，而～是由一个（支）命题形成一个（复合）命题的（一元）逻辑运算的算子一样。而⊢表示的是推理中前提和结论之间的内在的、稳定的、必然的关系。⊢从符号与符号的关系（语法）方面表达了推理的规律。这种规律，就是我们所说的逻辑规律。因此，→和⊢是两类性质不同的符号，千万别把它们混为一谈。

充分条件假言推理的规则有以下两条：

→$_-$（蕴涵消去规则，也称分离规则，记为：M.P.）：$A\to B,A\vdash B$；

否定后件规则（记为 M.T.）：$A\to B,\sim B\vdash\sim A$。

Ⅴ．必要条件假言命题

必要条件假言命题可以用逆蕴涵式 p←q 表示其形式：←是一个二元真值函数：p←q 真，当且仅当不是 p 为假而 q 为真。

必要条件假言推理的规则是：

←$_-$（否定前件规则）：$A\gets B,\sim A\vdash\sim B$；

←$_-$（肯定后件规则）：$A\gets B,B\vdash A$。

Ⅵ. 充要条件假言命题

充要条件假言命题以可以用（实质）等值式 p⟷q 来表示它的形式。⟷ 是可以用 → 和 ← 定义的算子：p⟷q=df(p→q)∧(p←q)。

充要条件假言推理有两条规则：

⟷₊（等值引入规则）：A→B,B→A ⊢ A⟷B；

⟷₋（等值消去规则）：A⟷B ⊢ A→B,A⟷B ⊢ B→A。

Ⅶ. 负命题

负命题的形式可以用 ~p 表示。~ 是一个一元真值函子（或真值算子）。由真值函子（算子）~ 和真值变元 p 构成了真值函数 f(p)=~p。真值函数 ~p 为真当且仅当真值变元 p 为假。可以用真值表表示这种（以及其他）真值函数关系（或真值运算方法）。这种函数关系，反映了负命题的逻辑性质。就逻辑关系而言，p 和 ~p 具有不可同真也不可同假的矛盾关系；p 和 ~~p 具有真假完全相同的等值关系：p⟺~~p。

关于负命题的推理，可以有如下规则：

~~₋（否定消去）：~~A ⊢ A；

~~₊（否定引入）：A ⊢ ~~A。

11.2.2 重言式及其判定

一、命题公式的类别

一个命题逻辑表达式（命题公式）如果对于其变元的任一种取值都为真，则称为重言式或永真式；反之，如果对于其变元的任一种取值都为假，则称为矛盾式或永假式，如 P∨~P 是一个重言式；然而，更多的情况下，既非重言式，也非矛盾式，如 P∧~P 就是矛盾式，这种可真可假的命题公式称之为可真式或可假式，如 P→Q 可真式。

一个命题公式，如有某个解释 D，在 D 下该公式真值为真，则称这公式是可满足的。P∨Q 当取 D=(T,F) 即 P=T,Q=F 时便有 P∨Q=T，所以是可满足的。重言式当然是可满足的，可真式或可假式也是可满足的。

不难看出这三类公式间有如下关系：

(1) 公式 A 永真，当且仅当 ~A 永假。

(2) 公式 A 可满足，当且仅当 ~A 非永真。

(3) 不是可满足的公式必永假。

(4) 不是永假的公式必可满足。

例1：证明 P→(Q→(P∧Q)) 是重言式。

证明：构造它的真值表，用来看是否在它的任一解释 D 下其真值都为真。

P	Q	(P∧Q)	(Q→(P∧Q))	P→(Q→(P∧Q))
F	F	F	T	T
T	F	F	T	T
F	T	F	F	T
T	T	T	T	T

故 P→(Q→(P∧Q))是一个重言式。

由于任何公式中包含的变元个数总是有限的,所以其真值解释也只有有限多个,故真值表总可以做出。而公式为何种公式可以从真值表看出,因此,对任何公式都可判定它是何种公式,亦即命题逻辑的判定问题是可解的。

二、代入规则

A是一个公式,对A使用代入规则得公式B,若A是重言式,则B也是重言式。

为保证重言式经代入规则仍得到保持,要求:

(1) 公式中被代换的只能是命题变元(原子命题),而不能是复合命题。

(2) 对公式中某命题变项施以代入,必须对该公式中出现的所有同一命题变项代换同一公式。

一般地说,公式A经代入规则可得任一公式,而仅当A是重言式时,代入后方得保持。如 A=P∨~P,作代入 P=~Q 得 B=~Q∨~~Q 仍是重言式。若将 ~P 以 Q 代之得 B=P∨Q,这不是代入,违反了规定(2),就不是重言式了。

例2:判断(R∨S)∨~(R∨S)为重言式。

因 P∨~P 为重言式,作代入 P=(R∨S),便得(R∨S)∨~(R∨S)。依据代入规则,这公式必是重言式。

例3:判断((R∨S)∧((R∨S)→(P∨Q)))→(P∨Q)为重言式。

不难验证(A∧(A→B))→B 是重言式,作代入 A=R∨S、B=P∨Q 便知((R∨S)∧((R∨S)→(P∨Q)))→(P∨Q)是重言式。

三、命题公式真值的判别

判断命题公式或者为真或者为假,以及判断推理是否正确就是验证相应的蕴涵式是否重言式,其方法包括:使用真值表、等值演算法、范式法等。

① 真值表法,任给公式,列出该公式的真值表,若真值表的最后一列全为1,则该公式为永真式;若真值表的最后一列全为0,则该公式是永假式;若真值表的最后一列既非全1,又非全0,则该公式是可满足式。

② 等值演算法,利用基本等值式,对给定公式进行等值推导,若该公式的真值为1,则该公式是永真式;若该公式的真值为0,则该公式为永假式。既非永真,也非永假,成为非永真的可满足式。

③ 主范式法,该公式的主析取范式有 2^n 个极小项(即无极大项),则该公式是永真式;该公式的主合取范式有 2^n 个极大项(即无极小项),则该公式是永假式;该公式的主析取(或合取)范式的极小项(或极大项)个数大于 0 小于 2^n,则该公式是可满足式。

下面我们讨论有关范式的问题。

定义 1. 所谓析取(合取)范式,就是有限个简单合取式(析取式)构成的析取式(合取式)。

定义 2. n 个命题变项 $P_1, P_2, \cdots, P_n$,每个变项或它的否定两者只有其一出现且仅出现一次,第 i 个命题变项或者其否定出现在从左起第 i 个位置上(无脚标时,按字典序排列),这样的简单合取式(析取式)被称之为极小项(极大项)。

定义 3. 含有 n 个命题变项的命题公式,如果与一个仅有极小项(极大项)的析取(合取)构成的析取(合取)范式等值,则该等值式称为原命题公式的主析取(合取)范式。每项含有 n 个命题变项(变项字母齐全)的合取式(析取式)的析取(合取)为主析取(合取)范式。

求析取(合取)范式的步骤:

① 将公式中的联结词都化成 $\sim$、$\wedge$ 和 $\vee$,消去联结词 $\rightarrow$、$\leftrightarrow$、$\leftarrow$ 和 $\veebar$;

② 将否定联结词 $\sim$ 消去或移到各命题变项之前;

③ 利用分配律、结合律等,将公式化为析取(合取)范式。

求主析取范式(主合取范式)的方法:

真值表法。在命题公式的真值表中,真值为 1 的指派所对应的极小项的析取,为此命题公式的主析取范式;在命题公式的真值表中,真值为 0 的指派所对应的极大项的合取,为此命题公式的主合取范式;

等值演算法。利用等值演算法,求命题公式 A 的主析取(合取)范式的步骤:

① 求公式 A 的析取(合取)范式;

② 若析取(合取)范式的某个合取项(析取项)B 不含有命题变项 Pi 或 ¬Pi,则添加 Pi $\vee$ $\sim$Pi(Pi $\wedge$ $\sim$Pi),再利用分配律展开,使得每个合取项(析取项)的命题变项齐全;

③ "消去"析取(合取)范式中所有永假式(永真式)的析取项(合取项),如 P $\wedge$ $\sim$P(P $\sim$ ¬P)用 0(1) 替代。用幂等律将析取(合取)范式中重复出现的合取项(析取项)或相同的变项合并,如 P $\wedge$ P(P $\vee$ P)用 P 替代,mi $\vee$ mi(Mi $\wedge$ Mi)用 mi(Mi)替代。

④ 将极小(极大)项按由小到大的顺序排列,用 Σ(Π)表示。

例4：求公式(p∧q)∨r的主合取范式。

解：我们首先使用真值表法。

p	q	r	(p∧q)∨r	极小项	极大项
0	0	0	0		p∨q∨r
0	0	1	1	~p∧~q∧r	
0	1	0	0		p∨~q∨r
0	1	1	1	~p∧q∧r	
1	0	0	0		~p∨q∨r
1	0	1	1	p∧~q∧r	
1	1	0	1	p∧q∧~r	
1	1	1	1	p∧q∧r	

(p∧q)∨r＝(~p∧~q∧r)∨(~p∧q∧r)∨(p∧~q∧r)∨(p∧q∧~r)∨(p∧q∧r)为主析取范式；(p∧q)∨r＝(p∨q∨r)∧(p∨~q∨r)∧(~p∨q∨r)为主合取范式。

再用等值演算法。

求析取范式。

　　(p∧q)∨r
＝(p∧q∧(r∨~r))∨((p∨~p)∧(q∨~q)∧r)
＝(p∧q∧r)∨(p∧q∧~r)∨(p∧~q∧r)∨(~p∧q∧r)∨(~p∧~q∧r)
＝(~p∧~q∧r)∨(~p∧q∧r)∨(p∧~q∧r)∨(p∧q∧~r)∨(p∧q∧r)
（主析取范式）。可以简记为∑(1,3,5,6,7)。

求主合取范式。

　　(p∧q)∨r＝(p∨r)∧(q∨r)
＝(p∨(q∧~q)∨r)∧((p∧~p)∨q∨r)
＝(p∨q∨r)∧(p∨~q∨r)∧(p∨q∨r)∧(~p∨q∨r)
＝(p∨q∨r)∧(p∨~q∨r)∧(~p∨q∨r)。可以简记为Π(0,2,4)。

例5：求公式(~p→r)∧(p↔q)的主合取范式和主析取范式。

解：先将公式化为合取范式。

$(\sim p \to r) \land (p \leftrightarrow q)$

$= (\sim p \to r) \land (p \to q) \land (p \leftarrow q)$ （去掉 $\leftrightarrow$）

$= (p \lor r) \land (\sim p \lor q) \land (\sim q \lor p)$ （去掉 $\to$，合取范式）

$= (p \lor r \lor (\land \sim q)) \land (\sim p \lor q \lor (r \land \sim r)) \land (\sim q \lor p \lor (r \land \sim r))$

（添加命题变项）

$= (p \lor q \lor r) \land (p \lor \sim q \lor r) \land (\sim p \lor q \lor r) \land (\sim p \lor q \lor \sim r) \land (p \lor \sim q \lor r) \land (p \lor \sim q \lor \sim r)$ （展开）

$= (p \lor q \lor r)(p \lor \sim q \lor r) \land (\sim p \lor q \lor r) \land (\sim p \lor q \lor \sim r) \land (p \lor \sim q \lor \sim r)$

（消去相同项，按字母顺序排列）

$= M_0 \land M_1 \land M_2 \land M_3 \land M_4 \land M_5$

$= \prod(0,2,3,4,5)$

所求主析取范式为主合取范式的缺项所对应的三个极小项，即为：

$M_1 \lor M_6 \lor M_7 = (\sim p \land \sim q \land r) \lor (p \land q \land \sim r) \lor (p \land q \land r)$。

或通过求析取范式求主析取范式：

$(\sim p \to r) \land (p \leftrightarrow q) = (\sim p \to r) \land (p \to q) \land (q \to p)$ （$\leftrightarrow$ 消去）

$= (p \lor r) \land (\sim p \lor q) \land (\sim q \lor p)$ （$\to$ 消去，合取范式）

$= (\sim p \land \sim q \land r) \lor (p \land q) \lor (p \land q \land r)$ （$\lor$ 与 $\land$ 分配，析取范式）

$= (\sim p \land \sim q \land r) \lor (p \land q \land (r \lor \sim r)) \lor (p \land q \land r)$ （添加命题变项）

$= (\sim p \land \sim q \land r) \lor (p \land q \land \sim r) \lor (p \land q \land r)$ （展开，同项消去）

$= M_1 \lor M_6 \lor M_7 = \sum(1,6,7)$

11.2.3 命题逻辑的形式证明

判断一个复合命题是否为重言式，或者证明一个命题与另一个命题是否等值，或者判断一个命题集合是否具有一致性（不导致矛盾的出现），都可能进行形式化的逻辑证明。

命题逻辑的形式证明实际就是利用命题逻辑公式研究什么是有效的推理。

推理是从前提出发推出结论的思维过程，前提是已知的命题公式，结论是从前提出发应用推理规则推出的命题公式。

如果前提是真命题，从前提出发推出结论的推理过程严格遵守推理规则，则推出的结论也是真命题。

在命题逻辑中，不注重前提和结论的真假性，而关心从前提推出结论的推理过程的正确性，即主要研究推理的规则。

定义 1. 一般地,蕴涵式$(A_1 \wedge A_2 \wedge, \cdots, \wedge A_n) \to B$ 被称之为推理的形式结构,$A_1, A_2, \cdots, A_n$ 为推理的前提,B 为推理的结论。若$(A_1 \wedge A_2 \wedge, \cdots, \wedge A_n) \to B$ 为永真式,则称从前提 $A_1, A_2, \cdots, A_n$ 推出结论 B 的推理正确(或说有效),B 是 $A_1,A_2,\cdots,A_n$ 的逻辑结论或称有效结论,否则称推理不正确。若从前提 $A_1, A_2, \cdots, A_n$ 推出结论 B 的推理正确,则记为$(A_1 \wedge A_2 \wedge, \cdots, \wedge A_n) \vDash B$。

直观地看,$(A_1 \wedge A_2 \wedge, \cdots, \wedge A_n) \vDash B$ 就是说,如果 $A_1, A_2, \cdots, A_n$ 都正确,则 B 也正确。

定义 2. 证明是一个描述推理过程的命题公式序列 $A_1, A_2, \cdots, A_n$,其中的每个命题公式或者是已知的前提,或者是由某些前提应用推理规则得到的结论,满足这样条件的公式序列 $A_1, A_2, \cdots, A_n$ 称为结论 A_n 的证明。

在证明中常用的推理规则有 3 条:

① 前提引入规则:在证明的任何步骤都可以引入已知的前提;

② 结论引入规则:在证明的任何步骤都可以引入这次已经得到的结论作为后续证明的前提;

③ 置换规则:在证明的任何步骤上,命题公式中的任何子公式都可用与之等值的公式置换,得到证明的公式序列的另一公式。

除了这 3 条规则以及 11.2.2 所提及的推理规则(或者叫证明规则)之外,可能还会经常用到以下一些规则。

(1) 假言易位推理:$A \to B \dashv\vdash \sim B \to \sim A$;$A \to \sim B \dashv\vdash B \to \sim A$;$\sim A \to B \dashv\vdash \sim B \to A$。其中,$\dashv\vdash$ 就是 $\vdash$ 与 $\dashv$ 的和,也就是说,$P \dashv\vdash Q$ 等于 $P \vdash Q$ 与 $Q \vdash P$ 的合写。

(2) 假言三段论:$A \to B, B \to C \vdash A \to C$。

(3) 二难推理:简单构成式:$A \to C, B \to C, A \vee B \vdash C$;

复杂构成式:$A \to C, B \to D, A \vee B \vdash C \vee D$;

简单破坏式:$A \to B, A \to C, \sim B \vee \sim C \vdash \sim A$;

复杂破坏式:$A \to C, B \to D, \sim C \vee \sim D \vdash \sim A \vee \sim B$。

(4) 反三段论:$(A \wedge B) \to C \dashv\vdash (A \wedge \sim C) \to \sim B$;$(A \wedge B) \to C \dashv\vdash (B \wedge \sim C) \to \sim A$。

(5) 反证法:$\sim A \to B, \sim A \to \sim B \vdash A$。

(6) 归谬法:$A \to B, A \to \sim B \vdash \sim A$。

命题逻辑的形式证明,要应用前面所学过的重言式和推理规则。其主要方法有:真值表法;等值演算法;主析取范式法;构造证明法(直接证明法、附加前提证明法和间接证明法)等。

真值表法:$(A_1 \wedge A_2 \wedge, \cdots, \wedge A_n) \vdash B$,当且仅当 $A_1, A_2, \cdots, A_n$ 的真值为 1 时,B 的真值为 1;B 的真值为 0 时,$A_1, A_2, \cdots, A_n$ 的真值至少有一个为 0。

等值演算法：$(A_1 \wedge A_2 \wedge, \cdots, \wedge A_n) \vdash B$，当且仅当$(A_1 \wedge A_2 \wedge, \cdots, \wedge A_n) \to B$是重言式。

主析取范式法：$(A_1 \wedge A_2 \wedge, \cdots, \wedge A_n) \vdash B$，当且仅当$(A_1 \wedge A_2 \wedge, \cdots, \wedge A_n) \to B$的主析取范式的极小项齐全(全体极小项的析取式为重言式)。

直接证明法：从前提出发，利用规则和重言式(含等值式)，推演出结论。

间接证明法：

(1) 附加前提证明法

条件：结论以蕴含的形式出现。$(A_1 \wedge A_2 \wedge, \cdots, \wedge A_n) \vdash B \to C$ 则把 B 作为附加前提使用，只要推出结论 C 即可。即证明$(A_1 \wedge A_2 \wedge, \cdots, \wedge A_n \wedge B) \vdash C$即可。

(2) 反证法：$(A_1 \wedge A_2 \wedge, \cdots, \wedge A_n) \vdash B$，把～C作为附加前提使用，推出矛盾的结论。

例6：试证明：$(p \to (q \to r)) \wedge (\sim s \vee p) \wedge q \vdash s \to r$

证明：我们用等值演算法：欲证明$(p \to (q \to r)) \wedge (\sim s \vee p) \wedge q \vdash s \to r$只需证明$((p \to (q \to r)) \wedge (\sim s \vee p) \wedge q) \to (s \to r)$是重言式，即其真值是1。

$((p \to (q \to r)) \wedge (\sim s \vee p) \wedge q) \to (s \to r)$
$= \sim((\sim p \vee \sim q \vee r) \wedge (\sim s \vee p) \wedge q) \vee (\sim s \vee r)$
$= ((p \wedge q \wedge \sim r) \vee (s \wedge \sim p) \vee \sim q) \vee (\sim s \vee r)$
$= ((p \wedge q \wedge \sim r) \vee \sim q \vee (s \wedge \sim p)) \vee \sim s \vee r$
$= ((p \wedge \sim r) \vee \sim q) \vee (\sim s \wedge \sim p) \vee r$
$= (p \wedge \sim r) \vee \sim p \vee \sim q \vee \sim s \vee r$
$= (p \vee \sim p \vee \sim q \vee \sim s \vee r) \wedge (\sim r \vee r \vee \sim p \vee \sim q \vee \sim s) = 1$

例7：试证明：$(p \to (q \to r)) \wedge (\sim s \vee p) \vdash s \to r$

证明：我们用附加前提证明法。

(1) s　　　　　　　附加前提(蕴涵引入)
(2) ～s∨p　　　　　已知前提
(3) p　　　　　　　(1)(2),析取三段论
(4) p→(q→r)　　　 已知前提
(5) q→r　　　　　　(3)(4),假言推理
(6) q　　　　　　　已知前提
(7) r　　　　　　　(5)(6),假言推理
(8) s→r　　　　　　(1)～(7)削去前提(蕴涵削去)

例8：构造下面推理的证明：因为 r → ～q, r∨s, s → ～q, p→q, 所以～p。

证明：用反证法。

(1) p	假设前提
(2) p→q	已知前提
(3) q	(1)(2),假言推理
(4) s→~q	已知前提
(5) ~s	(3)(4),否定后件式
(6) r→~q	已知前提
(7) ~r	(3)(6),否定后件式
(8) ~r∧~s	(5)(7),合取引入
(9) ~(r∨s)	(8)德·摩根律
(10) r∨s	已知前提
(11) ~(r∨s)∧(r∨s)	(9)(10),合取引入
(12) ~p	

例9：试证明：
从命题集合{p∨q→r,~s∨u,~r∨s,u→v,~v}可以逻辑推出~p∧~q。
证明：我们使用直接证明法。

(1) ~v	已知前提
(2) u→v	已知前提
(3) ~v→~u	(2),假言易位
(4) ~u	(1)(3),假言推理
(5) ~s∨u	已知前提
(6) ~s	(4)(5),析取三段论
(7) ~r∨s	已知前提
(8) ~r	(6)(7),析取三段论
(9) p∨q→r	已知前提
(10) ~r→~(p∨q)	(9),假言易位
(11) ~(p∨q)	(8)(10),析取三段论
(12) ~p∧~q	(11),德·摩根律

11.2.4 命题演算

一、形式系统

关于命题的逻辑可以像传统逻辑那样用自然语言叙述,同时也可以用人工语言加以刻画。人工语言对命题逻辑进行刻画,往往是通过形式系统,可以用不同的方法,主要有公理化方法和自然演绎法。

一个形式系统包括一个形式语言和一个形式理论。人工的形式语言是根据对自然语言作现代逻辑分析而构造出的,与自然语言相比有两个显著特点：一是形式语言克服了自然语言语法的不规则、歧义和含混不清以及结构不一致;二是形式语言必须通过语义解释才有意义,语形(纯语法)与语义是分离的,同一语形的形式语言在不同的解释下有不同的语义。

一个形式系统由四个部分组成:(1)一组初始符号,用来表示初始词和可能用到的标点符号;(2)一组形成规则,它们规定什么样的符号串是符合该系统的要求的(符合的称之为合式公式),相当于自然语言中的句子形式;(3)一组形式公理,他们从合式公式中直接选定,这依赖于系统建构者的主客观意图;(4)一组变形规则(又常称推演规则),据此可以从合式公式出发进行推演,所得到的合式公式则为形式定理。

二、命题演算

一个命题逻辑的形式演绎系统称之为一个命题演算。用公理化方法构建的形式演绎系统,常用的是 p 系统,即命题演算 p;用自然演绎的方法建构的形式演绎系统,常见的是 Np 系统,即命题演算 pN。我们在这里介绍的是命题演算 p。读者若要了解命题演算 pN,可阅读何向东主编的《逻辑学教程》(1999 年版)中的 56 到 78 页。

三、形式语言 Lp

(1) 初始符号

① $p_1, p_2, p_3, \cdots, p_n$(前四个分别记作 p,q,r,s);

② ∼,→;

③ (,)。

说明:$p_1, p_2, p_3, \cdots, p_n$ 为命题;∼,→分别表示否定联结词和蕴涵联结词;(,)分别表示左括号、逗号、右括号。

(2) 引入符号

命题联结词∧,↔及其命题常项 T,⊥由以下定义引入:

[D∨]   (α∨β)=df(∼α→β)

[D∧]   (α∧β)=df∼(α→∼β)

[D↔]   (α↔β)=df(α→β)∧(β→α)

[DT]   T=df(p→p)

[D⊥]   ⊥=df∼T

("D"、"df"均是英语 define 的缩写,其意义是"定义"或"界定"。)

(3) Lp 公式形成规则

即是说,所有的 Lp 公式都是按下列规则形成的 Lp 符号串:

① 任意命题变元 p 是 Lp 公式;

② 若 α 是 Lp 公式,则∼α 也是 Lp 公式;

③ 若 α,β 是 Lp 公式,则(α→β)也是 Lp 公式。

说明：α、β为任意公式；任一公式的最外层括号可以省略，如(α→β)，可写成α→β。命题联结词的结合力依次递减顺序为：～，∧，∨，→，←→。

(4) Lp 的语义解释

形式语言 Lp 的语义解释包括 p-赋值和 p-有效性。

p-赋值的定义：设 Form(Lp)是所有的 Lp 公式的集合，V 是 Form(Lp)到{1,0}上的映射，即

$$V: Form(Lp) \to \{1,0\}$$

则称 V 是 Lp 的 p-赋值。

p-有效性的定义：设 α 是任一 Lp-公式，α 是 p-有效的，当且仅当，对任一 p-赋值 V，都有 V(α)=1。

四、公理

所谓公理就是指不证自明的道理，而逻辑公理常常是根据作者建构逻辑系统（表达所建语言下的逻辑规律）的角度而确定的，不同的作者所采用的公理不一定相同，但不论采用哪些公理（也即从哪些公理出发），目的都是一个——表达所建语言下的逻辑规律，并且各自表达出的逻辑规律（即定理）是一一对应地相互解释或沟通的，或等值的，即是说，尽管在不同公理条件的逻辑规律（定理）形式是不同的，但整体上都是反映了所建语言下的逻辑规律或人类思维的逻辑规律，只不过用了不同类型的形式推演方法而已。我们从以下三组公理来实现古典命题逻辑的建构。

Ap1　A→(B→A)

Ap2　(A→(B→C))→((A→B)→(A→C))

Ap3　(～A→B)→((～A→B)→A)

Ap1、Ap2 与 Ap3 中的 "A" 是英语 axiom 的缩写，其意义是"公理"，Ap1 读作"公理 p1"。

五、初始规则

(1) Mp(分离规则)：若 ⊢α→β 且 ⊢α，则 ⊢β。(α、β 可表示任何公式)即：从 α→β 和 α 可以推演出 β。⊢ 读作"断定"，⊢p 就是指在系统 p 中没有任何前提的前提下 p 的真值为 1，即 p 的真值断定为真。

(2) SB(代入规则)：若 ⊢α，则 ⊢α($p_1/\beta_1, p_2/\beta_2, p_3/\beta_3, \cdots, p_n/\beta_n$)，其中 $p_1/\beta_1, p_2/\beta_2, p_3/\beta_3, \cdots, p_n/\beta_n$ 表示命题变元 $p_1, p_2, \cdots, p_n$ 处处被换替为 $\beta_1, \beta_2, \beta_3, \cdots, \beta_n$。

六、常用 p 定理

任何一个重言的或永真的 p 公式都可以作为一个定理。因此 Lp 定理是无穷

的,但可以一个个的给出,因此是可数的。并且约定,任意一个公理、初始规则、导出规则都可以作为一个定理或表示成一个定理的形式。

Thp1　　$p \to p$
Thp2　　$p \land q \to p$
Thp3　　$p \land q \to q$
Thp4　　$((p \to q) \to (p \to r)) \to (p \to q \land r)$
Thp5　　$(p \to r) \to ((q \to s) \to (p \land q \to r \land s))$
Thp6　　$p \to (q \to p \land q)$
Thp7　　$(p \to q) \to (p \land r \to q \land r)$
Thp8　　$(p \to q) \to (p \lor r \to q \lor r)$
Thp9　　$p \lor \sim p$　　　　　　　　　　　　　　　　（排中律）
Thp10　$p \to (p \lor q)$
Thp11　$q \to (p \lor q)$
Thp12　$(p \to r) \to ((q \to r) \to (p \lor q \to r))$
Thp13　$\sim (p \land q) \to \sim p \lor \sim q$　　　　　　　　　（德·摩根律）
Thp14　$\sim (p \lor q) \to \sim p \land \sim q$　　　　　　　　　（德·摩根律）
Thp15　$p \leftrightarrow \sim \sim p$　　　　　　　　　　　　　　　（双否律）
Thp16　$(p \to q) \to (p \to p \land q)$
Thp17　$p \land q \to q \land p$　　　　　　　　　　　　（合取交换律）
Thp18　$p \lor q \to q \lor p$　　　　　　　　　　　　（析取交换律）
Thp19　$p \land (q \lor r) \leftrightarrow (p \land q) \lor (p \land r)$　　（∧对∨的分配律）
Thp20　$p \lor (q \land r) \leftrightarrow (p \lor q) \land (p \lor r)$　　（∨对∧的分配律）
Thp21　$(p \lor q) \land p \leftrightarrow p$　　　　　　　　　　（∧吸收律）
Thp22　$(p \land q) \lor p \leftrightarrow p$　　　　　　　　　　（∨吸收律）
Thp23　$(p \lor q) \lor r \leftrightarrow p \lor (q \lor r)$　　　　　　（结合律）
Thp24　$(p \land q) \land r \leftrightarrow p \land (q \land r)$　　　　　（结合律）
Thp25　$(p \to q) \leftrightarrow (\sim q \to \sim p)$
Thp26　$(p \to (q \to r)) \to ((p \land q) \to r)$
Thp27　$(p \to q) \to ((q \to r) \to (p \to r))$

七、导出规则

所谓导出规则就是指根据一些定理得出的更具广泛适用性的推演规则。这些规则也可以说就是一些基本定理。导出规则除了有定理的作用之外,还有一个重要作用:根据一些真的断定能得出另一些真的断定。例如下面的三段论规则,表达的意见就是:从 $\alpha \to \beta, \beta \to r$ 分别为真可得出 $\alpha \to r$ 为真。

RS(三段论)　　　　α→β,β→r ⊢ α→r
RC(合取构成)　　　 α,β ⊢ α∧β
RCD(合取分解)　　　α,α∧β ⊢ β
RCC(后件合取构成)　α→β,α→r ⊢ α→β∧r
RIC(条件合取)　　　α→(β→r) ⊢ α∧β→r
　　　　　　　　　 α∧β→r ⊢ α→(β→r)
RE(等值构成)　　　 α→β,β→α ⊢ α ↔ β
RES(等值置换)　　　β ↔ r ⊢ α ↔ α(β/r) 其中,[β/r]表示用 r 代替文中 β 的某一处或多处。
RHT(假言易位)　　　α→β ⊢ ~β→~α
　　　　　　　　　 ~α→β ⊢ ~β→α
　　　　　　　　　 α→~β ⊢ β→~α
　　　　　　　　　 ~α→~β ⊢ β→α
RCA(合取附加)　　　α→β ⊢ α∧r→β∧r
RDA(析取附加)　　　α→β ⊢ α∨r→β∨r

所谓"古典命题演算 p"就是指在形式语言 Lp 下,利用以上若干公理、定理而实现逻辑演绎运算系统,即是说,通过以上所述形式语言 Lp 的若干公理、定理,就可以实现对逻辑公式的证明、诠释、真假值判定赋予等。

11.3　经典谓词逻辑

谓词逻辑亦称"量词"逻辑。它是把简单命题剖分为主词、谓词、量词来研究命题的形式结构、推理规则的逻辑演算。

11.3.1　谓词逻辑的基本知识

在命题逻辑中,我们把原子命题作为基本研究单位,对原子命题不再进行分解,只有复合命题才可以分解,揭示了一些有效的推理过程。但是进一步研究发现,仅有命题逻辑是无法把一些常见的推理形式包括进去。例如:

"凡人要死,张三是人,张三要死。"

显然是正确推理。用命题逻辑解释三段式。设:

P:人要死;Q:张三是人;R:张三要死。

表示成复合命题有:P∧Q→R。这不是重言式,即 R 不是前提 P,Q 的有效结论。这反映了命题逻辑的局限性,其原因是把本来有内在联系的命题 P,Q,R,视为独立的命题。要反映这种内在联系,就要对命题逻辑进行分析,分析出其中的个体词、谓词和量词,再研究它们之间的逻辑关系,总结出正确的推理形式和规则,这就是谓词逻辑的研究内容。

在谓词逻辑中,原子命题分解成个体词和谓词。个体词是可以独立存在的客体,它可以是具体事物或抽象的概念,如小张、房子、秦皇岛、大米、思想、自然数2等等。谓词是用来刻画个体词的性质或事物之间的关系的词,也就是说谓词是表示个体对象之间的关系、属性或状态的。例如:

(1) ln5 是无理数;

(2) 张山比李司高4厘米;

(3) 唐山位于秦皇岛和天津广州之间。

这里三个简单命题中,其中 ln5、张山、李司、唐山、秦皇岛、天津等都是个体词,而"是无理数"、"……比……高 4 cm"、"……位于……和……之间"等都是谓词。总之,个体词分个体常项(用 a,b,c,d,…表示)和个体变项(用 x,y,z,…表示);谓词分谓词常项(表示具体性质和关系的词)和谓词变项(表示抽象的或泛指的谓词),用 F,G,P,…表示。

个体常项 a 和个体变项都具有性质 F,记作 F(a) 或 F(x);个体常项 a,与 b 或个体变项 x 与 y 具有关系 L,记作 L(a,b) 或 L(x,y)。

例如,用 F(a) 表示 a 是无理数,其中 a 表示 ln5,F 表示的是"…是无理数"。当 F 的含义不变时,则 F(x) 表示 x 是无理数,x 是个体变项,F 是谓词常项,F(x) 不是命题,而是命题变项,F(a) 是命题。

再如。用 M(x,y,z) 表示"z=x×y",M(x,y,z) 不是命题。如果 a=3,b=5,c=15,M(a,b,c) 表示"15=3×5",则 M(a,b,c) 是命题,真值为 1;若 c=12,那么 M(a,b,c) 也是命题,但真值为 0。

值得注意的是,单独的个体词和谓词不能构成命题,将个体词和谓词分开不是命题。

例11:将下列命题符号化:

(1) 丘华和李兵都是学生;

(2) 2 既是偶数又是素数;

(3) 如果张华比黎明高,黎明比王宏高,则张华比王宏高。

解:(1) 设个体域是人的集合。

P(x):x 是学生。

a:丘华

b:黎兵

该命题符号化为 P(a)∧P(b)

(2) 设个体域为正整数集合 N_+。

F(x)：x 是偶数

Q(x)：x 是素数

a：2

该命题符号化为 F(a)∧Q(a)

(3) 设个体域是人的集合。

G(x,y)：x 比 y 高。

a：张华

b：黎明

c：王宏

该命题符号化为 G(a,b)∧G(b,c)→G(a,c)

定义 1. 由一个谓词(如 P)和 n 个体变元(如 $x_1, x_2, \cdots, x_n$)组成的 $P(x_1, x_2, \cdots, x_n)$，称它为 n 元原子谓词或 n 元命题函数，简称 n 元谓词。而个体变元的论述范围，称为个体域或论域。

当 n=1 时，称一元谓词；当 n=2 时，称为二元谓词，……。特别地，当 n=0，称为零元谓词。零元谓词是命题，这样命题与谓词就得到了统一。

n 元谓词不是命题，只有其中的个体变元用特定个体或个体常元替代时，才能成为一个命题。但个体变元在哪些论域取特定的值，对命题的真值极有影响。例如，令 S(x)：x 是大学生。若 x 的论域为某大学的计算机系中的全体同学，则 S(x) 是真的；若 x 的论域是某中学的全体学生，则 S(x) 是假的；若 x 的论域是某剧场中的观众，且观众中有大学生也有非大学生的其他观众，则 S(x) 的真值是不确定的。

通常，把一个 n 元谓词中的每个个体的论域综合在一起作为它的论域，称为 n 元谓词的全总论域。定义了全总论域，为深入研究命题提供了方便。当一个命题没有指明论域时，一般都从全总论域作为其论域。而这时又常常要采用一个谓词如 P(x) 来限制个体变元 x 的取值范围，并把 P(x) 称为特性谓词。

利用 n 元谓词和它的论域概念，有时还是不能用符号来很准确地表达某些命题，例如 S(x) 表示 x 是大学生，而 x 的个体域为某单位的职工，那么 S(x) 可表示某单位职工都是大学生，也可表示某单位有一些职工是大学生，为了避免理解上的歧义，在谓词逻辑中，需要引入用以刻画"所有的"、"存在一些"等表示不同数量的词，即量词，其定义如下：

定义 2. 符号 ∀ 称为全称量词符，用来表达"对所有的"、"每一个"、"对任何一个"、"一切"等词语；∀x 称为全称量词，称 x 为指导变元；符号 ∃ 称为存在量词符，用来表达"存在一些"、"至少有一个"、"对于一些"、"某个"等词语；∃x 称为存在量词，x 称为指导变元。全称量词、存在量词统称量词。量词记号是由逻辑学家 Fray 引入的，有了量词之后，用逻辑符号表示命题的能力大大加强了。

可以简单得说,量词是在命题中表示数量的词,量词有两类:全称量词∀,表示"所有的"或"每一个";存在量词∃,表示"存在某个"或"至少有一个"。

一般地,不含量词的逻辑称为命题逻辑,含有量词的逻辑称为谓词逻辑;仅谓词个体变元被量化的谓词称为一阶谓词。如果函数符号和谓词符号也被量化,则那样的谓词为二阶谓词。只考虑一阶谓词的逻辑,就是一阶谓词逻辑,简称一阶逻辑。

11.3.2 命题的谓词公式

用量词、个体词和谓词把命题完全符号化得到的符号串称之为谓词公式,可通过以下定义得到规范:

(1) 其后或两边带有一个或一个以上的个体词的一个谓词是原子公式;原子公式是合式公式;

(2) 如果是公式,则〜A 是公式;

(3) 如 A 和 B 是公式,则 A∧B,A∨B,A→B,A←→B 也是公式;

(4) 如果 A 是一个公式并且 V 是一个个体变元,则 ∀$_V$A 和 ∃$_V$A 是公式;

(5) 除(1)、(2)、(3)、(4)之外的均非公式。

命题公式与谓词公式的重要区别就在于后者含有量词,从而有所谓"量词的辖域"问题。量词的辖域就是指量词在公式中的作用范围,一般地,量词辖域可定义为:在一个公式中,量词的辖域是该量词以及紧接量词的最短公式。如 ∃xDx∨Ex,∃x(Fxy∧∀yGy)中 ∃x 的辖域分别是 Dx 和 Fxy∧∀yGy。如果一个变元(个体词)出现在量词的辖域内,则称这个变元在公式中出现是约束的;否则,则称之为自由的。如,在 ∃xDx∨Ex 中,变元 x 出现三次,前两次出现在量词的辖域内,因而是约束的,第三次出现在量词的辖域外,因而是自由的。约束出现的变元叫约束变元,自然出现的变元叫自由变元。一个变元在公式中可以既是自由变元也是约束变元。

谓词公式的真假值确定要比命题公式的真假值确定复杂。命题公式的真假值可通过真假赋值加以确定,而谓词公式的真假值却不能简单的取决于它原子公式的真假,还必须结合量词和个体变元的变域(变化范围)才能确定其真假。也就是说,不对量词和个体变元进行解释,是难以确定一个谓词公式的真假值的。如,对一个谓词公式 ∃x(Dx∧Da)而言,既可解释真的,也可解释假的。例如,解释为真,可以这样做:令 D=正整数,Dx 表示"x 是正整数",a=1,则 ∃x(Dx∧Da)可读作:存在一个 x,x 是正整数并且 1 是正整数。这显然是真的。又例如,解释为假,可以这样做:令 D=马,Dx 表示"x 是马",a=王武,则 ∃x(Dx∧Da)表示:存在一个 x,x 是马并且王武是马。这显然是假的。

把命题化为谓词公式是进一步讨论谓词逻辑的重要前提。命题有很多情况,但其最基本形式是性质命题(直言命题)。一般地,只要解决了性质命题的符号化,复合命题的符号化也就很容易了。

性质命题中的单称命题不带量词,而且主语(个体词)指称特定的个体对象,所以,单称命题的谓词逻辑公式可以简单表示为:Fa。F 表示谓词,a 表示特定个体对象。例如:

张山是大学生;
李司不是工人。

可以分别符号化为:Da(D 表示"是大学生",a 表示"张山"),Kb(K 表示"是工人",b 表示"李司")。

如果性质命题的个体域(个体词的取值范围)为全域,也就是说个体域是最普遍的事物类或范畴,则 A、E、I、O 四种性质命题就可以按照以下模式进行符号化(公式化):

全称肯定命题(A)——∀(x)Fx,可以简写为:∀xFx 或(x)Fx,读作:对所有 x 而言,x 是 F(或 x 具有 F 的性质)。

全称肯定命题(E)——∀(x)∼Fx,可以简写为:∀x∼Fx 或(x)∼Fx,读作:对所有 x 而言,x 不是 F(或 x 不具有 F 的性质)。

全称肯定命题(I)——∃(x)Fx,可以简写为:∃xFx,读作:至少存在一个 x,使得 x 是 F。

全称肯定命题(O)——∃(x)∼Fx,可以简写为:∃x∼Fx,读作:至少存在一个 x,使得 x 不是 F。

如果性质命题的个体域不是全域,而是特定取值的对象域,一般地,符号化的方法是:把命题句式的主谓语词都用谓词符号表示出来,然后用→或∧联结成为复合命题形式。即:

全称肯定命题(A)——∀(x)(Sx→Px),可以简写为:∀x(Sx→Px)或(x)(Sx→Px),读作:对所有的 x 而言,如果 x 是 S,则 x 是 P。

全称肯定命题(E)——∀(x)(Sx→∼Px),可以简写为:∀x(Sx→∼Px)或(x)(Sx→∼Px),读作:对所有的 x 而言,如果 x 是 S,则 x 不是 P。

全称肯定命题(I)——∃(x)(Sx∧Px),可以简写为:∃x(Sx∧Px),读作:至少存在一个 x,使得 x 是 S 和 x 是 P 同时成立。

全称肯定命题(O)——∃(x)(Sx∧∼Px),可以简写为:(x)(Sx∧∼Px),读作:至少存在一个 x,使得 x 是 S 和 x 不是 P 同时成立。

当然,我们在符号化的过程中可以首先把个体域界定为性质命题的主语词的外延,这样任何性质命题都可以按照个体域为全域的情况进行符号化。

例 12:将下列命题符号化。

337

(1) 每个母亲都爱自己的孩子;
(2) 所有的人都呼吸;
(3) 有某些实数是有理数。

解:(1) 如果设个体域是所有母亲的集合。

M(x):x 表示爱自己的孩子;

该命题符号化为∀xM(x)。

如果不设个体域,x 表示任何事物,M 表示"母亲",L 表示"爱自己的孩子",则该命题符号化为∀x(Mx→Lx)。

(2) 设个体域为人的集合。H(x)表示"x 要呼吸"。该命题符号化为∀xH(x)。

如果不设个体域,Mx 表示"x 是人",Hx 表示"x 要呼吸"。则该命题符号化为∀x(Mx→Hx)。

(3) 设个体域为实数的集合。Q(x)表示 x 是有理数,则该命题符号化∃xQ(x)。

如果不设个体域,R(x)表示"x 是实数",Q(x)表示"x 是有理数"。该命题符号化∃x(R(x)∧Q(x))。

因此,在谓词逻辑,使用量词应注意以下几点:

(1) 在不同个体域中,命题符号化的形式可能不同,命题的真值也可能会改变。

(2) 在考虑命题符号化时,如果对个体域未作说明,一律使用全域。

(3) 多个量词出现时,不能随意颠倒它们的顺序,否则可能会改变命题的涵义。

11.3.3 谓词演算

与命题逻辑类似,谓词逻辑的形式系统也分为自然演绎系统和公理系统。我们只简单介绍公理系统,自然演绎系统可参考《逻辑学教程》(何向东主编,高等教育出版社 1999 版)第 125 页到 135 页。

一、初始符号

1. 变元

(1) 命题变元:用小写字母 p,q,r,s,p_1,q_1 等表示。

(2) 个体变元:用小写字母 x,y,z,u,v,x_1,x_2 等表示。

(3) 谓词变元:用大写字母 F,G,H,R,S,T 等表示。

2. 常项

(1) 命题联结词:∼;∨。

(2) 量词:∀(全称);∃(存在)。

3. 括号和逗点：(是左括号，)是右括号。，是逗点。

二、公式形成规则

形成规则确定什么样的符号串是谓词逻辑所认定的公式,这样的公式被称之为合式公式(英文通常用 WFF 表示)。谓词公式的形成规则,最基本的有六条：

(1) 任一命题变元是一合式公式。例如：p,q,r,s…。

(2) 任一谓词变元后继有适当数目的个体变元是一合式公式。例如：Fx,Sxy,…。

(3) 如 A 是合式公式,则～A 是合式公式。

(4) 如 A 和 B 是合式公式,而同一的个体变元绝不在其中之一内为约束的,而在另一公式为自由的,则 A∨B 亦是合式公式。

(5) 如 A 是合式公式,在其中变元 x 为自由的,则∀xAx 和∃xAx 都是合式公式。

(6) 只有适合以上各条的公式是合式公式。

需要指出的是：① 在同一公式中同一的个体变元不能同时以自由形式及约束形式而出现。∀xFx∨Gx,在∀xFx 里是约束的,而在 Gx 里是自由出现。如果排除条件(4)的限制,可以使公式的构造更简单,所进行的推演更简化。② 在条件(5)中排除了空的约束。例如：∀xFy。

三、定义

(1) A→B=df～A∨B

(2) A∧B=df～(～A∧～B)

(3) (A↔B)=df(A→B)∧(B→A)

在这里,我们引入了"否定"和"析取"以外的三个联结词,即"∧"、"→"、"↔"。

四、公理

(1) (p∨p)→p

(2) p→(p∨q)

(3) (p∨q)→(q∨p)

(4) (q→r)→(p∨q)→(p∨r)

(5) ∀xFx→Fy

(6) Fy→∃xFx

五、推理规则

由公理推导出定理必须依据推理规则(或变形规则),谓词演算的推理规则主要有八条：

(1) 命题变元代入规则

在一公式 A 中出现的命题变元 S,我们可以把 S 代入以任一个公式 B(凡 B 出现的一切地方),对于代入要求满足两点:① 代入的结果仍是合式公式;② B 中不含有自由变元 Xp,而且用以代入的变元在 A 中作为约束变元出现。

(2) 自由个体变元代入规则

一公式 A 中的自由个体变元,可用另一个体变元代入,但必须是该自由个体变元出现处都同样代入,而且用以代入的变元在公式 A 中的任何地方不作约束变元出现。

(3) 谓词变元的代入规则

公式 A 中一谓词变元,可处处由一公式 B 替代;若此谓词变元是 n 项的,则 B 中必须有 n 个自由变元;并且 B 中其他自由变元不得在 A 中作为约束变元出现,B 中之约束变元在 A 中不得作为自由变元出现。

(4) 分离规则

由公式 A 和 A→B 可得公式 B。这里的 A 和 B 是谓词演算的任一合式公式。

(5) 全称量词规则(后件概括规则)

如果 A→Bx 是公式,并且 x 在 A 中不自由出现,则 A→∀xBx 亦是公式。

(6) 存在量词规则

如果 Ax→B 是公式,并且 x 在 B 中不自由出现,则 ∃xAx→B 亦是公式。

(7) 约束变元改名规则

把一公式中所出现的约束变元改为另一个约束变元。这样的改名必须在量词的辖域内以及在量词所指符号的变元中实行。其改名的结果仍为一公式。如果想改名的变元在公式内有多个量词出现,则这个改名只能就一个量词及辖域内进行。

(8) 定义置换规则

定义的左右两方可互相置换。如原公式普遍有效,置换所得的公式仍普遍有效。

六、定理

构建定理的原则:(1) 公理为定理;(2) 由以下程序之一或综合推得的公式为定理:① 由公式实施推理规则得到,② 由已经证明的定理实施推理规则得到,③ 由公式或定理定义替换得到。

利用命题演算系统 P 中的定理可得出系统 Q 的许多定理,也可以用 Q 公理、Q 定理以及形成规则、推导规则得出 Q 定理。常用的 Q 定理有以下一些。

QTh1　∀x(Fx∨∼Fx)

QTh2　∀xAx→∃xAx

QTh3　∀x(Fx∧Gx)→∀xAx∧∀xGx

QTh4　∀xFx∧∀xGx→∀x(Fx∧Gx)

QTh5　∀x(Fx∧Gx)⟷∀xFx∧∀xGx

QTh6　∀x(Fx→Gx)→(∀xFx→∀xGx)

QTh7　　$\forall x(Fx \leftrightarrow Gx) \rightarrow (\forall xFx \leftrightarrow \forall xGx)$

QTh8　　$\forall xFx \vee \forall xGx \rightarrow \forall x(Fx \vee Gx)$

QTh9　　$\exists xFx \leftrightarrow \sim \forall x \sim Fx$

QTh10　$\exists x \sim Fx \leftrightarrow \sim \forall xFx$

QTh11　$\sim \exists x \sim Fx \leftrightarrow \forall xFx$

QTh12　$\sim \exists xFx \leftrightarrow \sim \forall x \sim Fx$

QTh13　$\forall x(Fx \rightarrow Gx) \rightarrow (\exists xFx \leftrightarrow \exists xGx)$

QTh14　$\forall x(Fx \leftrightarrow Gx) \rightarrow (\exists xFx \leftrightarrow \exists xGx)$

QTh15　$p \vee \forall xFx \rightarrow \forall x(p \vee Fx)$

QTh16　$\forall x(p \vee Fx) \leftrightarrow p \vee \forall xFx$

QTh17　$\forall x(p \wedge Fx) \rightarrow p \wedge \forall xFx$

QTh18　$p \wedge \forall xFx \rightarrow \forall x(p \vee Fx)$

QTh19　$\forall x(p \wedge Fx) \leftrightarrow (p \wedge \forall xFx)$

QTh20　$\forall x(p \rightarrow Fx) \leftrightarrow (p \rightarrow \forall xFx)$

QTh21　$\forall x(Fx \rightarrow p) \leftrightarrow (\forall xFx \rightarrow p)$

【练习题】

一、现代谓词逻辑是怎么研究关于量词的推理规律的？

二、现代谓词逻辑是怎么分析命题的形式及关于量词的推理规律的？

三、怎么理解现代逻辑所说的论域(个体域)这个概念？

四、个体域与量词和个体词、谓词有什么关系？

五、怎么理解一阶语言的形成规则的作用？

六、怎么理解量词的辖域、变元的自由出现和约束出现、自由变元和约束变元这些基本概念？

参考答案

第一章

一、填空题

1. 逻辑常项 变项 2. 逻辑常项 3. 所有 S 都是 P 所有 都是 金属 导电体 4. 有的 是 S P 5. 所有 S 都是 P 所有 都是 S P 6. 如果 p 那么 q 如果 那么 p q 7. 只有 才 p q 8. 并非 并且 p q 9. 或者 p q

二、单项选择题

1. A 2. B 3. A 4. B 5. C 6. B 7. A

第二章

一、填空题

1. 特有属性 内涵 外延 2. 正 3. 负 4. 单独 5. 单独 6. 交叉 7. 交叉 真包含 8. 全异 9. 种 属 反变关系 种 属 属 种 单独 10. 内涵 被定义项 定义项 定义联项 11. 属概念 种类 母项 子项 量项 12. 属种 反对 13. 非上海人 北京人

二、单项选择题

1. D 2. D 3. B 4. B 5. C 6. C 7. B 8. C 9. C 10. C 11. A 12. B

三、双项选择题

1. CE 2. AB 3. AE 4. CD 5. CD 6. AD 7. AD 8. AE 9. CE 10. DE

四、分析题

1.（1）内涵：(犯罪)是指危害社会的、触犯刑律的、应受刑罚处罚的行为。

（2）内涵：合同双方当事人权利义务所指向的对象称为(合同的标的)。

外延：买卖、交易、供应合同中的物,承揽合同中承揽人所完成的工作等。

（3）内涵：(侦查)是指公安机关、人民检察院在办理案件过程中,依照法律进行的专门调查工作和有关强制性措施。

（4）外延：(法的历史类型)有奴隶制法、封建制法、资本主义法和社会主义法。

(5) 外延:(法的渊源)是指法律的各种具体表现形式,如法律、法令、条例、规程、决议、命令、判例等。

(6) 内涵:凡具有中华人民共和国国籍、依照宪法和法律享有权利和承担义务的人,都是(中华人民共和国公民)。

(7) 内涵:凡体现统治阶级意志,由国家行使立法权的机关依照立法程序制定,并由国家强制力保证其实施的行为规范就是(法律)。

外延:如宪法、刑法、民法、行政法等。

(8) 内涵:由一定的经济基础和上层建筑构成的整体叫(社会形态)。

外延:原始社会、奴隶社会、封建社会、资本主义社会、共产主义社会是人类社会的五种基本形态。

(9) 外延:(过失犯罪)有两种,即疏忽大意的过失和过于自信的过失。

(10) 内涵:(遗产)是公民死亡时遗留的个人合法财产。

2. (1) 定义过窄 (2) 定义过窄 (3) 定义过宽 (4) 定义过窄 (5) 定义过窄 (6) 定义过窄 (7) 定义比喻 (8) 定义过宽 (9) 定义过宽 (10) 定义过窄

3. (1) 正确 (2) 子项相容 (3) 正确 (4) 标准不同一 (5) 正确 (6) 多处子项 (7) 不完全划分 (8) 子项相容

第三章

一、填空题

1. 思维形式 2. 命题、判断 3. 谓项 4. 量 5. 对当 6. 有些在场的人不是知情人 7. 所有在场的人都不是知情人 8. 主项、谓项 9. 有辩护权的人 10. 犯罪行为 11. 反对称性 12. 传递性 13. 非对称、非传递关系 14. 联言 15. 相容选言 16. 不相容选言 17. 必要 18. 有些到过现场的人不是与案件有关的人 19. 客观或然 20. 嫌疑人可能不出现

二、单项选择题

1. D 2. A 3. B 4. A 5. D 6. A 7. B 8. A 9. B 10. D 11. C 12. B 13. D 14. A 15. B 16. D 17. C 18. B 19. A 20. A

三、多项选择题

1. ABC 2. BD 3. AB 4. CD 5. ABC 6. AC 7. BC 8. AD 9. BD 10. ABD

四、分析题

1. 答:宇宙再膨胀。

2. 答:犯罪嫌疑人身高1.70米并且长脸并且小眼并且较黑并且左眼眉上有一长1.5 cm疤痕并且走路外八字脚。

3. 答：人死后必然在尸体的低下部位出现尸斑。

五、应用题

1. 答：案件性质为外盗；作案人条件：累犯，胆大，对现场外围了解但不熟悉现场内部情况的人。

2. 答：案件性质：抢劫杀人；

作案时间：上午9时至10时；

作案人身份：卖菜或打零工的青年农民；

侦查方向：附近市场、工地；

侦查范围：方圆50公里内的菜农、小贩、租住房屋的打工者。

第四章

一、填空题

1. 真；假。 2. 假；假。 3. 真；假。 4. 假；真。 5. 真；假。 6. 真假不定，真。 7. 含碳。 8. 一；AAA。 9. 三；OAO 10. 二；AOO。 11. 工人；老年人。 12. $p\rightarrow\neg\neg p;\neg\neg p\rightarrow p$。 13. $p\wedge q\rightarrow p;p\wedge q\rightarrow(p\wedge q)$。 14. $(p\forall q)\wedge\neg p\rightarrow q;(p\vee q)\wedge p\rightarrow\neg q$。 15. $(p\rightarrow q)\wedge p\rightarrow q;(p\rightarrow q)\wedge\neg q\rightarrow\neg p$。 16. $(p\leftarrow q)\wedge\neg p\rightarrow\neg q;(p\leftarrow q)\wedge q\rightarrow p$。 17. $(p\rightarrow q)\wedge(r\rightarrow q)\wedge(p\vee r)\rightarrow q;(p\rightarrow q)\wedge(r\rightarrow s)\wedge(p\vee r)\rightarrow(q\vee s)$。 18. $(p\rightarrow q)\wedge(p\rightarrow r)\wedge(\neg q\vee\neg r)\rightarrow\neg p;(p\rightarrow q)\wedge(\rightarrow s)\wedge(\neg q\vee\neg s)\rightarrow(\neg p\vee\neg r)$。 19. $(p\rightarrow q)\wedge(r\rightarrow q)\wedge(p\vee r)\rightarrow q;(p\rightarrow q)\wedge(p\rightarrow r)\wedge(\neg q\vee\neg r)\rightarrow\neg p$。 20. $(p\rightarrow q)\wedge(r\rightarrow q)\wedge(p\vee r)\rightarrow(q\vee s);(p\rightarrow q)\wedge(r\rightarrow s)\wedge(\neg q\vee\neg s)\rightarrow(\neg p\vee\neg r)$。

二、单项选择题

1. B 2. C 3. A 4. C 5. D 6. A 7. C 8. B 9. C 10. B 11. A 12. B 13. C 14. B 15. C 16. C 17. B 18. D 19. B 20. C

三、双项选择题

1. CD 2. BD 3. AE 4. DE 5. DE 6. BD 7. BD 8. BE 9. CE 10. BD

四、图表题

1.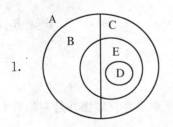

2.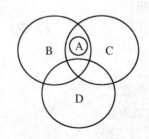

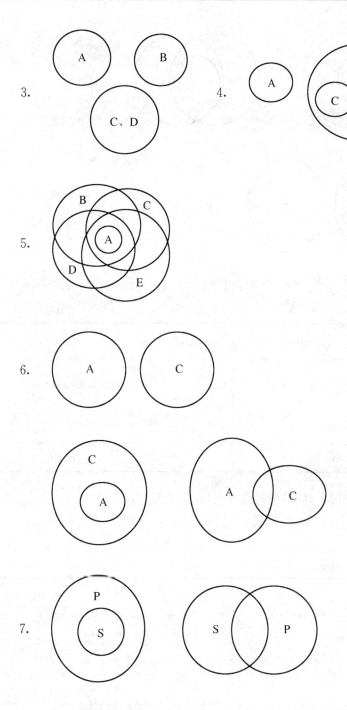

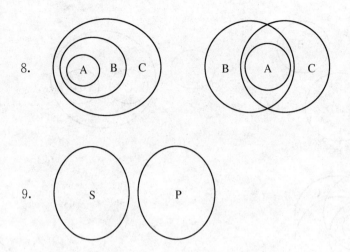

8.

9.

10. 设 p 为：甲是南方人，q 为：乙是南方人。

		A	B	C
p	q	¬p∨¬q	p∧¬q	p⩒q
1	1	0	0	0
1	0	1	1	1
0	1	1	0	1
0	0	1	0	0

答：当 A、B、C 同时为真时，甲是南方人，乙不是南方人。

设 p 为：甲是木工，q 为：乙是泥工。

11.

		A	B	C
p	q	¬p→q	q←p	¬p∧¬q
1	1	1	1	0
1	0	1	0	0
0	1	1	1	0
0	0	0	1	1

答：当B,C同时为真时,甲不是木工,乙不是泥工。

12. 设 p 为：甲在现场,q 为：乙在现场,r 为：丙在现场

p q r	A p∨̇q∨̇r	B p∧r↔¬q	C ¬p∨q←r
1 1 1	0	1	1
1 1 0	0	0	1
1 0 1	0	1	0
1 0 0	1	1	1
0 1 1	0	0	1
0 1 0	1	0	1
0 0 1	1	1	1
0 0 0	0	1	1

答：当A、B、C都真时,甲、丙不一定在现场,乙不在现场。

13. 设：p 为：甲跳马,q 为：乙出车。

p q	A p→q	B ¬p∨̇¬q	C q←¬p	D ¬p∧q
1 1	1	0	1	0
1 0	0	1	1	0
0 1	1	1	1	1
0 0	1	0	0	0

答：(1) B 与 C 的猜测正确。
(2) 二种正确的猜测中,B 蕴涵 C。
(3) 甲跳马。
(4) 乙不出车。

14. 设 p 为：出车,q 为：失马。

p	q	甲 p→q	乙 q∧¬p	丙 p←¬q	丁 q∨p
1	1	1	0	1	1
1	0	0	0	1	1
0	1	1	1	1	1
0	0	1	0	0	0

答：甲评判正确，如果不出车，那么不失马。

15. 设 p 为：小陈是木工，q 为：小李是电工。

p	q	甲 p∧¬q	乙 ¬p∨¬q	丙 p→¬q
1	1	0	0	0
1	0	1	1	1
0	1	0	1	1
0	0	0	1	1

答：在小陈是木工并且小李是电工的情况下，丁的话能成立。

五、写出下列各题推理的形式，分析是否有效，并简述理由

1. 推理形式如下：

$$\frac{SAP}{\therefore SIP} \qquad SAP \rightarrow SIP$$

有效，前提与结论是差等关系，若全称真（前提），则特称必真（结论）。

2. 推理形式如下：

$$\frac{SOP}{\therefore SO\overline{P}} \qquad SOP \rightarrow SO\overline{P}$$

无效，前提与结论是下反对关系（因 $SO\overline{P}$ 等值于 SIP），若 O 真（前提），则 I 真假不定（结论）。

3. 推理形式如下：

$$\frac{\overline{S}O\overline{P}}{\therefore PI\overline{S}} \qquad \overline{S}O\overline{P} \to PI\overline{S}$$

有效,前提与结论是等值关系。$\overline{S}O\overline{P}$ $\overline{S}IP$ $PI\overline{S}$ POS

4. 推理形式如下:

$$\frac{SAP}{\therefore SO\overline{P}} \qquad SAP \to SO\overline{P}$$

有效,前提与结论是差等关系,若全称真(前提),则特称必真(结论)。

$$SAP \to SE\overline{P} \to SO\overline{P}$$

5. PAM
   SAM
   ─────
   SAP   无效,犯了"中项不周延"的错误。

6. MIP
   SAM
   ─────
   SAP   无效,犯了"中项不周延"的错误。

7. MAP
   SEM
   ─────
   SEP   无效,犯了"大项扩大"的错误。

8. MAP
   MAS
   ─────
   SAP   无效,犯了"小项扩大"的错误。

9. PAM
   MAS
   ─────
   SAP   无效,犯了"小项扩大"的错误。

10. PAM
    SAM
    ─────
    SAP   无效,犯了"中项不周延"的错误。

11. 省略的是大前提:"偷来的东西要还",或者"要还的东西是偷来的"。

推理形式: MAP
           SEM
          ─────
           SEP

无效,犯了"大项扩大"的错误,或者:

推理形式：　PAM
　　　　　　SEM
　　　　　　―――
　　　　　　SEP

有效，但前提虚假。

12. 省略的是结论：没有文化的军队是不能战胜敌人的。

推理形式：　MAP
　　　　　　SAM
　　　　　　―――
　　　　　　SAP

有效。

13. 省略的是大前提"凡表情紧张的是罪犯"，或者"有些表情紧张的是罪犯"，或者"有些罪犯表情紧张"。

推理形式：　MAP
　　　　　　SIM
　　　　　　―――
　　　　　　SIP

有效，但前提虚假，或者：

如补上则其形式为：

　　　　　　MIP(或 PIM)
　　　　　　SIM
　　　　　　―――
　　　　　　SIP

均无效，犯了"中项不周延"的错误。

14. 省略的是大前提："所有前提虚假的推理都是无效的。"

推理形式：　MAP
　　　　　　SAM
　　　　　　―――
　　　　　　SAP

有效，但前提虚假。

15. 设 p 为：肯定一切的观点是错误的，q 为：否定一切的观点是错误的。

推理形式：$p \wedge q \rightarrow p \wedge q$。联言推理合成式，推理有效。因为前提中断定若干个判断，结论中可断定由它们组成的合取。

16. 设 p 为：中国是位于亚洲的国家，q 为：中国是发展中国家，r 为：中国是社会主义国家。

推理形式：$p \wedge q \wedge r \rightarrow q$。联言推理分解式，推理有效，因为前提中肯定一联言判断，结论中可肯定其任一联言支。

17. 设 p 为：甲不是作案人，q 为：乙不是作案人。

推理形式：(p∨q)∧p→¬q。推理无效，肯定一部分肢，不可否定另一部分肢。

18. 设 p 为：一篇文章写得不好因内容空洞，q 为：因不合逻辑，r 为：因观点错误。

推理形式：(p∨q∨r)∧¬q→r。推理无效，否定一部分肢(¬q)，可以肯定另一部分肢(p∨r)，p∨r 为真，r 不必然为真。

19. 设 p 为：电视机没有图像是电视机坏了，q 为：是电视台出了差错，r 为：是天线断了。

推理形式：(p∨q∨r)∧q→(¬p∧¬r)。推理无效，因为肯定一部分肢，不能否定另一部分肢。

20. 设 p 为：走社会主义道路，q 为：走资本主义道路。

推理形式：(p∨q)∧p→¬q。推理有效，因为肯定一部分肢，可以否定另一部分肢。

21. 设 p 为：比赛在星期五，q 为：在星期六，r 为：在星期日。

推理形式：(p∨q∨r)∧¬q⊢(p∨r)。推理有效，因为否定一部分肢，可以肯定另一部分肢。

22. 设 p 为：张某是作案人，q 为：李某是作案人。

推理形式：¬(p∧q)↔(¬p∨¬q)。推理有效，因为前提与结论是等值判断。

23. 设 p 为：被告方收货时没有对多收到的货物表示异议，q 为：应当对多收到的货物按合同约定的价格付款。

推理形式：(p→q)∧¬p→¬q。推理无效，因为否定前件不能否定后件。

24. 设 p 为：这次春游去苏州，q 为：小李去，r 为：小王去。

推理形式：(p→q∧r)∧(¬q∨¬r)→¬p。推理有效，因为否定后件可以否定前件。

25. 设 p 为：买了股票，q 为：会发大财。

推理形式：¬(p→q)↔(p∧¬q)。推理有效，因为前提与结论是等值判断。

26. 设 p 为：超过了合同中约定的交货时间，q 为：改变了约定的交货地点，r 为：被告方应当赔偿损失。

推理形式：(p∨q←r)∧¬q→¬r。推理无效，否定 q 不能否定前件 p∨q，所以不能必然否定后件 r。

27. 设 p 为：年龄未满 25 岁，q 为：具有大专以上文化程度的人，r 为：能录用为本公司的职员。

推理形式：(p∧q←r)∧¬r→(¬p∨¬q)。推理无效，否定后件不能否定前件。

351

28. 设 p 为：电线断了，q 为：电灯不亮。
推理形式：(p←q)∧p→q。推理无效，肯定前件不能肯定后件。

29. 设 p 为：上大学，q 为：能成材。
推理形式：¬(p←q)←→(¬p∧q)。推理有效，因为前提与结论是等值判断。

30. 设 p 为：不注意体育锻炼，q 为：容易得病，r 为：不注意饮食卫生。
推理形式：(p→q)∧(r→q)∧q→(p∧r)。推理无效，肯定后件不能肯定前件。

六、回答下列问题，并写出推导过程

1. 设 p 为：写得不好的论文因观点不正确，q 为：因材料贫乏，内客空洞，r 为：因结构有毛病，s 为：因语言运用还有错误，t 为：逻辑上有问题。

1) 不能推出结论，肯定一部分选言支，不能否定另一部分选言支。

2) (p∨q∨r∨s∨t)∧¬t→(p∨q∨r∨s)
能推出结论，否定一部分选言支，可以肯定另一部分选言支。结论：
"写得不好的论文，或者观点不正确，或者材料贫乏，内客空洞，或者结构有毛病，或者语言运用还有错误。"

3) (p∨q∨r∨s∨t)∧(¬p∧¬q∧¬r∧¬t)→s
能推出结论，否定一部分选言支，可以肯定另一部分选言支。结论：
"写得不好的论文是因语言运用还有错误。"

4) 不能推出结论，肯定一部分选言支，不能否定另一部分选言支。

2. 根据已知条件可整理出下列二难推理：
"如果汤姆作案，那么他的同伙中一定有山姆；如果汤姆没有作案，那么山姆一定在作案人中。汤姆或者作案或者没有作案，总之，山姆一定作案。"

结论：山姆有罪（二难推理）

3. 设 p 为：甲工厂参加鉴定，q 为：乙工厂参加鉴定，r 为：丙工厂参加鉴定，s 为：高亮得奖。

1) ¬q→¬p
2) q→p∧r
3) p
4) 由 ¬q→¬p 和 p 可得 q（否定后件式）
5) 由 q 和 q→p∧r 可得 p∧r（肯定前件式）
6) 由 p∧r 可得 r（分解式）
结论：当甲工厂参加鉴定时，丙工厂参加。

4. 设 p 为：仆射病能好，q 为：去看望他。
裴玄本的玩笑话为：(p→q)∧(¬p→¬q)，即：p←→q（等值定义）
房玄龄的玩笑话未：(p←→q)∧q→p（肯定后件式）
推理正确。

5. 设 p 为：对待外国的科学文化是一概排斥，q 为：是一概照搬，r 为：是有分析地批判吸收，s 为：会缓慢爬行，远远落在后面，t 为：我们就会变成帝国主义的附庸。

1) p∨q∨r

2) p→s

3) ¬s

4) q→t

5) ¬t

由 p→s 和 ¬s 可得 ¬p(否定后件式)

由 q→t 和 ¬t 可得 ¬q(否定后件式)

由 p∨q∨r 和 ¬p 可得 q∨r(否肯式)

由 q∨r 和 ¬q 可得 r(否肯式)

结论：对待外国的科学文化是有分析地批判吸收。

七、证明题

1. 如果 SIP 真,则 SAP 真假不定(差等关系),SAP 真假不定,则 SOP 真假不定；如果 SIP 假,则 SAP 假,SAP 假,则 SOP 真(矛盾关系)；如果 SOP 真,则 SAP 假,SAP 假,则 SIP 真假不定；如果 SOP 假,则 SAP 真,SAP 真,则 SIP 真。综上所述,如果 SIP 真,SOP 真假不定；如果 SIP 假,SOP 真；如果 SOP 真,SIP 真假不定；如果 SOP 假,SIP 真。因此,SIP 与 SOP 具有下反对关系。

2. 用上题的方法同样可证(略)。

3. 用上题的方法同样可证(略)。

4. 这一三段论是第一格的 AAA 式。因为：① 由于小项在结论中周延和大项在结论中不周延,可得结论为全称肯定判断 SAP；② 结论为全称肯定判断,可得两前提均为全称肯定判断；③ 由于小项在结论中周延,则小前提必为 SAM；④ 由于中项在两个前提中至少要周延一次,所以,大前提必为 MAP。

5. 这一三段论是第二格的 AOO 式。因为：① 由于大项在结论中周延和大前提为肯定判断,可得结论为否定判断且大前提必为 PAM；② 结论为否定判断,可得小前提必为否定判断；③ 由于中项在两个前提中至少要周延一次且小项在前提中不周延,可得小前提为 SOM；④ 由于小项在前提中不周延,所以,结论为 SOP。

6. ① 由于该三段论式中仅大前提有一周延的项,因此,其小前提和结论均为特称肯定判断；② 结论为肯定判断,可得大前提必为全称肯定判断,所以,这一三段论的式为：AII；③ 该三段论式在第一、第三格成立。在第二、第四格不成立,因为,中项在两个前提中至少要周延一次。

7. 这一三段论是第四格的 AAI 式。因为：① 由于大项在结论中不周延,可得结论为肯定判断；② 结论为肯定判断,可得两前提均为肯定判断；③ 由于大项在前提中周延,大前提必为 PAM；④ 由于中项在两个前提中至少要周延一次,所以,小前提必为 MAS；⑤ 由于小项在前提中不周延,所以,结论为 SIP。

8. 符合题设条件的三段论式是第三格 EAO 和第四格 EAO。(证明过程略)

9. 符合题设条件的三段论式是第一格的 AAI 和 AII；第三格的 AAI、AII 和 IAI；第四格的 AAI 和 IAI。(证明过程略)

10. 符合题设条件的三段论式有下列四组：

(1) MAP	MEP	(2) MAP	MOP
SAM	SAM	MAS	MAS
SIP	SOP	SIP	SOP
(3) MIP	MOP	(4) PAM	PEM
MAS	MAS	MAS	MAS
SIP	SOP	SIP	SOP

(证明过程略)

11. 如果结论是全称判断并且中项在前提中周延两次,那么,由于小项在结论中周延和中项在两个前提中均要得到周延,小前提必为全称否定；而小前提否定,结论必为否定；结论否定,大项在结论中周延；这就要求大前提为全称否定,以保证大项和中项在大前提中均得到周延；而两否定前提不能构成有效三段论。所以,结论是全称判断的有效三段论,其中项在前提中不能周延两次。

12. 结论否定则大项在结论中周延,根据规则大项在大前提必须得到周延；而如果大前提是特称肯定判断,其主谓项都不周延,则导致大项扩大的错误。所以,结论否定的有效三段论,其大前提不能为特称肯定判断。

13. 一有效三段论的小前提为否定判断,其大前提或 A 或 E 或 I 或 O；

若 E、O,则导致两否定前提不能构成有效三段论；

若 I,则由于小前提为否定判断,结论必为否定,而结论否定,大项在结论中周延,由于大前提为 I,则导致大项扩大的错误。

一有效三段论的小前提为否定判断,其大前提不能为 E、I、O；所以,只能为 A。

八、综合题

1. 假设：甲说真话。

据甲说真话,可推知乙说假话,可推知丙说真话,可推知甲乙都讲假话,可推知甲说假话,与假设矛盾；

假设：甲说假话。

据甲说假话,可推知乙说真话,可推知丙说假话,可推知并非"甲乙都讲假话",

可推知"或者甲说真话,或者乙说真话"。

结论:甲丙说假话,乙说真话。

2. 乙和丙的猜测是矛盾的,必有一真,必有一假,可推知猜错的必是乙和丙中的一人,可推知甲猜对了,可推知乙考上了,可推知乙猜错了。

3. 设:甲:A 当上了律师(p),B 当上了法官(q)。

乙:A 当上了法官(r),C 当上了律师(s)。

丙:A 当上了检察官(t),B 当上了律师(u)。

根据题意,若 p 真则 q 假;若 p 假则 q 真。

设 p 真 q 假,可推知 r 假且 s 假,与题意矛盾。

设 p 假 q 真,可推知 r 假且 s 真,可推知 u 假 t 真。

结论:A 当上了检察官,B 当上了法官,C 当上了律师。

4. 根据题意,甲厂导演要么姓孙,要么姓白。而甲厂导演说话后,一个姓孙的导演接了话,可推知甲厂导演不姓孙而姓白。

据题意,乙厂导演要么姓黄要么姓白,已知甲厂导演姓白,可推知乙导演不姓白而姓黄。可推知丙厂导演姓孙。

结论:甲厂导演姓白,乙厂导演姓黄,丙厂导演姓孙。

5. 设:A. 小王第二(p),小李第三(q)。

B. 小李第一(r),小丁第四(s)。

C. 小张第三(t),小赵第五(u)。

D. 小王第二(p),小丁第四(s)。

E. 小赵第一(v),小张第二(w)。

根据题意,若 p 真则 q 假;若 p 假则 q 真。

设 p 真 q 假,可推知 D 中 s 假,可推知 B 中 r 真,可推知 E 中 v 假 w 真,与题意及假设矛盾(小王与小张都是第二)。

设 p 假 q 真,可推知 B 中 r 假且 s 真,可推知 C 中 t 假 u 真,可推知 D 中 p 假 s 真,可推知 E 中 v 假 w 真。

结论:小王第一,小张第二,小李第三,小丁第四,小赵第五。

6. 设:是红球为 p,是黄球为 q,是黑球为 r,是白球为 s

A:¬p→¬r;¬q∨¬r;¬s∨¬r

B:¬(¬p∨¬r);s∨q;s→¬r

C:p→r;q←s;q→s

真值表解题:

(注意:4 个变项应当 16 行组合,但根据题意,只有 2 个球为真,故变项为 6 行,即只有 6 种变项组合)

		A				B		C			
p q	r s	¬p→¬r	¬q∨¬r	¬s∨¬r	¬(¬p∨¬r)	s∨q	s→¬r	p→r	q←s	q→s
1 1	0 0	1	1	1	0	1	1	0	1	0
1 0	1 0	0	1	1	0	0	1	1	1	1
1 0	0 1	0	0	1	0	1	1	0	0	1
0 1	1 0	1	0	1	0	1	1	1	1	0
0 1	0 1	1	1	1	1	1	1	1	1	1
0 0	**1 1**	**0**	**1**	**0**	**0**	**1**	**0**	**1**	**0**	**1**

由表可知,只有最后一行(加粗行)符合题意。

结论:2个球是黑球和白球。

此外,运用假设法也可以解题。(假设法推导过程略)

7. 设:甲是主犯为 p,乙是主犯为 q,丙是主犯为 r,丁是主犯为 s

A:¬p∨r;¬p→q

B:¬s←r;p∨¬s

C:p∧r;s∨q

D:q→s;¬p←¬r

E:¬q∨r;s→¬p

根据题意,A 的两个判断中,第一个为真,则第二个为假;第一个为假,则第二个为真。(只有这两种可能)

假设:第一个为真,则第二个为假。

根据假设,第二个为假可推知,p 假 q 假。可推知 E 中"s→¬p"(后件为真的蕴涵必真),可推知 E 另一判断"¬q∨r"为假,可推知 r 为真。据此,可推知 C 判断中"p∧r"为假,而另一判断"s∨q"为真,可推知 s 为真。

可推知 B 判断中"¬s←r"为假,而另一判断"p∨¬s"也为假,与题意矛盾。

假设:第一个为假,则第二个为真。

根据假设,第一个为假可推知,p 真 r 假。可推知 B 中"¬s←r"(后件为假的逆蕴涵必真),可推知另一判断"p∨¬s"为假,可推知 s 为真。据此,可推知 E 判断中"s→¬p"为假,而另一判断"¬q∨r"为真,可推知 q 为假。可推知 C 判断中"p∧r"为假,而另一判断"s∨q"为真,可推知 D 判断中"q→s"为真,而另一判断"¬p←¬r"为假,与题意相符。

结论:甲、丁是主犯,乙、丙不是主犯。

此外,运用真值表法也可以解题。(真值表法推导过程略)

8. 假设:陈说的是真话,可推知十人都说假话,与假设矛盾。可推知,① 陈说假话,② 至少有一人说真话。

假设:赵说的是真话,则说假话的是陈,可推知其他九人都说真话,但其他九人的话矛盾。可推知③赵说假话。

假设:钱说的是真话,则说假话的是陈和赵,可推知其他八人都说真话,但其他八人的话矛盾。可推知④钱说假话。

假设:孙说的是真话,则说假话的是陈、赵和钱,可推知其他七人都说真话,但其他七人的话矛盾。可推知⑤孙说假话。

假设:李说的是真话,则说假话的是陈、赵、钱和孙,可推知其他六人都说真话,但其他六人的话矛盾。可推知⑥李说假话。

假设:周说的是真话,则说假话的是陈、赵、钱、孙和李,可推知其他五人都说真话,但其他五人的话矛盾。可推知⑦周说假话。

假设:吴说的是真话,则说假话的是陈、赵、钱、孙、李和周,可推知其他四人都说真话,但其他四人的话矛盾。可推知⑦周说假话。

假设:郑说的是真话,则说假话的是陈、赵、钱、孙、李、周和吴,可推知其他三人都说真话,但其他三人的话矛盾。可推知⑧周说假话。

假设:王说的是真话,则说假话的是陈、赵、钱、孙、李、周、吴和郑,可推知其他两人都说真话,但其他两人的话矛盾。可推知⑨王说假话。

假设:冯说的是真话,则说假话的是陈、赵、钱、孙、李、周、吴、郑和王,可推知只有冯说真话,无矛盾。

结论:冯说真话,其他九人说假话。

9. $p \lor q \lor r, s \leftarrow p, s \rightarrow t, q \rightarrow u, \neg u \land \neg t, \vdash ?$

①	$p \lor q \lor r$	前提
②	$s \leftarrow p$	前提
③	$s \rightarrow t$	前提
④	$q \rightarrow u$	前提
⑤	$\neg u \land \neg t$	前提
⑥	$\neg u$	⑤分解式
⑦	$\neg q$	④⑥否后式
⑧	$\neg t$	⑤分解式
⑨	$\neg s$	③⑧否后式
⑩	$\neg p$	②⑨否前式
⑪	r	①⑦⑩否肯式

答:丙是凶手。

第五章

一、填空题

1. 确定性 2. 必要条件 3. 制约和决定 4. 排中律、"两不可" 5. 矛盾律、自相矛盾 6. 同一律、转移论题

二、选择题

1. B 2. C 3. A 4. C 5. C 6. C

三、应用同一律回答下列问题

1. 违反了同一律，事实与标题没有保持同一性，犯了转移论题的逻辑错误。

2. 这两条新闻标题与内容不相符，即内容与标题没有保持一致性，违反了同一律的要求。

3. 这段议论既承认文艺起源于劳动，又承认文艺起源于游戏，犯了自相矛盾的逻辑错误。

4. 科员没有回答主任提出的问题，答非所问，犯了转移论题的逻辑错误。

5. 议论中一些论据脱离了论点，犯了转移论题的逻辑错误。

6. 董宣的事迹，不能证明"共产党员无论在何种情况下，都应该坚持讲正气"论点。论点与论据相脱离，违反了同一律，犯了转移论题的逻辑错误。

四、应用矛盾律回答下列问题

1. 地主在同一时间内既说天亮了，又说天没有亮，违反了矛盾律的要求，犯了自相矛盾的逻辑错误。

2. 刘雄的言论违反了矛盾律的要求，犯了自相矛盾的逻辑错误。他在同一时间内，一会儿说王乐的妻子"嗓子太糟糕了"，一会儿又说"嗓子当然不坏"；既说"曲子太差了"，又说曲子"悦耳"。

3. 这段议论违反了矛盾律，前面说"中华民族优良品德不断地发扬光大"，后面说"中华民族几千年遗留下来的优良品德慢慢地消失了"。显然，犯了自相矛盾的逻辑错误。

4. 这段议论违反了矛盾律，在同一议论中既说我们应该感到无比的自豪和骄傲，又说我们不应该自豪，自己打自己的嘴巴。

5. 这个答话者既肯定了看清楚了作案者"蒙着黑纱，个子都很高，脸长"，又肯定了"没看清楚"。显然违反了矛盾律，犯了自相矛盾的逻辑错误。

6. 这段议论存在着自相矛盾的逻辑错误。因为"三陪小姐"这一职业既然是违法的，就不可能是合理的。

五、应用排中律回答下列问题

1. 这位学生的回答不正确，因为作为哲学系高年级学生对"王阳明和黑格尔是不是唯心主义哲学家？"应该作出明确的回答，但他没有作出明确回答，所以违反

了排中律的要求。

2. 这个人的回答符合排中律的要求,因为"你是日本人,还是朝鲜人"是反对关系的命题。

3. 这位学生的回答违反了排中律的要求,犯了"两不可"的逻辑错误,没有对刘某某同学是否符合党员的条件作出明确的回答。

4. 王某的回答正确,因为民警的提问是一个复杂问语,他可以否定问题中隐含的假定,所以并不违反排中律的规定。

5. 这位同志在讨论中没有就"对未成年人进行道德和法制教育,到底能不能产生预防未成年人网瘾的作用"表示自己明确的看法,违反了排中律的要求,犯了"两不可"的逻辑错误。

6. 这段议论正确,因为"对被告人王某某致被害人邱某死亡的行为到底构成不构成过失致人死亡罪"的问题表示了自己明确的意见,符合排中律的要求。

六、应用逻辑基本规律分析下面司法文书中的逻辑错误

1. 文书先说被告人"毒打劳改积极分子",后说"毒打积极分子",违反了同一律规定,犯了转移论题的逻辑错误。

2. 既肯定被告人无罪,但又当庭予以训诫,即肯定被告人有罪,犯了自相矛盾的逻辑错误。

3. 既肯定"被告打人是不对的",又肯定打人"是可以理解的",即是对的,犯了自相矛盾的逻辑错误。

4. 对私生子刘某的抚养既说"生活费全部由原告负担",又说被告"承担部分生活费用",自相矛盾,违反了矛盾律的要求。

七、指出下列命题是否违反逻辑基本规律

1. 违反了矛盾律
2. 符合逻辑基本规律
3. 违反了矛盾律
4. 符合逻辑基本规律
5. 违反了矛盾律
6. 符合逻辑基本规律
7. 不符合逻辑基本规律
8. 不符合逻辑基本规律
9. 符合逻辑基本规律
10. 不符合逻辑基本规律
11. 不符合逻辑基本规律
12. 符合逻辑基本规律

第六章

一、填空题

1. 不完全

2. 一般　个别　个别　一般　个别　个别　一般　一般

3. 全部　超出　或然　没有超出　必然

4. 不完全归纳

5. 反例　轻率概括　以偏概全　因果　可靠

6. 求同法　求异法　求同求异并用法　共变法　剩余法

7. 求同法　契合法　异中求同

8. 差异法　同中求异　或然

9. 契合差异并用法　两次求同一次求异

10. 共变法　同中求异

11. 不定

12. 求同求异并用法

13. 简单枚举

14. 完全归纳推理

15. 凡溺水而死者,其内脏都有硅藻反应　完全归纳

16. 不定　机械类比

17. 溯源推理　或然　一般知识　这结果的原因

18. 相同相似　类比

19. 不蕴含　或然

二、单项选择题

1. D　根据求同求异并用法的定义,它是根据在被研究现象出现的一组场合(即正面场合组)中,都有一个相同的相关情况;而在被研究现象不出现的另一组场合(即反面场合组)中,都没有这个相关情况,进而确定这个相关情况与被研究现象之间有因果联系。

2. B　根据简单枚举归纳推理的定义,它是对一类事物中的部分对象具有(或不具有)某种属性,并且没有遇到相反事例,从而概括出该类事物的一般性结论。

3. D　根据简单枚举归纳推理的定义,同上。

4. C　根据共变法的定义,参阅3题。

5. A　因完全归纳推理是考察了一类事物的全部对象,因此,前提与结论有蕴涵关系,所以选A。

6. D　根据求同法的定义,它是根据在被研究现象出现的若干场合中,只有一个先行的相关情况相同,其他情况都不相同,进而确定这个唯一相同的相关情况与

被研究现象之间有因果联系。

7. B 同上。

8. B 完全归纳推理是必然性的推理。

9. C 它是根据在被研究现象出现的一组场合（即正面场合组）中，都有一个相同的相关情况；而在被研究现象不出现的另一组场合（即反面场合组）中，都没有这个相关情况，进而确定这个相关情况与被研究现象之间有因果联系。

10. B 前提与结论不具有蕴涵关系。

11. C 根据类比推理定义。类比推理就是根据两个或两类对象在某些属性上相同或相似，从而推出它们在另一属性上也相同或相似的推理。

12. C 根据类比推理定义，同上。

13. C 两者的观点都有偏颇，只有将其结合考虑才能对问题有全面的认识。

14. A 因两者都是前提不蕴含结论的推理。

15. D 根据类比推理的定义，参阅 12。

16. C 因这两种推理都是或然性推理。

17. A 根据对象之间某些表面的、偶然的相同或相似属性，或者拿两个完全不同的事物进行类比，便得出牵强附会的结论，这就是"机械类比"的逻辑错误。

18. C 根据类比推理定义。

19. B 因类比推理的结论是或然性的。

20. A 因类比推理的逻辑依据是两事物之间的属性与属性之间的联系。

三、双项选择题

1. CD 根据求同法的定义，它是根据在被研究现象出现的若干场合中，只有一个先行的相关情况相同，其他情况都不相同，进而确定这个唯一相同的相关情况与被研究现象之间有因果联系。

2. BD 根据简单枚举归纳推理的性质。

3. BE 根据类比推理的性质，类比推理就是根据两个或两类对象在某些属性上相同或相似，从而推出它们在另一属性上也相同或相似的推理。

4. AC 根据完全归纳推理和推理定义。

5. BD 根据科学归纳推理和简单枚举归纳推理的定义，参阅单项选择题 10 和 17 题。

6. BE 同上。

7. AD 根据完全归纳推理的思维进程方向和结论的性质。

8. AD 根据完全归纳推理的定义，它是考察了一类事物的全部对象。

9. CD 因简单枚举归纳推理和不完全归纳推理都是归纳推理。

10. BD 属完全归纳推理，因此也是必然性推理。

11. DE 根据这两个推理的性质。

361

12. AE 完全归纳推理是考察了一类事物的全部对象,因此,是必然的。二难推理是演绎推理,因此也是必然的。

四、多项选择题

1. ACD 从思维进程的方向、结论断定的范围、结论的性质三方面思考。
2. BDF 根据简单枚举归纳推理的定义。它是对一类事物中的部分对象具有(或不具有)某种属性,并且没有遇到相反事例,从而概括出该类事物的一般性结论。
3. BDE 根据类比推理和不完全归纳推理的定义。类比推理就是根据两个或两类对象在某些属性上相同或相似,从而推出它们在另一属性上也相同或相似的推理。不完全归纳推理就是根据一类事物中的部分对象具有(或不具有)某种属性,从而推出该类事物的全部对象都具有(或不具有)某种属性的归纳推理。
4. BCD 根据不完全归纳推理的定义和完全归纳推理的定义得出。
5. BCE 根据科学归纳推理和简单枚举归纳推理的定义得出。
6. BCD 根据求异法、求同法、共变法的定义。
7. ADE 根据科学归纳推理的定义。它是根据一类事物中的部分对象具有某种属性,并且分析了对象和属性之间具有因果联系,从而概括出该类事物的一般性结论。
8. BCEF 除演绎推理、完全归纳推理是必然性推理外,余下均是或然性推理。
9. ABE 根据类比推理的定义,参阅 7 题。
10. ABCDE 从归纳推理的内涵与外延角度思考。
11. BCE 从简单枚举归纳推理的定义角度思考,因它是对一类事物中的部分对象具有(或不具有)某种属性,并且没有遇到相反事例,从而概括出该类事物的一般性结论。

五、分析题

1. 完全归纳推理,其逻辑形式:

S_1 是(或不是)P,

S_2 是(或不是)P,

……

S_N 是(或不是)P,

S_1、S_2、…、S_N 是 S 类的全部个别对象;

所以,所有 S 都是(或不是)P。

2. 简单枚举归纳推理,其逻辑形式为:

S_1 是(或不是)P,

S_2 是(或不是)P,

……

S_N 是(或不是)P,

S_1、S_2、…、S_N 是 S 类的部分对象；并且没有遇到相反事例；

所以,所有 S 都是(或不是)P。

3、4、5、6、7、8 均是简单枚举归纳推理,参阅(2)。

9. 类比推理。根据类比推理的定义,它是根据两个或两类对象在某些属性上相同或相似,从而推出它们在另一属性上也相同或相似的推理。

10. 回溯推理,它是由已知结果,根据一般性知识,推测产生这一结果的原因的推理。

11. 同上。

12. 类比推理。同(1)。

13. 同上。

14. 同上。

15. 同上。

16. 同上。

六、指出下列各题运用了哪种探求因果联系的逻辑方法,并写出其逻辑公式

1. 求同求异并用法,其逻辑形式：

场合		相关情况	被研究现象
正面场合组	(1)	A、B、C	a
	(2)	A、D、E	a
	(3)	A、F、G	a
	……	……	……
反面场合组	(1)	B、H	ā
	(2)	D、M	ā
	(3)	F、N	ā
	……	……	……

所以,A 与 a 之间有因果联系。

2. 共变法,其逻辑形式：

场合	相关情况	被研究现象
(1)	A_1、B、C、D	a_1
(2)	A_2、B、C、D	a_2
(3)	A_3、B、C、D	a_3
……	……	……

所以,A 与 a 之间有因果联系。

3. 剩余法,其逻辑形式：

A、B、C、D 与 a、b、c、d 有因果联系，
B 与 b 有因果联系，
C 与 c 有因果联系，
D 与 d 因果联系；
所以，A 与 a 之间有因果联系。

4. 求异法，其逻辑形式：

场合	相关情况	被研究现象
正面场合	A、B、C、D	a
反面场合	B、C、D	无 a

所以，A 与 a 之间有因果联系。

5. 求异法，同上。
6. 求同求异并用法，同 1。
7. 求同法，其逻辑形式：

场合	相关情况	被研究现象
(1)	A、B、C	a
(2)	A、D、E	a
(3)	A、F、G	a
……	……	……

所以 A 与 a 之间有因果联系。

8. 求同法，其逻辑形式同上。
9. 求同法，其逻辑形式同上。
10. 求异法，其逻辑形式同 4。

第七章

一、填空题
1. 类比推理 2. 或然的 3. 同类事物的共同本质属性 4. 演绎推理 归纳推理 5. 一种波动 6. 类比推理 7. 比喻 8. 比较 9. 越多 10. 机械类比

二、单项选择题
1. A 2. A 3. A 4. D 5. B 6. D 7. A 8. C 9. C 10. C

三、分析题
（一）分析下面类比推理结论的可靠性。
1. 推理结论有一定的可靠性。
2. 推理结论不可靠。
3. 可以这样得出结论，但实践证明不可靠。

4. 推理结论有一定的可靠性。

(二)根据下面的材料谈谈类比推理的作用。

1. 类比推理在科学发现中的作用;

2. 类比推理在生产实践中的作用;

3. 类比推理在司法断案中的作用。

第八章

一、填空题

1. 真实性 2. 论题 论据 论证方式 3. 结论 前提 推理形式 4. 反证法 选言证法 5. 与原命题相矛盾的命题为假 排中 6. 相关的其他全部可能性的命题都不成立 否定肯定式 7. 已知为真的命题 虚假性 对它的证明不能成立 8. 论题 论据 论证方式 9. 相矛盾或反对 为真 不矛盾律 10. 充分条件假言推理的否定后件式

二、选择题(不定项选择)

1. B 2. B 3. A 4. B 5. A 6. BE 7. ABC 8. B 9. A 10. CD 11. BCD 12. ACD 13. ABC 14. ACD 15. D 16. D 17. E 18. E 19. E 20. A 21. C 22. B 23. B 24. A 25. B 26. E 27. D 28. D 29. A 30. D 31. D 32. E 33. C 34. C 35. C 36. A 37. C 38. A 39. D 40. B

三、分析下列论证的结构,指出其论题、论证方式

1. 论题:文学艺术也要民主 论证方式:演绎论证 反证法(间接论证)

2. 论题:绿色植物通过光合作用都能放出氧气 论证方式:归纳论证 直接论证

3. 论题:并不是所有的社会现象都是有阶级性的 论证方式:演绎论证 直接论证

4. 论题:对待历史文化遗产应采取批判继承的态度 论证方式:演绎论证 选言证法(间接论证)

5. 论题:党政干部必须提高科学文化水平 论证方式:演绎论证 反证法(间接论证)

6. 论题:神是不存在的 论证方式:演绎论证 反证法(间接论证)

7. 论题:科学技术是生产力 论证方式:归纳论证 直接论证

8. 论题:基本初等函数都是连续的 论证方式:归纳论证 直接论证

9. 论题:某甲喜欢发怒,做事鲁莽。 论证方式:归纳论证 直接论证

10. 论题:自己动手解决抗日根据地的经济困难。 论证方式:演绎论证(选言证法)间接论证

四、分析下列反驳的结构,指出被反驳的论题、反驳方式和反驳方法

1. 被反驳的论题:对被告从轻处罚或免于处罚
   反驳方式:演绎反驳
   反驳方法:归谬法

2. 被反驳的论题:燃素是一切可燃烧物中有一定质量的一种特殊物质
   反驳方式:演绎反驳
   反驳方法:归谬法

3. 被反驳的论题:形式逻辑也有阶级性
   反驳方式:演绎反驳
   反驳方法:归谬法

4. 被反驳的论题:吃鱼可以使人聪明
   反驳方式:归纳反驳
   反驳方法:独立证明反驳

5. 被反驳的论题:琴上有琴声;声在指头上。
   反驳方式:演绎反驳
   反驳方法:归谬法

6. 被反驳的论题:物体越重下落速度越快。
   反驳方式:演绎反驳
   反驳方法:归谬法

7. 被反驳的论题:把从发热器中取出的热量,全部变为有用功,可以制造出第二类永动机。
   反驳方式:演绎反驳
   反驳方法:直接反驳

8. 被反驳的论题:短文章就没有分量。
   反驳方式:先用演绎反驳,后用归纳反驳
   反驳方法:先用独立证明的反驳,后用直接反驳

9. 被反驳的论题:还是杂文时代,还要鲁迅笔法。
   反驳方式:演绎反驳
   反驳方法:直接反驳

10. 被反驳的论题:语言能生产物质财富。
    反驳方式:演绎反驳
    反驳方法:归谬法

五、简析以下议论是论证还是反驳。如果是论证,指出论题和论证方式;如果是反驳,指出被反驳的论题和反驳方式

1. 论证。论题:吸烟是有害。

论证方式：归纳论证，直接论证。
2. 论证。论题：警察局应该让嫌疑人坐着回答问题。
论证方式：演绎论证，直接论证。
反驳。被反驳论题：剥夺嫌疑人坐的权利。
反驳方式：演绎反驳，归谬法（间接反驳）。
3. 论证。论题：太阳是恒星
论证方式：演绎论证，直接论证。
4. 论证。论题：人治兴则国家危。
论证方式：演绎论证，直接论证。
5. 论证。论题：改革是十分必要的
论证方式：演绎论证，反证法（间接论证）。
6. 反驳。被反驳论题：上帝是万能的。
反驳方式：演绎反驳（二难推理）直接反驳
7. 论证。论题：一切工作都必须从实际出发。
论证方式：归纳论证，直接论证。
8. 反驳。被反驳论题：人口的增长是社会发展中的决定因素。
反驳方式：演绎反驳，归谬法（间接反驳）
9. 论证。论题：马克思主义不害怕批评。
论证方式：演绎论证，直接论证。
10. 论证。论题：我们必须控制人口增长。
论证方式：演绎论证，反证法（间接论证）。
11. 论证。论题：中国革命战争的领导者应该是无产阶级和共产党。
论证方式：演绎论证，选言证法（间接论证）。
12. 论证。论题：清热解毒中草药能控制细菌感染。
论证方式：归纳论证，直接论证。
13. 反驳。被反驳论题：物是感觉的复合。
反驳方式：演绎反驳，归谬法（间接反驳）
14. 论证。论题：天下难事，必作于易；天下大事，必作于细。
论证方式：归纳论证，直接论证。
15. 论证。论题：战争总是要在历史上被消灭。
论证方式：演绎论证，直接论证。

六、指出下列论证或反驳犯了什么逻辑错误

1. 不正确。犯了"推不出"的逻辑错误。
2. 不正确。犯了"转移论题"的逻辑错误。
3. 不正确。犯了"论据虚假"、"推不出"、"循环论证"等逻辑错误。

4. 不正确。犯了"预期理由"的逻辑错误。
5. 不正确。犯了"偷换论题"、"论据虚假"等逻辑错误。
6. 不正确。犯了"推不出"的逻辑错误。
7. 不正确。犯了"转移论题"的逻辑错误。
8. 不正确。犯了"推不出"的逻辑错误。
9. 不正确。犯了"推不出"的逻辑错误。
10. 不正确。犯了"论据虚假"的逻辑错误。

七、应用题:运用论证知识回答问题

1. 过于执的思维方式不正确,违反了"论据必须真实"的逻辑规则,犯了"预期理由"的逻辑错误。因为过于执的论据都是他主观臆断的,这些论据的真实性都没有经过实践证明为真,尚待证明。

2. 侦查员运用反证法得出结论。证明过程是:

原论题:发现尸体的现场不是原始现场

反论题:发现尸体的现场是原始现场

证明:

如果发现尸体的地点是原始现场,那么,地面上应有大量的血迹和搏斗痕迹,因为法医证明死者系大量出血而死,而且有抵抗伤。

现场勘查结果没有发现大量血迹和搏斗痕迹。

所以,发现尸体的地点不是原始现场。(即"发现尸体的现场是原始现场"为假)
根据排中律,原论题为真。

其逻辑形式是:

论题 A

反论题:非 A

证明:假设非 A 真

如果非 A 真,那么 B 真

B 假

所以,非 A 假

根据排中律,非 A 假,所以 A 真。

3. 本案中,从控告人的三条理由不能必然推出"被告人一定是杀人犯",因此,犯了"推不出"的逻辑错误,具体分析如下:

① 第一条理由是一个省略的充分条件假言推理,复原后的完整推理是:

如果谁是作案人,那么他必有作案时间;

今知被告人有作案时间(很晚才回来);

所以,被告人是作案人。

这个推理违反了充分条件假言推理"肯定后件不能肯定前件"的规则。

② 第二条理由是一个省略的直言三段论,把它复原后应是:

现场杀人的枪是六五步枪,并且撞针偏眼;

被告人的枪是六五步枪,撞针也是偏眼;

所以,被告人的枪就是现场杀人的枪。

这个三段论推理的中项,在大、小前提中都不周延,违反三段论"中项在前提中至少周延一次"的规则,所以,不能必然推出结论。

③ 第三条理由是按照这样一个推理进行的:

有些杀人犯的枪上是有血迹的,

被告人所带的枪上是有血迹的,

所以,被告人就是杀人犯。

这个三段论的推理也违反三段论"中项在前提中至少周延一次"的规则,所以,不能必然推出结论。

4. 曼索尔在论辩过程中运用归谬法对"拉芝雅是凶手"进行了反驳。

归谬法的逻辑形式是:

求证:A 假

证明:假设 A 真

如果 A 真,那么 B 真

已知 B 假

所以,A 假

曼索尔两次运用了归谬法反驳:

① 如果拉芝雅是凶手,那么,她手枪中五发子弹必有一发打中她丈夫,

现场检查,她手枪中五发子弹都打在对面墙上(没有一发打中她丈夫),

所以,拉芝雅不是凶手。

② 如果拉芝雅是凶手,那么,子弹一定从前面打进她丈夫的身体(因为她与丈夫面对面),

经尸检发现尸体上的子弹是从背后打进去的,

所以,拉芝雅不是凶手。

第九章

一、1. 诉诸情感 2. 人身攻击 3. 诉诸无知 4. 诉诸众人 5. 诉诸无关事实 6. 诉诸情感 7. 诉诸无知 8. 诉诸无知 9. 诉诸权威

二、1. 轻率概括 2. 循环论证 3. 错认因果 4. 机械类比 5. 循环论证

6. 错认因果 7. 机械类比 8. 循环论证

三、 赌徒谬误

第十章

一、填空题

1. 出现在法律规范中用以指称那些应由法律规范调整的事件或行为的法律专门术语

2. 包含规范模态词的用以表达行为规范的语句

3. (1) 规范的承受者 (2) 规范承受者应当作出或不作出的行为 (3) 行为的条件

4. 义务性规范(必须);权利性规范(允许);禁止性规范(禁止)

5. 在案件发生后,侦查人员根据案件中已知的事实材料以及相关的科学知识和办案经验,对案件中需要查明的问题作出的推测性解释。它是一种工作假说,亦称侦查假设。

6. 案件个别情节;案件基本情节

7. 演绎法律;类比法律

8. 形式法律;实质法律

二、选择题(不定项选择)

1. ABCD 2. ABCDE 3. ABDE 4. ABCDE 5. DE 6. ABE 7. ABCDE 8. CE 9. BC 10. ACDE 11. D 12. ACE

三、实例分析题

1. 甲的推理是以"如果一个人能够一步迈过两米的距离,那么他绝不会是一个老年人"和"穿解放胶鞋的那个人不能一步迈过两米"这两个前提推出"穿解放胶鞋的那个人是一个老年人"这一结论。其推理形式为:"如果 A 那么 B;非 A,所以非 B"。这个推理是无效的,其结论不具有必然性。

乙运用的是充分条件假言推理,从"如果一个人能够一步迈过两米的距离,那么他绝不会是一个老年人"和"穿塑料凉鞋的那个人能够一步迈过两米的距离"推出"穿塑料凉鞋的那个人不是一个老年人"的结论。其推理形式为"如果 A 那么 B;A,所以 B"。该推理是有效的,其结论具有必然性。

2. 侦查员在此运用了选言推理和假言推理。

(1) 推出"作案现场在城区"这一结论的推理过程如下:

或者 A,或者 B,或者 C;

如果 B 那么 D;如果 C 那么 E;

非 D;非 E;

所以 A

(2) 推出"运载工具一定是汽车"这一结论的推理过程如下：

或者 L,或者 M,或者 N；

如果 M 或者 N 那么 K；

非 K；

（所以非 M 且非 N）

所以 L

(3) 推出"本案的犯罪分子是汽车司机"这一结论的推理过程如下：

只有 P 才 Q；Q,所以 P

上述推理都是形式有效的推理,假如前提都真实可靠,则其结论必真。

3. 假说 A 可以解释情况 6、7、8、9；但不能解释情况 1、2、3、4、5、10。

假说 B 可以解释情况 2、5、8、10；但不能解释情况 1、3、4、6。

假说 C 可以解释情况 1、3、4、5、9、10；但不能解释情况 2。

在这三种假说中,假说 C 的解释力最强。

4. 侦查人员根据现场的情况、一般的常识和科学技术的力量可以提出关于作案人的形体特征、职业、知识水平、作案次数等等的侦查假说。具体内容分析如下：

(1) 根据文物陈列柜的明锁被撬开后,暗锁没有被动,但玻璃门被打碎推测：作案人不是惯犯,作案手段普通,破坏性强,技术性不高。

(2) 根据现场找到的压模工农皮鞋的鞋印推测：作案人很可能常常从事体力劳动。

(3) 根据作案人击打玻璃的着力点推测作案人的身高,根据现场找到的一根毛发的化验结果可以了解作案人血型等生理特征。

(4) 根据罪犯仅仅盗走了素纱禅衣,而未盗走更为珍贵的彩绘帛画推测：作案人对文物的知识贫乏。

5. 公安人员可以提出如下关于案件性质、作案时间、作案地点和作案人等的侦查假说：

(1) 根据 B 携款进货的情况推测：作案人很可能是谋财害命。

(2) 根据尸体在湖南甲地的情况推测：作案地点是湖南甲地。

(3) 根据 5 月 19 日下午死者打电话给 A 说,提货票已经开了,赶快送钱来,而 5 月 21 日,A 携巨款前往甲地,但是却找不到 B,和尸体在湖南甲地的情况推测：死亡时间是在 5 月 19 日下午以后到 5 月 21 日之间。

(4) 根据 5 月 21 日,A 携巨款前往甲地,但是却找不到 B。C 告诉他,B 已经到广州看货去了；5 月 31 日,A 收到了从广州国际电报局发来的署名为 B 的一封电报,告知已到广州,有事不宜回来的情况推测：C 很可能是作案人。

6. 公安人员的侦查假说断定：死者死于他杀,并且驮死者的人是杀害他的凶手。

公安人员根据现场勘查的结果,结合一般的常识,进行了如下的推理:

(1) 如果死者是酒醉后独自回家,跌倒在路基上,被火车碾轧致死,那么在他跌倒之前在夜晚从村里沿森林和沼泽地走了4公里多路,他的鞋子不应是十分干净而只有一点点灰尘的;

在他跌倒之前在夜晚从村里沿森林和沼泽地走了4公里多路,他的鞋子却是十分干净而只有一点点灰尘;

所以,死者不是酒醉后独自回家,跌倒在路基上,被火车辗轧致死。

(2) 死者碎尸上有一处火车轮无法碾出的伤痕——一个铁锤状的锥形窟窿,这只有双刃刀子插入活体胸部才能造成;

如果死者被他人用双刃锐器杀死,则死者尸体上会有双刃锐器插入活体胸部造成的锥形窟窿,而这种伤痕是火车轮无法碾压出来的。

所以,死者是被他人用双刃锐器杀死的。

(3) 死者不是酒醉后独自回家,而是被人驮到这里,制造了被火车压死的假象;

如果驮他的人是凶手,则死者会被他驮到这里,制造被火车压死的假象;

所以,驮他的人是杀害他的凶手。

7. 上述侦破过程运用了溯原推理。具体推理过程如下:

(1) 现场找不到失踪者的尸体,

如果作案者用碎木机将失踪者的尸体捣碎,那么现场找不到失踪者的尸体,

所以,作案者用碎木机将失踪者的尸体捣碎。

(2) 卧室发现了血迹,

如果卧室是杀人现场,那么卧室应当有血迹,

所以,卧室是杀人现场。

(3) 在河边找到了一个收信人姓名是海莉的残破的信封,

如果河边是碎尸现场,那么现场一定有海莉留下的痕迹,

所以,河边是碎尸现场。

第十一章

一、答:现代谓词逻辑是在命题逻辑对关于联结词推理规律、规则研究的基础上,研究关于量词的推理规律、规则的逻辑理论。传统逻辑的词项逻辑理论,虽然也研究了关于量词的推理,但是,由于方法不够精良,而且,由于只局限于主谓式语句表达的命题,因此,传统逻辑只发现了很少的关于量词的推理规律、规则。现代逻辑则以灵活的、统一的方式,研究了所有涉及量词的推理规律、规则,而不管所涉及的量词是出现在性质命题中还是出现在关系命题中,是关于简单命题的推理还是关于"复合命题"(严格地讲,这类包含联结词的命题不能处理为复合命题,因为,

这类命题的联结词是出现于量词的辖域中,而不是量词出现于联结词的辖域中)的推理。由于关于量词的推理规律是无穷多的,谓词逻辑就建立了逻辑的形式系统,把所有关于量词的推理规律都纳入这个形式系统,并且,研究了这个形式系统本身的各种性质,例如,可靠性、完全性等等,以使人们能够从整体上把握关于量词的推理规律、规则。

二、答:现代谓词逻辑所研究的命题,不再仅仅是主谓式语句表达的命题,而是涉及量词这类非常重要的逻辑词的任何命题。在谓词逻辑中,命题被分析为个体词、谓词、量词和联结词。个体词和谓词是非逻辑词,而量词和联结词是逻辑词。因此,在只对个体变元进行量化的一阶谓词逻辑的形式语言(以下简称"一阶语言")中,必须包含这些非逻辑词和逻辑词。在有些一阶语言中,还有表示函数关系的函数符号或表示事物等同关系的等词(=)。本书所介绍的谓词逻辑的形式语言,虽然不包括后两种符号,但是它却不是一种而是一类谓词逻辑的形式语言。这类形式语言具有极大的概括性,它们可以表示任何科学中的关于量词和联结词的推理形式及其规律,也可以表示日常思维中关于量词和联结词的推理形式及其规律。因为,科学研究和日常思维中关于量词和联结词的推理规律是同一种逻辑规律,而不是不同的逻辑规律。

三、答:传统逻辑虽然具有论域这个概念,但是只把它看成是正词项和负词项相对的范围,没有把它跟分析命题形式和推理形式,讨论命题的真值和推理的有效性这些重要的逻辑问题联系起来。在现代逻辑看来,论域(个体域)是非常重要的概念。论域是个体词、特别是个体变元取值的范围。由于个体变元的取值范围不同,同一命题的真值可以不同。例如,毕达哥拉斯学派的信条"一切事物的数量都可以用自然数或分数表示(万物皆数)",在有理数这个论域中是真的,但是,在实数这个论域中就是假的。正是毕达哥拉斯的门徒希帕苏斯发现了腰长为1的等腰直角三角形的弦长为$\sqrt{2}$,而这个$\sqrt{2}$却不能用自然数或分数表示,从而挑战了毕达哥拉斯学派"万物皆数"的信条,导致了"第一次数学危机",开启了人类认识无理数的大门。因此,人们在建立谓词逻辑的形式语言的语义模型,通过模型来确定命题或命题函数的真值,进而讨论推理的有效性时,必须首先确定论域。其次,论域不同,命题的形式可以不同。人们总是在一定的范围内思考和谈论问题,进行推理、论证的,除非在同一思考和谈论中不限制讨论的对象。一旦限制了论域,那么,对同一命题,就可以用较为简洁的方式表达它的命题形式,进而简洁地表达推理的形式和讨论推理的逻辑规律。

四、答:(1)量词是指称个体域中个体(事物)数量的语词,其中的个体变元 x(即∀x和∃x中的x)是在哪个个体域中取值,以哪个个体域为变域,必须明确。

(2)把个体域限制为特定的集合后,就缩小了量词的量化范围,从而可以采用不同的方式来表示同一命题的形式。

(3) 选取的个体域 D 应当包含每个非逻辑词(个体词、谓词)的外延。

五、答： 任何一种语言，都是通过语法规则从词或词组生成句子的。只有符合语法规则的句子才有意义。在逻辑的形式语言中，我们也只有按照形成规则使用初始符号从简单到复杂地逐步生成任意的合式公式。这些合式公式经解释后成为表示命题形式的符号串。形成规则还提供了一种能行的、可判定的方法即机械的步骤判定任一符号串是不是合式公式。而且人们还可以按照形成规则，判定或者检验合式公式是否具有某种性质。实际上，公式和子公式、主要逻辑词的概念以及一个公式表示什么命题形式，它具有什么形式性质，都是通过形成规则定义的。在用来研究关于量词(和联结词)的推出关系或者逻辑规律的一阶语言中，典型地表现了公式的这些语法(句法、语形)概念和语法性质。

六、答： 谓词逻辑研究的主要对象是量词。谓词逻辑就是关于量词的推理理论。正是量词这种逻辑词的推理规律，构成了谓词逻辑的主体。在一阶谓词逻辑中，只对个体变元而不对谓词变元进行量化。也就是说，全称量词 $\forall v$ 和特称量词 $\exists v$ 中的变元 v 只能是个体变元而不能是谓词变元，$\forall v$ 和 $\exists v$ 中的个体变元 v 称为量词的指导变元，该量词就是关于个体变元 v 的量词而不是关于其他个体变元的量词。量词的辖域就是全称公式 $\forall vB$ 和特称公式 $\exists vB$ 的子公式 B，也就是紧接量词 $\forall v$ 和 $\exists v$ 的最短公式。一个变元在公式中的某次出现是约束的，当且仅当该变元的这次出现是在以该变元为指导变元的量词的辖域内的。一个公式中的约束变元就是约束出现的变元，一个公式中的自由变元就是自由出现的变元。当一个变元在一个公式的所有出现都是约束出现时，我们称该变元在此公式中不自由。

主要参考书目

亚里士多德：《工具论》，广东人民出版社1984年版。
威廉·涅尔等：《逻辑学的发展》，北京商务印书馆1985年版。
宋文淦：《符号逻辑基础》，北京师范大学出版社1989版。
苗力田：《亚里士多德全集》（第一卷），中国人民大学出版社1990年版。
周礼全主编：《逻辑——正确思维和有效交际的理论》，人民出版社1994年版。
周礼全主编：《逻辑百科辞典》，四川教育出版社1994年版。
《普通逻辑》编写组：《普通逻辑》（增订本），上海人民出版社1993年版。
宋文坚主编：《逻辑学》，人民出版社1998年版。
梁庆寅：《传统与现代逻辑概论》，中山大学出版社1998年版。
何向东：《逻辑学教程》，高等教育出版社1999年版。
何向东、刘邦凡：《教育逻辑学引论》，四川人民出版社2002年版。
雍琦主编：《实用司法逻辑学》，法律出版社1999年版。
雍琦主编：《法律适用中的逻辑》，中国政法大学出版社2002年版。
刘春杰：《论证逻辑分析》，青海人民出版社2001年版。
中国人民大学哲学系逻辑教研室编：《逻辑学》，中国人民大学出版社2002年版。
陈波：《逻辑学是什么》，北京大学出版社2002年版。
杨武金、沈玉梅：《MPA联考高分突破》（逻辑分册），中国人民大学出版社2002年第二版。
郭桥、资建民主编：《大学逻辑导论》，人民出版社2003年版。
张继成主编：《适用法律逻辑教程》，中国政法大学出版社2004年版。
黄华新、张则幸编著：《逻辑学导论》，浙江大学出版社2005年版。
梁庆寅主编：《法律逻辑研究》，法律出版社2005年版。
孔庆荣主编：《逻辑学基本原理》，中国法制出版社2000年版。
王莘主编：《逻辑思维训练》，北京大学出版社2006年版。
〔荷兰〕弗兰斯·H.凡·爱默伦、弗兰西斯卡·斯·汉克曼斯著，熊明辉、赵艺译：《论辩巧智》，新世界出版社2006年版。

图书在版编目(CIP)数据

法律专业逻辑学教程/张晓光主编. —上海:复旦大学出版社,2007.1(2020.9 重印)
(博学·法学系列)
ISBN 978-7-309-05317-3

Ⅰ.法… Ⅱ.张… Ⅲ.法律逻辑学-高等学校-教材 Ⅳ.D90-051

中国版本图书馆 CIP 数据核字(2006)第 162584 号

法律专业逻辑学教程
张晓光 主编
责任编辑/张永彬 陈 军

复旦大学出版社有限公司出版发行
上海市国权路 579 号 邮编:200433
网址:fupnet@fudanpress.com http://www.fudanpress.com
门市零售:86-21-65102580 团体订购:86-21-65104505
外埠邮购:86-21-65642846 出版部电话:86-21-65642845
常熟市华顺印刷有限公司

开本 787×960 1/16 印张 24.25 字数 461 千
2020 年 9 月第 1 版第 7 次印刷
印数 15 011—16 110

ISBN 978-7-309-05317-3/D·321
定价:58.00 元

如有印装质量问题,请向复旦大学出版社有限公司出版部调换。
版权所有 侵权必究